オリンピック登録国・地域に完全対応

世界の国ぐに大冒険

[監修] 井田仁康

PHP

はじめに

「グローバル化する世界」という言葉を聞いたことがありますか？　グローバル化とは、世界が国をこえて一体化していくということです。しかし、世界が1つになるには、さまざまな困難があります。その困難を乗りこえるためには、世界の国々のことをしっかり知っておくことが大切です。

世界の平和は、世界の人々すべての願いです。しかし、それぞれの国がおかれた自然、文化、経済、政治などはちがっていて、世界の平和を目指す道も同じではありません。私たちは、国ごとのちがいを理解し、それと同時に共通点を見つけて、平和への道筋をさがしていかなければいけません。それは途方もない道のりかもしれません。しかし、世界の国々を知ることは、その第一歩となるはずです。

みなさんは旅行が好きですか。もうすでにいくつかの国に住んだり、旅行をしたりした人もいるかもしれません。また、これから世界を旅行してみたいという人もいるでしょう。世界を知識として知ること、そしてその知識をもって世界をめぐり、さらに新しい発見をすることは、世界旅行の醍醐味です。

世界の基本の単位は国です。「どこへ行ったの？」と聞かれて、「フランス」「タイ」「オーストラリア」と国名で答える人も多いですよね。世界の国について知っておくことは、外国を旅行するときにも、外国旅行の話を聞くときでも役に立ちます。

社会科や地理の教科書にも、いくつかの国がとりあげられていますが、世界のすべての国を学習する時間はありません。本書では、世界の国はもちろん、国ではないけれどもオリンピックに参加している地域もすべてとりあげています。みなさんがよく知っているところも、初めて名前も聞くところもあるでしょう。基本データやその国・地域の話題を紹介しているので、社会科や地理などの調べ学習にも使えます。でも、それだけではありません。

みなさん、ぜひ、地図を見ながら、この本で世界をめぐって大冒険してみてください。きっと、世界への新しい発見ができると思います。それは、これからの世界を背負っていくみなさんの大きな財産になるものと信じています。

井田仁康
［筑波大学 人間系 教授］

この本の使い方

地域
その国が、世界のどの地域にあるかをしめしています。

国旗
色やデザインの意味を説明しています。

国の名前
ここでは、よく使われるよび方を書いています。

国の位置
世界の中でのその国の位置をしめしています。

基本データ
正式国名、英語の表記、英語での略称、首都、面積、人口、人口密度、通貨、おもな言語をしめしています。

ミニミニトピック
各国の、興味がわくようなちょっとした話を紹介しています。

プラスワン
各国のスポーツや、日本とのつながりを紹介しています。

ミニミニクイズ
そのページで紹介したことに関するクイズをのせています。

- 本書は、国際連合の加盟国およびオブザーバー国家（正式に加盟していないが、会議への参加や発言がみとめられている国。決議への投票はできない）と、国際オリンピック委員会に所属する国・地域を紹介しています。
- 本書は、208の国・地域を、国際オリンピック委員会等の分類をもとに、アジア、ヨーロッパ、アフリカ、北アメリカ、中・南アメリカ、オセアニアに分けています。
- 本書の国名および英語名は、外務省等の表記をもとにしています。また、略称は国際オリンピック委員会のものを掲載しています。
- 本書に掲載している面積、人口・人口密度は、総務省統計局『世界の統計』および外務省ホームページをもとにしています。また、人口と人口密度は、年央数計人口を使用しています。
- 本書に掲載している国旗は、原則として縦2：横3の比率（国連基準）で統一しています。

3

もくじ

はじめに …………………………… 2	ブータン ………………………………… 56
この本の使い方 ………………………… 3	ネパール ………………………………… 58
世界にはいくつ国があるんだろう? … 8	バングラデシュ ………………………… 60
君主のいる国といない国 ……………… 10	スリランカ ……………………………… 62
世界のことを決めるのは? …………… 11	モルディブ ……………………………… 64
宗教って何? …………………………… 12	インド …………………………………… 66
暑い国、寒い国はどこ? ……………… 13	パキスタン ……………………………… 68
世界の歴史 ……………………………… 14	アフガニスタン ………………………… 70
国名の由来を知ろう …………………… 16	カザフスタン …………………………… 72
国旗から何がわかる? ………………… 17	キルギス ………………………………… 74
	タジキスタン …………………………… 76
	ウズベキスタン ………………………… 78
	トルクメニスタン ……………………… 80

アジア　18

日本 ……………………………………… 20	イラン …………………………………… 82
韓国 ……………………………………… 22	バーレーン ……………………………… 84
北朝鮮 …………………………………… 24	カタール ………………………………… 86
中国 ……………………………………… 26	アラブ首長国連邦 ……………………… 88
ホンコン ………………………………… 28	オマーン ………………………………… 90
台湾 ……………………………………… 30	イエメン ………………………………… 92
モンゴル ………………………………… 32	サウジアラビア ………………………… 94
フィリピン ……………………………… 34	クウェート ……………………………… 96
東ティモール …………………………… 36	イラク …………………………………… 98
インドネシア …………………………… 38	ヨルダン ………………………………… 100
ブルネイ ………………………………… 40	パレスチナ ……………………………… 102
シンガポール …………………………… 42	レバノン ………………………………… 104
マレーシア ……………………………… 44	シリア …………………………………… 106
ベトナム ………………………………… 46	
カンボジア ……………………………… 48	

ヨーロッパ　108

ラオス …………………………………… 50	アイスランド …………………………… 110
タイ ……………………………………… 52	ノルウェー ……………………………… 112
ミャンマー ……………………………… 54	

スウェーデン	114	チェコ	176
フィンランド	116	ポーランド	178
アイルランド	118	スロバキア	180
イギリス	120	ハンガリー	182
デンマーク	122	ルーマニア	184
オランダ	124	モルドバ	186
ベルギー	126	ブルガリア	188
ルクセンブルク	128	ウクライナ	190
ドイツ	130	ベラルーシ	192
スイス	132	リトアニア	194
リヒテンシュタイン	134	ラトビア	196
オーストリア	136	エストニア	198
モナコ	138	ロシア	200
フランス	140	ジョージア	202
アンドラ	142	アゼルバイジャン	204
スペイン	144	アルメニア	206
ポルトガル	146	トルコ	208
イタリア	148	イスラエル	210
サンマリノ	150		
バチカン市国	152		
マルタ	154		

アフリカ … 212

ギリシャ	156	モロッコ	214
キプロス	158	アルジェリア	216
マケドニア 旧ユーゴスラビア共和国	160	チュニジア	218
アルバニア	162	リビア	220
モンテネグロ	164	エジプト	222
セルビア	166	スーダン	224
コソボ	168	南スーダン	226
ボスニア・ヘルツェゴビナ	170	エリトリア	228
クロアチア	172	エチオピア	230
スロベニア	174	ジブチ	232

もくじ

ソマリア	234
ケニア	236
ウガンダ	238
ルワンダ	240
ブルンジ	242
タンザニア	244
マラウイ	246
セーシェル	248
コモロ	250
マダガスカル	252
モーリシャス	254
モーリタニア	256
マリ	258
カーボベルデ	260
セネガル	262
ガンビア	264
ギニアビサウ	266
ギニア	268
シエラレオネ	270
リベリア	272
コートジボワール	274
ブルキナファソ	276
ガーナ	278
トーゴ	280
ベナン	282
ニジェール	284
ナイジェリア	286
カメルーン	288
ガボン	290
サントメ・プリンシペ	292
赤道ギニア	294

チャド	296
中央アフリカ共和国	298
コンゴ民主共和国	300
コンゴ共和国	302
アンゴラ	304
ザンビア	306
ジンバブエ	308
ボツワナ	310
ナミビア	312
南アフリカ共和国	314
レソト	316
スワジランド	318
モザンビーク	320

北アメリカ　322

カナダ	324
アメリカ合衆国	326

中・南アメリカ　328

メキシコ	330
グアテマラ	332
ベリーズ	334
エルサルバドル	336
ホンジュラス	338
ニカラグア	340
コスタリカ	342
パナマ	344
キューバ	346
バハマ	348

ジャマイカ	350
ハイチ	352
ドミニカ共和国	354
バミューダ（イギリス領）	356
ケイマン（イギリス領）	357
プエルトリコ（アメリカ領）	358
アルバ（オランダ領）	359
バージン諸島（アメリカ領）	360
バージン諸島（イギリス領）	361
セントクリストファー・ネービス	362
アンティグア・バーブーダ	364
ドミニカ国	366
セントルシア	368
バルバドス	370
セントビンセントおよびグレナディーン諸島	372
グレナダ	374
トリニダード・トバゴ	376
コロンビア	378
ベネズエラ	380
ガイアナ	382
スリナム	384
ブラジル	386
エクアドル	388
ペルー	390
ボリビア	392
チリ	394
パラグアイ	396
ウルグアイ	398
アルゼンチン	400

オセアニア … 402

オーストラリア	404
パプアニューギニア	406
ソロモン諸島	408
バヌアツ	410
フィジー	412
ニュージーランド	414
トンガ	416
ツバル	418
キリバス	420
サモア独立国	422
ニウエ	424
クック諸島	426
サモア（アメリカ領）	428
グアム（アメリカ領）	429
パラオ	430
ミクロネシア	432
マーシャル	434
ナウル	436

ことばじてん	438
さくいん	442
おもな参考資料	447

世界にはいくつ国が

あるんだろう？

国際連合には、193か国が加盟しています（2017年7月31日現在）。また、国の中には、本国からはなれた領地をもつものもあります。

君主のいる国といない国

世界には、君主がいる国といない国があります。君主は、国王のように国で最も高い地位にある人のことです。君主のいない国では、国民によって選ばれた人が中心になって政治を行います。

君主がいる国

君主は、国王や首長などのことで、代々、子や親族がその役目を引きつぎ、国を治めたり、国の象徴（シンボル）となったりします。君主がいる国は、2つの種類に分かれます。

君主が国を治めている

君主が、国のリーダーとして政治を行っている国です。このような政治の仕組みを専制君主制（絶対君主制）といいます。サウジアラビアやアラブ首長国連邦などが、これにあたります。

君主が国を治めていない

国民から選ばれた人が中心になって政治を行い、君主の役割は憲法（国の大本となる法）にもとづいて制限されています。このような政治の仕組みを立憲君主制といい、イギリスや日本などが、これにあたります。

イギリスの首都ロンドンにあるバッキンガム宮殿。イギリスの君主であるエリザベス女王の住まいになっている。

君主がいない国

国民が国を治める人を選ぶ

君主がいない国では、国民が投票などで選んだリーダーが中心になって政治を行います。このようなリーダーは大統領や首相とよばれます。また、君主がいない国を共和国といい、ドイツや中国などがこれにあたります。

植民地って何だろう？

ある国が、自国から遠くはなれた国や地域に人を送り、政治を行ったり、土地を治めたりしているところを植民地といいます。

植民地にされたところは、ふつう自分たちの国のことを自分たちで決められなくなります。一方、国内の政治や経済については自分たちで決めますが、外交（外国とのつきあい）や軍事に関わることをよその国にまかせた場合は、保護領とよばれます。さらに、国際連合の監督のもと、よその国に治められる信託統治領もあります。

16世紀ごろ、ヨーロッパの国々は、アフリカやアジア、アメリカ大陸などで、植民地を広げていきました。その多くは、今は独立国になっています。

世界のことを決めるのは？

第二次世界大戦後の1945年、世界の平和と安全を守るために国際連合がつくられました。世界のほとんどの国がこれに加盟し、協力して、世界のさまざまな問題を解決しようとしているのです。

アメリカのニューヨークにある国際連合の本部。加盟国の国旗がかかげられている。

国際連合って何をするところ？

国際連合（国連）の目的は、世界の平和や安全を守ることです。そのため、国同士の争いを解決するのを始め、伝染病や貧しさで困っている国を支援したり、環境問題に取り組んだりするなど、さまざまな分野で活動を行っています。

毎年9月に、アメリカのニューヨークにある国連本部で総会が開かれます。このときには、加盟国193か国（2017年7月末現在）の代表が集まります。

国際連合の仕組み

国際連合には、事務局や安全保障理事会のほかに、平和や安全などのために活動するたくさんの専門機関や関連団体があります。すべての加盟国が、活動するための資金を出し合い、世界の国々の安全と平和のために活動しています。

例えば、ユニセフ（国連児童基金）はめぐまれない子どもたちに食べ物をとどけたり、教育が受けられるよう活動する国連の関連機関の1つです。

世界遺産って何だろう？

長い時間をかけて地球や人類が生み出してきた自然や文化を、人類の遺産として大切にし、未来に伝えていこうという考えのもと、1972年に世界遺産条約が結ばれました。これにもとづいて、ユネスコ（国連教育科学文化機関）が、自然遺産、文化遺産、複合遺産の3つの種類を認定しています。

自然遺産…自然がつくった特徴的な地形、絶滅するおそれのある動物や植物の生息地などです。

文化遺産…歴史的、芸術的に価値がある、建物や遺跡などです。

複合遺産…文化遺産と自然遺産の両方の価値があるものです。

宗教って何？

神や仏を信じることや、その教えを宗教といいます。人々は悲しいことに出合ったり、感謝の気持ちをいだいたりすると、救いや心のよりどころを求めます。そこから宗教が生まれました。さまざまな宗教がありますが、キリスト教やイスラム教、仏教のように世界的な広がりをもつものは世界宗教とよばれます。

バチカン市国にあるサン・ピエトロ大聖堂は、キリスト教カトリック教会の中心地になっている。ここに最も位が高いローマ法王（ローマ教皇）がいる。

サウジアラビアにあるメッカ。イスラム教徒は1日5回メッカに向かって祈ることや、一生に一度はメッカに巡礼に行くことが決まっている。

キリスト教

約2000年前、イエス・キリストによって西アジアで始められた宗教で、世界中に多くの信者がいます。唯一の神とともに、救世主であるイエスと、その母マリアを大事にしています。16世紀にキリスト教は、ローマ法王を中心とするカトリックと、プロテスタントに大きく分かれました。

仏教

2500年以上前、インドで生まれたシャカによって始められました。その後、東南アジアや中国、日本などに伝えられ、広まりました。

イスラム教

約1500年前に、アラビア半島で生まれたムハンマドによって始まった宗教です。信者は、アラーの神を信じ、『コーラン』という書物に書かれた教えを守っています。お酒や豚肉を口にしないといった、たくさんの決まりがあります。

ユダヤ教

3000年以上前、西アジアでおこった宗教で、信者はヤハウェとよばれる神を信じています。キリスト教やイスラム教のもとになりました。

ヒンズー教

約1700年前にインドで広まりました。さまざまな神を信じ、きびしい身分制度があります。今もインドにはヒンズー教の信者がたくさんいます。

暑い国、寒い国はどこ？

世界には、いろいろな気候があります。暑いところや寒いところ、雨が多くふるところや、ほとんどふらないところなど、気候帯によってどんな特色があるか、地図で見てみましょう。

熱帯 1年を通じて気温が高く、暑い地域です。熱帯には、短い時間に激しい雨がふる熱帯雨林気候と、雨がふる雨季とふらない乾季の区別があるサバナ気候があります。

乾燥帯 雨がほとんどふらない地域です。乾燥帯には、植物が育たない砂漠の広がる砂漠気候と、短い期間の雨季があるステップ気候があります。

温帯 気温は比較的あたたかく、すごしやすい地域です。季節の変化があり、雨も1年を通じてふります。

冷帯 冬の寒さがきびしい地域です。また、夏と冬の気温の差が大きく、雨の量は比較的少なめです。北半球に広がっています。

寒帯 1年のほとんどが気温0度以下で、とても寒い地域です。いちばんあたたかい月でも、気温は10度未満です。

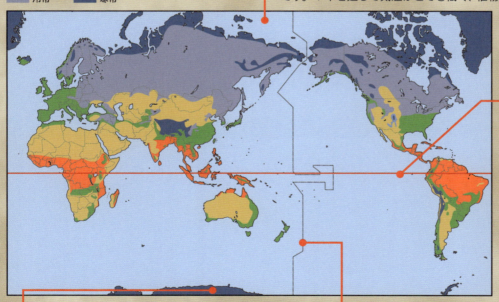

北極 地球の最も北のほうで、ほとんどがあつい氷におおわれた海です。1年を通じて気温がとても低く、植物はあまり育ちません。

赤道 北極と南極のどちらからも同じ距離のところを結んだ線です。ここから北側を北半球、南側を南半球といいます。北半球と南半球では、季節が逆になります。

南極 地球の最も南のほうで、雪と氷におおわれた南極大陸があります。1年を通じて気温がとても低く、植物は育ちません。いろいろな国の観測基地があります。

日付変更線 日付変更線を西から東に通過するときは日付を1日おくらせて、東から西に通過するときは日付を1日進めます。

世界の歴史

昔から現代まで、世界にはどんなできごとがあったのでしょうか。
年表を見てみましょう。

		アジア	ヨーロッパ
5000年前ごろ		約8000年前 中国文明が始まる。 約5000年前 メソポタミア文明が始まる（西アジア）。 約5000年前 インダス文明が始まる（インド）。 約2500年前 仏教がおこる（インド）。	約4700年前 ギリシャ文明が始まる（ギリシャ）。
		約2200年前　シルクロードを通って、アジアとヨーロッパの行き来が始まる。	
2000年前ごろ 1000年前ごろ	1世紀 10世紀	1世紀 キリスト教がおこる（西アジア）。 7世紀 イスラム教がおこる（西アジア）。 13世紀 モンゴル帝国がおこる（中央アジア）。 オスマン帝国がおこる（西アジア）。	4世紀 ローマ帝国がキリスト教をみとめる（イタリア）。 10世紀 神聖ローマ帝国がおこる（ドイツ、オーストリアなど）。 15世紀 ビザンツ帝国（東ローマ帝国）がほろびる。
		15〜17世紀　大航海時代　ヨーロッパの国々が大型の船で世界を航海し、アフリカ・	
		19世紀 ヨーロッパの国々が中国で勢力を広げる。 1877年 イギリスがインドを支配する。	16世紀 キリスト教が、カトリックとプロテスタントに分かれる。
100年前ごろ	20世紀	1914〜1918年　第一次世界大戦　ドイツ・オーストリア・イタリアなどの	
		1939〜1945年　第二次世界大戦　ドイツ・イタリア・日本などの三国同盟を	
			1948年 イスラエルがおこる。

年表の見方

　昔から今までのできごとを、起こった順にならべたものを年表といいます。ふつう、起こった年を表すときには、西暦を使います。西暦は、キリスト教をおこしたイエスが生まれた年を1年としています。また、西暦を100年ごとに区切ったものを世紀といいます。西暦1年から100年までは1世紀、1001年から1100年までは11世紀です。

アフリカ	北アメリカ、中・南アメリカ	オセアニア		
				5000年前ごろ
約5000年前　エジプト文明が始まる。				
		約3600年前　ラピタ文明が始まる。		
			1世紀	2000年前ごろ
	8世紀　マヤ文明が最も栄える（南アメリカ）。		10世紀	1000年前ごろ
13世紀　マリ帝国がおこる（西アフリカ）。				
15世紀　ソンガイ帝国がおこる（西アフリカ）。	1492年　コロンブスがアメリカ大陸に着く。			
アジア・アメリカ大陸などに植民地を広げる。				
	1533年　インカ帝国がほろびる（南アメリカ）。			
19世紀　ヨーロッパの国々がアフリカの国々を植民地にする。	1776年　アメリカがイギリスから独立する。	18世紀　ヨーロッパの人々がオーストラリアやニュージーランドなどに行く。		
同盟国と、イギリス・フランス・ロシアなどの連合国が戦い、連合国が勝つ。			20世紀	100年前ごろ
中心とした国々とイギリス・アメリカ・オランダなどの連合国が戦い、連合国が勝つ。				
1960年　アフリカの多くの国々が独立する。				

15

国名の由来を知ろう

日本という国の名前は、「日がのぼるところ」「東のほう」という意味があると考えられています。このように、国名にはそれぞれ由来（その名前がつけられた理由）があって、由来を調べることで、その国を知ることができます。

アジアに多い「スタン」がつく国

アジアの中部には、アフガニスタン、カザフスタン、ウズベキスタン、タジキスタン、トルクメニスタンのように、名前に「スタン」がつく国がたくさんあります。

「スタン」はペルシャ語で「～の土地」という意味で、アフガニスタンはアフガン人、カザフスタンはカザフ人、タジキスタンはタジク人、トルクメニスタンはトルクメン人の国であることを表しています。

ただし、パキスタンは、「清らかな国」という意味のウルドゥー語が元になっています。

アフリカに多い「ギニア」がつく国

西アフリカのギニア湾に面した地域には、ギニア、ギニアビサウ、赤道ギニアと、名前に「ギニア」がつく国が3つあります。「ギニア」の意味は、昔、西アフリカにあったガーナ王国のガーナという言葉が元になっている、肌の黒い人々という意味の「アギナウ」が元になっているなど、いくつか説があって、よくわかっていません。

オセアニアにもパプアニューギニアがあります。これは、パプアニューギニアに住む人々の姿が、アフリカのギニアの人々に似ていたので、この名がつけられたといわれています。

似ているけれど意味がちがうオーストリアとオーストラリア

ヨーロッパのオーストリアと、オセアニアのオーストラリアは、よく似た国名ですが、意味はちがいます。

オーストリアは「東の国」という意味で、フランスなどから見て東にあったことから、この名がつきました。

一方、オーストラリアは「南の大陸」という意味の古いラテン語「テラ・アウストラリス」が元になっています。

同じ意味だけれど読みがちがうニジェールとナイジェリア

西アフリカにあるニジェールとナイジェリアは、どちらも川の名前が国名になっています。2つの国には同じ川が流れていて、これをフランス語読みしたものがニジェールで、英語読みしたものがナイジェリアなのです。

ナイジェリアに似た名前の国に、アルジェリアがあります。ニジェールの北にあるアルジェリアの国名は、アラビア語の「アルジャザイール」が元になっています。これは、「島」という意味の言葉で、ナイジェリアとはつながりはありません。

国旗から何がわかる？

それぞれの国を表す国旗は、オリンピックなど、国際的なイベントでもよく使われます。国旗は、形や色にいろいろな特徴があります。おもな国旗を見てみましょう。

十字はキリスト教のシンボル

十字はキリスト教のシンボルです。そのため、キリスト教徒の多いヨーロッパの国々の国旗には十字がよく見られます。その中でも、ヨーロッパ北部の国々の国旗は、横に長い十字が使われています。

デンマーク

アイスランド

ノルウェー

スウェーデン

フィンランド

緑・黄・赤はアフリカンカラー

エチオピアを始め、アフリカの国々の国旗には、緑・黄・赤の3色がよく使われています。

エチオピア

ベナン

コンゴ共和国

3色の旗といえば、フランス？

三色旗というと、青・白・赤のフランスの国旗を指しますが、最も古い三色旗はオランダのものといわれています。ドイツのように、黒・赤・黄の三色旗も多く見られます。

フランス

オランダ

ドイツ

イスラム教の国に多い三日月と星

三日月と星がえがかれている国旗の多くは、イスラム教国のものです。

トルコ

パキスタン

モーリタニア

アジア

アジアは、ユーラシア大陸の中央から東にかけてと、そのまわりの島々からなります。とても広く、国の数も多いので、地域によって自然や文化に大きなちがいがあります。

ネパール P58

ネパールの北部には「世界の屋根」とよばれるヒマラヤ山脈がある。高さ8848mと世界一高いエベレストを始め、8000m級の山々がそびえる。

黒海
パレスチナ P102
レバノン P104
カスピ海
カザフスタン P72
ウズベキスタン P78
キルギス P74
トルクメニスタン P80
タジキスタン P76
モンゴル P32
シリア P106
イラク P98
イラン P82
アフガニスタン P70
ブータン P56
クウェート P96
パキスタン P68
サウジアラビア P94
紅海
ヨルダン P100
バーレーン P84
カタール P86
オマーン P90
イエメン P92
アラブ首長国連邦 P88
アラビア海
インド P66
ミャンマー P54
バングラデシュ P60
ベンガル湾
タイ P52
ラオス P50
カンボジア P48
マレーシア P44
シンガポール P42
スリランカ P62
モルディブ P64
インド洋

サンゴ礁に囲まれた小さな島々からなるモルディブは、ビーチリゾートとして人気がある。

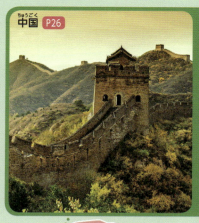

中国 P26
中国北部にある万里の長城。敵の侵入をふせぐための城壁で、2000年以上前から建設が始まり、しだいに拡大された。全長は2万kmをこえるといわれる。

国名のあとの数字は、その国を説明しているページです。

日本 P20
白い雪をかぶった富士山。日本では最も高い山で、国外からも「日本のシンボル」として知られている。

オホーツク海

北朝鮮 P24
日本海
韓国 P22

東シナ海

太平洋

台湾 P30

ホンコン P28
ホンコンの黄大仙廟は、道教・仏教・儒教という3つの宗教のお寺。すべての望みをかなえるといわれ、観光客に人気がある。

南シナ海
フィリピン海
ベトナム P46
フィリピン P34
ブルネイ P40
マレーシア P44
セレベス海
ビスマルク海

赤道

インドネシア P38
バンダ海
東ティモール P36
ソロモン海
太平洋
アラフラ海

ものづくりが得意な東アジアの島国
日本

真ん中の赤い丸は日の出の太陽を表している。「日の丸」や「日章旗」とよばれる。

アジア

東アジアの海にうかぶ日本は、昔から、アジアを始めとする国々と交流してきました。

アジアの国々とまじわりながら、文化を育ててきた

日本は東アジアにある国です。ユーラシア大陸の東の海にうかぶ島国で、北海道、本州、四国、九州など、6800あまりの島々が集まっています。気候は、季節の区別がはっきりしていて、雨がよくふります。

ここには数万年前から、人々がくらしていました。そして、中国や朝鮮半島など、アジアの国々と行き来しながら、ほかにはない自分たちの文化を育ててきました。

鉄鉱石や石油などの資源が少ない日本は、これらを外国から輸入しています。そして、すぐれたものづくりの技術を活かして自動車などの製品をつくり、輸出しているのです。

日本の首都、東京の街並み。右手に立っているのは、日本一高い東京スカイツリー。晴れた日は、遠くに富士山が見える。

基本データ

正式国名（略称） 日本国 Japan（JPN）
首都 東京
面積 37万7971km²
人口、人口密度 1億2709万5000人、336人／km²（2015年）
通貨 円
おもな言語 日本語

オホーツク海
日本海
富士山
東京
太平洋
東シナ海

プラスワン 日本のスポーツ

日本人はスポーツが大好きです。中でも野球は、1872年にアメリカから伝わってから日本中に広まり、人気スポーツになりました。1915年には全国高校野球選手権大会（甲子園）、1936年には7球団でプロ野球も始まりました。

今では日本の野球選手が、アメリカのプロリーグでも活躍しています。

日本語の中には、外国語に訳さなくても世界で通じる言葉があります。ツナミ、シンカンセン、カラオケ、オリガミなどは前から知られていますが、最近は、エモジ、ベントー、オタクなどの言葉も広まりました。

外国のものを上手に使って「日本風」をつくる！

　日本人は、外国から入ってきたものを、自分たちに合うようにつくりかえることがとても得意です。
　たとえば、日本語を書くときには、漢字と平仮名と片仮名という3種類の文字を使います。このうち、漢字は中国から伝わってきた文字ですが、平仮名と片仮名は、日本人が考え出した文字なのです。最初は日本人も、漢字ばかりで日本語の文章を書いていました。でも、それだけでは日本語をうまく書き表せないので、漢字をもとに平仮名と片仮名をつくり出したのです。
　料理でも、もとは中国料理のラーメンや、イタリアのスパゲッティ、アメリカのハンバーガーなどは、日本人の好みに合うように味つけがかえられ、みんなが大好きなメニューになっていったのです。

外国人が日本に来てびっくりすること、あこがれること

日本には飲み物の自動販売機が約250万台ある。最近は、電気の使用量をへらすなど、自動販売機の省エネも進んでいる。

　街を歩くと、いたるところに自動販売機があり、さまざまな種類の飲み物を買うことができます。しかも、温かいものも冷たいものもあります。
　コンビニは生活用品から食べ物まで、何でも売っています。たなには商品がびっしりとならび、むだなスペースがありません。そのうえ、電気代のような公共料金の支払い、荷物の発送と受け取り、チケットの予約、コピーや写真のプリントなど、さまざまなサービスがあります。
　電車やバスなどの乗り物は、時刻表通りに動き、速いスピードで走る新幹線は、運転を開始してから、死亡事故などがとても少ないので、外国から来るとおどろく人が多いのです。
　そのほか、土地のせまい日本だから生まれた、立体駐車場（機械式の自動駐車場）も外国人にはめずらしく、すばらしいといわれています。

平仮名と片仮名のもとになった文字を何というでしょうか。
① アルファベット　② 漢字　③ 数字

答えは次のページ ▶

21

古くから中国や日本と交流してきた
韓国

アジア

真ん中の円は、宇宙の調和を、まわりの4つの印は天・地・火・水を意味している。

古代から中国や日本などの国々とさかんに交流し、すぐれた文化を育ててきました。

1つの国が南北に分かれた

東アジアの国の韓国は、朝鮮半島の南半分をしめています。国の北東部には山地が連なり、南部や西部には平野が広がっています。気候は四季の区別がはっきりしていて、雨もよくふります。

朝鮮半島には、古くからさまざまな王朝が栄えていました。そして、となりの中国や日本とも、さまざまな交流をしてきました。20世紀半ば、朝鮮半島の北部の人々と南部の人々が戦う朝鮮戦争が起こり、今も2つの国に分かれています。

今日の韓国は世界でも指折りの工業国です。また、交通も発達し、首都ソウルにあるソウル仁川国際空港はアジアを代表する空港の1つになっています。

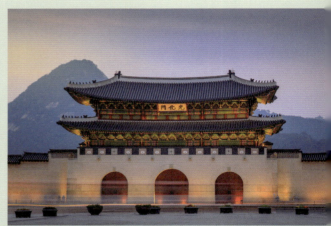

ソウルの景福宮。14世紀末に王宮（王が住む宮殿）として建てられた。16世紀に焼け落ちたが、19世紀に再建された。

基本データ

正式国名（略称）　大韓民国
Republic of Korea（KOR）
首都　ソウル
面積　10万284km²（日本の約4分の1）
人口、人口密度　5029万3000人、502人/km²（2015年）
通貨　ウォン
おもな言語　韓国語

プラスワン　韓国のスポーツ

テコンドーは、向かい合ったふたりの選手が、手や足を使ってたがいに攻撃するスポーツです。もともとは、韓国に古くから伝わる武道（戦ったり、身を守ったりするための技）でしたが、今は韓国の国技で、外国でもさかんに行われています。2000年からは、オリンピックの正式な競技にもなりました。

ミニミニトピック　日本人もよく食べるキムチは、韓国生まれのつけものです。韓国では、冬の初めに白菜や大根などを塩やとうがらしなどの薬味といっしょにつけこみます。冬は野菜不足になりやすいので、キムチを食べておぎなうのです。

21ページの答え　②

世界中で使われている韓国製品

　韓国は、日本と同じように、ものの材料やエネルギーになる資源があまり豊かではありません。そのため、外国から材料を輸入して工場で品物をつくり、その品物をまた外国に輸出する加工貿易がさかんです。韓国のものづくりの技術はとても発達していて、自動車や船から、テレビ、パソコン、スマートフォンまで、さまざまなものをつくっています。これは韓国の国や会社が、優秀な人を国の中だけでなく外国からも集めて、技術を高めることに取り組んできたからです。

　また、韓国では小学生でも、低学年のうちから学校でパソコンやインターネットについて勉強しています。こうして、技術や知識がある人を育てる努力もしているのです。

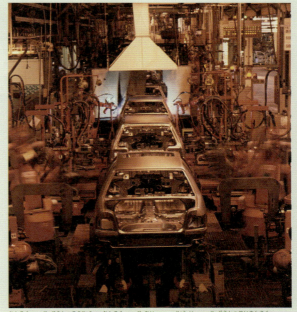

韓国の自動車工場。韓国は世界でも上位の自動車生産国で、ヨーロッパやアメリカなどに輸出している。

古い伝統を守り続ける韓国

안녕하세요
（こんにちは）

만나서 반갑습니다
（お会いできてうれしいです）

　長い歴史をもつ韓国は、自分たちがつくり出してきた文化をとても大事にしています。

　その1つが、ハングルです。古代には韓国でも、日本と同じように、中国の文字である漢字が使われていました。しかし、今から500年以上前、世宗という王が、自分たちの言葉を表すには自分たちの文字が必要だと考えて、ハングルをつくったのです。だれもが覚えやすいように、よく考えて生み出されたハングルは、1997年にユネスコの世界記録遺産（現在の「世界の記憶」）にも選ばれています。

　衣服では、女の人が着るチマ・チョゴリと、男の人が着るパジ・チョゴリがよく知られています。チョゴリは上着のことで、チマはふんわりしたスカートのようなもの、パジははかまです。昔はこれらの服が普段から着られていましたが、今は結婚式など大切な行事のときに着る人が多いようです。

ミニミニクイズ　韓国でつくり出された文字を何というでしょうか。
① アルファベット　② カタカナ　③ ハングル

答えは次のページ ▶

強い政治家が政治を行っている国
北朝鮮

赤と星は朝鮮半島の伝統的な色。星は社会主義のシンボル。

アジア

昔から日本と関わりの深い国です。今は国の指導者が強い力で国をまとめています。

強いリーダーのもとで軍事力の強化を進める

　北朝鮮は、東アジアにある朝鮮半島の北半分をしめてます。国のほとんどが山ですが、西部には平野が見られます。気候は、夏と冬の気温の差が大きく、とくに冬はきびしい寒さになります。

　1948年、朝鮮半島は北朝鮮と韓国の2つの国に分かれ、その2年後の1950年、両国の間で朝鮮戦争が起こりました。1953年に休戦（戦争をいったん中止すること）したものの、2つの国の間では緊張した状態が続いています。

　今の北朝鮮は金一族が強い力をもち、軍事力の強化を進めています。そのため、戦争が起こるのではないかと、周辺の国々の間で不安が高まっています。

ピョンヤンには、北朝鮮の国を建てた金日成（左）と金正日（右）父子の高さ約20mの銅像が建てられている。

基本データ

正式国名（略称） 朝鮮民主主義人民共和国
Democratic People's Republic of Korea（PRK）
首都 ピョンヤン
面積 12万538km²（日本の約3分の1）
人口、人口密度 2515万5000人、209人/km²（2015年）
通貨 ウォン
おもな言語 朝鮮語

プラスワン 北朝鮮と日本

　北朝鮮と日本は、国交（国どうしの正式なつきあい）がありません。最近では、船などによる行き来も行われていません。

　しかし、日本には、北朝鮮からうつってきた人々や、その子どもたちや孫たちが大勢住んでいます。そして、人々や会社による交流は今も行われています。

ミニミニトピック 北朝鮮は、国の行事などでマスゲームを行うことで有名です。マスゲームでは、大勢の人がいっせいに体操やダンスをします。何万もの人がはなやかな衣装を着て、完璧にそろった演技をする様はとても迫力があります。

23ページの答え
③

美しい景色が広がる白頭山は、朝鮮の人たちにとって大切な場所

北朝鮮と中国の国境にある白頭山は、朝鮮半島でいちばん高い山です。冬は山の上の方が雪におおわれて白く見え、夏も山をおおう白っぽい石のせいで白く見えることから、白頭山とよばれます。

朝鮮半島には最初の国は白頭山でつくられたという伝説が残っていて、人々は古くからこの山を大切にしてきました。

白頭山のてっぺんには、天池という湖があります。天池は1周の長さが約19kmもある大きな湖で、深さも200mをこえます。また、天池からは川が流れ出していて、近くに滝もあります。

天池の水はすきとおっていて美しく、それを囲むように、高さが2744mの将軍峰を始めとする山々がそびえています。そのながめがとてもすばらしいので、観光地になっています。

ピョンヤンの新しい中心地は未来科学者通り

主体思想塔は、1982年、金日成の生誕70周年を記念して建てられた。夜には塔全体がライトアップされる。

首都のピョンヤンは、北朝鮮で最大の都市です。緑が多く、とてもきれいなこの街は、国の政治や経済、文化の中心になっていて、およそ300万の人々が住んでいます。

未来科学者通りは、市内を流れる川ぞいにつくられた大通りです。道のまわりには高いビルが立ち並び、大勢の科学者が住んでいます。学校や店、公園もあって、市の新しい中心地となっています。

ピョンヤンのシンボルは、主体思想塔とよばれる、高さ170mの塔です。大理石という石を使ってつくられていて、エレベーターで展望台に上がると、ピョンヤン市内が見わたせます。

人々が利用する乗り物には、トロリーバスがあります。エンジンの代わりに電気のモーターを積んで走るバスで、おもに女性の運転手が運転しています。

ミニミニクイズ 1950年に起こった朝鮮戦争で、北朝鮮が戦った国はどこでしょうか。　① 韓国　② 中国　③ アメリカ　　答えは次のページ ▶

世界を動かす東アジアの超大国
中国

大きな星は国を治めている中国共産党を、小さな星は中国の人々を表している。

長い歴史をもつ中国は、自然や資源にめぐまれた、世界でも重要な国になっています。

アジア

世界で最も人口が多く、4番目に大きな国

中国はユーラシア大陸の東部をしめる、世界で4番目に大きな国です。西部にはけわしいヒマラヤ山脈などがあり、東部には黄河と長江という2つの大河（大きな川）が流れています。

黄河と長江のまわりでは、今から8000年前ごろには農業が行われていて、やがて黄河文明と長江文明が栄えました。そして、2000年以上前から大国ができて、東アジアの国々をリードしてきました。

現在、中国の人口は世界でいちばん多く、13億人をこえています。また、工業や商業などもさかんで、経済の上でも、政治の上でも国際社会で強い力をもつ大国になっています。

ペキンの天安門。15世紀以来、皇帝が住んでいた紫禁城の正門で、世界的な観光名所になっている。

基本データ

正式国名（略称）　中華人民共和国　People's Republic of China（CHN）
首都　ペキン　面積　960万km²（日本の約25倍）
人口、人口密度　13億7604万9000人、143人/km²（2015年）
通貨　元
おもな言語　漢語（中国語）

プラスワン 中国のスポーツ

中国では、卓球がさかんです。1970年ごろ、中国とアメリカは仲がよくありませんでした。そのため中国の政府は、アメリカの卓球選手を中国にまねくなど、卓球を通じてアメリカと仲よくしようとしたのです。

それ以来、中国では卓球をやる人がふえ、今では、世界でも卓球の強い国として知られています。

ミニミニトピック　中国の人は昔から国の外に出て活躍してきました。そして助け合って生きていくために、外国で自分たちの街をつくりました。このような街は「中華街」とよばれ、日本にも神奈川県横浜市や兵庫県神戸市などにあります。

25ページの答え　①

工業のおくれた国から「世界の工場」に変身

今から40年ほど前までは、中国の産業はアメリカやヨーロッパの国々にくらべて、おくれていました。それまで中国では、工場や田畑などで何をどのようにつくるかを、国が計画して決めていたのです。

しかし、1980年ごろから政府が方針を変え、外国の会社をまねいて、いいところを取り入れたり、工場でつくるものや値段を自由に決めたりできるようにしました。

中国はもともと鉄鉱石や銅、石炭や石油などの資源が豊富な国でした。それらを活かして産業がめざましく成長し、「世界の工場」とよばれるほどになりました。今では、世界の有名な会社が中国に支社や工場をつくっていて、シャンハイやコワンチョウなどの大都市には100階以上ある超高層ビルが建てられています。

シャンハイの超高層ビル群。右の最も高いビルは、2016年に完成した、高さ632mのシャンハイセンタービル。

世界でただ1つ、野生のパンダがいる国

パンダは、日本の動物園でも見ることができますが、野生のパンダがいるのは中国だけです。

パンダは、中部のスーチョワン省やカンスー省の高い山で、竹などを食べてくらしています。人前にあらわれないので、昔は知られていませんでした。しかし、19世紀後半、ヨーロッパやアメリカに紹介され、世界中で愛される動物になったのです。

そのパンダの数が、最近はだんだんへってきて、心配されています。その理由としては、人間が生活のために森を切り開いてパンダのすむ場所がへったことや、めずらしいパンダを売ろうと、つかまえる人が後をたたないことが挙げられます。そのため中国は、パンダが子どもをつくるのを助けたり、生まれてきたパンダが自然に帰るのを助けたりして、パンダを守るための取り組みをしています。

ミニミニクイズ 中部のスーチョワン省やカンスー省の高い山でくらしている野生のパンダが、食べているものは何でしょうか。
① 昆虫　② 竹　③ ユーカリ

答えは次のページ ▶

27

ホンコン

中国とイギリス、2つの文化がまじり合う

オリンピックでホンコンの旗として使われる。バウヒニアの花は香港を、花びらの星は中国を表す。

中国南部の都市であるホンコンは、アジアのお金の取り引きの中心になっています。

1997年、イギリスから中国に返された

ホンコンは中国南部にある都市で、カオルン半島やホンコン島のほか、230あまりの小さな島々がふくまれます。春と夏は気温が高く、雨もたくさんふりますが、秋と冬はすごしやすい気候です。

ここはもともと中国の領土でしたが、19世紀に中国がイギリスとの戦争に負けたため、ずっとイギリスに支配されていました。しかし1997年、ホンコンはイギリスから返され、ふたたび中国にもどったのです。

ホンコンは、中国のほかの地域に比べて、経済が自由に行われています。そのため、金融や工業、観光業など、さまざまな産業がさかんです。

にぎわうホンコンの街。左の赤い乗り物は、ホンコン名物になっている、2階建てのトラム。

基本データ

正式地域名（略称） 香港 Hong Kong (HKG)
面積 1106km²（日本の約342分の1）
人口、人口密度 728万8000人、6590人／km²（2015年）
通貨 ホンコン・ドル
おもな言語 広東語、英語、中国語（北京語）

プラスワン ホンコンのスポーツ

ホンコンでは、毎年3月に、7人制ラグビーの国際大会ホンコンセブンズが行われています。

ラグビーは、だ円のボールを相手のゴールに入れて得点する球技です。ホンコンセブンズには20か国以上の代表が参加します。スタジアムには大勢の観客も集まり、試合をもり上げるのです。

ホンコンの名物の1つに、トラムがあります。トラムは道路にしかれた線路を走る電車です。ホンコンでは、イギリスの植民地だったときにトラムがつくられました。それが今も人々の足となっているのです。

27ページの答え ②

東洋と西洋の文化がとけ合うホンコンの街

　ホンコンには、高さ44mのクロックタワー（時計塔）や、セント・ジョンズ教会など、古い西洋風の建物がたくさんあります。これらは、ホンコンがイギリスの植民地だった時代につくられたものです。
　また、黄大仙廟などの古い寺や、何百年も前から人々が住み続けている街などでは、植民地になる前の様子にふれることもできます。ホンコンでは東洋と西洋の文化がとけ合い、ほかでは目にすることができない街並みを見ることができるのです。
　また、ホンコンで何よりもすばらしいといわれているのは、夜景（夜の景色）です。ホンコン島でいちばん高い場所であるビクトリア・ピークからながめる夜景はとくに美しく、「100万ドルの夜景（見るだけでとても値打ちのある夜景のこと）」ともよばれています。

ホンコンでは、カラフルな光と音楽を組み合わせたシンフォニー・オブ・ライツというイベントも毎晩行われている。

中国の飲茶の習慣がホンコンでも生きている

　ホンコンは、世界中の料理が食べられるところとして有名です。そんなホンコンの人たちには朝食や午後のおやつの時間に、飲茶の習慣があります。
　飲茶は、中国のお茶を飲みながら点心を食べることです。点心は、量の少ない料理のことで、小籠包という、具が入った小さなまんじゅうや、ぎょうざ、春巻のほか、マンゴープリン、モモの形をしたまんじゅうなど、たくさんの種類があります。
　飲茶はもともとは中国の習慣で、それがホンコンでも受けつがれてきました。飲茶のできる店に行くと、点心は、せいろとよばれる竹や木であまれた蒸し器に入れられ、手押し車で運ばれてきます。人々は大きくて丸いテーブルを囲んですわり、手押し車にのせられたさまざまな点心の中から好きなものをとって食べながら、お茶を飲むのです。

ミニミニクイズ　ホンコンの人がお茶を飲みながら点心という料理を食べることを、何といいますか。
① 飲茶　② おやつ　③ パーティー

答えは次のページ ▶

小さな島だけど、工業と観光がさかん
台湾

アジア

青は正義、赤は自由と独立、白は友愛を表している。青天白日旗とよばれる。

中国との関係が深い台湾は、工業や観光業に力を入れ、独自の道を歩もうとしています。

❓ 中国の一部だけど、中国ではない？

台湾は、ユーラシア大陸の東の東シナ海にうかぶ島々です。いちばん大きな台湾島は、中央に高さ3000mをこえる山脈があり、西部に平野があります。1年中気温が高く、雨もよくふります。

ここには高砂族が住んでいましたが、中国からも多くの人々がうつり住んでいました。20世紀中ごろ、中国で内戦（国の中の戦争）が起こり、敗れた人々がにげてきました。その人々が新たに国をつくりましたが、中国は台湾を中国の一部だとしています。

今も多くの国々は、台湾を正式な国とみとめていません。しかし、台湾は工業がとてもさかんで、電子部品など、多くのものを外国に輸出しています。

台湾島北部の山あいの街・ジョウフェンの夜景。金の採くつがさかんだったころの街並みが残り、観光地になっている。

📋 基本データ

正式地域名（略称） 台湾 Taiwan（TPE）
政庁所在地 タイペイ
面積 3万6010km²（日本の約11分の1）
人口、人口密度 2349万2000人、652人／km²（2015年）
通貨 ニュー台湾ドル
おもな言語 中国語、台湾語、客家語 など

➕ プラスワン 台湾のスポーツ

台湾の人気スポーツは、野球です。台湾で初めて野球が行われたのは120年あまり前で、日本人によって伝えられました。その後、野球を楽しむ人が少しずつふえていきました。1990年からプロ野球も始まり、日本人選手も参加しています。また、日本のプロ野球チームでも、台湾出身の選手が活躍しています。

ミニミニトピック　世界のノートパソコンの多くは台湾でつくられていて、台湾は「世界のパソコン工場」とよばれています。ほかにパソコンやスマートフォンの部品もたくさんつくっていて、それらは中国の工場で製品にされます。

29ページの答え
①

東アジアを代表する超高層ビル、タイペイ101

　タイペイは、台湾で最大の都市で、経済や文化の中心です。観光名所も多く、ここには外国からもたくさんの人が集まっています。

　そのタイペイのシンボルの1つが、超高層ビルのタイペイ101です。このビルは、名前の通り、地上は101階、地下は5階まであります。高さは約509mで、日本でいちばん高い大阪府のあべのハルカス（300m）より209mも高いのです。

　タイペイ101は、仏教の塔や竹の形をイメージしてつくられ、壁には台風や地震がきてもわれない、じょうぶなガラスが使われています。また、ビルの超高速エレベーターを使うと、地下1階から89階の展望台まで、わずか39秒で上がることができます。

　さらに、毎年5月には、1階から91階まで2046段の階段をかけ上がるレースが行われていて、名物になっています。

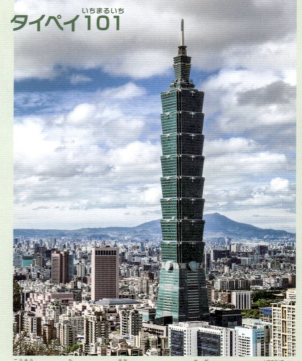

高層ビルが立ちならぶ街で、とりわけ目立つタイペイ101。さまざまな会社のオフィスやレストランなどが入っている。

日本の協力で開通した台湾高速鉄道

台湾高速鉄道には、日本のこだまのように、すべての駅にとまるタイプと、一部の駅にしかとまらないタイプがある。

　2007年、台湾島北部にあるタイペイと、南部にあるカオシュンを結ぶ台湾高速鉄道が開通しました。

　タイペイとカオシュンは345kmもはなれていて、前は鉄道で約4時間かかっていました。しかし、最高時速が300kmの台湾高速鉄道が完成して、約1時間30分で行き来できるようになったのです。それ以来、毎日、約15万3000人が利用しています。

　台湾高速鉄道の建設には、日本も協力しました。新幹線の高速で走るための技術はもちろん、地震があっても事故が起こらない安全の技術も取り入れられました。台湾も、日本と同じように、地震が多いからです。日本と台湾の間に国交（国同士の正式なつきあい）はありませんが、人々や会社の間ではさかんに交流が行われています。

ミニミニクイズ　タイペイの超高層ビル、タイペイ101の高さは何mでしょうか。
① 309m　② 409m　③ 509m

答えは次のページ ▶

アジア

大草原をかけぬける遊牧民の国
モンゴル

赤は勝利、青は空の色を表している。左にかかれているのは、ソヨンボとよばれる国のシンボル。

遊牧民の国・モンゴルは、さまざまな資源にめぐまれ、人々の生活も変わりつつあります。

広大な草原で羊や山羊を飼ってくらすモンゴル人

モンゴルはユーラシア大陸の真ん中近くにある国です。国土のほとんどがモンゴル高原で、南部にはゴビ砂漠が広がっています。気候は、夏はおだやかですが、冬は寒くて、1月の平均気温は−21度です。

ここには昔から羊や山羊、馬を飼って、えさや水を求めて住む場所をうつる遊牧民がくらしていました。13世紀には遊牧民のリーダーだったチンギス・ハンの建てたモンゴル帝国が、今の中国やイランのあたりまで支配していました。

モンゴルは、モリブデンという金属を始め、さまざまな資源にめぐまれています。また、羊や山羊の毛などを輸出しています。

首都ウランバートルは、標高（海面からの高さ）約1300mの高原にあり、政治や経済の中心地になっている。

基本データ

正式国名（略称） モンゴル国　Mongolia（MGL）
首都 ウランバートル　面積 156万4116km²（日本の約4倍）
人口、人口密度 295万9000人、2人／km²（2015年）
通貨 トグログ　おもな言語 モンゴル語、カザフ語

プラスワン　モンゴルのスポーツ

モンゴルのオリンピック・メダリスト第1号は、1968年メキシコ大会のジグジドゥ・ムンフバト選手です。男子フリースタイル・レスリングで銀メダルをとりました。ムンフバト選手は、モンゴルの祭りナーダムの相撲で2回優勝し、最高位アブラガの称号もらった人で、日本の大相撲の横綱・白鵬のお父さんです。

ミニミニトピック　モンゴルの遊牧民たちは、野菜をあまり食べません。しかし、かれらが飲む牛や羊、山羊の乳には、ビタミンやミネラルなどがふくまれているので、それで栄養不足をおぎなっています。

31ページの答え　③

電気も使えるようになった遊牧民の家・ゲル

最近では、首都のウランバートルのような都市にずっと住む人もふえましたが、モンゴルでは今も多くの人が、草原で遊牧生活をしています。モンゴルの人口は約300万人ですが、羊はそれよりはるかに多い約2300万頭、山羊は2200万頭、馬は約300万頭もいるのです。

遊牧民は、ゲルとよばれる家に住んでいます。ゲルは、木の骨組みにフェルトや木綿の布をはった組み立て式の家で、場所をうつるときは、ばらばらにしてもち運ぶことができるのです。

ゲルの真ん中にはストーブが置かれ、ほかにテーブルや、たな、ベッドなどもあります。このごろは、太陽の光を利用して電気を起こすソーラーパネルをもっている人もいて、夜は電気をつけたり、テレビを見たりしています。

ゲルは、2、3人が協力して1時間ほどで組み立てることができる。ばらばらにするのに必要な時間は30分ぐらい。

夏の草原に人々の歓声がわくナーダム

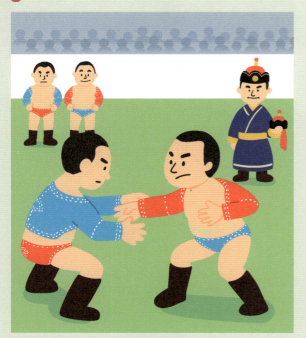

モンゴルでは地方ごとに、ナーダムという祭りを行います。とくに有名なのは毎年7月11日と12日に行われるウランバートルのナーダムで、相撲と競馬と弓、それぞれの全国大会が開かれます。

ナーダムで最も人気が高いのは、ブフとよばれる相撲です。ブフの歴史は古く、2000年以上前から行われています。日本の相撲とちがって土俵はなく、力士はベスト、ブーツといったモンゴルの伝統的な衣装を着て戦います。そして、まわりの観客は歌ったりおどったりして試合をもり上げます。

相撲の試合に勝った力士は、大空にはばたくタカのように、手を広げて舞います。そして、ナーダムで優勝すると、ライオンという意味のアルスラン、2年優勝すると、巨人という意味のアブラガとよばれ、国民的英雄になるのです。

ミニミニクイズ モンゴル帝国をつくった人はだれでしょうか。 ① コルゲン ② オゴデイ ③ チンギス・ハン　　答えは次のページ ▶

33

あたたかい気候にめぐまれたフルーツ王国
フィリピン

太陽の8つの光は国の独立のために立ち上がった8つの州、3つの星は国のおもな地域を表している。

アジア

1年中あたたかいフィリピンでは、バナナなどの果物の栽培がさかんです。

火山の活動がさかんで地震が多い国

フィリピンは東南アジアの国で、ユーラシア大陸の南東の海にあります。ルソン島やミンダナオ島を始め、7000以上の島々からなる国で、1年中気温が高く、雨も多くふります。また、火山活動が活発で噴火することもあり、地震もよく起こります。

ここには昔からさまざまな民族が住み、島ごとにちがう文化を育てていました。16世紀からはスペインやアメリカなどの支配を受けましたが、1946年にアメリカから独立し、今の国の形になりました。

フィリピンの産業の中心は農業で、米や果物を栽培しています。ほかに観光業やサービス業（品物ではなくサービスを売る仕事）もさかんです。

大勢の人でにぎわう首都マニラの様子。奥にあるのは、16世紀にスペイン人が建てたキアポ教会。

基本データ

正式国名（略称） フィリピン共和国
Republic of the Philippines（PHI）
首都 マニラ
面積 30万km²（日本よりやや小さい）
人口、人口密度 1億69万9000人、336人／km²（2015年）
通貨 フィリピン・ペソ
おもな言語 フィリピノ語、英語

マニラ
ピナツボ山
南シナ海
フィリピン海
スールー海
マレーシア
セレベス海

プラスワン フィリピンのスポーツ

フィリピンの人気スポーツはバスケットボールです。19世紀末、フィリピンはアメリカの植民地になり、アメリカで生まれたバスケットボールが根づいたのです。

フィリピンでは、バスケットのゴールが街のあちらこちらにあって、子どもも大人も、ふだんからバスケットボールを楽しんでいるのです。

ルソン島では、山の斜面に階段のようにつくられた水田が見られます。ここに住むイフガオ族の人々が長い時間をかけてつくったもので、フィリピン・コルディリェーラの棚田群の名で、世界遺産にも登録されています。

33ページの答え ③

地球の北半分の気温を下がらせたピナツボ山の噴火

フィリピンには火山がたくさんあります。1991年には、その1つであるルソン島のピナツボ山がおよそ500年ぶりに噴火しました。

噴火とは、火山が爆発することです。爆発は頂上がふき飛ぶほど大きくて、ピナツボ山の高さはそれまでの1745mから200m以上低くなってしまいました。ふん煙は高さ約3万mまで上って広い範囲をおおい、そのため地球の北半分の気温が少し下がりました。さらに、熱でドロドロにとけた岩や灰が大量に流れ出し、大勢の人が命を落としたのです。

おそろしい火山ですが、くらしに役立つところもあります。火山の近くは地面の温度が高いので、その熱を利用して電気をつくり出せるのです。フィリピンは地熱発電所の建設に力を入れていて、アメリカに次ぐ世界第2位の地熱発電大国になっています。

南国の果物が1年中実る「フルーツ王国」

マニラの市場には、マンゴーなど、さまざまな果物がならべられている。

フィリピンでは、さまざまな果物が育てられていて、フルーツの王国とよばれることもあります。フィリピンの気候は、とくに南国（あたたかい南の土地）の果物の栽培に向いています。それで、バナナやパイナップル、マンゴー、ココナッツなどの果物をさかんにつくっているのです。

1960年代には、バナナを栽培するための大きな農場をつくって、大量に日本に輸出していました。あまくて栄養のあるバナナは、日本で人気があって、よく売れたからです。今でも、日本で売られているバナナの多くはフィリピンで育てられたものです。

また、フィリピンには果物を使ったデザートがたくさんありますが、ココナッツの汁からつくったナタデココや、いろいろな果物をのせたハロハロなどは日本でも食べられます。

ミニミニクイズ　1991年に大きな噴火を起こしたフィリピンの山は何でしょうか。
① ピナツボ山　　② エベレスト山　　③ 白頭山

答えは次のページ ▶

東ティモール

1つの島が2つに分かれてできた国

アジア

赤は独立戦争、黄は植民地主義の傷跡、黒は困難、白い星は未来への希望や平和を表している。

2002年に独立したばかりの国で、石油と天然ガスの開発で、発展が期待されています。

ティモール島の東側と西側で別々の国になった

東ティモールは、ティモール島の東半分と、その周辺の島々からなります。国土の3分の2が山で、1年中気温が高くて雨が多い地域です。

16世紀前半、ティモール島はポルトガルの植民地でしたが、20世紀初めには島の東半分をポルトガルが、西半分をオランダが支配しました。現在では、西半分はインドネシアの領土になり、東半分は、2002年に東ティモールとして独立しています。

東ティモールのおもな産業は石油と天然ガスです。海底に石油と天然ガスがあり、近くにある国のオーストラリアと協力して輸出しています。農業では、米、とうもろこし、コーヒーなどを育てています。

ティモール島北部のディリは海に面していて、港町だった。ポルトガルの植民地の中心地で、独立後は首都が置かれた。

基本データ

正式国名（略称）　東ティモール民主共和国
The Democratic Republic of Timor-Leste（TLS）
首都　ディリ　面積　1万4919km²（日本の約25分の1）
人口、人口密度　118万5000人、79人／km²（2015年）
通貨　アメリカ・ドル、センタボ
おもな言語　テトゥン語、ポルトガル語、インドネシア語、英語

プラスワン　東ティモールと日本

東ティモールではサッカーが人気です。2004年と2005年に東ティモールの少年チームが、日本の広島で開催された11歳以下のサッカー大会「リベリーノカップ」に参加し、優勝しています。

2016年から日本人が代表チームのアシスタントコーチや21歳以下のチームの監督をしています。

ミニミニトピック

16世紀にポルトガル人がティモール島にきた目的は、白檀という木でした。白檀は、甘くて強い香りがする木です。中国では大事な行事で使われるものだったため、ポルトガルは中国への輸出品としたのです。

35ページの答え　①

ワニは神様のように大事な存在

東ティモールの人たちにとって、ワニは危険な存在です。野生のワニが、村の近くや海岸にやってきて、人をおそうからです。そのため、街のあちこちに「ワニに注意」の看板が立てられています。子どもが何か悪いことをすると「ワニに食べられちゃうよ」といわれるぐらい、ワニは身近な動物なのです。

しかし、東ティモールの人たちはワニを殺したり、食べたりはしません。それは、昔からワニを、神様のような存在だと思っているからです。ティモール島の形が、ワニの形のように見えることから、「ワニが島になった」という伝説もあります。人々はワニをおそれながらも、とても大事にしているのです。

そのため、東ティモールでは、ワニの形をしたもの、ワニの絵、ワニの柄が入った製品など、ワニに関係のあるものを国中で見かけます。

海外でも注目される、農薬を使わないコーヒー

収穫したコーヒーの実は、日光に当てて乾燥させる。日光がまんべんなく当たるように、実をならしている様子。

東ティモールのコーヒーは、農薬を使わない、体によいコーヒーとして世界から注目されています。

この地域に最初にコーヒーの苗を持ちこんだのは、ポルトガル人でした。東ティモールの山のあたりは朝と夜の気温の差が大きく、雨が多いので、コーヒーの栽培に向いていました。それで、コーヒーをさかんに育てるようになったのです。

しかし、ポルトガル人が去ると、コーヒー栽培は国からの支援や協力を受けられなくなってしまい、コーヒー農家の人たちは、費用がかかる農薬を使わないで育てるようになりました。それが、現在まで続いているのです。

今は農薬を使わない育て方が注目されていて、海外の人たちが協力し、東ティモールのコーヒーはどんどんおいしくなっています。

ミニミニクイズ 東ティモールで、神様のように大事にされている動物は何でしょうか。
① サル　② ブタ　③ ワニ

答えは次のページ ▶

アジア

赤は太陽と自由を、白は月と正義を意味する。モナコ公国とデザインが同じ。

赤道をまたぐ世界で最も島の多い国
インドネシア

インドネシアは、東南アジアで最も国土が広くて人口が多く、日本との関係も深い国です。

民族も、文化も、自然も多い国

インドネシアは、人類の最も古い祖先といわれるジャワ原人の化石が発見されたジャワ島を始め、1万7000以上の島々が、東西に連なっています。気候は1年中暑く、雨がよくふります。

東西の距離は4800kmにもなり、島の数は世界一。また、人口も世界で4番目です。

多くの民族が住むので、その数と同じぐらいの言葉があり、文化もさまざまです。

インドネシアは、18世紀末にオランダの植民地になりました。20世紀前半には日本が占領した時期もありましたが、1949年に独立しました。天然ガスや鉱物などの資源が豊富で輸出がさかんです。

首都ジャカルタは、東南アジアでも指折りの大都市で、外国の会社もたくさん進出している。

基本データ

正式国名（略称）　インドネシア共和国　Republic of Indonesia（INA）
首都　ジャカルタ　　面積　191万931km²（日本の約5倍）
人口、人口密度　2億5756万4000人、135人／km²（2015年）
通貨　ルピア　　おもな言語　インドネシア語

プラスワン　インドネシアのスポーツ

インドネシアでは、バドミントンが人気です。毎年、国内でバドミントンの国際試合が開催されています。2016年のリオ・オリンピックで、男女がペアになる、混合ダブルスで金メダルをとりました。これで、インドネシアのオリンピックでの金メダルは6個になりましたが、全てバドミントンでとっています。

ミニミニトピック　ジャワ島やバリ島に伝えられる世界無形文化遺産の影絵芝居「ワヤン・クリ」は、インドの古い物語などを題材にしています。8時間もかかる長いストーリーもあるので、夜おそく始まると徹夜になります。

37ページの答え
③

たくさんの宗教がある。でも、世界一イスラム教徒が多い

多くの民族が住むインドネシアでは、宗教もさまざまです。信仰する人の数が最も多いのはイスラム教で、国民の90％近くにおよびます。インドネシアは、世界一イスラム教徒（ムスリム）が多い国なのです。イスラム教徒は、人口の多い都市部に集中し、人口の少ない島ではそれほど多くありません。

観光地として知られるバリ島では、ほとんどの人がバリヒンズーを信仰しています。バリヒンズーは、島にもとからあった宗教と、インドの仏教、ヒンズー教がまざり合った宗教です。

ほかにもキリスト教や、仏教などが信仰されていて、おたがいの宗教を大切にしてくらしています。

世界最大のトカゲや大きな花、めずらしい動植物の宝庫

コモドオオトカゲは森にすんでいて、イノシシなどのほ乳類や鳥をエサにする。コモドドラゴンともいう。

インドネシアには、ここでしか見られないめずらしい動物や植物があります。

代表的な動物は、世界最大のトカゲ、コモドオオトカゲです。全長3m以上になる肉食のトカゲで、インドネシアのコモド島とその周辺にしかいません。

また、スラウェシ島とその周辺にすむバビルサも変わった動物です。バビルサは、インドネシア語で「ブタシカ」という意味です。胴体がブタで、細い脚がシカに似ているのですが、イノシシの仲間です。オスのバビルサには、イノシシのようなキバがありますが、そのキバは、上へ向かって4本生えています。顔にくっつきそうなほどつき出ているのですが、何のためにあるのか、わかっていません。

植物では、世界最大級の花が2種類あります。カリマンタン島のラフレシア・アーノルディと、スマトラ島で見られるショクダイオオコンニャク（スマトラオオコンニャク）で、どちらも花の直径が1mにもなります。

ミニミニクイズ インドネシアで最も多くの人が信仰している宗教は何でしょうか。　① キリスト教　② ヒンズー教　③ イスラム教　　答えは次のページ ▶

アジア

自然と資源にめぐまれた豊かな国
ブルネイ

中央の三日月はイスラム教のシンボルで、それを包みこむ両手は、国が栄えることを表している。

東南アジアの国ブルネイは、石油と天然ガスを外国に輸出していて、とても豊かな国です。

✚ 教育にかかるお金、医者にかかるお金は無料

ブルネイは、東南アジアのカリマンタン島北部にある小さな国です。1年中暑く、雨がよくふります。

ここでは、国民の多くがイスラム教を信じています。そして、国王がイスラム教の一番高い地位につき、国をまとめてきました。19世紀末にはイギリスの保護領になりましたが、1984年に独立しました。

ブルネイは資源が豊かで、石油と天然ガスを外国へさかんに輸出しています。ここでは、石油も天然ガスも国王のものです。だからといって、国王がお金を独りじめしているわけではありません。ブルネイでは子どもの教育にかかるお金も、医者にかかるときも無料です。

首都バンダルスリブガワンにあるスルターン・オマール・アリ・サイフディン・モスクは、国のシンボルになっている。

基本データ

正式国名（略称） ブルネイ・ダルサラーム国
Brunei Darussalam（BRU）
首都　バンダルスリブガワン
面積　5765km²（日本の約66分の1）
人口、人口密度　42万3000人、73人/km²（2015年）
通貨　ブルネイ・ドル
おもな言語　マレー語、英語

プラスワン　ブルネイのスポーツ

ブルネイの人気スポーツはバドミントンです。日本ともバドミントンを通じて交流があります。2016年には国王の70歳を記念して、日本代表選手がブルネイに招待されて、バドミントン交流が行われました。また、日本で練習したジャスパー選手はブルネイで初めて、バドミントンでリオ・オリンピックに出場しました。

ブルネイは、国土の約6割がジャングルです。暑くてじめじめした場所にいろいろな植物がからみ合うように生えています。そのため、空気や水がとてもきれいです。テングザルは、カリマンタン島にしかいない動物です。

39ページの答え
③

国王から国民へのプレゼントは遊園地！

ジュルドンパークは、首都バンダルスリブガワンの北西にある遊園地です。1994年に、国王が48歳の誕生日を記念し、国民へのプレゼントとして、つくられました。

この遊園地には、音楽に合わせて水がふき出す噴水や、ゴーカート、メリーゴーラウンド、海賊船などのほか、コンサートも行える劇場があります。1996年には国王が、そのころ世界的に大人気だったアメリカの歌手、マイケル・ジャクソンをまねいてコンサートを行い、話題になりました。

1年中暑いブルネイでは、昼間はとくに気温が高いので、だれも外で遊びません。そのためジュルドンパークの営業時間は、夕方から深夜までです。遊園地は夜になるとライトアップされ、とてもいい雰囲気です。

川の中に家がある！ 東南アジア最大の水上集落

カンポン・アイルの家々は、高い柱で、水上にもち上げられている。新しい住宅も次々に建てられている。

バンダルスリブガワンを流れるブルネイ川の河口近くには、カンポン・アイルという村があって、3万人をこえる人が住んでいます。このように、水の上に家がたくさん建てられているところを、水上集落といいます。カンポン・アイルは、今から約600年前からあって、東南アジアで最も大きな水上集落といわれています。

ここの人々は川の底に柱を立て、床の高い家をつくって生活しています。家の中では、電気、水道、ガスが使え、エアコンもテレビも冷蔵庫もあり、生活に困ることはありません。村の中には、学校や食堂、警察、消防署もあります。

かつては国王がくらす王宮も、この水上集落にありました。水上はすずしくて、くらしやすいので、人々は今もここでの生活を続けているのです。

ミニミニクイズ 1994年、ブルネイの国王が、国民へのプレゼントとしてつくった物は何でしょうか。
① 水上集落　② 宮殿　③ 遊園地

答えは次のページ ▶

41

アジアのお金や人や物が集まる小さな島
シンガポール

5つの星と三日月は自由・平和・進歩・平等・公正を表す。

アジア

小さな国・シンガポールは、アジアだけでなく世界からも、お金や人が集まってきます。

小さな島にさまざまな人々が住む

シンガポールは、東南アジアのマレー半島の南のはしにある、とても小さな島国です。赤道に近いため、1年中あたたかく、雨がよくふります。

ここは海をわたってアジアの国々へ行きやすいので、昔から、外国と品物を取り引きする貿易で栄えてきました。住んでいるのは、中国から来た中国系の人が最も多く、ほかにマレー半島から来たマレー系の人や、インドから来たインド系の人もいます。

今のシンガポールは、お金のやりとりに関わる金融業が発達していて、アジアの金融の中心の1つになっています。また、工業や観光業にも力を入れています。

超高層ビルが立ち並ぶシンガポールの中心部。手前には、国のシンボルであるマーライオンの像がある。

基本データ

正式国名（略称） シンガポール共和国　Republic of Singapore（SIN）
面積　719km²（日本の約526分の1）
人口、人口密度　560万4000人、7794人/km²（2015年）
通貨　シンガポール・ドル
おもな言語　マレー語、英語、中国語、タミール語

プラスワン
シンガポールと日本

20世紀半ばの第二次世界大戦で、日本軍はシンガポールを占領して、昭南市とよんでいました。

戦争が終わると2つの国はふたたび仲がよくなり、貿易をさかんに行うようになりました。今では、日本の会社がシンガポールに工場などをつくっているほか、多くの日本人がシンガポールを旅行しています。

シンガポールのシンボルであるマーライオンは、上半身がライオンで、下半身が魚という、想像上の生き物です。マーライオン公園のほか、シンガポールのあちらこちらにマーライオンの像を見ることができます。

41ページの答え
③

きれいな街のヒミツはきびしいルール

シンガポールは、ゴミが落ちていないきれいな国として知られています。これは、シンガポールの政府が国をきれいにするために、さまざまなルールをつくっているからです。

シンガポールのルールには、道路などでゴミを捨てないことや、つばをはかないこと、落書きしないことなどがあります。また、観光客がシンガポールにチューインガムをもちこむことも禁止しています。これらを破った人は、罰金をはらったり、刑務所に入るなど、罰を受けることになります。

シンガポールには、生活のしかたや考え方がちがう、いくつもの民族が住んでいます。ある民族にとってはよいことも、ほかの民族にとってはよくないかもしれません。だから、国がルールを決めて、みんなにとって、よい国をつくろうとしているのです。

大人気の植物園、ガーデンズ・バイ・ザ・ベイ

細い枝を広げて立っているのがスーパーツリー。スーパーツリーの幹は、ランやシダなど、本物の植物でおおわれている。

ガーデンズ・バイ・ザ・ベイは、シンガポールで大人気の植物園です。見どころは、2つの巨大なガラスのドームと、大きな人工の木です。

その1つ、フラワー・ドームの中は、すずしく乾燥した気候にたもたれていて、バオバブを始め、めずらしい木や草花を見ることができます。もう1つのクラウド・フォレスト・ドームの中には、高さ35mの人工の山があり、そのてっぺんから人工の滝が流れ落ちています。山のまわりには道があって、歩きながら、山に育つ植物を見ることができます。

さらにガーデンズ・バイ・ザ・ベイの中には、高さ25～50mの人工の木、スーパーツリーが12本立っています。木と木の間には、地上22mのところに道があって、空中を歩いている気分でまわりを見わたすことができます。

ミニミニクイズ シンガポールで人気があるガーデンズ・バイ・ザ・ベイは、どんなところでしょうか。
① 水族館　② 動物園　③ 植物園

答えは次のページ ▶

アジア

先進国の仲間入りを目指し、発展を続ける
マレーシア

月と星はイスラム教のシンボル。赤白の14本の線は、13の州と、首都などの連邦特別区を表す。

マレー半島とカリマンタン島にまたがるマレーシアは、経済が大きく成長してきています。

国土が2つに分かれためずらしい国

マレーシアは、マレー半島南部とカリマンタン島北部に分かれています。2つの地域は600km以上はなれていて、間に南シナ海があります。気候は、1年を通じて気温が高く、雨もよくふります。

ここには、くらし方や文化がちがうさまざまな民族が住んでいます。最も多いのは昔からマレー半島に住んでいたマレー系の人で、中国から来た中国系の人や、インドから来たインド系の人などもいます。

この地域は19世紀前半にイギリスの植民地になりましたが、20世紀半ばに独立しました。今は産業が成長し、テレビなどの電気製品や、金属のすず、天然ゴム、パーム油などを輸出しています。

首都クアラルンプールには、役所や銀行などが集まる。中央の2つのビルは、街のシンボル、ペトロナス・ツインタワー。

基本データ

正式国名（略称）　マレーシア　Malaysia（MAS）
首都　クアラルンプール　面積　33万323km²（日本の約8分の7）
人口、人口密度　3033万1000人、92人／km²（2015年）
通貨　リンギット　おもな言語　マレー語、中国語、タミール語、英語

プラスワン　マレーシアのスポーツ

マレーシアではバドミントンがさかんで、国民的なスポーツになっています。バドミントンはイギリス生まれのスポーツで、イギリスがマレーシアを植民地としていたときに、伝わったといわれます。

バドミントンの国際大会が開かれると、マレーシアの国中がもり上がって、代表の選手たちを応援します。

日本人でもよく知っているマレー語があります。それはオランウータン。「森の人」という意味で、もともと海辺に住む人に対して、内陸に住む人という意味でしたが、ヨーロッパ人の誤解から、動物の名前になりました。

43ページの答え
③

どろんこの川の街が世界的都市になった！クアラルンプール

首都のクアラルンプールは、マレー半島の西海岸にあります。クアラルンプールは「どろんこの川が交わる場所」という意味で、名前の通り、どろの多いクラン川とゴンバック川が、ここで合流します。

このあたりは、もともとはジャングルでした。しかし150年ほど前に、すずという金属が周辺の山からほり出されるようになると、多くの人がうつり住んで村ができました。すずは、ちょうどそのころから広く使われるようになった缶詰の缶の材料です。さらに、まわりでゴムの大農園もつくられ、クアラルンプールはどんどん大きくなっていきました。

今やクアラルンプールは、150万以上の人々が住む大都市です。高層ビルがたくさん立ちならび、外国からも多くの人が集まる世界的な都市として知られています。

ゴンバック川　　クラン川

外国の商人たちでにぎわったムラカ王国の都・マラッカ

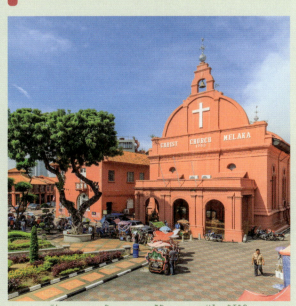

オランダ人によって建てられた赤いレンガ色の建物がならぶこの地域は、オランダ広場とよばれている。

マレー半島と、その西のインドネシアにはさまれた海をマラッカ海峡といいます。東南アジアとインドや西アジアを行き来する船の多くはここを通るので、昔も今も海の交通の重要な場所とされています。

15世紀の初め、マレー半島の西海岸にあった港町マラッカの周辺で、ムラカ王国がおこりました。ムラカは港で船に食料や水などを補給したので、さまざまな国の船や商人がおとずれるようになり、大きく発展しました。中には、琉球王国（今の沖縄県）の船もあったといいます。

16世紀になると、ポルトガルがここを占領し、その後もオランダやイギリスなどに支配されました。マラッカの街には、その時代に建てられたヨーロッパ風の建物が数多く残っていて、2008年には世界遺産にも登録されました。

ミニミニクイズ　クアラルンプールで150年前からとれるようになったすずは、おもに何の材料になりましたか。
①楽器　②缶　③洋服
答えは次のページ▶

豊かな農業国が工業にも力を入れて成長
ベトナム

赤は革命（世の中を大きく変えること）で流された血、星はさまざまな人の団結を表している。

アジア

ベトナムは、最近では、国がリードして工業にも力を入れ、急速に成長しています。

北と南に分かれての戦争が20年近く続いた

ベトナムはインドシナ半島の東側にあります。国土は南北に細長くて、その大部分が山地です。気候は、1年中気温が高く、雨もよくふります。

この地域は、約2100年前から1000年あまり中国に支配されていました。19世紀末にフランスの植民地になりましたが、第二次世界大戦後、独立します。やがて、北部の人々が、南部を後押しするフランスやアメリカと戦うベトナム戦争が始まります。この戦争は20年近く続いて1973年に終わり、ベトナムはふたたび1つになったのです。

気候にめぐまれたベトナムは、もともと農業がさかんでしたが、最近は工業も急成長しています。

首都ハノイの様子。ベトナムでは、バイクが多くの人々の足として利用されている。

基本データ

正式国名（略称） ベトナム社会主義共和国
Socialist Republic of Viet Nam（VIE）
首都 ハノイ
面積 33万967km²（日本よりやや小さい）
人口、人口密度 9344万8000人、282人/km²（2015年）
通貨 ドン
おもな言語 ベトナム語

プラスワン ベトナムと日本

ベトナム中部の港町ホイアンに、日本橋という橋があります。400年ほど前の江戸時代初め、日本の商人たちは東南アジアの国々とさかんに取り引きしていました。中には東南アジアに住む人もいて、日本人が多い日本町がつくられたのです。ホイアンもその1つで、1000人以上の日本人が住んでいました。

ミニミニトピック ベトナムの料理には、ヌクマムが欠かせません。ヌクマムは日本のしょう油ににた調味料で、イワシなどの魚を何か月も塩づけにしてつくります。ベトナム以外にカンボジアでも、ヌクマムは使われています。

45ページの答え ②

ドイモイで新しくなったベトナムの産業

ホン川とメコン川という大きな川が流れ、水にも気候にもめぐまれているベトナムは、昔から農業がさかんです。米のほか、トマト、キュウリなどの野菜、ドラゴンフルーツ、グレープフルーツなどの果物、さらにコーヒーもつくっていて、最近では輸出もふえています。

ベトナムで農業が成長したのは、それまで政府が決めていた農作物の生産量や値段を、農家と買う人の間で決められるようにしたからです。また、外国への輸出や輸入にも力を入れました。この政府の方向転換はドイモイとよばれます。ドイモイは、「悪いところを直して、新しくする」という意味です。

ドイモイは工業でも効果を発揮していて、携帯電話やパソコン、衣類やくつなどの生産量がふえ、ベトナムの経済は成長してきています。

学校の制服にもなっている伝統衣装のアオザイ

ベトナムの女の人は、結婚式のような改まった行事はもちろん、普段からアオザイという伝統的な服を着ます。アオザイは、とても長い上着とゆったりしたズボンを組み合わせた服で、上着のえりが小さくて立っていることや、細くて長いそでが特徴です。

長い間、中国の支配を受けてきたベトナムは、中国の服にならいながらも自分たちの服をつくってきました。アオザイがベトナムの人々に広まったのは約200年前のことです。今では、制服にアオザイをとり入れている学校や企業もあります。

外では、アオザイを着て、ノンラーとよばれる帽子をかぶることもあります。ノンラーは木や竹を骨組みにして、アブラヤシなどの葉をあんだものです。日差しをよけるのはもちろん、てっぺんがとがっているので雨が流れ落ち、雨よけにもなります。

ミニミニクイズ　ベトナムに流れている大きな川は、ホン川ともう1つは何でしょうか。
① インダス川　　② カー川　　③ メコン川

答えは次のページ ▶

古い歴史と豊かな自然にめぐまれた
カンボジア

アジア

中央にえがかれているのは、アンコールワット遺跡。青は王室、赤は国民を表す。

昔は国内での戦いがありましたが、今は国王が国をまとめ、経済の成長をはかっています。

500年あまり前まではアンコール王国が栄えていた

カンボジアはインドシナ半島の南西にあります。国の中央を南から北へメコン川が流れていて、まわりには平野がひらけています。気温は1年を通じて高く、6〜10月の雨季には雨がよくふります。

ここでは15世紀までアンコール王国が栄えていましたが、元（今のモンゴル）やベトナムにせめられ、19世紀にはフランスの保護領になりました。1953年に独立しましたが、1970年から20年あまり内戦（国の中での戦い）が続き、1993年にようやく平和がおとずれました。

カンボジアの産業の柱は農業で、米作りがさかんです。工業では、洋服やくつなどをつくっています。

首都プノンペンの街並み。手前にある金色の建物は、国王が住む宮殿と仏教の寺院。

基本データ

正式国名（略称）	カンボジア王国　Kingdom of Cambodia（CAM）
首都	プノンペン
面積	18万1035km²（日本の約2分1）
人口、人口密度	1557万8000人、86人／km²（2015年）
通貨	リエル
おもな言語	カンボジア語

プラスワン　カンボジアと日本

2016年8月、ブラジルで行われたリオデジャネイロ・オリンピックに、日本でタレントとして活躍していた滝崎邦明（猫ひろし）選手がカンボジア代表としてマラソン競技に出場しました。滝崎選手は、カンボジアと日本、2つの国の人々の応援を受けて最後まで走り、139位でゴールをしました。

ミニミニトピック　カンボジアでは、1000年以上前に生まれた「アプサラ」という踊りが今も受けつがれています。アプサラは、天使や天女のことで、女の人たちが美しい踊りを神様にささげるのです。

47ページの答え
③

季節によって、大きくなったり小さくなったりするトンレサップ湖

カンボジアの中央にあるトンレサップ湖は、東南アジア最大の湖で、季節によって大きさが変わることで有名です。乾季には、この湖からメコン川に水が流れていきますが、雨季になると、水かさがましたメコン川から水が反対に流れこんできて、湖の面積が大きくなるのです。雨季の湖の面積は、乾季の3倍にもなります。

トンレサップ湖は、水上に100万人以上が住んで、村をつくっています。人々が住んでいる家は水面よりも高いところに床があって、湖の水かさが少ないときには床の下の長い柱が見えます。

雨季には、この湖にナマズやコイなど、たくさんの魚がやってくるので、人々は漁をしてくらしています。また、村には食料品や服、雑貨などを売る店、食堂、寺院、教会、学校があって、人々は船に乗って行き来するのです。

トンレサップ湖には、いかだ式と高床式の2種類の家がある。写真はいかだ式で、ドラム缶が浮きの代わりになっている。

800年前に建てられた巨大な石の寺院、アンコール・ワット

朝日を浴びるアンコールワット。姿の美しさと、彫刻のすばらしさで広く知られている。

カンボジアの北西部にあるアンコール・ワットは、12世紀に建てられたヒンズー教の寺院（寺）です。そのころ力をふるっていたアンコール王国の王が、30年をかけて建てさせたと伝えられています。

東西が1500m、南北が1300mもある、とても広い寺院で、5つの高い塔は、たくさんの石を積み上げてつくられています。東南アジアを代表するりっぱな寺院のうわさは、やがて日本にもとどきました。江戸時代には、武士の森本右近太夫がここにお参りしたという記録が残っています。

その後、カンボジアではたびたび戦いが起こり、アンコール・ワットも傷つけられてしまいました。1992年に世界遺産に登録され、こわれたところを直す作業が進められています。

カンボジアにある、東南アジアでいちばん大きな湖は何でしょうか。
① トバ湖　② トンレサップ湖　③ ノンハン湖

答えは次のページ ▶

49

アジア

ラオス
山がちな地形を活かして電気を輸出する

赤は独立のために流された血、青は豊かさ、白はメコン川にのぼった満月を表している。

山が多く、メコン川の水にめぐまれたラオスは、水力発電に力を入れています。

🌿 自然のままの森と川にめぐまれた国

インドシナ半島の北部にあるラオスは、まわりを国々に囲まれていて、海はありません。国土の大半は山地や高地で、人間の手の入っていない自然林が多いので、森の国とよばれています。

14～18世紀の間、ここにはランサーン王国が栄えていました。やがてフランスの植民地になり、20世紀半ばに独立しますが、国の中で対立が起こって戦いが続きました。そして、1975年に戦いが終わり、今の国の形ができたのです。

ラオスは農業国で、米をさかんにつくっています。また、南北を流れるメコン川などにダムを建設して電気をつくり、タイなどに輸出しています。

首都ビエンチャンの様子。緑の豊かな街で、ここにラオスの人口の約10分の1が住んでいる。

基本データ

正式国名（略称） ラオス人民民主共和国
Lao People's Democratic Republic（LAO）
首都　ビエンチャン
面積　23万6800km²（日本の約2分の1）
人口、人口密度　680万2000人、29人／km²（2015年）
通貨　キープ
おもな言語　ラオス語

プラスワン ラオスと日本

1971年、ラオス中部を流れるナムグム川にダムがつくられました。ダムの建設には、日本とカナダがお金を出し、日本の技術者たちが工事を指揮しました。ナムグム・ダムができたことで、ラオスの人々が電気を使えるようになりました。ラオスではその後もダムがつくられ、電気が重要な輸出品になっています。

 ミニミニトピック　ラオス中部のジャール平原には、石でできたつぼが1000個以上もちらばっています。大きさはさまざまですが、中には高さ3mのものもあります。いつ、だれが、何のためにつくったのか、今もなぞに包まれています。

49ページの答え
②

もち米のご飯を、幸せといっしょに食べる！

ラオスの人は米をよく食べます。ラオスの主食（食事の中心となる食べもの）は、日本と同じように米なのです。日本人がふだん食べている米はうるち米という種類ですが、ラオスではもち米が食べられています。もち米はねばり気が強く、日本では、もちや赤飯に使われています。

ラオスでは、むしたもち米を、竹であんだかごに入れて出します。これを、はしを使わず、手で軽く丸めて食べるのがラオスの食べ方です。

もち米のご飯にとてもよく合うのが、ラープです。ラープは、肉をミントやパクチーなどのハーブや、とうがらしといっしょにいためてつくります。からさと、さわやかさをいっしょに味わえる、ラオスの代表的な料理です。ラープという言葉には「幸せ」という意味があるので、お正月や誕生日、パーティーなど、おめでたいときには決まってラープがふるまわれます。

ラオスでは、家で食べるときも、弁当として外にもっていくときも、この竹をあんだかごが使われる。

6つの国々に恵みをもたらすメコン川

メコン川はチベットの高原から流れ出て、中国南部やミャンマー、ラオス、タイ、カンボジアを通って、ベトナムで南シナ海に流れこみます。その長さは約4400kmで、東南アジアを代表する大河です。

メコン川は、5〜10月の雨季に水の量がふえて、流れがとても速くなります。あふれそうになった水の一部は、途中、カンボジアのトンレサップ湖に流れこみます。そして、11〜4月の乾季には水の量がへり、川底が見えるほど浅くなります。

メコン川には、体長が3mもあるメコンオオナマズを始め、いろいろな種類の魚がすんでいます。ラオスには海はありませんが、メコン川の魚が人々の大切な食料になっています。

ミニミニクイズ ラオスの人々が毎日食べている主食は何でしょうか。
① パン　② ジャガイモ　③ 米

答えは次のページ ▶

国も人々も仏教の教えを大切にしている
タイ

赤は国の団結、白は清らかさ、青はタイの王室を表している。

アジア

長い歴史をもつタイは、仏教の教えを守りながら、国の発展を目指しています。

世界でも指折りの米の輸出国

タイは東南アジアの国で、インドシナ半島のほぼ真ん中にあります。北から南にチャオプラヤ川が流れていて、そのまわりには平野が広がっています。気候は、1年中暑く、5〜10月の雨季には雨がよくふり、11〜4月の乾季にはあまりふりません。

12世紀中ごろ、スコータイ王朝がおこり、その後も次々に王朝が入れかわりました。そして18世紀におこったチャクリー王朝が今も続いています。

タイは農業がさかんです。チャオプラヤ川下流の平野を中心に米を栽培していて、輸出量も世界でトップクラスです。また、工業も成長していて、コンピューターや自動車などの部品をつくっています。

首都バンコクにあるワット・プラケオ。中にエメラルドでできた仏像を置いているので、エメラルド寺院ともよばれる。

基本データ

正式国名（略称） タイ王国
Kingdom of Thailand（THA）
首都 バンコク
面積 51万3120km²（日本の約1.4倍）
人口、人口密度 6795万9000人、132人／km²（2015年）
通貨 バーツ
おもな言語 タイ語

プラスワン タイのスポーツ

タイの国技（国の代表的なスポーツ）はムエタイです。ムエタイは500年以上前にタイで生まれたスポーツで、ボクシングににていますが、足で相手をけることもみとめられています。タイのあちらこちらにスタジアムがあって、ムエタイの試合が行われるときには、大勢の観客でにぎわいます。

ミニミニトピック　タイでは、トゥクトゥクとよばれる乗り物が街の中をたくさん走っています。トゥクトゥクは、タイヤが3つの自動車を使ったタクシーで、首都バンコクのような大都市では大勢の観光客に利用されています。

51ページの答え
③

仏教がつくり出した「ほほえみの国」

タイでは、ほとんどの人が仏教を信仰していて、仏教がくらしに根づいています。

タイの人々は小さいころからお経をとなえ、目をとじて心を落ち着かせる瞑想の訓練をします。学校でも、1日の始めに校庭や教室の前にならんで国歌を歌い、お経をとなえてから教室に入ります。また、男の子は一生に一度は寺で僧（お坊さん）としての勉強をし、女の子も、袈裟（お坊さんの着物）をおさめます。

仏教は、生きているものをいつくしみ、困っている人に手をさしのべる心を大切にしています。そのため、タイの人は笑顔で人に接し、乗り物ではお年よりやお坊さんに席をゆずります。タイは「ほほえみの国」といわれますが、その大元には仏教の教えがあるのです。

仏教の寺院で修行をするタイの人々。男の子は、家族からはなれて僧として修行をすることで一人前とみとめられる。

ゾウといっしょに生きてきたタイの人々

タイでは、ゾウが「国の動物」になっていて、とても大切にされています。ゾウは、仏教で神様の乗り物とされているからです。また、昔は戦争のとき、王様はゾウに乗って戦いました。中でも白いゾウは特別で、白いゾウを見つけたら、王にささげることになっていたのです。

ゾウは、タイの人々の生活でも、なくてはならない存在でした。たとえば林業では、切りたおした木をゾウが運びました。しかし最近では、林業がおとろえ、飼われているゾウがへってきています。そこでタイの政府は、ゾウを訓練して観光客を乗せられるようにし、ゾウの活躍の場をふやしています。そのほか、病気やけがをしたゾウを治す病院や、年をとったゾウが安心してくらせる場所をつくって、ゾウを守る努力を続けています。

ミニミニクイズ タイで「国の動物」になっているのは、どれでしょうか。
① クジャク　② ゾウ　③ ライオン

答えは次のページ ▶

軍の支配が終わり、民主的な政治が始まった
ミャンマー

黄は団結、緑は平和、赤は勇気、真ん中の白い星は長く国が続くことを表している。

アジア

長い間、軍が国を動かしてきたミャンマーも、今は民主的な政治が進められています。

地下にはたくさんの資源がある

ミャンマーはインドシナ半島の西側にあります。北部から東部は山がちですが、国の中央を流れるエーヤワディー川のまわりには平野が広がっています。気候は1年中暑く、夏はとくに雨がよくふります。

ここには100をこえる民族がくらしています。最も多いのはビルマ族で、かつてはビルマ族の王朝がありました。20世紀後半からは国の軍隊が政治を動かしていましたが、今は選挙で選ばれた政治家によって政治が行われています。

ミャンマーは農業がさかんで、米や落花生をつくっています。また、地下資源の天然ガスがたくさんあり、外国に輸出しています。

2006年まで首都が置かれていたヤンゴン。ミャンマー最大の都市で、今も経済の中心になっている。

基本データ

正式国名（略称）　ミャンマー連邦共和国
Republic of the Union of Myanmar（MYA）
首都　ネーピードー
面積　67万6657km²（日本の約1.8倍）
人口、人口密度　5389万7000人、
80人/km²（2015年）
通貨　チャット
おもな言語　ミャンマー語

プラスワン　ミャンマーのスポーツ

チンロンは、ミャンマーの国技（国の代表的なスポーツ）です。6人のプレーヤーが輪になり、籐という植物のつるでつくったボールをけり合います。けるときは、足のひざ、つま先などを使い、ボールを地面に落としてはいけません。そして、技のむずかしさや、フォームの美しさなどで点を競います。

ミャンマーは、宝石のルビーの産地として知られています。とくに、ミャンマーでとれる、あざやかな赤のルビーは、「ハトの血」という意味のピジョン・ブラッドとよばれ、とても高い値段で取り引きされています。

53ページの答え
②

ミャンマーのあちこちにパゴダとよばれる高い建物がある

　ミャンマーでは、ドーム形の屋根にとがった塔をのせた建物があちらこちらで見られます。これは、仏教を始めたシャカのものとされる骨や髪の毛、仏像、仏教の教えを書いた書物など、仏教に関わるものをおさめた建物で、パゴダとよばれます。

　この国では古くから仏教が信じられ、1000年ほど前には、国王や貴族があらそってパゴダを建てました。それらが今も残されているのです。

　とくに有名なのは、中部の都市ヤンゴンにあるシュエダゴン・パゴダです。高さ99mもあるミャンマー最大のパゴダで、まわりには金ぱく（金をうすくのばしたもの）がはられ、塔には、代々の王たちがおさめたダイヤモンドやルビーなどもはめこまれています。シュエダゴン・パゴダは国の仏教の中心地で、いつもお参りする人々でにぎわっています。

シュエダゴン・パゴダは、約2500年前に商人がつくったと伝えられる。その後、何度も建てかえられ、今の姿になった。

湖の上で生活するインダー族の人々

インレー湖で、漁をする人。つりがねのような形をした大きな網を湖にしずめて、魚をとる。

　東部にあるインレー湖は、ミャンマーでいちばん大きな湖です。ここにはインダー族の人々が住んでいて、昔ながらのくらしを守っています。

　インダー族は湖に生えている水草を集め、その上に泥をのせた浮き島（水にうく島）をつくります。湖には浮き島がたくさんあって、そこに床を高くした家を建てて、住んでいるのです。さらに、浮き島に畑をつくり、トマトなどの野菜も育てています。

　インダー族の人々は、湖を移動するときには小さな舟を使います。小舟の上に片足で立ち、もう片方の足で長い棒を動かして、舟を進めるのです。世界でもほかでは見られない、めずらしいこぎ方ですが、これなら手を自由に使うことができます。それで、湖にすむコイやナマズなどの魚をとって、くらしているのです。

ミニミニクイズ　インダー族の人々がくらしているのは、何という湖でしょうか。
① スペリオル湖　　② ビクトリア湖　　③ インレー湖

答えは次のページ ▶

55

伝統を守りながら、幸せな国を目指す
ブータン

黄は国王の力、オレンジは仏教徒の修行、白はきれいな心を表す。中央には竜がえがかれている。

アジア

自然にめぐまれたブータンは、人々が幸せを感じる国をめざして、政治が行われています。

森が広がる自然がいっぱいの国

南アジアのブータンは、ヒマラヤ山脈の南しゃ面にある小さな国です。北の国境には7000m級の山々が連なり、冬の寒さがきびしく、雨があまりふりません。一方、南部は低い土地に森林が広がっていて、1年を通じてあたたかく、雨もよくふります。

ここには昔からさまざまな民族が住んでいましたが、17世紀にチベット仏教の位の高い僧（お坊さん）が来て、国の土台をつくりました。そして、20世紀初めに中部のトンサ地方の有力者が国王になり、今もその子孫が国を治めています。

おもな産業は農業で、米や小麦などを栽培しています。また、電力をインドに輸出しています。

ブータンでは、チベット仏教を信じている人が多い。タクツァン僧院は、高さ3000mのがけにつくられている。

基本データ

正式国名（略称）　ブータン王国　Kingdom of Bhutan（BHU）
首都　ティンプー　面積　3万8394km²（日本の約10分の1）
人口、人口密度　77万5000人、20人／km²（2015年）
通貨　ニュルタム
おもな言語　ゾンカ語

プラスワン　ブータンのスポーツ

ブータンの国技（国の代表的なスポーツ）は、アーチェリーです。アーチェリーは、西洋式の弓矢で的をねらう競技で、的の中心に当たるほど点が高くなります。ブータンが初めてオリンピックに参加したのは、1984年のロサンゼルス大会でした。それ以来、アーチェリーには毎回、選手を送り出しています。

 ミニミニトピック　国名のブータンは「チベットのまわり」という意味で、チベット文化の影響を受けてきたことを表しています。ブータンの人々は自分たちの国のことを「竜の国」という意味のドゥルック・ユルとよんでいます。

55ページの答え　③

「世界で最も幸せな国」とよばれる理由

ブータンは、お金や物の豊かさの面では、世界でも上の方とはいえません。しかし、ブータンは外国の人々から、「世界でも最も幸せな国」とよばれています。それは、なぜでしょうか。

1972年、ブータンの国王が、国民の幸せの度合いをはかるために国民総幸福量（GHI）という基準をつくりました。そして、これをよくすることを国の目標としたのです。国民総幸福量は、健康や住みやすさ、環境、教育、時間の使い方など、さまざまな面ではかられます。ブータンでは、国民がくらしやすいように、病院にかかる費用や学校の授業料などが無料になっています。

ブータンの人々にたずねると、ほとんどの人が幸せだと答えるそうです。また、こうした政治を進める国王はうやまわれ、とても大事にされています。

今も伝統衣装を着ているブータンの人々

ブータンの伝統衣装は、しまの模様が入った生地や、美しいししゅうをあしらった生地がよく使われている。

ブータンは、昔からある伝統をとても大事にしています。この国はチベットから伝えられた仏教を国教（国の宗教）としていて、国民も仏教をあつく信じています。ほとんどの家にはりっぱな仏壇があって、男の子の多くは僧の修行をします。

また、ブータンの人々は、今も多くの人が伝統衣装を着ています。これは、学校や役所、空港など、人が集まる場所へ行くときには、伝統衣装を着なければならないという決まりがあるためです。

男の人の伝統衣装はゴとよばれ、日本の着物のような形をしています。これをひざまでたくし上げて、帯をしめます。女の人は、ウォンジュとよばれるブラウスの上に、キラという長い布をまきつけます。ブータンでは子どもたちも上手にゴやキラを着て、元気に遊んでいます。

ミニミニクイズ ブータンの男の人が着る伝統衣装を何というでしょうか。
① ウォンジュ　② キラ　③ ゴ

答えは次のページ ▶

世界で最も高い山、エベレストがそびえる
ネパール

アジア

上の月は国王を、下の太陽は王の家臣を表す。国旗が四角以外の形をしているのはネパールだけ。

世界一高い山、エベレストがそびえるネパールには、世界中から登山客が集まります。

森が広がる自然が豊かな国

南アジアにあるネパールは、東西に長い国です。北側に、世界で最も高い山、エベレストがあるヒマラヤ山脈が連なっていて、中国との国境になっています。南側は平野です。気候は、山の多い北部では夏はすずしく、冬はきびしい寒さです。一方、南部はおだやかな気候で、雨もよくふります。

ネパールにはさまざまな民族が住んでいます。その多くはヒンズー教徒ですが、仏教を信じている人もいます。

おもな産業は農業で、米や小麦、とうもろこしなどを育てています。また、ヒマラヤ山脈には世界中の人がおとずれるので、観光業もさかんです。

首都カトマンズには、仏教やヒンズー教の寺院がたくさん立ちならぶ。遠くにはヒマラヤ山脈が見える。

基本データ

正式国名（略称） ネパール連邦民主共和国
Federal Democratic Republic of Nepal（NEP）
首都　カトマンズ　面積　14万7181km²（日本の約3分の1）
人口、人口密度　2851万4000人、194人／km²（2015年）
通貨　ネパール・ルピー
おもな言語　ネパール語

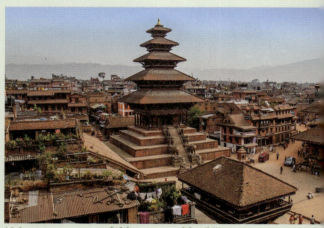

プラスワン ネパールと日本

世界一高いエベレストに、日本の登山家も挑戦しています。1970年、日本人で初めて松浦輝夫、植村直己が登頂（頂上に登ること）に成功し、1975年には田部井淳子が女性として世界で初めて頂上に到達しました。また、三浦雄一郎はエベレストに3回登頂しましたが、3回目のときは80歳で、最高齢の記録となりました。

パシュミナは、ヒマラヤ山脈にすんでいるカシミヤヤギの毛を使って、おられたストールやマフラーです。生地がとてもうすく、つやがあって美しいので、高い値段で売られています。

57ページの答え ③

エベレスト登山をささえるシェルパ族の人々

ヒマラヤ山脈には、8000m以上の山々が連なっています。20世紀初めごろから、ヨーロッパの登山家がヒマラヤ山脈の高い山々にいどむようになりました。

ネパールは初め、外国人が国に入ることをみとめていませんでしたが、1949年に受け入れるようになります。そして、1953年にイギリスの登山隊が初めてエベレストの頂上に到達し、それからも登山家たちが世界中からヒマラヤにやってきました。

こうした登山家たちをささえているのが、シェルパ族です。シェルパ族は、古くからエベレストの南側の3000m以上の高い土地に住んでいた人々で、勇敢で、山登りの技術にたけていました。かつてはインドなどに出稼ぎに行っていましたが、今は登山家たちの荷物を運んだり、道を案内したりして、収入を得ています。

仏教をおこしたシャカが生まれたルンビニ

ルンビニにあるマヤデビ寺院。シャカの母親がルンビニの花園で休んでいたときに、シャカが生まれたと伝えられている。

仏教は、今から2500年以上前、シャカという人によって始められました。そのシャカが生まれた場所と伝えられているのが、ネパールの南部にあるルンビニという村です。

ルンビニは、昔から仏教の聖地（宗教の上で重要な場所）の1つとして知られ、多くの仏教徒がおとずれていました。そして、19世紀の終わりごろから、この村の発掘調査（土をほって調べること）が始まり、シャカが産湯をつかったという池や、2200年前にインドを治めていた王が建てた寺院（お寺）などが見つかったのです。

今では、周辺に新しい寺院や塔、僧（お坊さん）が修行をする僧院などもつくられ、国際的な観光名所になっています。

ミニミニクイズ ヒマラヤ山脈にある、世界で最も高い山は何でしょうか。
① エベレスト　② カンチェンジュンガ　③ ローツェ

答えは次のページ▶

59

人口密度がとても高い国
バングラデシュ

緑は草木を、赤はパキスタンから独立するための戦いで流された血を表している。

アジア

バングラデシュでは、古くから農業がさかんですが、最近では工業ものびています。

豊かな水と気候にめぐまれ、農業がさかん

バングラデシュは、南アジアのインド半島の北東部にあります。大河のガンジス川とブラマプトラ川が国のほぼ中央で合流して、南のインド洋に注いでいます。気候は1年中暑く、たくさん雨がふります。

ここは昔からベンガル人が住み、文明が栄えていたところです。1947年、それまでここを支配していたイギリスから独立したとき、パキスタンの一部になりましたが、1971年にパキスタンからも独立して、今の国の形になりました。

面積のわりに人口が多く、人口密度は世界でもとくに高い国の1つです。産業の柱は衣服をつくるせんい工業で、農業もさかんです。

首都ダッカは、1000万人以上が住む巨大都市。三輪車に座席をつけて客を乗せるリキシャが利用されている。

基本データ

正式国名（略称） バングラデシュ人民共和国
People's Republic of Bangladesh (BAN)
首都　ダッカ
面積　14万7570km²（日本の約3分の1）
人口、人口密度　1億6099万6000人、1091人／km²（2015年）
通貨　タカ
おもな言語　ベンガル語

プラスワン バングラデシュと日本

バングラデシュには、日本のアパレルメーカー（洋服をつくる会社）が工場をつくって、製品を輸出しています。日本人が着る服の中には、バングラデシュ製のものがたくさんあるのです。また、日本からはバングラデシュに自動車などを輸出していて、バングラデシュの街には日本の自動車がたくさん走っています。

ミニミニトピック　バングラデシュでは、運転手がこぐ三輪の自転車にお客さんを乗せて運ぶリキシャがよく利用されています。首都のダッカだけでも1万以上のリキシャが走っているといわれ、それで交通渋滞が起こることもあります。

59ページの答え ①

サイクロンで田んぼや畑が元気になる!?

　バングラデシュの国土は、ほとんどが標高（海面からの高さ）が9m以下という低い平地です。また、南部には細い川がたくさん流れています。そのため、大雨がふると広い範囲で洪水が起こり、人々の住むところや田畑が水につかってしまいます。

　とくに初夏から夏にかけてはサイクロンがやってきて、大きな被害が出ることもあります。サイクロンは日本の台風のようなもので、とても強い風がふいて、雨がたくさんふります。

　しかし、サイクロンがもたらすのは悪いことばかりではありません。大雨によって、山の栄養いっぱいの土が川に流れこみ、下流に運ばれるからです。それによって、下流の田畑の土に栄養があたえられるので、多いところでは1年に4回も、同じ田んぼで米をつくることができます。

ベンガルトラがすむ美しい森、シュンドルボン

マングローブは、海水と淡水（塩分をふくまない水）がまじる場所に生える。シュンドルボンは世界最大のマングローブ林。

　バングラデシュの南西部の海ぞいには、「美しい森」という意味のシュンドルボンがあります。ここは塩分をふくまない川の水と、塩分をふくんだ海の水がまじわる湿地（地面がたくさん水をふくんでしめっていたり、浅く水をかぶっている土地）で、ふつうの植物は育ちません。しかし、塩水でもじょうぶに育つマングローブが、広い森林をつくり出しているのです。

　ここには、とてもめずらしいベンガルトラがすんでいます。ベンガルトラはトラの中でも体が大きい方で、泳ぐのがとても上手なことで知られます。しかし、最近は数がへってきて心配されています。ほかにも、カワイルカやワニ、サル、シカなど、野生の動物がたくさん見られるため、シュンドルボンは世界遺産にも登録されています。

ミニミニクイズ　バングラデシュでは、台風のような強い嵐のことを何とよぶでしょうか。
① ハリケーン　　② サイクロン　　③ スコール

答えは次のページ▶

紅茶と宝石を世界に輸出する
スリランカ

ライオンはシンハラ人の伝説に登場する動物。四すみには、菩提樹の葉がえがかれている。

水のしずくのような形をした島国・スリランカは、紅茶やルビーの産地として有名です。

緑がいっぱいの光りかがやく島

南アジアの国スリランカは、インド半島の南東の海にある島国です。スリランカは「光りかがやく島」という意味で、名前の通り、緑の多い美しい国です。気候はおだやかで、冬も寒くありません。

ここには昔からシンハラ人の王朝がありました。しかし、16世紀ごろからヨーロッパの国々が来るようになり、19世紀初めにはイギリスの植民地になります。20世紀半ばに独立しましたが、最初の国名はセイロンで、のちに今の国名に変わりました。スリランカは農業がさかんで、紅茶やゴム、ココナッツなどを栽培しています。また、洋服などをつくるせんい工業も行われています。

スリランカ最大の都市、コロンボの街並み。1985年までは首都が置かれていて、今も国の経済の中心になっている。

基本データ

正式国名（略称） スリランカ民主社会主義共和国
Democratic Socialist Republic of Sri Lanka （ＳＲＩ）
首都 スリ・ジャヤワルダナプラ・コッテ
面積 6万5610km²（日本の約6分の1）
人口、人口密度 2071万5000人、316人／km²（2015年）
通貨 ルピー
おもな言語 シンハラ語、タミル語、英語

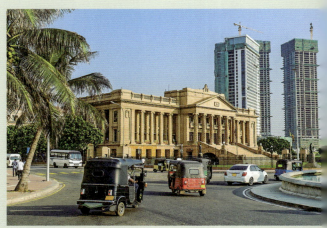

プラスワン　スリランカと日本

コロンボは、昔から港町として栄えていました。今から100年以上前、まだ飛行機がなかった時代には、多くの日本人が船で何十日もかけてヨーロッパへ行き、途中でコロンボに立ちよりました。その中には、学者で、お札にも顔がえがかれている福沢諭吉や『坊っちゃん』という小説を書いた夏目漱石などもいました。

ミニミニトピック セイロン島の中央にシギリアという、高さ約180mの岩山の城があります。1500年以上前、カッサパ王が家来をおそれて、にげこむためにつくったため、がんじょうで、せめにくい城になったのだと伝えられています。

61ページの答え ②

世界に輸出されるセイロン・ティー

スリランカのある大きな島は、セイロン島といいます。セイロン島の真ん中にはなだらかな山地があって、斜面には茶畑が広がっています。この茶葉を加工してつくる紅茶は、スリランカの重要な輸出品になっています。しかし、この島では昔から紅茶がつくられていたわけではありません。

19世紀中ごろまで、セイロン島はコーヒー豆の産地として知られていました。しかし、あるとき、コーヒーの木の病気が流行して、コーヒー豆をつくれなくなってしまったのです。その当時スリランカを植民地として支配していたイギリス人は、ここの気候が茶の栽培に合っていることに気づきました。そこで、インドや中国からとりよせた茶を栽培したところから、紅茶づくりが本格的に始まったのです。

セイロン島の紅茶はセイロン・ティーとよばれ、日本をはじめ世界中に輸出されています。

標高（海面からの高さ）1800mの高地ヌワラエリヤに広がる茶畑で、茶をつんでいる人。

ルビーやサファイアがたくさんとれる宝の島

ムーンストーンという宝石をほり出すために働いている人。地面にほった深い穴におりていって、宝石をさがす。

セイロン島は古くから、島のあちらこちらで宝石が見つかる宝の島として知られていました。今から700年あまり前にここをおとずれたイタリアの商人マルコ・ポーロも、「世界中どこをさがしても見当たらないような上等なルビーが、このセイロン島ではとれるし、サファイアやトパーズ、アメジスト、ガーネットなどのさまざまな宝石もとれる」と本の中に書いています。

とくに有名なのは、島の南西部のラトゥナプラです。シンハラ語で「宝石の都」という意味の名前がついたこの街の周辺では、今も田んぼなどから宝石がほり出されています。2015年には、100億円以上の値打ちがあるといわれる、世界最大のブルーサファイアが発見され、人々をおどろかせました。

ミニミニクイズ スリランカがさかんにつくって輸出している物は何でしょうか。
① ワイン　② 紅茶　③ 牛乳

答えは次のページ ▶

サンゴ礁の美しい島々に観光客が集まる
モルディブ

白い三日月はイスラム教のシンボル。緑はヤシ、赤は英雄の血を表している。

アジア

サンゴ礁に囲まれたモルディブは、景色のすばらしい観光地として世界的に有名です。

1200の小さな島々が集まって国をつくった

モルディブは、インド半島の南西のインド洋にうかぶ島々からなる島国です。島の数は全部で約1200ですが、人が住んでいる島はそのうちの200ほどです。気温は1年を通じてあたたかく、夏には雨がよくふります。

ここには2000年前ごろ、スリランカや南インドの人々がうつり住んできたといわれています。16世紀後半からは、ポルトガルやオランダ、イギリスが入ってきましたが、1965年に独立しました。

モルディブの島々はサンゴ礁に囲まれて、景色が美しいので、観光客に人気です。また、漁業がさかんで、カツオやマグロの漁が行われています。

首都マレには、高層ビルが立ちならんでいるほか、貿易港や空港などもある。

基本データ

正式国名（略称） モルディブ共和国
Republic of Maldives （MDV）
首都　マレ
面積　300km²（日本の約1260分の1）
人口、人口密度　36万4000人、1213人／km²（2015年）
通貨　ルフィア
おもな言語　ディベヒ語

プラスワン　モルディブと日本

モルディブは、サイクロンという嵐によくおそわれるため、日本がマレ島のまわりに大きな波を防ぐ防波堤をつくりました。2004年、スマトラ沖大地震が起こり、周辺の国々では、はげしいゆれや津波で20万人以上がなくなりました。しかし、モルディブは防波堤のおかげで、とても少ない被害ですみました。

モルディブのまわりの海では、カツオやマグロがよくとれます。カツオは、日本のかつおぶしと同じように、いぶしてからよく乾燥させて、けずって食べます。これは、モルディブ・フィッシュとよばれます。

63ページの答え　②

いろいろな役割を島ごとに分担！

　1200もの島々が集まるモルディブですが、1つ1つの島はとても小さくて、歩いて数十分で1周できます。いちばん大きなマレ島でも面積は約1.3km²ほどです。

　このように小さな島々すべてに、生活に欠かせないごみ処理場や病院などをつくることはできません。そのためモルディブでは、ごみ処理場の島、空港の島、病院の島、野菜や果物の畑の島、洋服工場の島というように、島ごとに役割を決めて、必要な建物や施設をつくっています。そして、ドーニという木製の船を使って、人や物を運んでいるのです。

　また、モルディブは観光業に力を入れ、1つの島に1つのリゾートをつくる計画も進めています。その結果、2015年までに、リゾートをつくった島の数は110をこえました。

サンゴ礁の島々がしずんでしまう！？

モルディブの環礁。輪のようになったサンゴ礁が、海にいくつもならんでいる。

　モルディブは、海にうかぶ花輪によくたとえられます。これは、島々を囲むサンゴ礁が輪をつくっていて、空から見ると花のように見えるためです。

　この輪のようになったサンゴ礁を、環礁といいます。環礁の真ん中には、もともと陸地がありました。しかし、その陸地がしずんでしまい、まわりのサンゴ礁がドーナツのような形で残ったものが環礁なのです。

　モルディブにはたくさんの環礁があって、島々はその上にちらばっています。そして、それぞれの島の標高（海面からの高さ）は1mぐらいしかありません。もしも、地球の環境が変わって南極大陸の氷がとけたら、海面も上がり、島々がしずんでしまうおそれがあります。そのため、モルディブの人々は地球の環境を守るよう世界にうったえています。

ミニミニクイズ　モルディブには全部でいくつぐらい島がありますか。
① 約1200　② 約2200　③ 約3200

答えは次のページ▶

世界2位の人口をほこる南アジアの大国
インド

オレンジは勇気や人のためにつくすこと、緑は神を信じる心、白は真実と平和を表している。

早くから文明が発達していたインドは、アジアをリードする国の1つになっています。

暴力を使わないでイギリスからの独立に成功

インドは、南アジアのインド半島にある国です。北のヒマラヤ山脈は、高さ7000〜8000m級の山々が連なっていて、「世界の屋根」とよばれます。

今から4500年ほど前、インダス川のまわりにはインダス文明が栄え、文字が考え出され、宗教や文学や数学も早くから発達しました。19世紀半ば、インドはイギリスの植民地になります。20世紀になってマハトマ・ガンジーが、暴力にたよらない方法でイギリスに反対する運動を始めます。この運動が広まり、1947年、インドは独立を果たしました。

現在、インドは世界でもとくに人口が多い国で、アジアを代表する経済大国として注目されています。

首都のニューデリーにある地区パハールガンジ。ニューデリー駅のすぐ近くで、さまざまな商店などが集まる中心地。

基本データ

正式国名（略称）　インド　India（IND）
首都　ニューデリー
面積　328万7263km²（日本の約9倍）
人口、人口密度　13億1105万1000人、399人／km²（2015年）
通貨　ルピー
おもな言語　ヒンディー語、英語、各地方の言語

プラスワン　インドのスポーツ

インドでは、イギリスからもちこまれたクリケットとよばれるスポーツが人気です。クリケットは野球ににたスポーツで、守備側のチームが投げたボールを攻撃側のチームがバットで打つことで試合が進みます。

1試合の時間はおよそ7時間にもおよび、試合の途中でティータイムをはさむこともあります。

ヒンズー教では、牛は神様の乗りもので、聖なる動物です。そのため、ヒンズー教徒は牛肉を食べることが禁止されています。ただし、牛乳は、牛を殺さなくてもとれるので、飲まれています。

65ページの答え
①

得意の数学を活かして、IT産業で活躍

インターネットなどを使って情報を伝える技術をIT（情報技術）といいます。世界的に有名なITの会社では、インドの人がおおぜい活躍しています。

インドの小学生は低学年のうちに、かけ算を20×20まで暗記します。中には99×99までおぼえる学校もあります。IT産業で働く人には数学の知識が必要なので、このように子どものころから数学をしっかり勉強していることが、とても強みになっているのです。また、インドには英語を話す人が多いことも、世界の会社で働くのに有利になっています。

IT産業でインドの人が活躍しているのには、もう1つ理由があります。インドで広く信じられているヒンズー教では、仕事を自由に選べないことが少なくありません。しかし、外国のITの会社なら身分に関係なく働けるので、多くの優秀な人が集まっているのです。

日本の新幹線がインドを走る！

ムンバイを走る通勤列車。ムンバイからアーメダバード間の505kmを走る。

国土の広いインドでは、イギリスの植民地時代から鉄道が整えられ、人々は列車で国内を移動していました。しかし、遠くはなれた都市と都市を短い時間で走る高速鉄道はまだつくられていませんでした。

そこで、西部の都市ムンバイとアーメダバードの間の505kmを高速鉄道で結ぶ計画が決まり、日本の新幹線の技術がとり入れられることになりました。この鉄道は、2023年の開業を目指して、2018年から工事を始める予定です。

日本は、新幹線の車両や線路の建設だけでなく、新幹線を時刻表通り正確に走らせる仕組みや、鉄道の安全を守る仕組みをつくる上でもインドに協力することになっています。日本の技術や知識が、インドの発展に役立てられるのです。

ミニミニクイズ 約4500年前にインドで栄えた古代文明を何というでしょうか。
① エジプト文明　② メソポタミア文明　③ インダス文明

答えは次のページ ▶

古代文明を生んだインダス川が流れる国
パキスタン

緑はイスラム教のシンボルカラー。三日月と星は進歩と発展、希望、知識を表している。

古代にインダス文明が栄えたパキスタンは、今は、農業や繊維産業で国をささえています。

インドから分かれたイスラム教徒の国

パキスタンは南アジアにある国です。北部には8611mと、世界第2位の高さをほこるK2峰を始め、カラコルム山脈が連なります。

国のほぼ真ん中を流れるインダス川では、約4500年前にインダス文明が栄えました。パキスタンはもともとインドの一部でしたが、ヒンズー教徒の多いインドとちがって、ここにはイスラム教徒が多く住んでいました。そのため、1947年にイギリスから独立するとき、インドとは分かれて、パキスタンという国が生まれたのです。

パキスタンは農業と、布や服をつくるせんい工業がさかんで、小麦や綿花を輸出しています。

首都イスラマバードの学校へ通う子どもたち。イスラム教徒が多く、女性のほとんどは宗教で決められた服装をしている。

基本データ

正式国名（略称） パキスタン・イスラム共和国
Islamic Republic of Pakistan (PAK)
首都 イスラマバード
面積 79万6095km² （日本の約2倍）
人口、人口密度 1億8892万5000人、237人／km²（2015年）
通貨 パキスタン・ルピー
おもな言語 ウルドゥー語、英語

プラスワン パキスタンのスポーツ

パキスタンではホッケーが国技（国の代表的なスポーツ）で、人気があります。ホッケーは先の曲がったスティックでボールを打ち合う競技で、イギリスから伝わりました。

パキスタンは、これまでオリンピックで3個の金メダルをとっていて、その全てが男子ホッケーによるものです。

ミニミニトピック パキスタン東部でもインダス文明の時代の都市ハラッパーの遺跡が発見されています。この都市の建物もレンガでつくられていましたが、のちの時代の家などに使われてしまい、あまり多くは残っていません

67ページの答え ③

3700年のねむりからさめた古代都市、モヘンジョ・ダロ

　1922年、インダス川のほとりで、古代の遺跡が発見されました。これは約4500年前に栄えたインダス文明の都市の跡で、モヘンジョ・ダロとよばれます。

　発掘が進むとともに、東西南北を通る幅8mの大通りや、水をくむための井戸、使った水を流す下水道が見つかり、ここが計画的につくられた都市だということがわかってきました。建物には高い温度で焼いた丈夫なレンガが使われていて、人々が集まる集会場のほか、大勢が入れるお風呂、農作物をしまっておく倉庫などもありました。さらに、道路や井戸のまわりでは、人の骨がいくつも見つかっています。

　この都市は、3700年前ごろにとつぜんほろび、わすれさられたといわれています。ここでいったい何が起こったのか、今も調査が進められています。

インダス文明はパキスタンの地図とかさなるように、インダス川にそって栄えたことがわかっている。

高さ5000mを走りぬける、カラコルム・ハイウェイ

　昔、中国とインドや西アジアの間を旅する人たちは、けわしい山々がそびえるパキスタン北部を、歩いたり、馬やラクダに乗ったりしてこえていきました。しかし、1978年にカラコルム・ハイウェイが開通してからは、車で通れるようになりました。

　カラコルム・ハイウェイは、中国西部とパキスタン北部を結ぶ長さ約1200kmの道路です。「世界の屋根」とよばれるカラコルム山脈を横切るようにつくられていて、パキスタンと中国の国境にあるクンジュラブ峠の高さは4693mにもなります。

　カラコルム・ハイウェイができたことで、人と物の移動はとても便利になりました。とくに、この道路を走るトラックは、とても派手にかざられていることで知られ、観光客にも人気があります。

パキスタンのインダス川沿いで発見された、約4500年前の遺跡を何というでしょうか。
① ピラミッド　② モヘンジョ・ダロ　③ パルミラ

答えは次のページ ▶

アフガニスタン
長い戦いに苦しみ、平和がくる日を待つ

黒は歴史、赤は戦争で流れた血、緑は平和と自由を表す。中央にはモスクがえがかれている。

アジア

アフガニスタンでは戦いがあいついでいて、人々は平和を待ちのぞんでいます。

アジアのあちらこちらから、人や物が集まった

アフガニスタンは、アジアのほぼ中央にあります。国土のほとんどは高原と砂漠です。夏と冬、昼と夜の気温の差が大きく、雨はあまりふりません。

ここは昔からアジアを旅する人々が通るところで、さまざまな国の人や物が集まってきました。19世紀末にイギリスの保護領になったものの、1919年、独立を勝ちとりました。しかし、その後もソビエト連邦（今のロシア）やアメリカから攻撃されたり、国内で争いがあったりして、平和がおとずれるにはまだ時間がかかりそうです。

アフガニスタンのおもな産業は農業と牧畜で、小麦や果物などを栽培し、羊や牛を飼っています。

国内初の国立公園、バンデ・アミール湖。標高3000mにあり、砂漠の真珠とよばれる。

基本データ

正式国名（略称） アフガニスタン・イスラム共和国
Islamic Republic of Afghanistan（AFG）
首都 カブール
面積 65万2864km²（日本の約1.2倍）
人口、人口密度 3252万7000人、50人／km²（2015年）
通貨 アフガニー
おもな言語 ダリー語、パシュトゥー語、ハザラ語、タジク語

プラスワン アフガニスタンと日本

アフガニスタンの人々をずっと助けている日本人がいます。

医者の中村哲は、アフガニスタンで診療所をつくって、人々の病気やけがを治してきました。また、砂漠のようになっていた土地で、川から水を引く工事を進めました。その結果、農業を始められるようになり、村に人がもどってきました。

ミニミニトピック アフガニスタンでは、3月21日に、新年の始まりを祝います。この日はナウローズとよばれ、日本では春分の日にあたります。春の始まりの日、人々は家族や友人といっしょにピクニックやゲームを楽しむのです。

69ページの答え
②

古くから中国やヨーロッパに運ばれたラピスラズリ

アフガニスタンの北東部では、ラピスラズリという石がとれます。ラピスラズリは、あざやかな青色の宝石で、アクセサリーや絵の具の青色などに利用されます。日本には「るり色」という言葉がありますが、これはラピスラズリの色のことです。

ラピスラズリがとれるのは標高（海面からの高さ）3700〜4300mの高地で、ほり出す作業には危険がともないます。また、冬には近づけないので、ほり出すのは6〜11月にかぎられています。

ラピスラズリは古くから大事にされてきた宝石で、アフガニスタンはその産地として知られていました。ここでとれたラピスラズリは、ユーラシア大陸の東西を結ぶシルクロードという道を通って、中国やヨーロッパに運ばれたのです。奈良県の東大寺には、1000年以上前の宝物をおさめた正倉院という倉庫がありますが、そこにはアフガニスタンのラピスラズリをかざった帯が残されています。

アフガニスタンはラピスラズリの世界最大の産出国の1つ。ラピスラズリをとる場所は約4000mの高い場所にある。

牧羊犬や猟犬として活躍してきた、アフガンハウンド

アフガンハウンドは、名前の通り、アフガニスタンで生まれた犬です。その祖先は、5000年以上前に西アジアと北アフリカの間のシナイ半島にいたといわれ、犬の中でも古い犬種です。

アフガンハウンドはかしこく、高いさくも上手に飛びこえるので、牧場の羊の番をする牧羊犬や、かりをする猟犬として飼われてきました。長い毛が体をおおっているので、山のように寒さのきびしいところでもたえられました。

20世紀初めにイギリス人がこの犬を連れ帰ったところ、ヨーロッパを始め、世界中で飼われるようになりました。姿や毛なみが美しいので、ペットとして広く愛されています。

ミニミニクイズ アフガニスタンで生まれ、今は世界中で飼われている犬種は何でしょうか。
① ブルドッグ　② アフガンハウンド　③ プードル

答えは次のページ ▶

アジア

青は空の色で、中央の太陽とワシは自由と高い理想を表す。左のかざりは民族に伝わる模様。

農業国から資源大国に大変身した
カザフスタン

カザフスタンは、石油や天然ガスなどの資源を輸出し、豊かな国へと変わりつつあります。

石油や天然ガスが豊富な草原の国

カザフスタンはアジアの真ん中にあります。夏と冬の気温の差が大きく、雨があまりふらないため、国土には乾燥した草原や砂漠が広がっています。

ここには数千年前から、羊や馬などを飼いながら生活の場所を移動する遊牧民がくらしていました。19世紀にはロシア帝国の一部になり、ロシア帝国がソビエト連邦（今のロシア）になってからもそれは続きました。しかし、1991年にソビエト連邦がなくなると、カザフスタンも独立国になったのです。

カザフスタンは農業がさかんな国です。また、石油や天然ガスなどの資源が豊富で、それらを輸出して、大きな利益を上げています。

石油や天然ガスをあつかう会社、カズムナイガスの本社。首都アスタナに、りっぱなビルをかまえる。

基本データ

正式国名（略称） カザフスタン共和国　Republic of Kazakhstan（KAZ）
首都　アスタナ　　面積　272万4902km²（日本の約7倍）
人口、人口密度　1762万5000人、6人／km²（2015年）
通貨　テンゲ
おもな言語　カザフ語、ロシア語

プラスワン カザフスタンのスポーツ

カザフスタンは、レスリングやボクシングなど、さまざまなスポーツがさかんな国です。2016年にブラジルで開かれたリオ・オリンピックでは、合計17個のメダルをとりました。

スポーツの中でもとくに人気があるのはサッカーで、代表チームは多くの国民の注目を集めています。

ミニミニトピック　1961年、カザフスタン南部のバイコヌール宇宙基地から人工衛星が打ち上げられました。これに乗っていた宇宙飛行士ガガーリンは、人類で初めて宇宙に飛びたつことに成功し、のちに「地球は青かった」と語りました。

71ページの答え
②

世界で4番目に大きかった湖が消える?

アラル海は、約50年前までは世界で4番目に大きな湖で、カザフスタンと南のウズベキスタンの境にまたがっていました。ここにはアムダリヤ川とシルダリヤ川が流れこみ、チョウザメやコイなどの魚もたくさんすんでいたのです。その湖が干上がって、今では小さな湖の集まりになり、やがて消えてしまうのではないかと心配されています。

アラル海の水が干上がってしまったのは、まわりで木綿の原料になる、綿花の栽培がさかんになったためです。綿花を育てるためにアムダリヤ川とシルダリヤ川の水が大量に使われて、湖に注ぐ水がへってしまったのです。しかも、このあたりは乾燥した土地で、雨もあまりふりませんでした。

1990年ごろになると湖の一部が干上がって、2つに分かれ、その後も面積は小さくなっていきました。そのためカザフスタンは、湖を復活させるための取り組みを始めています。

干上がったアラル海。生活の源であった湖を失った住民たちは、都会への移住をせまられている。

草原にあらわれた、未来都市アスタナ

幾何学模様が美しい、バイテレク。名前には、「ポプラ」という意味がある。ポプラはカザフスタンの神話に出てくる木。

1997年、カザフスタンの首都は、南部のアルマティから北部のアスタナにうつされました。アスタナは、もともとはアクモラとよばれ、見わたすかぎり草原が広がっているところでした。しかし、首都になることが決まって、名前が「偉大な都市」という意味のアスタナに変えられ、りっぱな建物が次々に建てられていったのです。新しい都市の計画を立てるために、日本の建築家、黒川紀章も協力しました。

今のアスタナには、市のシンボルとなっている高さ97mの展望台バイテレクや、ピラミッドのような形をした平和と調和の宮殿などが立ちならび、まるで未来の都市を思わせます。2017年夏には、ここで万国博覧会も開催されました。

ミニミニクイズ 1997年に、新しくカザフスタンの首都になったのはどこでしょうか。
① アブダビ　② アルマティ　③ アスタナ

答えは次のページ▶

73

羊や馬とともに生きてきた遊牧民の国
キルギス

真ん中には遊牧民の家ユルト、そのまわりには太陽がえがかれている。

アジア

高い山々や高原が続くキルギスの人々は、農業をいとなんで、くらしを立てています。

国土の大部分が3000m以上の高地！

キルギスは、アジアの中央にある国です。国の半分以上が標高（海面からの高さ）3000mより高いところにあるため、気候はおだやかですが、冬の寒さはきびしく、気温が0度以下になることもあります。

キルギスには昔から、羊や馬を飼う遊牧民がくらしていました。また、ヨーロッパと中国を結ぶシルクロードという道が通っていて、さまざまな国の人々が立ちよるところでした。19世紀後半にロシア帝国の、その後はソビエト連邦（今のロシア）の一部になりましたが、1991年に独立しました。

キルギスの産業の柱は農業と牧畜で、綿花や小麦を栽培したり、牛や羊を育てたりしています。

ふしぎな形の岩がならぶ奇岩地帯、スカスカ。名前には、「おとぎの国」という意味がある。

基本データ

正式国名（略称） キルギス共和国　Kyrgyz Republic（KGZ）
首都　ビシュケク　面積　19万9949km²（日本の約2分の1）
人口、人口密度　594万人、30人／km²（2015年）
通貨　ソム
おもな言語　キルギス語、ロシア語

プラスワン　キルギスと日本

キルギスの人は日本が好きで、「キルギス人と日本人は元は兄弟で、魚好きの方が東へ行って日本人になり、肉好きがキルギス人になった」という言い伝えもあるほどです。
1995年には日本が協力して、ビジネス（仕事）で活躍する人を育てるキルギス日本センターが首都ビシュケクにつくられました。

ミニミニトピック　天山山脈は、キルギス、カザフスタン、中国の3つの国にまたがっていて、その長さは2500kmにもなります。この山脈で最も高いのは7439mのポベーダ山で、キルギスと中国の国境にあります。

73ページの答え
③

なぞにつつまれた湖、イシククル

キルギスには多くの湖がありますが、中でも有名なのは天山山脈のイシククルです。1609mの高さにある湖の面積は6280㎢で、日本でいちばん大きな琵琶湖の約9倍もあります。水がすきとおっていて、深さ20mまで見えるほどです。その美しさから、「中央アジアの真珠」ともよばれています。

イシククルには、いくつものなぞがあります。その1つは、冬、湖のあたりの気温がマイナス4度まで下がっても、水がこおらないことです。もう1つは、湖には100以上の川が流れこんでいて、湖から流れ出す川は1つもないのに、水があふれないことです。さらに、この湖の底で2000年以上前の遊牧民の村のあとが発見されましたが、なぜ村がしずんだのかはわかっていません。

いくつものなぞにつつまれたイシククルは、キルギスを代表する観光地になっていて、外国からも人がおとずれます。

イシククル湖は、10万年も形を変えていない古代湖で、「西遊記」にものっている。

持ち運びに便利な遊牧民の家、ユルト

遊牧民は、広い高原で馬や羊を飼い、えさになる牧草や水がある場所を求めて移動しながら生活します。そのためキルギスの遊牧民は、ユルトとよばれる組み立て式の家に住んでいました。

ユルトは、つつ状のかべに半球の屋根をのせたような形のテントです。簡単に組み立てられて軽いので、もち運ぶことができます。屋根のてっぺんには窓（天窓）がつくられていて、遊牧民は、そこに祖先のたましいが宿っていると信じていました。

今ではキルギスでも、ずっと遊牧をしてくらす人々はいなくなってしまいました。しかし、夏の間だけユルトをもって山へ行き、羊などの放牧をする人々はまだ残っています。

ミニミニクイズ 天山山脈にあって、「中央アジアの真珠」とよばれる湖を何というでしょうか。
① アラル湖　② カスピ海　③ イシククル湖

答えは次のページ ▶

タジキスタン

高い山々がそびえる、大空にいちばん近い国

赤は国の力、白は綿花、緑は農作物、中央のマークはいろいろな身分の人が力を合わせることを表す。

アジア

タジキスタンでは、「世界の屋根」とよばれるパミール高原が、国土の大部分をしめています。

世界でいちばん標高が高い!

タジキスタンは、アジアのほぼ中央にあります。けわしいパミール高原が国の東半分をしめているため、平均の標高(海面からの高さ)が3000mをこえる、高地の国です。

タジキスタンは昔から、さまざまな民族がくらしていました。周囲の大国の支配を受けることが多く、19世紀後半にはロシア帝国に征服されました。その後、1991年に独立しましたが、今も経済や軍事などでロシアと強く結びついています。

タジキスタンは農業がさかんで、小麦や米、木綿の原料になる綿花などをつくっています。また、アルミニウムを生産して輸出しています。

まわりの山の氷河が溶けてできた、カラクリ湖。標高約3900mにある。塩分をふくみ、食塩がつくられる。

基本データ

正式国名(略称) タジキスタン共和国 Republic of Tajikistan (TJK)
首都 ドゥシャンベ 面積 14万2600km²(日本の約3分の1)
人口、人口密度 848万2000人、59人/km²(2015年)
通貨 ソモニ
おもな言語 タジク語、ロシア語

プラスワン タジキスタンと日本

タジキスタンは水を利用して電気をつくる水力発電を行っています。しかし冬は水がこおり、電気が止まることもありました。そこで、2010年に日本が協力して、太陽光で電気を起こす装置をつくりました。電気を必要とする病院を中心に太陽光発電が設置され、冬に電気が止まることは、ほとんどなくなりました。

ミニミニトピック タジキスタンの伝統料理クルトップは、ちぎったパンをヨーグルトに入れて、しみこませ、上に野菜をのせたものです。タジキスタンの人々は、フォークを使わずに手づかみでクルトップを食べるそうです。

75ページの答え ③

7000m級の山が連なる「世界の屋根」、パミール高原

パミール高原は、タジキスタンを中心に、中国、パキスタン、アフガニスタンにまたがっています。真ん中がわりあい平らなので高原という名前がついていますが、標高7495mのイスモイル・ソモニ峰を始めとして、7000mをこえる山々がたくさん連なります。パミール高原の平均の標高は約5000mで、日本でいちばん高い富士山（3776m）の頂上よりもずっと高いのです。そのため「世界の屋根」ともよばれています。

ここでは、雪が氷のかたまりになり、重みで下に流れ落ちていく氷河がたくさん見られます。中でもフェドチェンコ氷河は、標高約6200mのところから、77kmもの距離を流れていくので世界的に有名です。

タジキスタンは、パミール高原の自然を守るため、ここを国立公園にしています。2013年には、世界遺産にも登録されました。

「世界一の山岳国」といわれるタジキスタンの象徴となっているパミール高原。平均標高が約5000m。

豊かな雪どけ水を利用して、電気をつくる

エネルギー不足だったタジキスタンは、水力発電に力を入れ、今では中央アジア最大の設備をもつ。

パミール高原に積もった雪や氷は、夏になると大量にとけ出して、川に流れこみます。そのためタジキスタンは水が豊富で、水力発電をさかんに行っています。水力発電は、高いところにあるダムに水をため、水が流れ落ちる力を利用して機械を動かし、電気をつくる仕組みです。

タジキスタン西部のヌレク・ダムは、水をためるところの堤の高さが約300mと、世界一をほこっています。バフシュ川に1980年につくられたダムで、発電のほか、農業にも利用されています。

タジキスタンでは、バフシュ川のさらに上流に、もう1つのダムを建設する予定です。このラグーン・ダムが完成すると、堤の高さが335mで、300mのヌレク・ダムをぬいて世界一になります。

ミニミニクイズ タジキスタンで最もさかんな発電の方法はどれでしょうか。
① 水力発電　② 風力発電　③ 火力発電

答えは次のページ ▶

シルクロードを行く旅人でにぎわった
ウズベキスタン

白は平和、緑は自然、赤は生命力、青は水を表す。三日月と星はイスラム教のシンボル。

アジア

シルクロードの途中にあるウズベキスタンでは、綿花の栽培がさかんに行われています。

シルクロードが通り、多くの都市がにぎわった

ウズベキスタンは中央アジアにある国で、海はありません。国土のほとんどは砂漠で、夏と冬、昼と夜の気温の差が大きくて、雨はあまりふりません。

ここは、ヨーロッパと中国を結ぶシルクロードでも重要な地でした。昔からさまざまな国の人が通り、南部のサマルカンドやブハラは大いににぎわいました。14世紀には中央アジアにティムール帝国が栄え、サマルカンドにはその都が置かれました。

やがてロシア帝国や、ソビエト連邦（今のロシア）に組みこまれましたが、1991年に独立します。現在は、木綿の原料になる綿花の栽培や、天然ガス、ウラン、金などの資源の生産が、国の経済の柱です。

首都タシケントで最も有名な、チョルスー・バザール。中では、日用品や果物、香辛料などが売られている。

基本データ

正式国名（略称） ウズベキスタン共和国 Republic of Uzbekistan（UZB）
首都 タシケント　面積 44万8969km²（日本の約1.2倍）
人口、人口密度 2989万3000人、67人／km²（2015年）
通貨 スム
おもな言語 ウズベク語、ロシア語

プラスワン ウズベキスタンと日本

1945年に第二次世界大戦が終わると、勝ったソビエト連邦は負けた日本の兵士の一部をタシケントに送って劇場を建設させました。こうして1947年に完成したのがアリシェル・ナボイ劇場です。1966年の大地震でナボイ劇場の周辺の建物はほとんどくずれてしまいましたが、ナボイ劇場はびくともしませんでした。

ミニミニトピック

ウズベキスタンの伝統料理としては、プロフが有名です。プロフは、米といっしょに肉やほしぶどう、豆などをたきこんだピラフのような料理で、結婚式やパーティーなどでは、必ず出されます。

77ページの答え　①

青の都とたたえられた、サマルカンド

　砂漠では水がとても貴重です。砂漠で水がわき出る場所はオアシスとよばれ、人が集まり、都市になっていきました。サマルカンドは、シルクロードを代表するオアシス都市で、さまざまな国の支配を受けながらも長い間、栄えてきました。

　14世紀後半、ここでティムール帝国がおこり、中央アジアだけでなく西アジアも征服しました。帝国の王だったティムールは、世界でいちばん美しい街をつくろうとします。それで、都のサマルカンドに、モスク（イスラム教の寺院）や学校など、りっぱな建物が次々に建てられました。これらの建物の特徴は、青色のタイルをたくさん使っていることです。青いタイルの材料となるコバルトは、イランから伝えられたといわれています。

　青の都とたたえられたサマルカンドの建物は今も残り、2001年、世界遺産にも登録されています。

青の都や、東方の真珠といわれるサマルカンドのレギスタン広場に建つ神学校。シルクロードの中心となった。

母から娘に伝えられてきた、スザニ

　スザニは絹糸で美しくししゅうをした布で、ウズベキスタンの伝統工芸品です。

　デザインや色は地方によってちがいますが、多くは木や草、ザクロの実などが、あざやかな色の糸で表されています。大きさもいろいろあって、小さなものはテーブルクロス、大きなものは壁かけやベッドカバーなどに使われます。

　昔、ウズベキスタンでは、娘が生まれると、母親が何年もかけてスザニをつくりました。そして、仕上げないまま嫁入り道具として娘にわたし、結婚したのちに娘が仕上げたのです。今ではこのしきたりもなくなってしまいましたが、スザニづくりは続いていて、観光客のお土産としても人気があります。

ミニミニクイズ　ウズベキスタンのオアシス都市として栄え、青の都とよばれたのはどこですか。
① ベイルート　② サマルカンド　③ タシケント

答えは次のページ ▶

天然ガスの輸出で豊かになった砂漠の国
トルクメニスタン

緑色はイスラム教、月は明るい未来、星は人間の5つの感覚を表す。左は特産のじゅうたんの模様。

アジア

砂漠が広がるトルクメニスタンは、天然ガスが生産され、とても豊かになりました。

遊牧民のトルクメン人がつくった国

トルクメニスタンは、中央アジアと西アジアの境にあります。西に世界一大きな湖のカスピ海がありますが、海はありません。トルクメニスタンは雨がほとんどふらないため、国土の大部分は砂漠です。

この地域には、遊牧民のトルクメン人が住んでいました。遊牧民は、馬などの家畜とともに、牧草や水のあるところへ住むところを変える人々です。19世紀にロシアの一部になり、これはロシアがソビエト連邦になっても続きました。しかし、1991年にソビエト連邦がなくなり、独立を果たしました。

現在は、綿花の栽培がさかんで、世界でも指折りの天然ガスの輸出国でもあるので、国も豊かです。

1948年にアシガバットで発生した大地震では多くの犠牲者が出た。10月6日は追悼の日として国民の祝日になっている。

基本データ

正式国名（略称）　トルクメニスタン　Turkmenistan（TKM）
首都　アシガバット　面積　48万8100km²（日本の約1.3倍）
人口、人口密度　537万4000人、11人／km²（2015年）
通貨　マナト
おもな言語　トルクメン語、ロシア語

プラスワン　トルクメニスタンのスポーツ

2017年、首都のアシガバットで、アジア・インドア・マーシャルアーツ・ゲームズが行われます。これは、重量挙げやボウリングなどの室内競技と、柔道などの格闘技の大会で、アジアやオセアニアの国々が参加します。トルクメニスタンでスポーツの国際大会が開かれるのは初めてで、国をあげて歓迎しています。

　天然ガスの輸出で豊かなトルクメニスタンでは、生活に欠かせない電気料金やガス料金、水道料金に加え、塩もすべて無料です。また、病院や学校も、ただで通うことができます。

79ページの答え　②

40年以上ももえつづける巨大な穴

　トルクメニスタンのほぼ真ん中のカラクム砂漠には、ずっと炎を上げ続けている巨大な穴があります。穴の直径は約90m。40年あまり前、このあたりの地下にどのぐらい天然ガスがあるかを調査したとき、天然ガスのたまった洞窟がくずれてできたものです。

　穴からは人間にとって有害なガスがふき出しました。それを止めようとして火をつけたところ、ガスが止まることなく出続けたので、今も火は消えないのです。

　トルクメニスタンの政府は火を消そうと試みていますが、まだその方法は見つかっていません。人々は火をおそれて、ここを「地獄の門」と名づけました。しかし、とてもめずらしいので外国からも見にくる人がいて、観光名所になっています。

事故でできた穴から吹き出したガスは、燃やせば数週間で燃えつきると思われていた。

砂漠をかけぬける金色の馬アハルテケ

　トルクメニスタンは、アハルテケという種類の馬の産地として知られています。アハルテケの毛色はさまざまですが、中には金属のようなつやのあるものがいて、黄金の馬とよばれます。

　アハルテケは、およそ3000年前の昔からトルクメニスタンの砂漠で飼われていました。この馬は、砂漠のきびしい暑さにたえて、十分な水や食べ物がなくても、砂の上でも長い距離を走ることができたからです。

　アハルテケは、今は馬に乗る技術を競う馬術などで見られます。しかし、長い年月の間に数がへってしまい、世界に約3500頭しかいないといわれています。そのため、トルクメニスタンではアハルテケを大切に育てていて、国のマークである国章にもアハルテケの姿がえがかれています。

ミニミニクイズ トルクメニスタンが大量に輸出している資源は何でしょうか。 ① 木材　② 塩　③ 天然ガス　　　答えは次のページ ▶

アジア

中央にあるのは三日月と剣。緑・白・赤の境目には「神は偉大なり」という言葉が書かれている。

古代から力をもっていた西アジアの大国
イラン

古くから栄えたイランは、石油などを輸出し、今も西アジアで大きな力をもっています。

石油と天然ガスが地下にたくさんある国

イランは、西アジアと中央アジアを結ぶところにある国です。国土のほとんどをイラン高原がしめていて、夏は暑く、冬は寒さがきびしいのが特徴です。

ここでは、2000年以上前からさまざまな王国が栄えました。とくに2500年前ごろにおこったペルシャ帝国は、中央アジアから北アフリカのエジプトまで領土を広げました。その後、ほかの国の支配を受けることもありましたが、20世紀に今の形になりました。

イランはイスラム教を重んじていて、イスラム教の法の学者が国の最高指導者になっています。石油や天然ガスが多く、それらの輸出が経済の中心です。

写真はイランの石油採掘の1つ。イランの原油の埋蔵量は世界4位、ガスの埋蔵量は1位（2015年末）。

基本データ

正式国名（略称）　イラン・イスラム共和国　Islamic Republic of Iran（IRI）
首都　テヘラン　面積　162万8750km²（日本の約4倍）
人口、人口密度　7910万9000人、49人／km²（2015年）
通貨　イラン・リヤル
おもな言語　ペルシャ語、トルコ語、クルド語

プラスワン　イランのスポーツ

レスリングはイランの国技（国の代表的なスポーツ）です。イランは世界の強豪国で、オリンピックや世界選手権などで数多くの王者を生み出しています。2012年のロンドン・オリンピックでイランは合計12個のメダルをとりました。その内の6個がレスリングによるもので、金メダルも3個ふくまれてました。

イランの砂漠にはカナートとよばれる用水路があります。山のふもとに井戸をほって、そこから地下水を遠くはなれた村まで水を引いているのです。カナートは2600年前ごろ考え出され、今も使われています。

81ページの答え
③

82

ペルシャ帝国の栄光を伝えるペルセポリス

イラン南西部のペルセポリスは、約2500年前に建設されたペルシャ帝国の都です。ここには宮殿や宝物をおさめる蔵、大きな門などがつくられ、ペルシャ帝国の王がさまざまな儀式を行いました。

ペルセポリスの建設には、ペルシャ帝国に征服されたエジプト、シリア、バビロニア（今のイラク）、リュディア（今のトルコ）などから、大勢の職人たちが集められました。王が外国の使者と会うための建物の壁には、インドやエジプトを始め、20以上の国の使者が列をつくってみつぎものをささげる姿がえがかれています。

しかし、このりっぱな都も、約2300年前にマケドニア（今のギリシャ）にせめほろぼされてしまいました。マケドニアのアレキサンダー大王はペルセポリスに火をかけ、すべての宝物をうばいました。宝物を運び出すために、1万頭のロバと5000頭のラクダが必要だったと伝えられています。

ペルセポリスには、石造りの柱が規則正しくならんでいる。かつて豪華な宮殿がここにあったことを伝えている。

長い歴史をもつ、イランのじゅうたん

イランでは、ペルシャ帝国の時代から、じゅうたんがつくられていました。イラン製のじゅうたんはペルシャじゅうたんとよばれます。

今から500年近く前のイランではサファビー王朝が力をふるい、このころ、じゅうたんづくりも大きく発達しました。王が国のあちらこちらに、じゅうたんをおる工房（職人たちの仕事場）をつくったのです。

ペルシャじゅうたんは、花や草をあしらった模様で知られています。材料には、羊の毛のほか、綿や絹の糸が使われています。美しくて、おるのに高い技術と長い時間が必要なペルシャじゅうたんは、高級品として世界中に輸出されています。

ミニミニクイズ 約2500年前につくられたペルシャ帝国の都はどこでしょうか。
① ペルセポリス　② モヘンジョ・ダロ　③ アスタナ

答えは次のページ ▶

西アジアのお金の取り引きの中心地
バーレーン

赤は、ペルシャ湾岸の国々が大切にしている色。5つの角はイスラム教の5つの教えを表している。

アジア

貿易で栄えてきたバーレーンは、今では西アジアのお金の動きの中心地になっています。

33の島々が1つにまとまってできた国

バーレーンは、ペルシャ湾にうかぶ33の島々が集まってできた国です。いちばん大きなバーレーン島に首都のマナーマが置かれ、人口の大部分が住んでいます。夏はむし暑く、冬はあたたかな気候です。

約5000年前、この地域はアラビア半島やインドと交易をしてにぎわっていました。その後、いろいろな国の支配を受けましたが、18世紀にはアラビア半島からやってきた部族がバーレーンの有力者になりました。19世紀の終わりごろからはイギリスに支配され、1971年に独立しました。

現在では西アジアの金融（銀行を始め、お金の貸し借りに関わる仕事）の中心地になっています。

首都マナーマは、バーレーンで最も大きい都市で、国の政治や経済、交通の中心になっている。

基本データ

正式国名（略称） バーレーン王国
Kingdom of Bahrain（BRN）
首都 マナーマ
面積 771km²（日本の約490分の1）
人口、人口密度 137万7000人、1786人／km²（2015年）
通貨 バーレーン・ディナール
おもな言語 アラビア語

プラスワン バーレーンのスポーツ

モータースポーツは、自動車やバイクを使った競技で、バーレーンでもとても人気があります。

バーレーンの砂漠の真ん中には、りっぱなサーキット（自動車レースのコース）がつくられています。ここでは、自動車レースの最高峰のフォーミュラーワン（F1）のレースが、2004年から毎年行われています。

ミニミニトピック バーレーン南部砂漠の真ん中に、1本の木があります。周囲には草も木もまったく生えていないのに、この木だけは枝を大きく広げているのです。とてもめずらしいので「生命の木」とよばれ、観光客もやってきます。

83ページの答え ①

バーレーンとアラビア半島を結ぶ海上道路

　8000年あまり前、バーレーン島はアラビア半島とつながっていました。しかし、しだいにはなれて、今のような島になったと考えられています。

　それから長い年月がたった1986年、キング・ファハド・コーズウェイという海上道路が完成して、バーレーン島はふたたびアラビア半島とつながりました。この道路はサウジアラビアがお金を出し、5年余りをかけてつくられたもので、バーレーン島とサウジアラビアのダーランの間の約25kmを結んでいます。

　キング・ファハド・コーズウェイができたことで、周辺の国々から多くの観光客がバーレーンに来るようになりました。イスラム教を重んじる国の中でも、バーレーンは決まりがわりあいゆるやかで、レストランやホテルではお酒を飲むこともできます。そのため、サウジアラビアのように、決まりがとてもきびしい国々の人はバーレーンに来て、ゆったりと週末を楽しんでいるのです。

キング・ファハド・コーズウェイは、有料道路で、橋の中央には、国の出入りを管理する役所がある。

日本の養殖真珠の登場で、おとろえたバーレーンの真珠とり

　ペルシャ湾では、古くから真珠とりがさかんでした。真珠はアコヤ貝などの中にできる珠で、美しく光り、かざりに使われます。貝に真珠ができる確率はとても低く、アコヤ貝でも1万個に1個しかありません。バーレーンの海でとれる真珠はとくに美しく、高級品でした。

　しかし20世紀の初め、日本の御木本幸吉が人間の手でアコヤ貝を育てて、真珠をつくる方法を考え出し、たくさんの真珠がとれるようになりました。このようにつくった真珠は養殖真珠とよばれます。

　それから、バーレーンの真珠とりはおとろえてしまいましたが、真珠とりがさかんだったころの建物などは世界遺産となり、大切にされています。

 バーレーンは昔、貝からとれるある宝石の産地として栄えました。その宝石とは何でしょうか。
① ダイヤモンド　② ルビー　③ 真珠

答えは次のページ▶

85

世界で最も豊かな国の1つに数えられる
カタール

アジア

白は平和、えび茶色はこれまでに人々が流してきた血の色を表している。

カタールは石油と天然ガスを生産して発展し、今ではとても裕福な国になりました。

世界でトップクラスの大きなガス田がある

アラビア半島東部の、ペルシャ湾につき出た国がカタールです。国のほとんどは砂漠で、5～9月には最高気温が50度近くになることもあります。

大昔のこの地域のことはよくわかっていませんが、18世紀にアラビア半島の中央に住んでいた部族がうつってきました。その後、オスマン帝国やイギリスに支配されたものの、1971年に独立しました。

20世紀の初めまで、魚や真珠をとってくらしていました。1939年に石油がとれる油田が発見されて、今では世界で最もお金持ちの国の1つに数えられています。さらに、世界トップクラスの天然ガス田も発見されています。

首都ドーハには、近代的な高層ビルが立ちならんでいる。ここに、カタールの人口の半分以上が住んでいる。

基本データ

正式国名（略称）　カタール国
State of Qatar（QAT）
首都　ドーハ
面積　1万1607km²（日本の約33分の1）
人口、人口密度　223万5000人、193人/km²（2015年）
通貨　カタール・リヤル
おもな言語　アラビア語

プラスワン　カタールのスポーツ

2022年、カタールではサッカーのワールドカップが開かれる予定です。西アジアでワールドカップが開かれるのは、初めてのことです。

ワールドカップはふつう6月から7月にかけて行われます。しかし、カタールの夏は、気温がとても高くなるため、この大会にかぎっては、冬に行われることになりました。

ミニミニトピック　豊かなカタールには、パキスタンやイランなどから大勢の人が働きに来ています。こうした人々はカタールの人口の大部分をしめています。現在は、2022年のワールドカップのためのスタジアムの建設に関わっています。

85ページの答え
③

世界から注目されるテレビ局、アルジャジーラ

カタールの首都ドーハに、アルジャジーラというテレビ局があります。このテレビ局は、1996年に、カタールの首長（国のリーダー）の一族がお金を出してつくりました。そして、カタールだけでなく、西アジアのニュースを世界に向けて伝えるようになったのです。

それまで、国をこえて伝えられるニュースは、アメリカとヨーロッパのテレビ局や新聞社が送り出すものがほとんどでした。そのため、アラビア半島で何が起こっているのか、アラビア半島の人々はどう感じているのかを伝えるアルジャジーラは、世界の注目を集めました。

また、アルジャジーラは、政府のような、力のある人たちに不利なことでも、公平に伝えてきました。その姿勢が多くの人に信頼されて、カタール以外の国々でも広く見られています。

カタール名物のラクダのレースでは、ロボットが活躍

レースでラクダたちは1周10kmのコースを走る。優勝すると、ラクダの持ち主は賞金や高級車などがもらえる。

カタールに行くと、街でラクダをたくさん見ることができます。この国の人々にとってラクダは身近な動物で、飼っている家も少なくありません。

また、カタールではラクダのレースもさかんです。毎年10～3月がラクダのレースのシーズンで、そのためのレース場もあります。ラクダだけで走っていると、勝手にレースを止めたり、コースを外れたりしてしまいます。それで、昔は人間が背中に乗っていましたが、今は高さ30cmほどのロボットをラクダの背中に乗せて、人間ははなれた場所からリモコンでロボットを操作するようになりました。

時速40kmのスピードで砂のコースをかけぬけるラクダを応援しに、大勢の観光客も集まります。

ミニミニクイズ カタールの首都はどこでしょうか。
① ドーハ　② ペキン　③ ドバイ

答えは次のページ ▶

7つの国がまとまって1つの国をつくった
アラブ首長国連邦

アジア

緑は豊かな国土、白は清らかさ、黒はこれまでの戦い、赤は血を表している。

アラブ首長国連邦は国土のほとんどが砂漠ですが、石油を輸出して大きく発展しています。

政治を行うのは7つの国の首長たち

アラブ首長国連邦はアラビア半島の東南にある国で、ペルシャ湾に面しています。国土のほとんどは砂漠で、気温が1年中高く、雨もあまりふりません。

この地域では18世紀にいくつかの部族が、それぞれ小さな国をつくりました。一時はすべての国がイギリスの支配下に置かれましたが、20世紀半ばにイギリスがいなくなると、各部族のリーダーたちがまとまってアラブ首長国連邦をつくったのです。

現在のアラブ首長国連邦は、アブダビ、ドバイなどの7つの国の集まりで、7人のリーダーが政治を行います。この地域は石油が豊富で、それを輸出することで、豊かな生活ができるようになりました。

ドバイの沖合には、パーム・アイランドとよばれる人工島がつくられていて、ホテルや別荘などが立ちならんでいる。

基本データ

正式国名（略称）	アラブ首長国連邦 United Arab Emirates（UAE）
首都	アブダビ
面積	8万3600km²（日本の約5分の1）
人口、人口密度	915万7000人、110人／km²（2015年）
通貨	ディルハム
おもな言語	アラビア語

プラスワン アラブ首長国連邦のスポーツ

アラブ首長国連邦では、サッカーやテニスのほか、たこを上げながらサーフィンするカイトサーフィンや、ラクダのレースなど、さまざまなスポーツがさかんです。とくにサッカーとクリケットは国民からとても愛されています。そのため、多くのレストランでは、店内のテレビで試合を見ることができます。

アラビア半島には、牛の仲間で75cmもの長い角をもつ、アラビアオリックスが多くすんでいましたが、今では数がへってしまいました。そのため、アラブ首長国連邦はアラビアオリックスを守る取り組みを進めています。

87ページの答え
①

ドバイにある、世界一高い高層ビルは828m

7つの首長国の1つであるドバイは、石油の輸出のほかにも、貿易や金融（銀行を始め、お金に関わる仕事）がさかんで、世界中からビジネスマンや観光客が集まります。

ドバイでとくに観光客に人気があるのは、828mと世界一の高さをほこる超高層ビル、ブルジュ・ハリファです。日本でいちばん高いビルは300mのあべのハルカスですから、その2倍以上の高さということになります。

2010年に完成したこのビルは、地上160階まであって、ホテルやレストラン、展望台、マンション、会社などが入っています。

ただ、ドバイを始め、世界のさまざまな都市でブルジュ・ハリファよりも高いビルの建設計画が今も進められています。空にとどくような超高層ビルの建設競争は、これからも続きそうです。

ブルジュ・ハリファの展望台は124階にあり、周辺を一望できる。

砂漠の国なのに、ミネラルウォーターが世界で人気

砂漠におおわれていて、雨がほとんどふらないアラブ首長国連邦では、毎日の飲み水や、洗濯などで使う水はとても貴重です。海はありますが、塩からい海水をそのまま飲んだり、洗いものに使ったりすることはできません。そのため工場で、くみ上げた海水から塩分などをとり去って、真水をつくっています。アラブ首長国連邦は、木を植えて街に緑をふやすことにも力を入れていますが、工場でつくられた水は、そこでも役に立っています。

さらに、ペットボトルに入ったミネラルウォーターも売られています。これは東部の山の地下水（地下深くを流れている水）をくみ上げたもので、栄養があることから世界各国で人気があり、日本でも売られています。

 ミニミニクイズ ドバイにある超高層ビル、ブルジュ・ハリファの高さは何mでしょうか。
① 428m　② 628m　③ 828m

答えは次のページ ▶

海の交通の要所をおさえて発展してきた
オマーン

白は平和、赤は戦い、緑は豊かな大地を表している。左上には、長い剣と短い剣がかかれている。

アジア

オマーンは、昔から貿易で栄えてきましたが、今は、石油や天然ガスの輸出がさかんです。

石油や天然ガスを輸出して豊かになった

オマーンはアラビア半島の南西のはしにある国で、オマーン湾とアラビア海に面しています。国土のほとんどが砂漠で、気候は1年を通じて気温が高く、雨もほとんどふりません。

オマーン湾は、ペルシャ湾とインド洋を行き来する船が必ず通るところで、昔から貿易（国同士の品物の取り引き）で栄えてきました。18世紀には、アフリカの東海岸まで支配を広げましたが、イギリス人がやってきて、勢いを失いました。その後、イギリスの植民地になり、20世紀後半に独立しました。

経済の柱は石油や天然ガスの輸出です。農業では、ナツメヤシやインゲンマメなどをつくっています。

首都マスカットに建てられたグランド・モスク。イスラム教のモスクとしては国内で最も大きい。

基本データ

正式国名（略称） オマーン国　Sultanate of Oman（OMA）
首都 マスカット
面積 30万9500km²（日本よりやや小さい）
人口、人口密度 449万1000人、15人／km²（2015年）
通貨 オマーン・リアル
おもな言語 アラビア語、英語

プラスワン　オマーンと日本

オマーンと日本は、古くから交流があります。

今から80年ほど前、オマーンの国王だったタイムールは、王の位を息子にゆずって引退し、日本にやってきました。そこで出会った日本の女性と結婚しました。ふたりの間に生まれたブサイナ王女は、現在のカブース国王の叔母さんにあたります。

ミニミニトピック　西アジアに伝わるお話を集めた『アラビアンナイト（千夜一夜物語）』には、シンドバッドという商人の冒険の物語があります。シンドバッドが船で旅立った港は、オマーン北部のソハール港だといわれています。

89ページの答え　③

オマーンの歴史と文化をかたちづくった乳香

オマーン南部のドファール地方は、古くから乳香の産地として知られていました。乳香は、ニュウコウジュという木の幹から出てくる樹液で、空気にふれると固まります。これをもやすと、とてもよい、あまい香りがするので、昔は宝物のように大事にされていました。19世紀にオマーン帝国が大きな力をもったのも、乳香の貿易で利益を上げたからだといわれています。

オマーンの人々にとっては、今も乳香は身近な香りです。大事なお客さんをまねくときは、部屋の中を乳香のよい香りで満たします。また、おなかがいたいときや、けがをしたときに、乳香をかんで、薬のように利用することもあります。

乳香は、オマーンや西アジアの歴史や文化を形づくった重要なものなので、ニュウコウジュが生えている土地や乳香が輸出された港などは、「乳香の土地」として、世界遺産にも登録されています。

乳香は燃やすと良い香りを出す。今では一般の家庭でも使われるが、昔は儀式用に使われ、金と同じ価値があった。

明るい間は何も食べない日が続くラマダーン

イスラム教の国々では、月の動きをもとにしたイスラム暦（ヒジュラ暦）とよばれる暦（カレンダー）を使っています。この暦は、1か月は29日か30日のどちらかしかなくて、1年も354日です。

イスラム暦で9番目の月は、ラマダーンとよばれます。ラマダーンの間、イスラム教徒の人々は、日の出から日がしずむまで何かを食べたり飲んだりできません。そして、日がしずんでから、みんなで集まってゆっくりご飯を食べるのです。

昼間は水さえ1滴も飲めない日が1か月も続くというのは、たいへんなことです。でも、イスラム教を信仰する人々は、ラマダーンの決まりを守ることで身も心も清められると信じているのです。

初めに口に入れるのは水、次に栄養がたくさんあるナツメヤシを食べてから、ご飯を食べる。

ミニミニクイズ とてもよい香りがする木の樹液で、昔からオマーンの特産品になっているものは何でしょうか。
① 乳香　② ミント　③ レモン

答えは次のページ

ヨーロッパとアジアを結ぶ貿易で栄えた
イエメン

赤は情熱や血を、白は未来への希望を、黒はつらい歴史を表している。

アジア

古代には貿易で栄えたイエメンは、国内で争いが続いていて、平和が待ち望まれています。

🧩 古代に「幸福なアラビア」とよばれた国

イエメンは西アジアの国で、アラビア半島の南西部にあります。紅海やアラビア海に面していて、国土には高原や砂漠が広がっています。気候はおだやかで、アラビア半島で最もすごしやすいところです。

ここは古くからヨーロッパとインドや東南アジアの間で香料（かおりをつくる材料）を取り引きして、栄えました。そのころは「幸福なアラビア」ともよばれたといいます。一時は大国に支配され、2つに分かれましたが、20世紀にそれぞれ独立したあとに統合し、今の国ができました。

最近は、政治や社会に不満をもつ人たちが武器を手に争いを起こし、人々の不安が広がっています。

イエメンは西アジアや北アフリカとインド洋を結ぶ場所にあり、紅海沿岸に都市が発達している。

基本データ

正式国名（略称） イエメン共和国　Republic of Yemen（YEM）
首都　サヌア　　面積　52万7968km²（日本の約1.4倍）
人口、人口密度　2683万2000人、51人／km²（2015年）
通貨　イエメン・リアル
おもな言語　アラビア語

プラスワン　イエメンのスポーツ

イエメンでは昔から、キャメルジャンプというスポーツが行われてきました。どれだけ多くのラクダを飛びこえられるかを競います。キャメルとはラクダのことで、砂漠の多いイエメンではとても親しまれてきた生き物です。そのため、キャメルジャンプは結婚式などのお祝いごとといっしょに楽しまれています。

ミニミニトピック　イエメンの男の子は、14歳になると、おなかにまいた帯にジャンビーアとよばれる短い剣を差して歩きます。剣が一人前になった証なのです。ただし、この剣はかざりで、何かを切ることはできないそうです。

91ページの答え
①

竜の血を流す木が見られるソコトラ島

ソコトラ島はイエメンの南の海にうかぶ島です。昔は貿易の船が立ちよる港としてにぎわっていましたが、今、島の人々は漁業をしたり、羊や山羊を飼ったりしてくらしています。

この島には豊かな自然が残り、ほかでは見られないようなめずらしい動物や植物が見られます。とくに有名なのは、幹の上の方で枝が大きく広がり、キノコのような形をしたリュウケツジュという木です。この木の幹からとれる樹液は、まるで竜の血のように赤いことから、「竜の血の木」という意味のこの名前がつけられました。

リュウケツジュは、寿命が長く、7000年以上生きる木もあるといわれます。樹液は、薬や、色をそめる材料になるので、昔から高い値段で取り引きされていました。しかし、農地がふえたり、気候が変わったりしたことから、最近ではリュウケツジュの数はへってきています。

500年前に高層ビル街があった、サヌア

イエメンで争いが続いているため、サヌアも攻撃にあい、歴史ある建物が失われるのではないかと心配されている。

イエメンの首都サヌアは、およそ3000年の歴史がある、とても古い都市です。サヌアには8つの門と高い塀に囲まれた地区があって、そこには茶色のレンガでできた6階建てや7階建ての建物がならんでいます。これらは、500年以上前、アジアやヨーロッパとの貿易で栄えていた時代に建てられたものです。現代とちがい、そのころは高い建物はめずらしかったので、「レンガの摩天楼（天につくほど高い建物のこと）」とよばれたそうです。

また、高原にあって気候にめぐまれたサヌアでは、コーヒー豆の生産がさかんです。ここのコーヒー豆は、紅海にのぞんだモカ港から輸出されるので、モカ・コーヒーとよばれ、世界各国で飲まれてます。

ミニミニクイズ リュウケツジュが生えているイエメンの島を何というでしょうか。
① ハワイ島　② フィリピン島　③ ソコトラ島

答えは次のページ ▶

石油を輸出する国々のリーダー的存在
サウジアラビア

緑は豊かに栄えることを表す。アラビア語で書かれたイスラム教の教えの下に刀がえがかれている。

アジア

サウジアラビアは、イスラム教が生まれた国で、世界でもトップクラスの石油輸出国です。

ムハンマドがイスラム教を始めた国

サウジアラビアは、アラビア半島の約8割をしめている大きな国です。気温は1年を通じて高く、国土のほとんどが砂漠で、雨はほとんどふりません。

今から1400年ほど前、西部の街メッカで生まれたムハンマドが、イスラム教をおこしました。ムハンマドの死後、オスマン帝国などに支配されましたが、1927年、サウド家がほかの部族をまとめ上げて、サウジアラビアを建てました。サウジアラビアとは、「サウド家のアラビア」という意味です。

現在のサウジアラビアは世界一大きなガワール油田を始め、多くの油田があり、石油の産出量は世界でもトップクラスです。

首都リヤドにそびえ立つキングダム・センター。高さ302mをほこる。

基本データ

正式国名（略称）　サウジアラビア王国　Kingdom of Saudi Arabia（KSA）
首都　リヤド
面積　220万6714㎢（日本の約6倍）
人口、人口密度　3154万人、14人/㎢（2015年）
通貨　サウジアラビア・リヤル
おもな言語　アラビア語

プラスワン　サウジアラビアのスポーツ

サウジアラビアでは、政府が中心になって、スポーツ選手を育てています。首都のリヤドには巨大なスタジアムがあり、サッカーの試合では、10万人近くが観戦することができます。サッカーはとくに人気のあるスポーツです。国の代表チームはアジアでも実力が高く、AFCアジアカップで優勝しています。

ミニミニトピック
雨があまりふらないサウジアラビアでは、地面を深くほって水をくみ上げたり、海水を工場で飲み水に変えたりしています。そのためこの国では、水よりもガソリンの方が安く買えます。

93ページの答え
③

世界中のイスラム教徒が集まるメッカ

イスラム教徒は1日に5回、決まった時間に、メッカにあるカーバ神殿に向かっておいのりをすることになっています。ムハンマドが生まれたメッカは、イスラム教の聖地（宗教の中心地）の1つになっているのです。そのためサウジアラビアでは、おいのりの時間になると、ほとんどの店がしまります。さらに、サウジアラビア国内はもちろん、世界のどこにいてもメッカの方向がわかるように、専用の方位磁針（コンパス）も売られています。

また、イスラム教では、できれば一生に一度はメッカにあるカーバをおとずれなければならないと教えています。メッカの聖モスク（モスクはイスラム教の寺院）には、イスラム教で最も神聖な建物とされるカーバ神殿があります。イスラム教の大きな行事の日には、世界中から100万人をこえるイスラム教の信者がここに集まり、神にいのりをささげます。

奥にある黒い四角い建物がカーバ神殿。ここに向かって、人々がいのりをささげる。

2つの聖地を守るサウジアラビアの国王

サウジアラビアの国王は、「2つの聖地の守護者（守護者は守る人）」とよばれます。2つの聖地とは、ムハンマドが生まれたメッカと、ムハンマドが死んだメディナのことです。

そのため、サウジアラビアの国王は、国の政治だけでなく宗教のリーダーでもあって、メッカとメディナを守る役目があるのです。

サウジアラビアで多くの人に信じられているのは、イスラム教でもとくに決まりごとのきびしい教えです。お酒を飲んだり、豚肉を食べたりできないのはもちろん、かけごとも禁じられています。また、女の人が出かけるときは、頭からすっぽり体をかくす黒い服を着なければなりません。街には役人がいて、決まりを破った人は、罰せられることもあります。

ミニミニクイズ　イスラム教徒が1日に5回おいのりをささげるのは、どこの都市の方角でしょうか。
① リヤド　② メッカ　③ バグダッド

答えは次のページ ▶

砂漠の小さな国が石油の発見で大変身！
クウェート

緑は平和、白は清らかさ、赤は血、黒は戦いを表している。

アジア

まずしい国だったクウェートは、大きな油田が発見されたことで、豊かな国になりました。

アラビア半島の有力者たちが建てた国

クウェートは、アラビア半島の東部にある小さな国です。山や川はなく、国土のほとんどは平らな砂漠です。気候は、夏と冬、昼と夜の気温の差が大きいのが特徴で、雨は少ししかふりません。

この地域の古い時代のことは、よくわかっていません。18世紀に、アラビア半島の中央あたりに住んでいた人々がうつってきたのが、この国の始まりだといわれています。その後、イギリスの保護国になりましたが、1961年に独立を果たしました。

クウェートは石油が豊富で、石油や石油製品を輸出して発展しました。最近は外国の会社をまねいて、新しい産業を育てることにも力を入れています。

海からのぞんだ首都クウェート市の様子。高いビルが立ちならんでいる。

基本データ

正式国名（略称）　クウェート国　State of Kuwait (KUW)
首都　クウェート
面積　1万7818km²（日本の約21分の1）
人口、人口密度　389万2000人、218人/km²（2015年）
通貨　クウェート・ディナール
おもな言語　アラビア語

プラスワン クウェートのスポーツ

石油の売り買いがさかんなことから、クウェートはヨーロッパと深いつながりがあります。

そのため、スポーツもヨーロッパの影響を受けていて、サッカーやハンドボールはとても人気があります。

ハンドボールに力を入れている国が少ないアジアやアラブの中ではとても強い国です。

ミニミニトピック　人口があまり多くないクウェートでは、労働者の約83％は外国人です。クウェートの経済は、外国から来た人々の働きにささえられているのです。

95ページの答え　②

石油が大きく変えた、クウェートの社会

20世紀初めごろまで、クウェートの人々は魚や真珠をとったり、貿易の中つぎをしてくらしていました。とくにペルシャ湾は天然の真珠の産地で、経済の柱でした。しかし、そのころ日本で、アコヤ貝を利用して真珠をつくる方法が考え出されて、クウェートの真珠はあまり売れなくなってしまいます。

困ったクウェートをすくったのが、石油でした。1938年、クウェートの南部のブルガンで油田が発見されたのです。この油田は世界で2番めに大きく、今も石油がほり出されています。

石油によって、クウェートの経済はうるおい、首都のクウェートには高いビルがたくさん立ちならぶようになりました。クウェートの人々は国に税金をおさめる必要はありません。そして、病院でかかる費用や、学校に通う費用も無料です。

首都のシンボルは3つのタワー

首都クウェートには、クウェート・タワーとよばれる3つの塔がならんで立っています。これらは1979年に完成し、クウェートのシンボルであると同時に、家々に水を送る役目を果たしています。いちばん高いタワーは高さ187mで、まわりを見わたせる展望台やレストランもつくられています。

クウェート・タワーの少し西には、高さ372mの解放タワーもあります。このタワーを建設していた1990年、となりのイラクがせめこみ、翌年には戦争が起こりました。しかし、アメリカを中心とした国々がクウェートに軍を送ったので、イラクは軍を引いたのです。その後、工事が再開され、タワーは1996年に完成しました。そして、クウェートがイラクから解放され、ふたたび自由になったことを祝って、解放タワーと名づけられたのです。

右の塔の2つの球体の上が展望台、下はレストランと給水施設。球体のないタワーは、2つの塔を照らす照明施設。

ミニミニクイズ クウェートにある、世界第2位の大きさの油田を何というでしょうか。
① ガワール油田　② サモトロール油田　③ ブルガン油田

答えは次のページ ▶

97

平和をとりもどすための戦いが続いている
イラク

赤・白・黒・緑はアラブの国々のシンボルカラー。真ん中には「神は偉大なり」と書かれている。

アジア

古代文明が栄えたイラクは、戦争や政治の混乱が続いていて、人々は平和を願っています。

世界で最も古い文明が生まれた国

イラクはアラビア半島の北東部にある国です。国の大部分は、気温が高くて乾燥した砂漠の気候ですが、山地では冬の寒さがきびしく、雪がふります。

国の真ん中を流れるチグリス川とユーフラテス川のあたりでは、1万年以上前に農業が始まりました。そして約5000年前に、世界で最も古い文明であるメソポタミア文明が生まれたのです。

今のイラクは、1932年に誕生しました。20世紀後半になると、石油を輸出して経済が急成長しましたが、まわりの国々との戦争が続き、2003年にはアメリカなどの攻撃を受けて、国の中があれ果てました。現在も国の中での争いはおさまっていません。

2016年時点でイラク国内の約3分の2は危険レベル4で、日本の政府は入国はしないようによびかけている。

基本データ

正式国名（略称） イラク共和国
Republic of Iraq（IRQ）
首都 バグダッド
面積 43万5052km²（日本の約1.2倍）
人口、人口密度 3642万3000人、84人／km²（2015年）
通貨 イラク・ディナール
おもな言語 アラビア語、クルド語

プラスワン　イラクと日本

2003年3月、イラクが大量破壊兵器（大勢の人を殺せる危険な武器）をもっているとして、アメリカなどの国々がイラクを攻撃しました。

このとき、日本はアメリカなどに協力し、大きな戦闘のない地域に自衛隊を送って、イラクの道路や学校を直したり、水を配ったりしてイラクの人々を助けました。

ミニミニトピック 「シンドバッドの冒険」といったお話で知られる『アラビアンナイト（千夜一夜物語）』には、9〜10世紀の、いちばんにぎやかだったバグダッドの様子がえがかれています。

97ページの答え ③

古代の国際都市だったバグダッド

人類最古の文明といわれるメソポタミア文明の古代都市バビロンの、イシュタル門のタイルにえがかれたライオン。

チグリス川ぞいにあるバグダッドには、3700年あまり前に、すでに人が住んでいました。そして、今から1200年ほど前にメソポタミアを領土にしたイスラム帝国は、バグダッドを新しい都にしました。メソポタミアとは、チグリス川とユーフラテス川にはさまれた地域のことです。

小さな村だったバグダッドは、三重のかべに守られた大都市になりました。そして産業が発達して、絹織物やガラス製品などの産地として知られるようになったのです。このころのバグダッドは、西アジアだけではなく、東のインドや中国、北のヨーロッパ、南のエジプトからも商人が集まる、国際的な大都市でした。

最も栄えた10世紀ごろは、住んでいる人の数も150万人をこえたといわれます。その後、バグダッドはおとろえましたが、1932年にイラクという国ができたとき、ふたたび都が置かれました。

豊かな文明を育んだメソポタミアの土地

メソポタミアは、気候があたたかく、農業がさかんでした。人々は大麦や小麦を育てたり、山羊や羊を飼ったりして、くらしていたのです。

作物を育てるには、いつ種をまけばよいのか、知らなければなりません。また、畑には川から水を引く必要もありました。そのため暦（カレンダー）がつくられ、土木工事の技術も発達しました。作物や家畜は神殿におさめられ、それを記録する文字も考え出されました。

こうしてメソポタミアには、約5000年前に文明が生まれました。メソポタミア文明は、エジプト文明、中国文明、インドのインダス文明とならんで、世界の四大文明の1つに数えられています。

メソポタミア文明は世界最古の文明ともいわれ、チグリス川とユーフラテス川の流域で発展した。

ミニミニクイズ　メソポタミアの近くに流れていた2つの川は、チグリス川と、何でしょうか。
① ヨルダン川　② ユーフラテス川　③ ナイル川

答えは次のページ ▶

アジア

アラブの国々でもとくに日本と仲がいい
ヨルダン

黒・白・緑はアラブの歴史に登場した王朝を、赤はアラブの人々の運動を表している。

イスラム教の国・ヨルダンは、となりのパレスチナを助け、日本ともよい関係にあります。

20世紀に誕生した若い王国

ヨルダンは、アラビア半島の北西部にある国です。国の大部分は砂漠ですが、東部にヨルダン渓谷とよばれる、2つの山脈にはさまれた深い谷があります。

アジアとヨーロッパをつなぐこの地域は、昔から大国に支配されてきました。20世紀の中ごろ、イスラム教を始めたムハンマドの血を引くとされる国王のもとで、ヨルダン王国が建てられました。

ヨルダンの国民のほとんどはイスラム教徒のため、ユダヤ教徒の多いイスラエルと対立し、戦争も起こりました。日本にとって、ヨルダンはアラブの国々の中で最も親しい国で、国王やその家族がたびたび来日しています。

首都のアンマン。中心地に高層ビルや美術館などがある。住宅街は美しく見せるために外壁を白くすると決まっている。

基本データ

正式国名（略称） ヨルダン・ハシェミット王国
Hashemite Kingdom of Jordan （JOR）
首都　アンマン
面積　8万9318km²（日本の約4分の1）
人口、人口密度　759万5000人、
85人／km²（2015年）
通貨　ヨルダン・ディナール
おもな言語　アラビア語

プラスワン　ヨルダンのスポーツ

ヨルダンの若者たちの間で人気が高まってきているスポーツがサイクリングです。

サイクリングクラブをつくり、集団でサイクリングツアーを行います。仲間とヨルダンの自然を楽しみながら、健康で、ゆたかな体験ができるため、新しいライフスタイルとして多くの人に受け入れられています。

ミニミニトピック　死海には、たくさんの川が流れこんでいますが、ここから流れ出る川はありません。それなのに死海の水があふれないのは、日差しが強いので、入ってきた水と同じぐらい水が蒸発しているためです。

99ページの答え　②

岩山にとつじょあらわれる古代都市・ペトラ

ヨルダン南部の岩山に、とてもせまい通路があります。高さ80mの岩かべにはさまれた通路を1kmほど歩くと、突然、岩でできた巨大な建物がならぶ古代都市があらわれます。これがペトラ遺跡です。

ペトラは、2000年あまり前、ここに住み着いたナバテア人がつくった都市です。ペトラは、ローマやエジプト、西アジアの間で、香辛料（スパイス）や絹を取り引きして栄えました。そして、巨大な岩をけずったり切り出したりして、道路や神殿、王の墓、3000人が入る野外劇場などをつくったのです。

そのころは、いろいろな国の人々がここに集まり、商品を取り引きしていました。しかし、時代がうつるとともにすたれて、わすれられてしまったのです。

19世紀初め、スイス人の冒険家ブルクハルトがペトラにふたたび足をふみ入れました。これをきっかけに遺跡の発掘調査が始まり、今も続いています。

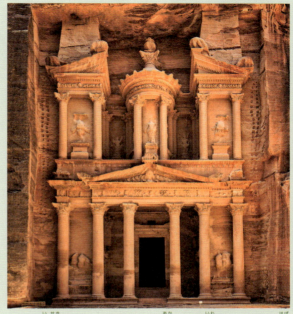

ペトラ遺跡の1つエル・カズネ。赤っぽい岩をけずって、幅30m、高さ43mの建物で、王の墓としてつくられた。

水にうかんだまま本を読める、死海

ヨルダン渓谷の南部、西のイスラエルとの国境には、死海という湖があります。死海の水面は、海面より400mも低くて、世界でいちばん低い場所にある湖として知られています。しかし、それ以上に死海で有名なのは、海ではなく湖なのに、水がとても塩からいことです。

死海には、ヨルダン川などが流れこんでいますが、地面にふくまれていた塩も水にとけて、いっしょに流れてきます。そのため、水にふくまれる塩の量が海水の5倍にもなるのです。このような水では、人間の体はしずみにくく、うかんだまま、本を読むことができます。でも、水の塩気があまりにこいため、魚などの生き物がすむことはできません。名前の通り、命あるものが生きられない湖なのです。

ミニミニクイズ　ヨルダン南部の岩山につくられた遺跡を何というでしょうか。
① アンコール・ワット　② ペルセポリス　③ ペトラ遺跡

答えは次のページ▶

アジア

赤、黒、白、緑はアラブの国々のシンボルカラー。

はなれた2つの地区に分かれてくらす
パレスチナ

イスラエルが誕生したことで、パレスチナ人とイスラエルの争いの歴史が始まりました。

イスラエルができて追いやられたパレスチナ人

パレスチナは、まわりをイスラエルに囲まれた国で、地中海に面したガザ地区と、ヨルダン川ぞいのヨルダン川西岸地区に分かれています。

この地域は昔、ユダヤ人が住んでいましたが、他国に征服され、7世紀ごろからはアラブ人が住んでいました。1948年、ふたたびユダヤ人によるイスラエルという国ができ、今度はパレスチナ人（パレスチナに住んでいたアラブ人）が追いやられました。

それ以来、パレスチナ人とイスラエルの間でたびたび戦争が起こりましたが、1994年に、ガザ地区とヨルダン川西岸地区では、パレスチナ人が政治を行うことがみとめられました。

写真は東エルサレムにある、イスラム教のモスク「岩のドーム」。ドームの西側にはユダヤ教の聖地「嘆きの壁」がある。

基本データ

正式国名（略称） パレスチナ自治政府
Palestine（PLE）
本部 ラマッラ
面積 6020km²（日本の約63分の1）
人口、人口密度 466万8000人、775人/km²（2015年）
通貨 イスラエル・シェケル
（自国の通貨はなし）
おもな言語 アラビア語

プラスワン パレスチナのスポーツ

パレスチナでは、パレスチナマラソンというマラソンイベントが行われています。2013年から毎年、ベツレヘムという街で開催されます。

このイベントは、自由に国を出入りすることができないパレスチナの国民の様子を、世界中の人々に知ってもらいたいという思いから始まりました。

ミニミニトピック ガザ地区とヨルダン川西岸地区のまわりには、高い壁があります。これはイスラエルがつくったもので、パレスチナの人々が自由に出入りできないようにしているのです。

101ページの答え
③

キリストが生まれたところに建てられた聖誕教会

イスラム教、キリスト教、ユダヤ教という3つの宗教は、みなエルサレムを聖地（宗教の中心地）の1つとしています。そのエルサレムの東側の部分は、ヨルダン川西岸地区にふくまれています。そのため、ここには歴史の上で重要な場所がたくさんあります。

エルサレムの南のベツレヘムには、キリスト教の教会では世界で最も古いといわれる聖誕教会があります。この教会がある場所は、約2000年前にキリスト教を始めたイエスが生まれたところだと伝えられています。そこに約1700年前に、キリスト教をあつく信じていたローマ帝国が教会を建てたのです。

教会は石づくりの建物で、地下には、イエスが生まれたという岩の洞窟があります。そしてイエスの生誕日である12月25日には、世界中から大勢のキリスト教徒が集まります。聖誕教会は、2012年、パレスチナで初めての世界遺産にも選ばれました。

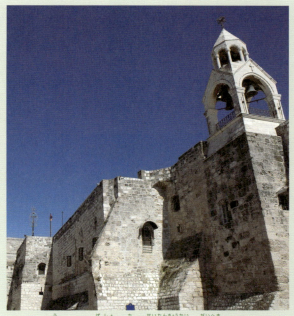
イエスが生まれた場所に建つ聖誕教会。外壁は11世紀ごろイスラム教徒からエルサレムを取り戻したときにつくった。

パレスチナで人気のお菓子、クナーファ

中の生地はしっとりとしている。イスラム教のラマダーン（イスラム暦の9番目の月）のデザートとしても有名。

パレスチナの人々が大好きなお菓子といえば、クナーファです。クナーファは、小麦粉とバターでつくった細長いめんのようなものに、ヤギのチーズをのせて焼いたもので、甘いシロップをかけて食べます。いわば、パレスチナ風のチーズケーキで、人々は店で焼きたてを買って、熱いうちにほおばります。

クナーファは、500年以上前に書かれた『アラビアンナイト』という物語にも登場する、古くからあるお菓子です。ヨルダン川西岸地区の北部の街、ナブルスで最初につくられたといわれていて、ナブルスにはクナーファの店がたくさんあります。2009年には、これらの店が協力して、長さが74m、重さが1765kgの巨大なクナーファをつくって、ギネスブックに登録され、話題になりました。

ミニミニクイズ パレスチナで人気があるお菓子は何でしょうか。
① クナーファ　② シュークリーム　③ チョコレート

答えは次のページ▶

103

真ん中のレバノン杉はレバノン山脈などでとれる特産品。白は清らかな血、赤は戦士の血を表す。

アジア

フェニキア人が地中海貿易で活躍した
レバノン

レバノンでは古代から文明が発達し、文字やりっぱな建物がつくり出されました。

特産のレバノン杉で地中海に進出した

レバノンは西アジアにある細長い国です。地中海ぞいの地域は1年を通じてあたたかな気候ですが、山地は冬の寒さがきびしく、雪もふります。

この地域は、昔からフェニキア人が住み、レバノン杉で船をつくり、地中海の貿易で栄えてきました。16世紀からはオスマン帝国の領土になりましたが、20世紀前半にオスマン帝国がほろび、フランスが植民地にします。1943年にレバノンはフランスから独立しましたが、内戦（国の中での戦い）や周辺の国々との戦いが続き、国は安定しませんでした。

内戦は1990年にようやく終わって、今では少しずつにぎわいをとりもどしています。

世界遺産に登録されている「カディーシャ渓谷と神の杉の森」。樹齢1200～2000年以上のレバノン杉は375本だけ。

基本データ

正式国名（略称） **レバノン共和国**
Republic of Lebanon（LBN）
首都 ベイルート
面積 1万452km²（日本の約36分の1）
人口、人口密度 585万1000人、560人／km²（2015年）
通貨 レバノン・ポンド
おもな言語 アラビア語

プラスワン　レバノンのスポーツ

レバノンは、コンバットスポーツとよばれる、1対1で戦うスポーツがさかんです。格闘技も人気ですが、その中でもとくに、アマチュア・レスリングへの関心が高いです。

オリンピックでの実績もあり、レバノンの代表選手が、ヘルシンキ・オリンピックとモスクワ・オリンピックではメダルをとっています。

ミニミニトピック レバノンの土地は栄養にとんでいて、昔から農業がさかんでした。とくにブドウ畑が多く、ローマ帝国の時代には、ブドウ酒の産地としてまわりの国々に知られていました。

103ページの答え
①

アルファベットの元になった、フェニキア文字

フェニキア人がいつからレバノンに住み始めたかわかっていません。でも、今から4500年前ごろにはもう、地中海ぞいの都市ビブロス（今のジュバイル）で貿易をしていたという記録が残っています。

3500年前ごろになると、フェニキア人は文字を使うようになりました。それは、牛や家をかたどった絵文字のようなもので、22個ありました。これらはだんだん形が整えられ、フェニキア人が取り引きをしていたギリシャに伝わりました。それがさらに進化していき、文字の数もふえて、「ABC」で始まるアルファベットになったといわれています。

アルファベットは、英語やフランス語、イタリア語など、ヨーロッパのさまざまな言葉で使われていますが、その始まりは、古代にレバノンで活躍していたフェニキア人にあったのです。

		フェニキア文字	アルファベット
牛の顔			A
テントの家			B
ラクダのこぶ			C
テントの入口			D
さく			H
手			I
手のひら			K
水			M
目			O

巨大な石の柱が立ちならぶ、バールベックの遺跡

バールベックとは本来、フェニキア人の神ハダドが由来だが、ローマの神々、ジュピターなどの神殿として建設が始まった。

西部のレバノン山脈とアンティレバノン山脈はどちらも南北にのびていて、2つの山脈の間にベカー高原があります。ここに、2000年前のものとされるバールベックの遺跡があります。

バールベックがつくられたのは、ローマ帝国が勢力を広げていた時代です。そのため、ここにはローマの人々があがめていたジュピター、バッカス、ビーナスという3人の神々の神殿が建てられています。

そのうち、ジュピター神殿は建物がほとんどこわれてしまいましたが、巨大な6本の柱が残っています。柱の直径は約2m、高さは約20mで、神殿にはこの柱が54本あったとされます。重いものを運ぶクレーンのような機械がない時代に、人々がどうやって、巨大な石を切り出して、運んでくることができたのか、今もなぞにつつまれています。

ミニミニクイズ アルファベットの元になったといわれる文字は何でしょうか。
① 漢字　② フェニキア文字　③ アラビア文字

答えは次のページ ▶

アジア

世界でいちばん古い都市がある国
シリア

赤・白・緑・黒はアラブのシンボルカラー。1932年から今までにデザインが6回も変わっている。

古くから交易で栄えてきたシリアでは、紛争が続いていて、多くの人々が苦しんでいます。

東西の文化が交流する場所として発展した

シリアは、西アジアの西のはしにある国で、古代から東西の文化が交わる場所とされてきました。首都ダマスカスは、5000年以上前から栄えていて、世界で最も古い都市の1つといわれています。

20世紀前半、フランスの委任統治領になりますが、シリアの人々の反発により、1946年に独立しました。その後、シリアは1958年にエジプトとアラブ連合共和国という国をつくりましたが、政治がうまく進まなくなり、3年後には別々の国にもどりました。

シリアは石油の輸出国でもあります。しかし最近は、政治に不満をもつ人々が、暴力を使うようになり、25万人以上が命を落としました。

首都ダマスカスは「オリエントの真珠」といわれ、世界遺産に登録されている。写真はシリアで争いが激しくなる前。

基本データ

正式国名（略称） シリア・アラブ共和国 Syrian Arab Republic（SYR）
首都 ダマスカス
面積 18万5180km²（日本の約2分の1）
人口、人口密度 1850万2000人、100人/km²（2015年）
通貨 シリア・ポンド
おもな言語 アラビア語

プラスワン シリアのスポーツ

シリアではサッカーが人気です。サッカーのシリア代表は、イラク戦争の影響などで国内が不安定な中でも、国際大会で優勝したほどの実力があります。

最近では、女性のスポーツへの関心が高まっています。アラブの国々の中ではめずらしいことなので、とても注目されています。

シリアは「肥沃な三日月地帯」とよばれる、農作物がよく育つエリアの一部にあり、世界最古の農業が行われた地域でもあります。国のおもな産業は農業で、小麦やオリーブ、綿花などを栽培しています。

105ページの答え ②

世界一、夕日が美しかったパルミラの遺跡

パルミラ（今のタドモル）は、2000年近く前、砂漠を旅する商人が立ちよるオアシス都市としてにぎわっていました。

北の地中海と南のバビロニア（今のイラク）の間を行き来していた商人たちは、ラクダを連れ、隊列を組んで広い砂漠をわたり、その途中にあるパルミラで水や食料を手に入れたり、休んだりしたのです。砂漠に囲まれているというのに、パルミラには水がわき、ナツメヤシの木がしげっていました。

パルミラには、劇場や公共浴場のほか、ベル神殿もつくられていました。やがて、パルミラはローマ帝国にほろぼされてしまいましたが、残された遺跡がそのころの様子を伝えました。夕日にそまるパルミラの遺跡は、世界で最も夕日が美しい場所といわれたほどです。しかし最近、国内の争いによって神殿はこわされ、あとかたもなくなってしまいました。

夕日があまりに美しいので、砂漠を渡る商人たちの間で「バラの街」といわれていた。

1000年以上の歴史をもつ、アレッポの石けん

シリアの北の方へ行くと、石けんで有名なアレッポの街があります。アレッポで石けんづくりが始まったのは、数千年前といわれます。ここではオリーブという木の栽培がさかんで、その実からとったオリーブオイルを石けんの材料にしたのです。

アレッポでは、オリーブオイルなどをかまに入れ、3日間ゆっくりと火にかける、昔と変わらない方法で石けんをつくっています。アレッポの石けんは世界中で人気が高く、日本にも輸出されていました。

しかし、最近ではアレッポでも政府に反対する運動が活発になり、工場や店がこわされて、石けんがつくれなくなっています。そのため、街が平和になり、ふたたび石けんがつくれるようになることを、多くの人が待ち望んでいます。

ミニミニクイズ アレッポの石けんに使われているオイル（油）は何でしょうか。
① サラダオイル　② ひまわりオイル　③ オリーブオイル

答えは110ページ

ヨーロッパ

ヨーロッパはユーラシア大陸の西部をしめています。15世紀からの大航海時代には、ヨーロッパの国々が競ってアフリカやアジア、アメリカに向かい、植民地を広げるなど、世界の歴史を動かしてきました。

国名のあとの数字は、その国を説明しているページです。

カラ海
ラプテフ海
東シベリア海
チュコト海
バレンツ海
ノルウェー海
ベーリング海
オホーツク海
大西洋
日本海
太平洋

左のページの地図はこの部分の拡大図です。

フィンランド P116

フィンランド北部のサンタクロース村。サンタクロースがいるオフィスや郵便局などがある。

ドイツ P130

グリム童話の『ブレーメンの音楽隊』に出てくるブレーメンはドイツ北部の都市。市庁舎（市役所の建物）は世界遺産になっている。

ギリシャ P156

ギリシャ西部のオリンピアでは約2800年前から古代オリンピックが開かれていた。そのスタジアムの入口が今も残っている。

ロシア P200

シベリア鉄道は、世界一長い鉄道として知られる。旅客列車のロシア号は、西のモスクワと東のウラジオストックを約150時間で結んでいる。

トルコ P208

トルコのイスタンブールには、スルタン（イスラム教の国の支配者）が、約400年にわたって代々住んでいたトプカプ宮殿がある。

赤道

109

アイスランド

北の海にうかぶ氷と火の島

青と白はアイスランドの国民色で海と氷を表す。十字は北ヨーロッパの国旗に共通している。

アイスランドは冷たい氷河と熱い火山を利用し、豊かなエネルギーをつくり出しています。

氷河と火山におおわれた島国

アイスランドは、ヨーロッパの北西部の国で、北大西洋の北極海近くにうかんでいます。火山と溶岩でできた火山島ですが、気温が1年中低いため、島の一部はあつい氷河におおわれています。

この島はもともと無人島でしたが、9世紀にノルウェーから人がうつり住みました。13世紀からは、ノルウェーやデンマークに支配されていましたが、1944年に独立を果たしました。

海に囲まれたアイスランドは漁業がさかんで、日本にも大量のシシャモを輸出しています。また、景色の美しいところが多いため観光業も発達して、とても豊かな国です。

首都レイキャビクは、海に面した港町。家の屋根が色とりどりで、街並みが美しい。

基本データ

正式国名（略称） アイスランド共和国 Republic of Iceland（ISL）
首都 レイキャビク
面積 10万3000km²（日本の約4分の1）
人口、人口密度 32万9000人、3人/km²（2015年）
通貨 アイスランド・クローナ
おもな言語 アイスランド語

プラスワン アイスランドのスポーツ

アイスランドはサッカーがさかんで、冬でも練習ができる室内練習場や、子どものための小さな練習場が数多くつくられています。

アイスランド代表は2016年のヨーロッパ選手権に初出場し、ベスト8に進みました。全国民が代表を熱く応援し、イングランドとの試合のテレビ視聴率は99％をこえました。

ミニミニトピック アイスランドには、ギャオとよばれる谷のような場所がいくつかあります。これは大きな力で大地が引っぱられてできた、地球のさけ目です。アイスランドは、平均すると毎年2cmぐらい、東西に引きさかれています。

107ページの答え ③

火山と氷河を利用して電気をつくる！

アイスランドは、月の平均気温が10度をこえるのが真夏の7月と8月しかありません。そのため暖房を使う期間が長く、暖房のためのエネルギーがたくさん必要です。そのエネルギーをつくり出すために、この国では火山と氷河を利用しています。

火山の下には高温のマグマ（岩がどろどろにとけたもの）があって、流れる地下水も湯のように熱く、蒸気がたくさん出ています。アイスランドのあちらこちらの地熱発電所では、この蒸気を使って電気をつくっています。また、熱い地下水は、温水プールや温室、魚の養殖場などに使われています。アイスランドの南西部には、世界最大級の露天風呂（屋根や囲いのない風呂）、ブルーラグーンがありますが、ここも地熱発電所の地下水を利用しています。

さらにこの国では、氷河がとけてできた水を使って電気を起こす水力発電もさかんに行っています。

ブルーラグーンは海水を使った露天風呂で、色は白くにごっている。人々は水着を着て、楽しんでいる。

北の海の海賊たちがこの国をつくった

9世紀、無人島だったこの島にやってきたのは、ノルウェーのバイキングでした。バイキングは、海をわたって貿易を行い、ときには海賊を働くこともありました。ほかの地域の人々もうつってきましたが、アイスランドでは今も古い文化が残っています。

その1つが言葉です。アイスランド語は、最初に来たノルウェー人の言葉が元で、1000年たった今もあまり変わっていません。これはアイスランドの人々が言葉を大切にしているためで、今も外国から入ってきた言葉をすべてアイスランド語に置きかえて使っています。

また、アイスランド人の名前には名字がありません。かわりに、「～の息子（娘）」という意味の言葉が使われていますが、これも古くからの伝統です。

ミニミニクイズ アイスランド南西部のブルーラグーンは、どのようなところでしょうか。
① 植物園　② スキー場　③ 露天風呂

答えは次のページ ▶

111

壮大な自然と伝統文化が息づく北の王国
ノルウェー

かつてノルウェーを支配していたデンマークとスウェーデンの旗を組み合わせている。

海に面したノルウェーは世界有数の漁業国で、沿岸は独特の地形をしています。

すばらしい自然と漁業がさかんな国

ノルウェーは北ヨーロッパのスカンディナビア半島の西側にある、南北に細長い国です。夏は太陽がしずまない白夜が見られ、冬は逆に、太陽がのぼらない極夜の日が続きます。北部では、夜空に美しいオーロラが見られます。

国土は大部分が標高500mの高原です。2000m以上の場所は雪と氷河におおわれています。沿岸部は、フィヨルドという、氷河や海水でけずられてできた複雑な地形になっています。

漁業国としても有名で、日本で食べられるサバの多くはノルウェー産です。ほかにサーモン、タラ、シシャモなども輸出しています。

首都オスロの市庁舎（市役所の建物）。世界の平和につくした人をたたえるノーベル平和賞の授賞式は、ここで行われる。

基本データ

正式国名（略称） ノルウェー王国
Kingdom of Norway（NOR）
首都　オスロ
面積　32万3772km²（日本よりやや小さい）
人口、人口密度　521万1000人、16人/km²（2015年）
通貨　ノルウェー・クローネ
おもな言語　ノルウェー語

プラスワン　ノルウェーのスポーツ

「ノルウェー人はスキーをはいて生まれてくる」ということわざがあるほど、ノルウェーではスキーが人々の生活に根づいています。

オリンピックの冬季大会でも、選手たちが大活躍しています。クロスカントリースキーを中心にメダルを獲得し、2014年のソチ大会まででその数は300をこえました。

ノルウェーでは、他人の森林でも木を傷つけたりしなければ、自由に通ることや、野生の果物をとることがみとめられています。北ヨーロッパには、だれもが自然を楽しむことができるという考えが古くからあるのです。

111ページの答え
③

ヨーロッパ

バイキングやサーミが住んでいたノルウェー

　8世紀ごろから約300年間、ノルウェー、デンマーク、スウェーデンの沿岸には、バイキングとよばれるノルマン人が住んでいました。バイキングは航海技術にすぐれた人たちで、海をわたって貿易や商業を行っていました。8世紀末以降は、ヨーロッパ各地にせめ入って、おそれられるようになります。

　バイキングの船は、細長く、両端がそった美しい形をしていました。20世紀初めにオーセベリで帆かけ船が発掘され、現在、オスロのバイキング船博物館に展示されています。

　一方、北部には古くからトナカイを遊牧している、サーミという少数民族が住み、トナカイの肉を食用、皮を衣類、角を工芸品にして生活しています。今は都市に住む人もふえましたが、サーミ語で演劇を行ったり、日本のアイヌの人々と交流したりして、民族の文化を伝えています。

オスロにあるバイキング船博物館には、バイキングが乗っていた船が展示されている。

北極・南極探検成功のカギはスキーだった!?

　ノルウェーには、世界でも有名な探検家がいます。科学者で外交官でもあった、フリチョフ・ナンセンは、1888年に北極海と北大西洋の間にある、世界最大の島、グリーンランドのスキー横断に成功しました。そして、その5年後には、特別な船をつくって北極点を目指しました。結局、到達はできませんでしたが、北極に大陸がないことを発見したのです。

　また、ロアール・アムンセンは1911年12月14日、人類で初めて南極点に到達しました。

　ふたりの探検家が成功した理由としては、スキーをうまく使ったことが挙げられます。ノルウェーや北方の国では、昔から雪山での移動にスキー板を使いました。それが今日のスポーツ競技に発展したといわれています。

ミニミニクイズ　ノルウェーの沿岸に住み、ヨーロッパの国々にせめ入ったり、貿易を行ったりした人々を何というでしょうか。
① サーミ　② バイキング　③ フィヨルド

答えは次のページ ▶

113

森林と湖にめぐまれ環境対策も万全
スウェーデン

北ヨーロッパの国々に共通する、スカンディナビア十字が使われている。金十字の旗とよばれる。

森林や湖にめぐまれたスウェーデンは、自然や環境を大切に守る人々が多い国です。

ヨーロッパ

森と太陽に感謝し、ひとりひとりが環境を守る

スウェーデンは、スカンディナビア半島の東側にある国です。国土の3分の2が森林で、約9万6000の湖があります。北部では夏は太陽がしずまない白夜、冬は太陽がのぼらない極夜が続きます。

北ヨーロッパでは、1年で最も日が長い夏至の時期にお祭りが行われ、太陽と緑に感謝をささげます。スウェーデンの夏至祭りは有名で、家や車を花輪でかざり、広場に集まって一晩中ダンスを楽しみます。

また、環境対策にも熱心な国で、家庭ごみのほとんどは再利用されています。生ごみから肥料をつくったり、バイオガスに変えて暖房や車の燃料に再生しているのです。

首都ストックホルムには、数々の教会を始め、数百年前からの古く美しい街並みが残されている。

基本データ

正式国名（略称） スウェーデン王国
Kingdom of Sweden（ＳＷＥ）
首都　ストックホルム
面積　43万8574km²（日本の約1.2倍）
人口、人口密度　977万9000人、22人／km²（2015年）
通貨　スウェーデン・クローナ
おもな言語　スウェーデン語

プラスワン　スウェーデンと日本

森林の多いスウェーデンでは、モミ、白樺、松などを木材として利用し、家具や住宅用として輸出しています。とくにスウェーデンの家具は、北欧家具とよばれ、世界で高い人気を得ています。

日本でもおなじみのイケアは、スウェーデンで誕生した家具のお店で、世界各地に出店しています。

スウェーデンの北部のユッカスヤルビ村には、建物から家具、食器まで、すべて氷と雪でできたアイスホテルがある。ホテルが利用できるのは冬のみ。春になるととけてしまうが、また、翌年、新しいホテルが建てられる。

113ページの答え
②

ノーベルの遺言から始まったノーベル賞

スウェーデンの首都ストックホルムでは、世界的に有名なノーベル賞の授賞式が、毎年行われています。ノーベル賞は、ダイナマイトを発明したスウェーデンの科学者アルフレッド・ノーベルの遺言によって、1901年に始まりました。

ノーベルは、ダイナマイトという爆薬を発明して大金持ちになりましたが、戦争で使われるようになったため、発明したことを後悔しました。そこで、自分がもっているたくさんの財産をもとに、基金を設立し、人類のために最大の貢献をした人々で分けるよう、言い残してなくなったのです。

現在は、物理学賞、化学賞、生理学・医学賞、文学賞、平和賞、経済学賞があり、平和賞だけはノルウェーで授賞式が行われています。

日本人初のノーベル賞受賞者は、1949年に物理学賞を受賞した湯川秀樹で、2016年現在、25人の日本人が受賞しています。

ストックホルム市庁舎（市役所の建物）。ノーベル賞を受賞した人たちのための晩餐会がここで行われる。

すべての人が安心してくらせる世の中を目指す

スウェーデンは、すべての人が自立し、安心して豊かな生活を送れるように、早い時期から男女平等の社会を目指した国です。

1974年には、世界で初めて、両親が育児休暇を取ることをみとめました。出産10日前から子どもの8歳の誕生日までに、両親合わせて16か月間、仕事を休むことができ、給付金がもらえます。

子育ては、夫婦で行うことが大事だと考えられているため、子どもが生まれると父親も仕事を休むことができます。また、保育施設も整っているので、安心して子どもを産み、働くことができます。この仕組みにより、子どもの数が少なくなる少子化の問題が改善されていきました。

ミニミニクイズ 北ヨーロッパの国々で、夏に行われる行事で、とくにスウェーデンで有名なお祭りを何というでしょうか。　① 夏至祭り　② 花祭り　③ クリスマス　　　答えは次のページ ▶

ハイテク技術で世界のトップに立つ
フィンランド

青は空と湖を、白は雪を表す。スカンジナビア十字がえがかれていて、青十字旗とよばれる。

林業で発展してきたフィンランドは、ICT産業でも世界をリードしています。

林業と情報通信技術で世界的に有名な国に

フィンランドは、スカンジナビア半島の東にあり、ロシアのとなりにある国です。国土の大部分が森におおわれ、約19万もの湖があることから、「森と湖の国」ともよばれています。

フィンランドという国名は、「フィンの国」という意味です。2000年前ごろに移住した民族、フィン人が国の本をつくったのです。12世紀から1809年まではスウェーデンに、1809年からロシア帝国に支配されますが、1917年に独立しました。

フィンランドでは、豊かな森を活かして、林業や紙・パルプ産業がさかんです。また、ICT（情報通信技術）産業も発達しています。

フィンランドでは、夜中に美しいオーロラを見ることができる。オーロラは長いときには数時間続く。

基本データ

正式国名（略称） フィンランド共和国
Republic of Finland（FIN）
首都 ヘルシンキ
面積 33万6859km²（日本よりやや小さい）
人口、人口密度 550万3000人、16人/km²（2015年）
通貨 ユーロ
おもな言語 フィンランド語、スウェーデン語

プラスワン フィンランドのスポーツ

ペサパッロは、フィンランド式野球です。フィンランドに野球場がなく、サッカー用の球技場を使うため、ホームベース付近が三角で、基本的には長方形のグラウンドで行います。
1922年にフィンランドの元陸上選手が考えたスポーツで、ルールは野球ににていますが、ショートと外野はふたりで守ります。

フィンランド人はとてもサウナが好きで、一般の家庭にも設置されています。サウナは数千年前から汗をかくために利用されていました。かつては、熱した石を使っていましたが、今は電気で温めています。

115ページの答え ①

学力は世界トップクラス！ フィンランドの子どもたち

フィンランドは教育制度がよく整えられた国で、民族や年齢、住んでいる地域に関係なく、だれでも学校で勉強できます。学校の授業料は、社会人をのぞいて、すべて無料です。

フィンランドには、日本の小学校と中学校にあたる基礎学校があり、7歳から15歳の子どもたちはみんなそこで勉強しなければなりません。この国の基礎学校では、先生が生徒ひとりひとりに合ったきめこまかい指導をして、自主性や能力を発揮できるように手助けしています。授業のある日は1年に190日と、多くありません。それでもフィンランドは、さまざまな国の15歳の子どもたちの学力を調べる国際学力調査ではたびたび上位に入っていて、注目を集めています。

基礎学校を卒業すると、生徒のほとんどは高等学校や、仕事につくための知識や技術を学ぶ職業学校に進学します。

公園で遊ぶフィンランドの子どもたち。学校は早く終わるので遊ぶ時間も長い。

ムーミン谷やサンタクロースの村で知られる、メルヘンのふるさと

フィンランドには書店も多く、子どものころから読書が好きな人がたくさんいます。日本でもテレビ放送があった人気のアニメ、「ムーミン」のシリーズは、フィンランドの女性作家トーベ・ヤンソンが書いた妖精の童話です。

この物語は、ほかの童話やアンデルセンの作品、『赤毛のアン』など外国の児童文学といっしょに、フィンランドの教科書にのっています。

メルヘンの国フィンランドには、サンタクロースが住む村があるともいわれています。場所は北極圏のロバニエミで、サンタクロースが世界中の子どもに手紙を書いたり、たずねてきた子どもたちと握手をしたりしてくれます。

ミニミニクイズ フィンランドの作家トーベ・ヤンソンの作品の主人公はだれでしょうか。
① 赤毛のアン ② 人魚姫 ③ ムーミン

答えは次のページ ▶

アイルランド

緑豊かなエメラルドの島

緑はカトリック、オレンジはプロテスタントと2つの宗教を表す。白は両者の友愛を意味する。

古くからカトリックを信仰してきたアイルランドは、自分の国の文化を守り続けています。

イギリスの支配をのがれ、1949年に独立した

アイルランドは、ヨーロッパ北西部のアイルランド島にあります。国土の半分以上は1年中緑色の牧草地が広がり、「エメラルドの島」ともよばれています。気候は、沖を流れる暖流（あたたかい海水の流れ）の影響でわりあいおだやかです。

ここは、12世紀以降、海をへだてたとなりの国イギリスに支配され、1801年に領土をうばわれました。1949年に大部分をとりもどしましたが、北部は今もイギリスの領土になっています。

アイルランドでは、牛や羊、ブタなどの畜産がさかんです。また、近年では、医薬品を始めとした製造業も行っています。

首都ダブリンを流れるリフィー川。写真のハーフペニーブリッジは19世紀につくられたもので、市のシンボルになっている。

基本データ

正式国名（略称）　アイルランド
Ireland（ＩＲＬ）
首都　ダブリン
面積　6万9797㎢（日本の約5分の1）
人口、人口密度　468万8000人、67人／㎢（2015年）
通貨　ユーロ
おもな言語　アイルランド語、英語

プラスワン　アイルランドのスポーツ

ハーリングとゲーリックフットボールは、アイルランドの伝統的な国技です。どちらも1チーム15人でゴールを決める球技です。

ハーリングは野球ボールぐらいの球を、棒を使ってゴールを決めます。ゲーリックフットボールは、サッカーボールより少し小さい球を手足を使ってゴールを決めるスポーツです。

ミニミニトピック　19世紀中ごろ、アイルランドでは農作物が不作で食料不足になり、数十万人が命を落としました。そのため大勢の人が、アメリカのような外国へわたりました。元アメリカ大統領のジョン・ケネディもその人々の子孫です。

117ページの答え
③

世界中が緑色にそまるセント・パトリックス・デー

　キリスト教は、16世紀に、元からあったカトリックと新しくおこったプロテスタントに分かれましたが、多くのアイルランド人はカトリック教徒です。

　アイルランド島に初めてカトリックが伝わったのは5世紀で、セント・パトリックによって広められました。セント・パトリックの命日にあたる3月17日には、世界中にいるアイルランド系移民が、いっせいにお祝いをします。カトリックのシンボルカラーである緑色の服を着たり、シャムロック（三つ葉のクローバー）の小物を身につけたりして、盛大なパレードやフェスティバルを行うのです。

　その日、アイルランドでは、各地のセント・パトリック大聖堂が緑色にライトアップされます。海外でも同じように、イタリアの歴史的な建物のピサの斜塔や日本の伊勢神宮の御幸道路の大鳥居、そしてアメリカのシカゴ川が緑色にそまります。

セント・パトリックス・デーには、ダブリンで盛大にパレードが行われ、多くの市民や観光客が集まる。

ゲール語や音楽の中に生きるアイルランド

　アイルランド島では古くから先住民の人々がくらしていましたが、約2500年前、大陸からケルト人がうつり住んできました。

　アイルランドにうつり住んだケルト人は自分たちをゲールとよび、ゲール語を話しました。これが今のアイルランド語の元になっています。その後、イギリスの支配が続いたため、多くのアイルランド人は英語を使うようになりましたが、今もアイルランド語（ゲール語）はアイルランドの公用語です。

　国は、アイルランド語教育を大切にしていて、小学校や中学校ではアイルランド語の授業を行っています。また、ラジオで伝統的な音楽を聞くことができるほか、アイルランドの文化を受けついだ音楽も次々に生み出されています。

ミニミニクイズ　3月17日のセント・パトリックデーに、アイルランドの人々が身につける服や小物は何色でしょうか。
① オレンジ色　② 緑色　③ 白色

答えは次のページ▶

古いものと新しいものを大切にする
イギリス

3つの十字を合わせたデザインで、ユニオン・ジャック（十字を組み合わせたもののこと）とよばれる。

ヨーロッパの中心国の1つで、伝統を守ると同時に、新しいものもとり入れてきました。

かつては世界の4分の1を支配した大英帝国

イギリスはヨーロッパの北西部に位置するグレートブリテン島とアイルランド島の北東部からなる国です。気候は、夏はすずしく、冬はわりあいにあたたかいのが特徴です。国土のほとんどは平地で、高い山はあまりありません。

イギリスは18世紀半ばに、世界で初めて機械を使った大量生産を行い、工業が大きく発達しました。最も栄えた時代には大英帝国とよばれ、国外に多くの植民地をもち、世界の4分の1を支配していました。

今もイギリスでは工業や商業がさかんです。また、ロンドンは、世界的な金融（銀行など、お金のやりとりにかかわる産業）の中心地になっています。

高さ96mのビッグ・ベンは、世界で最も有名な時計台で、首都ロンドンのシンボルになっている。

基本データ

正式国名（略称） グレートブリテン及び北アイルランド連合王国
United Kingdom of Great Britain and Northern Ireland（GBR）
首都 ロンドン
面積 24万2495km²（日本の約2分の1）
人口、人口密度 6471万6000人、267人/km²（2015年）
通貨 スターリング・ポンド
おもな言語 英語、ウェールズ語、ゲール語

プラスワン　イギリスと日本

日本とイギリスは、昔から深い関係があります。17世紀初め、イギリス人のウィリアム・アダムズはオランダ船に乗って九州に流れ着いたのち、江戸幕府の将軍・徳川家康に仕えて、三浦按針と名乗りました。また、明治時代には多くのイギリス人が来日して、鉄道をつくるなど、日本の近代化に協力したのです。

イギリスの国名は長いのですが、日本では、江戸時代にポルトガル語のイングレスやオランダ語のエンゲルスという呼び方がなまり、イギリスとよぶようになりました。漢字では「英吉利」と書いたので英国ともいいます。

119ページの答え
②

ワールドカップにイギリスだけ4チーム出場できる理由

足で球をける遊びは、昔からいろいろな国で行われていました。しかし19世紀半ば、イギリスで共通のルールが決められて、今のサッカーの元ができました。また、イギリスでサッカーの試合中に選手のひとりがボールをもって走り出したことから、ラグビーという競技が生まれました。

サッカーとラグビーの、国際大会であるワールドカップでは、かつて植民地だった地域をのぞくと、1つの国は代表チームを1つしか出すことができません。しかし、これらのスポーツを生んだイギリスだけは、本国のイングランド、スコットランド、ウェールズ、北アイルランドという4つの地域の代表が、それぞれ参加することができるのです。

ピーターラビットやハリー・ポッターが生まれた国

「ハリー・ポッター」シリーズの映画のロケ地として有名なスコットランドのグレンフィナン高架橋。

イギリスでは、名作といわれる小説や童話がたくさん生まれています。『不思議の国のアリス』はイングランド出身のルイス・キャロルが、実際にいた少女を主人公にして書き、1865年に出版しました。

探偵小説では、1890年以降、大人気になった「シャーロック・ホームズ」のシリーズが有名で、作者はスコットランド生まれのアーサー・コナン・ドイルです。

1901年に出版された『ピーターラビットのおはなし』は、首都ロンドン生まれのビアトリクス・ポターの絵本です。イングランドの湖や美しい景色がたくさんえがかれています。

世界中で読まれている、「ハリー・ポッター」のシリーズの作者は、イングランド出身のJ・K・ローリングです。原稿を書いていたスコットランドのエディンバラのコーヒーショップには、「ハリー・ポッター誕生の場所」と書かれたボードがあります。

ミニミニクイズ 童話『不思議の国のアリス』の作者ルイス・キャロルは、イギリスのどの地域の出身でしょうか。　① スコットランド　② ウエールズ　③ イングランド　　答えは次のページ ▶

121

アンデルセン童話と風力発電が有名

デンマーク

最も古い国旗。エストニア人と戦ったとき、この旗がふってきて逆転勝利したといわれている。

童話の国として有名なデンマークは、自然エネルギーの利用もさかんです。

なだらかな平地が広がる童話の国

ヨーロッパ

デンマークは、ドイツの北にあるユトランド半島と、そのまわりの約400の島々からなる国です。気候は、夏はすずしく冬はわりあいに温暖です。国土は180m以上の山がなく、平地が広がります。そのため、古くから牧畜（牛や馬を育てること）を始めとした農業が行われてきたほか、最近は、石油・天然ガスなどのエネルギー産業や、バイオテクノロジー（生物の体の仕組みなどを利用した技術）といった先端産業もさかんです。また、デンマークは、『人魚姫』や『みにくいアヒルの子』などの童話を書いたアンデルセンが生まれた国としても有名で、外国からも多くの観光客がおとずれます。

首都コペンハーゲンのニューハウンは、運河に沿って色とりどりの家がならび、人気の観光スポットになっている。

基本データ

正式国名（略称）　デンマーク王国　Kingdom of Denmark（DEN）
首都　コペンハーゲン
面積　4万2921km²（日本の約9分の1）
人口、人口密度　566万9000人、132人/km²（2015年）
通貨　デンマーク・クローネ
おもな言語　デンマーク語

プラスワン　デンマークのスポーツ

デンマークでは、ハンドボールが人気です。ハンドボールは1チーム7人（11人制もある）で、手を使ってボールをパスしながら、相手のゴールをねらう球技です。

ハンドボールは100年以上前に、デンマークのフュン島で、ラスムス・ニコライ・エアンストがサッカーを元にして、考え出しました。

ミニミニトピック　プラスチックのブロックを組み合わせて、いろいろな形をつくるレゴブロックは、デンマーク生まれです。このおもちゃがテーマの「レゴランド」という遊園地が大人気で、デンマーク以外の国にもつくられています。

121ページの答え　③

地球の環境を考えた、自然エネルギーの利用がさかん

世界では、地球温暖化（地球の平均気温が上がること）によって、環境が大きく変わることをふせぐため、さまざまな取り組みが行われています。その1つが、地球温暖化の原因とされる二酸化炭素を出さない、風力や太陽光、地球の熱などを使う自然エネルギーの開発です。

デンマークでは、20世紀後半から、風力を利用する自然エネルギーの開発を進めてきました。近年は、風力発電によって国内の電力の30％以上をまかなうようになりました。この割合は世界でもとくに高いほうです。また、発電であまったエネルギーは電気自動車にも利用しています。

さらに、デンマークは、家庭から出たごみや、家畜のふんなどをもやしたり、発酵させたりして熱を発生させる、バイオマス・エネルギーにも力を入れています。これによってつくられたエネルギーも、電力や温水に使っています。

三方を海に囲まれたデンマークは、海に風車を建てて電気をおこす洋上風力発電に力を入れている。

各国のサンタが集まる、世界サンタクロース会議

北極に近い、世界最大の島グリーンランドは、デンマークの領土です。国土の約80％が、氷や雪におおわれているこの島には、何百年も生き続けているサンタクロースが住んでいるという伝説があります。この話を元にして、1957年に、「グリーンランド国際サンタクロース協会」が設立されました。

コペンハーゲンでは、毎年7月に、「世界サンタクロース会議」が開かれ、各国のサンタクロースが集まります。参加できるのは、グリーンランドのサンタクロースにみとめられたサンタクロースだけで、日本のサンタクロースもいます。出席したサンタクロースたちは、プレゼントの中身やクリスマスの正しい過ごし方について話し合っています。

ミニミニクイズ　グリーンランドで、毎年7月に会議を開いているのは、だれでしょうか。
① 大統領や首相　② 小説家　③ サンタクロース

答えは次のページ ▶

風車やチューリップ、運河が名物の国
オランダ

赤は勇気、白は神を信じること、青はオランダへの愛が表されている。

低い土地が多いオランダは、干拓や運河の建設に力を注ぎ、豊かな国をつくってきました。

ヨーロッパ

干拓によって国土を広げ、いろいろな特産品を輸出

オランダはヨーロッパの北西にある、北海に面した王国です。高い山のない平らな国で、国土の20%以上が海面より低い干拓地（浅い海などを堤防で囲んで水をぬき、陸地にした土地）です。

オランダで干拓が始まったのは、13世紀のことでした。海を干拓してつくられた土地で、牧草を育てて乳牛をかい、バターやチーズなどの乳製品を生産しました。これらは今では、オランダの特産品となっています。

また、花や球根の栽培もさかんで、チューリップ、バラなどの花を世界中に出荷しているほか、機械工業や化学工業なども発達しています。

オランダ西部にあるキューケンホフ公園では、春、チューリップを始めとする花々がさきみだれる。

基本データ

正式国名（略称）　オランダ王国
Kingdom of the Netherlands（NED）
首都　アムステルダム
面積　4万1542km²（日本の約9分の1）
人口、人口密度　1692万5000人、407人/km²（2015年）
通貨　ユーロ
おもな言語　オランダ語

プラスワン　オランダのスポーツ

オランダでは、古くからスケートがさかんです。スケート靴はこおった運河や川をわたるための用具として広まりました。生活の一部だったスケートが、その後、スポーツとして発展しました。

スピードスケートの第1回世界選手権もオランダのアムステルダムで行われました。

ミニミニトピック　日本とオランダの交流は、400年以上続いています。江戸時代には、医学を始めとするオランダの学問が伝えられ、オランダの言葉も使われました。コーヒー、ガラス、オルゴールなどもオランダ語が元になっています。

123ページの答え　③

貿易によって発展したアムステルダム

オランダの北西部にある首都アムステルダムは、貿易で発展してきた都市です。17世紀になると、ヨーロッパのほか、アジアやアメリカ大陸との貿易で大きな利益を上げるようになり、大勢の人がうつり住みました。

この時代には市の範囲もどんどん広がり、古い市街を囲むようにシンゲル運河（人工の水路）、ヘーレン運河、ケイザー運河、プリンセン運河がつくられていきました。

これらの運河は、船で商品を運ぶための水路として使われていました。運河にはいくつも橋がかけられていましたが、必要に応じて中央が開く仕組みのはね橋だったので、大きな船も通行することができました。

17世紀につくられた運河のある地域には、古い建物がよく残されて街並みが美しいので、2010年にはユネスコの世界遺産にも登録されました。

空から見たアムステルダム。右上のアイ湾に流れこむアムステル川のまわりに細い運河がたくさんつくられている。

風力発電で列車を走らせるオランダ鉄道

オランダは、海より低い場所にある地域が多いため、昔から洪水や水害になやまされてきました。さらに、地球全体の温度が上がったことで、海面が高くなることも心配されています。

そこで、環境を守るために、駅までスムーズに行き来できる自転車専用の道路を整備しました。二酸化炭素を出す自動車ではなく、空気をよごさない自転車を積極的に利用することをすすめています。

また、風の力を利用して電力をまかなう風力発電もふえています。2017年には、オランダ鉄道のすべての列車を風力発電で運行するようになりました。風力ですべての列車を走らせる取り組みは、世界初といわれています。

ミニミニクイズ 浅い海を堤防で囲んで水をぬき、陸地にしたところを何というでしょうか。
① 人工島　② 埋め立て地　③ 干拓地

答えは次のページ ▶

125

ヨーロッパ連合の本部がある
ベルギー

黒・黄・赤の3色は、それぞれ、力・充実（満ち足りること）・勝利を表している。

ベルギーは、世界でも有名な伝統のお菓子や、地域の特色を活かした料理が人気です。

ヨーロッパの東西南北を結ぶ国

ベルギーは、ヨーロッパの北西にある王国です。北西部のフランドル地域は平野が広がり、南部のワロン地域は高度が高く、アルデンヌ高原を中心にゆるやかな低い山が続いています。

ヨーロッパの東西南北を結ぶ位置にあったベルギーは、古くからさまざまな文化が出合う場所でした。そのため、民族や地域によって話す言葉がちがい、今もオランダ語、フランス語、ドイツ語が国の公用語になっています。

また、ヨーロッパ連合（ヨーロッパが1つになって発展することを目的につくられた組織）の本部がブリュッセルにあり、政治の中心になっています。

ブリュッセルは、ベルギーの首都であると同時に、ヨーロッパ連合の中心都市になっている。

基本データ

正式国名（略称） ベルギー王国　Kingdom of Belgium（BEL）
首都　ブリュッセル
面積　3万528km²（日本の約12分の1）
人口、人口密度　1129万9000人、370人/km²（2015年）
通貨　ユーロ
おもな言語　オランダ語、フランス語、ドイツ語

プラスワン ベルギーのスポーツ

ベルギーで人気のあるスポーツはサッカーで、イングランド（イギリス）など、国外のリーグでプレーしている選手が大勢います。

とくに若い選手を育てることに力を入れていて、まわりのオランダやフランスのサッカー・クラブと協力しながら、ヨーロッパで活躍できる選手をふやしているのです。

ミニミニトピック　ネロ少年と愛犬パトラッシュが登場する『フランダースの犬』は、ベルギーのフランドル地域が舞台です。イギリス人の作家ウィーダが1872年に発表した物語で、日本でも100年以上前から読まれています。

125ページの答え　③

広場にしきつめられる花のじゅうたん

首都ブリュッセルには、1998年に世界遺産になった、グランプラスという大きな広場があります。ここでは、2年に1度、フラワーカーペットというお祭りが開かれています。広場内の、縦75m、横24mのスペースには、何十万輪もの花がしきつめられ、まるで巨大なじゅうたんのように見えます。

お祭りは、毎回テーマが決められます。2016年は、自然界の美しい姿を意味する日本の四字熟語で、「花鳥風月」でした。桜や松、ツル、コイなどがえがかれた下絵の上に、ベゴニアなどの花が約60万輪もしきつめられました。

また、ブリュッセルには、ジュリアン坊やというニックネームで親しまれている、小便小僧の像もあります。17世紀に初めてつくられたこの像は、これまでに2度もぬすまれ、今はレプリカ（元の像と同じようにつくられたもの）がかざられています。

2016年に行われたフラワーカーペットでは、下絵のデザインに日本人も参加した。

チョコレートや地域の名物料理など、おいしい食べ物がいっぱい

ベルギーは、おいしいお菓子や料理で知られる国です。とくにチョコレートは有名で、専門店も2000軒以上あります。ナッツクリームをチョコレートで包んだ、プラリネという伝統的な一口チョコは海外でも大人気です。

地域の特色を活かした郷土料理もいろいろあります。牧畜のさかんなベルギーを代表する料理といえば、牛肉をビールでにこんだカルボナードです。さらにフランドル地域には、北海でとれたムール貝や小エビの名物料理があります。

料理にそえられるのは、フリッツというフライドポテトです。細切りのジャガイモをあげた料理はベルギーで生まれました。また、ベルギーはビールの産地で、その種類は1500をこえます。

 ミニミニクイズ ベルギーでは3つの言葉が公用語として使われています。次のうちのどの組み合わせでしょうか。 ①オランダ語、フランス語、ドイツ語 ②英語、スペイン語、ドイツ語 ③ベルギー語、フランス語、英語 　答えは次のページ▶

小さな城から発展した世界一裕福な国
ルクセンブルク

赤・白・青は、フランス革命（18世紀にフランスで起こった大きな社会の変化）が元になっている。

ルクセンブルクは、銀行などの金融業で発展し、世界一裕福な国として知られています。

古く美しい街並みが残るヨーロッパの中心都市

ルクセンブルクは、ベルギー、フランス、ドイツに囲まれた小さな国です。国土の約85％が農地か森林で、丘とゆるやかな山地が広がっています。

ルクセンブルクの国名は、「小さな城」という意味があります。10世紀に、現在の首都ルクセンブルクの、岩山の上にあった小さな城（砦）を中心にして、国が建てられました。城壁にそって教会や宮殿がきずかれ、現在も古い街並みが残っています。

ルクセンブルクは、ヨーロッパ連合（EU）の一員として、ヨーロッパの統合を積極的に進めています。国内には、裁判所や銀行、議会事務局など、ヨーロッパ連合の運営を行う機関がたくさんあります。

首都ルクセンブルクの旧市街。街を囲む城壁の一部や古い時代の建物がよく残っていて、世界遺産に登録されている。

基本データ

正式国名（略称） ルクセンブルク大公国
Grand Duchy of Luxembourg（LUX）
首都 ルクセンブルク
面積 2586km²（日本の約146分の1）
人口、人口密度 56万7000人、219人/km²（2015年）
通貨 ユーロ
おもな言語 ルクセンブルク語、フランス語、ドイツ語

プラスワン ルクセンブルクと日本

世界で最も豊かな国であるルクセンブルクには、ロボットをつくっている会社、ビデオテープやオーディオテープをつくっている会社、銀行など、日本の企業がいくつも進出しています。

また、ルクセンブルクからも、鉄鋼会社や航空機で荷物を運ぶ会社などが日本で事業を行っています。

ミニミニトピック ルクセンブルクは、ほかの国々と同じように、エイプリルフール（うそをついてもいい日）があります。4月1日にはおたがいに、うそを相手に信じこませて楽しみ、新聞にも、うそのニュースがのることがあります。

127ページの答え ①

外国からも銀行が集まる、世界でいちばん裕福な国

20世紀中ごろまで、ルクセンブルクでは鉄鋼の生産がさかんでした。南部で、鉄鋼の原料となる鉄鉱石がとれたからです。

しかし、20世紀後半になると鉄鋼業はおとろえ、代わりに政府は、お金のやりとりに関わる金融業に力を入れました。今ではルクセンブルクに220をこえる銀行が集まっていて、ヨーロッパを代表する金融センターになっています。

さらに、衛星通信（人工衛星を使った情報のやりとり）を始めとする情報通信技術なども発達していて、ルクセンブルクは世界で最も豊かな国に成長しました。国の豊かさをはかるものとして、しばしば国内総生産（GDP）が使われます。国内総生産は、決まった期間に国内でその国の人が得たもうけのことです。2016年のルクセンブルクの国民一人あたりの国内総生産は世界第１位でしたが、それが1993年から24年間、ずっと続いているのです。

ルクセンブルクの国立貯蓄銀行本館。20世紀初めに建てられたもので、ホールは銀行博物館になっている。

場面によって言葉を使い分ける、ルクセンブルクの人々

古くから周辺の国々に支配されてきたルクセンブルクは、とくにフランスとドイツの影響を強く受けました。そのため、今も国内では、ふだんからルクセンブルク語とフランス語、ドイツ語が使われています。

たとえば、国の議会での話し合いはルクセンブルク語で行われますが、政府に対して質問するときにはフランス語が使われます。また、新聞や本の多くはドイツ語かフランス語で書かれていて、ラジオから流れてくるのはおもにルクセンブルク語です。

最近では、外国からルクセンブルクに働きに来る人々も大勢いるので、場面によって人々はさまざまな言葉を使い分けてくらしているのです。

ミニミニクイズ ルクセンブルクの国名には、どんな意味があるでしょうか。
① 大きな城　② 小さな城　③ 古い城

答えは次のページ▶

129

ものづくりの文化が支える工業国
ドイツ

フランスのナポレオンにせめ入られた19世紀初めから、黒・赤・黄の3色で国を表すようになった。

自動車や精密機械などで世界的に有名なドイツは、ものづくりの文化が息づいています。

ヨーロッパ

ものづくりを大事にする、ヨーロッパ最大の工業国

ドイツは、西ヨーロッパのほぼ真ん中にある、豊かな森におおわれた国です。

農業がさかんで、小麦の生産や酪農、肉用牛の飼育などが行われています。また、20世紀以降、自動車、医薬品、精密機器などの工業が発達し、今はヨーロッパ最大の工業国になっています。

一方で、細やかな手作業を必要とする手工業も大切にしてきました。ゾーリンゲンで14世紀からつくられている刃物、マイセンの磁器（焼き物）はドイツを代表する有名ブランドです。プロの技術者を育てるための教育制度も整っていて、工業国ドイツの繁栄（豊かに栄えること）につながっています。

首都ベルリンの街並み。テレビ塔や大聖堂のほか、たくさんの公園がある。

基本データ

正式国名（略称） ドイツ連邦共和国
Federal Republic of Germany（GER）
首都　ベルリン
面積　35万7376km²（日本とほぼ同じ）
人口、人口密度　8068万9000人、226人／km²（2015年）
通貨　ユーロ
おもな言語　ドイツ語

プラスワン ドイツと日本

日本とドイツは深い関係があります。日本の政治や医学はドイツを手本にしました。大日本帝国憲法を作った伊藤博文は、ドイツのベルリン大学で憲法学者から学びました。
また、医学の分野でもドイツの影響力は大きく、20世紀後半まで日本では、診療カルテをドイツ語で書くことがふつうでした。

ミニミニトピック　世界初の自転車が誕生したのは、1818年のドイツ。ドライスという貴族が、2つの車輪を前後にならべた上に、台とハンドルをとりつけました。ペダルはなく、台にまたがって地面を足でけって進みました。

129ページの答え　②

森とともに生きてきたドイツの人々

昔、ドイツの人たちは、「森の民」とよばれていました。そうよばれるほど、ドイツの人々は、森を散歩することが大好きなのです。

国土のおよそ3割をしめるの森林は、19世紀以降、人の手で植えられたものです。11世紀ごろまでは、ブナやナラがしげる自然の森がありました。しかし、森を切り開いて農地や牧場にし、木を燃料にしたため、自然の森はなくなってしまいました。

そのころ、グリム兄弟は、童話『ヘンゼルとグレーテル』『赤ずきん』『白雪姫』を書きました。3作とも森の中で不思議な体験をして、最後は幸せになるお話です。これらの物語には、森とともに生きてきたドイツ人の心をわすれないでほしいという思いがこめられているといわれています。

ドイツを東と西に分けていたベルリンの壁

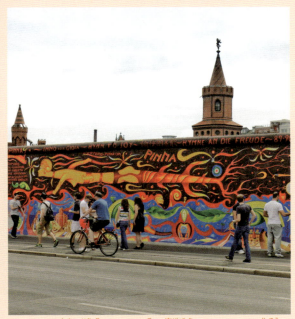

ベルリンの壁の一部は、その後、芸術家たちによって自由に絵がかかれ、イーストサイドギャラリーとして残されている。

1989年まで、ドイツは東と西に分かれていました。第二次世界大戦後の1949年、ドイツ東部にドイツ民主共和国（東ドイツ）が誕生し、西部のドイツ連邦共和国（西ドイツ）と分裂してしまったのです。

ベルリンには、「ベルリンの壁」とよばれる、高さ3m、長さ155kmの巨大なコンクリートの壁がつくられ、行き来をさまたげていました。

西ドイツがアメリカやイギリスなどに助けられて豊かになったのに対し、東ドイツは経済が悪化していきました。そのため、東ドイツから西ドイツへ逃げようと壁を乗りこえる人が大勢いましたが、その途中、銃で射殺された人も少なくありませんでした。

しかし1989年、東ドイツの人々は政府への抗議デモをくり返し、11月9日、自分たちの手でベルリンの壁をこわしました。これがきっかけで、1990年、ドイツはふたたび1つの国になったのです。

ミニミニクイズ 1989年まで、ドイツを東西に分けていた壁を何というでしょうか。
① ベルリンの壁　② 西ベルリンの壁　③ 東ドイツの壁

答えは次のページ ▶

131

スイス

独自の道を歩む永世中立国

13世紀に神聖ローマ帝国（今のドイツ）がシュービッツ州にあたえた旗が元になっている。

ヨーロッパの真ん中にあるスイスは、アルプスの美しい風景と、長い歴史をもつ国です。

「ヨーロッパの屋根」アルプス山脈が連なる

スイスは西ヨーロッパのほぼ真ん中にある国です。国土は山が多く、南部には「ヨーロッパの屋根」とよばれるアルプス山脈が連なっています。

多くの国に囲まれているスイスは、たえずまわりの国との関係に気をつかわなくてはなりませんでした。そこで1815年、永世中立国となることを宣言します。戦争が起こったとき、どこの国にも味方をしないということです。スイスには、国際オリンピック委員会（IOC）や、さまざまな国際機関が置かれていますが、それは永世中立国だからです。

産業は保険や銀行などの金融業がさかんで、時計を始めとする精密機械工業も発達しています。

首都ベルンは、15世紀に建てられた大聖堂を始め、古い街並みが残っていて、旧市街は世界遺産に登録されている。

基本データ

正式国名（略称） スイス連邦 Swiss Confederation（SUI）
首都 ベルン
面積 4万1291km²（日本の約9分の1）
人口、人口密度 829万9000人、201人/km²（2015年）
通貨 スイス・フラン
おもな言語 ドイツ語、フランス語、イタリア語、ロマンシュ語

プラスワン スイスのスポーツ

スイスで人気のあるスポーツはアイスホッケーです。アイスホッケーはスケート靴をはいて、氷の上でスティックを使い、パックといわれる球を相手のゴールに入れる競技です。

スイスには、アイスホッケーのチームが1100以上あって、1年間に1万6000回も試合が行われ、観客でにぎわっています。

ミニミニトピック：20世紀、スイスのオーギュスト・ピカールは気球に乗って人類で初めて上空1万6000mの成層圏に達しました。その子のジャックは、潜水艇で1万mの深海にもぐることにも成功しています。

131ページの答え
①

世界で人気のスイス製の高級時計

　スイスは、時計づくりがさかんな国です。とくに品質のよい高級時計をつくることで知られ、世界的に人気のある時計メーカーがたくさんあります。

　ヨーロッパには昔から、ゼンマイや歯車を使って、機械じかけで動く人形づくりの技術がありました。それが、オルゴールや時計に応用されたのです。

　スイスには、16世紀ごろ、フランス人によって時計づくりの技術が伝えられました。それが優秀な職人に代々受けつがれ、国を代表する産業に成長したのです。20世紀になって腕時計が広く使われるようになると、スイスはそれにもいち早く対応し、20世紀中ごろには世界の時計の半分以上がスイスでつくられました。

　その後、値段の安い日本の電子式時計の人気が高まりましたが、スイスも電子式と機械式を合わせた技術を開発し、ふたたび人気を集めています。

スイス銀行はかくし財産を守ってくれる？

北部の都市チューリッヒには、銀行などが数多く集まり、ヨーロッパでも指折りの金融センターになっている。

　小説や映画、あるいはアニメにまで登場するスイス銀行。お客についての秘密を、絶対に外にもらさないというので、どろぼうやテロリストなどの犯罪者が、お金をかくすためにスイス銀行にあずけるというのですが、ほんとうの話でしょうか？

　実は、スイス銀行という名前の銀行は今はありません。たしかに、スイス国内に本店のある銀行は、法律でお客の情報を守らなければならないことになっています。これをやぶると、きびしく罰せられます。ですから、戦争中には、外国からかくしたい資産が流れこんだことがありました。

　ただ、現在は、お金に関わる国際的な犯罪をふせぐために、これまで通りにはいかなくなっているようです。

ミニミニクイズ　時計づくりの元となった、スイスに昔からあった工業技術は何でしょうか。
① 機械じかけの人形づくり　② 風車をつくる技術　③ 家具をつくる木工技術

答えは次のページ ▶

133

代々貴族が治めてきた国
リヒテンシュタイン

青は空を、赤は暖炉の火を表す。王冠はハイチの国旗と区別するために置かれた。

アルプスのふもとにあるリヒテンシュタイン、美しい切手を発行する国として有名です。

アルプス山脈のふもとにある小さな国

リヒテンシュタインは、ヨーロッパの南西部の小さな国で、アルプス山脈のふもとにあります。山が多い地域のわりに、気候は温和です。

リヒテンシュタインは、18世紀初め、神聖ローマ帝国（今のドイツ）によって1つの国とみとめられました。その後、ドイツ連邦に入りましたが、1866年に独立。翌年に、戦争が起こっても、どの国にも味方しないという永世中立国になると宣言しました。それ以来、この国には軍隊もありません。

おもな産業は、顕微鏡などの精密機械や、医療機器をつくる工業です。また、リヒテンシュタインの切手は美しく、世界的に有名です。

首都ファドーツは、西部の山あいに開けている。自然にめぐまれ、景色がとても美しい。

基本データ

正式国名（略称） リヒテンシュタイン公国
Principality of Liechtenstein（LIE）
首都 ファドーツ
面積 160km²（日本の約2362分の1）
人口、人口密度 3万8000人、238人／km²（2015年）
通貨 スイス・フラン
おもな言語 ドイツ語

プラスワン リヒテンシュタインと日本

リヒテンシュタインが日本と交流を始めたのは、1919年に独立するよりも前、まだオーストリア・ハンガリーの支配下にあった1869年のことでした。リヒテンシュタインは、戦争に参加しない中立国だったので、1914年からの第一次世界大戦でも戦いませんでした。それで、約150年も交流が続いているのです。

リヒテンシュタインは、となりのスイスとの関係が深く、外交（外国とのつきあい）はスイスが代わりに行っています。また、国の中でも、スイスのお金であるスイス・フランが使われています。

133ページの答え ①

貴族のリヒテンシュタイン家が国をまとめてきた

首都ファドーツは、スイスとの国境に近い場所にあります。この地域には、12世紀ごろきずかれたといわれるファドーツ城があります。

18世紀初め、リヒテンシュタイン家は、そのころヨーロッパで大きな力をもっていたハプスブルク家に仕えていました。そして、現在のリヒテンシュタインの領地とファドーツ城を手に入れ、1719年にこの国が誕生したのです。

以来、リヒテンシュタイン家が代々、国を治めてきました。リヒテンシュタイン家は王ではなく、公爵という貴族の位だったので、リヒテンシュタイン公国とよばれているのです。

1938年からは、ファドーツ城が、リヒテンシュタイン家の住まいとなっています。そのため、ふだんは城の中に入ることはできませんが、毎年8月15日の建国記念日には、城の庭が一般の人々にも公開されています。

リヒテンシュタイン家の人々が住むファドーツ城は、小高い山の上に、街を見下ろすようにして建っている。

きれいな切手とタックスヘイブンで豊かな国に

リヒテンシュタインは、美しい切手をたくさん発行しています。自然の風景や動物などのほか、ファドーツ城や君主の絵など、国の歴史がわかる切手もあって、世界の切手ファンの間でも人気が高く、国の収入源になっています。

首都ファドーツにある郵便博物館には、これまでに発行された切手が展示されていて、記念切手を買うこともできます。

また、リヒテンシュタインは、タックスヘイブンといって、外国の企業やお金持ちの税金をとても安くしています。これによって大企業やお金持ちをまねき、収入を上げているため、リヒテンシュタインは、世界で裕福な国の1つになっています。

ミニミニクイズ 18世紀にリヒテンシュタインをつくったリヒテンシュタイン家の身分は何でしたか。　① 平民　② 国王　③ 貴族の公爵　　答えは次のページ ▶

ヨーロッパの文化の十字路として栄えた
オーストリア

昔の君主が戦ったとき、白い軍服が敵の血で真っ赤にそまったという伝説を元につくられた。

かつてヨーロッパの政治や文化の中心でした。今も、そのときの様子がよく残されています。

ヨーロッパを支配した神聖ローマ帝国の中心地

オーストリアは西ヨーロッパにある国です。ドイツやイタリアなど、さまざまな国に囲まれていて、海はありません。国土には山が多く、アルプス山脈が東西に走っています。気候はわりあいおだやかで、雨はそれほどふりません。

ここは、13世紀から500年以上にわたって神聖ローマ帝国の中心として栄えました。19世紀に帝国はほろび、20世紀にはドイツに占領されましたが、1955年に独立して今の形になりました。

オーストリアの経済の中心は工業で、機械や鉄鋼、食品などをつくっています。また、美しい景色や歴史のある建物が多いので、観光業もさかんです。

オーストリア中部の街ハルシュタットは、ハルシュタット湖のほとりにあって景色が美しいので、観光名所になっている。

基本データ

正式国名（略称） オーストリア共和国　Republic of Austria（AUT）
首都　ウィーン
面積　8万3871km²（日本の約5分の1）
人口、人口密度　854万5000人、102人／km²（2015年）
通貨　ユーロ
おもな言語　ドイツ語

プラスワン オーストリアのスポーツ

けわしいアルプス山脈が連なるオーストリアでは、冬、雪の積もった山でのスキーやスノーボード、雪山登山、こおった湖でのアイススケートや氷上ヨットなどがさかんです。

日本にスキーを伝えたのもオーストリア人でした。約100年前、軍人のレルヒが、新潟県や北海道で日本の軍人にスキーを教えたのです。

ミニミニトピック　ふつうのソーセージより少し小さいサイズのウインナーソーセージは、ウイーンでつくり始められたと伝えられています。それで「ウイーン風のソーセージ」という意味の名前が付けられたのです。

135ページの答え　③

大勢の天才音楽家たちを育てたウィーン

　15世紀半ばから300年、神聖ローマ帝国の皇帝は、ハプスブルク家の人でした。ハプスブルク家はとても強い力をもち、その力で音楽を始めとする芸術を育ててきました。

　1498年には少年たちの合唱隊をつくり、音楽会を開きました。この少年合唱隊は今もウィーン少年合唱団として、世界中でコンサートを行っています。

　18世紀から19世紀にかけては、音楽の都のウィーンにはすぐれた音楽家が大勢集まり、モーツァルトや、ベートーベン、シューベルトなどが名曲をたくさん生み出しました。ウィーンや、モーツァルトが生まれたザルツブルクの街では、今もさかんに音楽会が行われ、世界中から音楽を愛する人たちが集まってきます。

音楽の都・ウィーンでは、毎年1月1日に、新しい年を祝うコンサートが行われ、世界から注目を集める。

いろいろな国の料理のおいしい部分をとり入れる

　西ヨーロッパのほぼ真ん中にあるオーストリアは、さまざまな国の人々が行き来し、文化の十字路とよばれてきました。食べ物も、各地から伝わった料理の材料や料理方法をとり入れて、オーストリアならではのおいしいメニューをつくってきました。

　その1つ、アプフェルシュトルーデルとよばれるアップルパイは、元はトルコのお菓子でしたが、ハンガリーを通ってオーストリアに伝わりました。ウィーンの菓子職人たちの間では、シュトルーデルにパン粉と干しブドウを入れるかどうかで意見が分かれていて、何百年も議論が続いているそうです。

　また、ウィーンは、カフェ（コーヒーなどを飲める店）が多いことで有名ですが、このコーヒーもトルコから入ってきました。コーヒーに生クリームをたっぷり入れるのがウィーン風。この飲み方は日本にも伝わり、ウィンナーコーヒーとよばれています。

ミニミニクイズ モーツァルトやベートーベンなどの音楽家が活躍したオーストリアの首都はどこでしょうか。
① パリ　② ベルリン　③ ウィーン

答えは次のページ▶

137

お金持ちが集まる世界で2番目に小さな国
モナコ

モナコを治めてきたグリマルディ家の紋章の色である赤と白を国旗にも使っている。

昔から観光地として栄え、世界最速を競う自動車のF1レースの開催地としても有名です。

ヨーロッパ

3000年前につくられた1つの都市が国になった

モナコは1つの都市が国になった都市国家で、世界で2番目に小さな国です。まわりをフランスに囲まれていて、南は地中海にのぞんでいます。気候はおだやかで、冬もあまり寒くありません。

およそ3000年前、ここに都市がつくられました。その後、ギリシャやローマ（今のイタリア）、フランスなどに支配されましたが、19世紀後半に独立して、1つの国になりました。

現在のモナコは、世界のお金持ちが集まるリゾート地として有名です。街には高級ブランドの店やレストランが軒を連ね、港には豪華な客船やヨットがずらりとならんでいます。

北東部のモンテカルロの様子。温暖で明るい日差しにめぐまれ、景色が美しいので、リゾート地として世界的に有名。

基本データ

正式国名（略称） モナコ公国
Principality of Monaco（MON）
首都 モナコ市
面積 2km²（日本の約19万分の1）
人口、人口密度 3万8000人、1万9000人／km²（2015年）
通貨 ユーロ
おもな言語 フランス語

プラスワン　モナコと日本

今のモナコの元首（国の代表）、アルベール2世の母は、女優として有名だったグレース・ケリーでした。彼女は日本が好きで、日本風の庭園をほしいと話していたといいます。1982年、グレースは交通事故で亡くなってしまいました。しかし、彼女のために、1994年、モナコ市に日本庭園がつくられたのです。

ミニミニトピック モナコでは毎年1月にモンテカルロ国際サーカス・フェスティバルが開かれます。このときには、世界中のサーカスアーティストが集まり、空中ブランコや猛獣使いの技を競い合います。

137ページの答え　③

海を愛した元首がつくったモナコ海洋博物館

20世紀初めにモナコを治めていたアルベール1世は、海の研究家でした。海を調査するための船をいくつもつくって、海流（海水の流れ）を調べたり、深海の様子を調べたりしたのです。

そのアルベール1世が1910年、地中海に向けて切り立ったがけの上に建てたのが、モナコ海洋博物館です。お城のようにりっぱな博物館の1階には、クジラの骨を始め、海の生物の貴重な標本が展示されています。さらに2階では、アルベール1世が使った、海での観測のための道具などを見ることができます。

博物館の地下には水族館があります。この水族館は地中海の海、熱帯の海、サメがすむ海に分かれていて、海水から水中にすむ微生物まで、それぞれの海をそのまま再現しています。とくに人気があるのはサメのいる水槽で、ゆうゆうとしたサメの泳ぎを見ることができます。

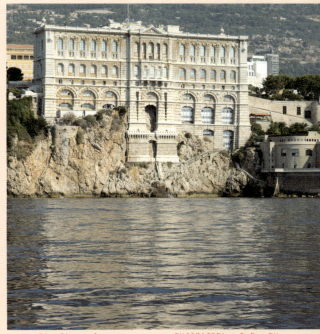

モナコ湾に面して建てられたモナコ海洋博物館。地下2階、地上3階の建物で、最上階にはレストランもある。

F1カーが街の道路を走りぬけるモナコ・グランプリ

モナコはスポーツがさかんな国ですが、最も有名なのは、F1モナコ・グランプリです。

F1は世界的な自動車のレースで、レーサーが世界のいろいろな国のサーキット（何周も回れるコース）でレースを行い、ポイントを競います。モナコ・グランプリは100年近い歴史をもち、毎年5月に行われますが、レース専用のサーキットを使うほかの多くのグランプリとちがって、モンテカルロの道路をそのままサーキットとして使います。

カーブが続くモンテカルロの街の道路を、フォーミュラ・カーが高速で走りぬけるさまは、とても迫力があります。それを見るために、期間中は大勢の観客でにぎわいます。

ミニミニクイズ 1910年に建てられたモナコ海洋博物館はどんな場所にあるでしょうか。
① 山の頂上　② 海岸のがけの上　③ 超高層ビルの屋上

答えは次のページ▶

ヨーロッパの政治・経済・文化の中心地の1つ
フランス

青・白・赤は、それぞれ自由、平等、博愛（すべての人を愛すること）を表している。

フランスは、航空機や宇宙開発の先端技術でヨーロッパをリードしています。

国王をたおして、国民が政治を進めるようになった

フランスは西ヨーロッパの国で、北と西は大西洋、南は地中海に面しています。国土には平野やなだらかな丘が広がり、南部にピレネー山脈があります。

ここでは古くから王国が栄え、17世紀には国王が強い力をもって、ヨーロッパで勢力を広げました。しかし、苦しい生活を強いられた人々が国王をたおし、国民が政治を行う仕組みをつくります。これは、その後、世界の政治の手本になっていきました。

現在のフランスはヨーロッパ最大の農業国で、小麦やトウモロコシ、ブドウなどを栽培しています。また、工業や商業などもさかんで、ヨーロッパの政治・経済・文化の中心地の1つになっています。

首都パリのシンボルになっているエッフェル塔は、1889年に完成した。高さ約300mで、当時は世界一高い建物だった。

基本データ

正式国名（略称） フランス共和国
French Republic（FRA）
首都 パリ
面積 55万1500km²（日本の約1.5倍）
人口、人口密度 6439万5000人、117人/km²（2015年）
通貨 ユーロ
おもな言語 フランス語

プラスワン フランスのスポーツ

フランスでは、公園などで、ペタンクというスポーツを楽しむ人々がよく見られます。ペタンクは、金属のボールを投げたり転がしたりして、地面に置いた的に近づけ、点数を競う競技です。

ペタンクは、1910年、南フランスの港町で生まれ、フランス各地に広がっていきました。

ミニミニトピック フランスでは、日本のまんがやアニメ、テレビゲームなどの人気が高く、たくさんの作品がフランス語にやくされています。また、日本のまんがやアニメのファンが集まるイベントも行われています。

139ページの答え ②

航空機や宇宙開発など、最先端の工業がさかん

フランスは、航空機や宇宙開発の分野でも進んでいる国です。1969年には、イギリスと共同で超音速旅客機コンコルドを開発しました。超音速とは、音が伝わる速さをこえるという意味で、コンコルドは時速2000km以上で飛ぶことができました。

同じころフランスが中心になって、ドイツ、イギリス、スペインなどと協力し、大型旅客機エアバスの開発も進めました。2007年には、世界で初めて、機体のすべてが2階建ての旅客機エアバスA380が空を飛びました。エアバスA380の座席数は550をこえることもあり、「空飛ぶホテル」ともよばれます。

一方、フランスは早くからロケットの開発にもとり組んでいます。1965年には、アメリカ、ソビエト連邦（今のロシア）に続き、世界で3番目に人工衛星を打ち上げました。国内にはフランス国立宇宙研究センターがあり、ヨーロッパの宇宙開発の中心になって活動しています。

乗客を乗せて離陸するエアバスA380。全長約73m、全幅（翼をふくめた幅）約80m、高さは約24mもある。

世界の芸術家たちがあこがれるフランスの文化

フランスの人々は、自分たちの国の歴史や文化をとても大事にしています。

首都のパリは、昔から「花の都」「芸術の都」とよばれ、画家や作家、音楽家、ファッション・デザイナーなど、さまざまな分野の芸術家が世界中から集まってきます。スペイン人のピカソやオランダ人のゴッホなどの有名な画家も、パリにやってきて活躍しました。

また、フランスは料理がおいしい国としても有名で、トルコ料理や中華料理とともに世界の三大料理に数えられています。フランスで生まれた菓子もたくさんあって、シュークリームやマロングラッセ、ババロアなどは、日本でも愛されています。

ミニミニクイズ フランスがドイツやイギリスなどと協力して開発した、「空飛ぶホテル」とよばれる大型旅客機は何でしょうか。
① エアバスA380　② ボーイング787　③ コンコルド

答えは次のページ ▶

観光業がさかんなピレネー山脈中腹の国
アンドラ

フランス国旗の青と赤、スペイン国旗の黄色と赤を組み合わせている。真ん中はアンドラの国章。

アンドラは、ピレネー山脈の山あいにあり、美しい自然と古い街並みが調和した国です。

長い間、スペインとフランスに治められていた国

アンドラは、西ヨーロッパのとても小さな国です。ピレネー山脈の山の中にあり、東のフランスと西のスペインにはさまれています。夏はすずしくてすごしやすいですが、冬はきびしい寒さになります。

13世紀、フランスの貴族（のちに国王）とスペインの司教（キリスト教の指導者）が、ここを共同で治めるようなりました。1993年、国民の投票で独立することを決めましたが、今も元首（国の代表）は、フランス大統領とスペインの司教です。

アンドラのおもな産業は観光業です。また、羊や牛、馬などを飼育する牧畜や、小麦、オリーブ、ブドウなどの栽培もさかんに行っています。

アンドラの都市部のメイン通りにはブランド店が立ち並び、買い物客でにぎわう。

ヨーロッパ

基本データ

正式国名（略称）　アンドラ公国
Principality of Andorra（AND）
首都　アンドラ・ラ・ベリャ
面積　468km²（日本の約800分の1）
人口、人口密度　7万人、150人/km²（2015年）
通貨　ユーロ
おもな言語　カタルニア語、スペイン語、ポルトガル語、フランス語

プラスワン　アンドラのスポーツ

アンドラは、「小さな国のオリンピック」ともよばれる、ヨーロッパ小国競技大会に参加しています。これは、ヨーロッパの小さな国の代表が集まるスポーツ大会で、1985年から2年に1回、行われています。

2017年5月から6月にはサンマリノ大会が開かれ、陸上競技や水泳、テニスなどの試合が行われました。

ミニミニトピック　昔はアンドラではほとんど税金がかかりませんでした。しかし外国人が、税金をはらわなくてすむように、アンドラの銀行にお金をあずけることなどが問題になり、2012年から税金がかかるようになりました。

141ページの答え　①

空港も駅も郵便もない！？

　アンドラには空港がなく、鉄道も通っていません。そのため外国からアンドラへ行くには、フランスかスペインからバスや車を利用しなければなりません。

　このように少し不便なアンドラですが、それでも、スペインやフランスなどから大勢の人々がこの国へやってきます。それは、アンドラがピレネー山脈に囲まれて景色の美しいところが多く、そのうえ物価（物の値段）や消費税（物を買うときにかかる税金）も安くて買い物をしやすいためです。

　じつは、アンドラには郵便の制度もありません。それで、スペインとフランスの郵便局がかわりに配達してくれるのですが、どちらにたのむかは手紙を送る人が選べます。スペインの郵便局に手紙をとどけてほしい人は、スペインの切手をはって、筒形のポストに入れます。一方、フランスの郵便局に手紙をとどけてほしい人は、フランスの切手をはって、長方形のポストに入れるのです。

山々に囲まれたアンドラには、冬、スノーボードやスキーを楽しむ人々が大勢やってくる。

フランスとスペインをへだてるピレネー山脈

　ピレネー山脈はイベリア半島のつけ根にあって、北西の大西洋から南東の地中海まで、約430kmも続いています。高さ3000m以上のけわしい山々が連なり、スペインとフランスをへだてているのです。

　その山あいで、人々は1000年以上昔から牧畜や耕作をしてくらしてきました。アンドラのマドリウ・ペラフィタ・クラロ渓谷や、フランスとスペインにまたがるモン・ペルデュには、美しい自然や昔の村の様子がよく残り、世界遺産に登録されています。

　ピレネー山脈の西部には、バスク人が住んでいます。バスク人は2000年以上前からイベリア半島に住んでいた人々で、自分たちが話すバスク語や、ベレー帽などの服装を今も大事に守り通しています。

ピレネー山脈には、イヌワシ、ヒグマなど1200種の動物、400種の植物が見られる。

1993年までアンドラを支配していた2つの国は、どことどこでしょうか。
① スペインとフランス　② ドイツとイタリア　③ イギリスとオランダ

答えは次のページ ▶

スペイン

色とりどりの文化が花さくイベリア半島の大国

赤は血、黄色は国土で、血と金の旗とよばれる。また、王冠と盾と柱の紋章がえがかれている。

スペインでは、キリスト教とイスラム教が調和した、ユニークな文化が育まれてきました。

イスラム教国をたおして、スペイン王国が誕生する

スペインは、ヨーロッパ南西部のイベリア半島にある国です。国土のほとんどは平らな高地で、まわりにピレネー山脈のような山地があります。

イベリア半島にはキリスト教徒が住んでいましたが、8世紀から北アフリカのイスラム教徒に支配されてきました。しかし、15世紀にイスラム教徒を追い出し、それが今のスペイン王国につながっています。このころには、探検家コロンブスらの後ろだてとなり、アメリカ大陸にも領土を広げました。

スペインは工業が発達していて、自動車や機械などを輸出しています。また、あたたかい気候を利用して、オリーブやブドウなどを栽培しています。

首都マドリードのマヨール広場。18世紀につくられた建物に囲まれ、昔からマドリードの人々の集会場になっていた。

基本データ

正式国名（略称） スペイン王国 Kingdom of Spain (ESP)
首都 マドリード
面積 50万5944km²（日本の約1.3倍）
人口、人口密度 4612万2000人、91人/km²（2015年）
通貨 ユーロ
おもな言語 スペイン語、バスク語、カタルーニャ語、ガリシア語、バレンシア語、アラン語

プラスワン スペインのスポーツ

スペインで人気のスポーツといえば、サッカーです。スペイン・リーグのレアル・マドリードとバルセロナは、世界的にファンがとても多いクラブです。そのため、2つのクラブが戦う試合はクラシコ（伝統の一戦）とよばれ、世界中の約170か国で放送され、約6億人がテレビ観戦するといわれています。

ミニミニトピック スペインの多くの人は、働いていても昼になると家に帰ってご飯を食べ、3時ごろまでシエスタをとります。シエスタは昼寝のことで、この時間には街の店もしまってしまいます。

143ページの答え ①

地方ごとにユニークなお祭りがいっぱい！

スペインでは、地方ごとに文化がちがっていて、それぞれ特徴のあるお祭りが行われています。

3月に東部のバレンシアで行われるサン・ホセの火祭りでは、大きな張り子（木の芯に紙などをはったもの）の人形が、700体以上も街にかざられます。人形のモデルになっているのは、政治家や有名人など、そのときどきの話題の人物で、祭りの最後にはそれらが一斉に燃やされます。

また、北部のパンプローナでは、7月にサン・フェルミンの牛追い祭りが行われます。これは牛を闘牛場（人と牛が戦う闘牛のための場所）に追いこむ行事ですが、実際には、何百人もの市民が一斉に放された牛の前を走って、闘牛場にさそいこむ形になっています。

どちらも華やかで迫力のある祭りで、これらの時期には世界中から観光客が集まります。

130年たってもまだ建築中のサグラダ・ファミリア教会

サグラダ・ファミリア教会は完成していないにも関わらず、すばらしい建築として世界中に知られている。

スペインには歴史的な建物がたくさんありますが、その中でもとくに有名なのが、バルセロナにあるサグラダ・ファミリア教会です。

1882年に建設が始まったこの教会は、1883年から建築家のアントニオ・ガウディが引きついで、巻貝の形をした階段をとり入れるなど、丸みを強調したユニークな建物を設計しました。ガウディは、教会の建設に力をつくしましたが、1926年に彼が亡くなったとき、できていたのは、礼拝堂（神にいのるところ）など、ごく一部だけでした。

サグラダ・ファミリア教会の建築は今も進められています。完成まであと100年かかるともいわれていましたが、最新の技術をとり入れて、工事の年数を短くする努力も行われています。

ミニミニクイズ 1882年に建設が始まり、今も工事が行われているサグラダ・ファミリア教会があるのは、どこでしょうか。
① バレンシア　② パンプローナ　③ バルセロナ

答えは次のページ ▶

145

世界への探検航海で大成功をおさめた国
ポルトガル

緑は誠実さと希望、赤は勇気を表す。色の境目には、航海のときに使う天測儀がえがかれている。

ポルトガルは、ヨーロッパのどの国よりも早く、世界に目を向けて探検航海を行いました。

ヨーロッパ各国に先がけ、世界への探検航海を行う

ポルトガルはヨーロッパ南西部の国で、イベリア半島の西部にあります。北部には高くけわしい山が多く、南部は平野や高原などが見られます。気候は1年を通じてわりあいおだやかです。

12世紀、北部を流れるドーロ川のまわりにポルトガル王国がおこりました。ポルトガル王国は、15世紀になるとほかの国に先がけて世界への航海に乗り出します。そして、アフリカやアメリカ大陸、アジアに進出し、海洋帝国として栄えました。

ポルトガルは農業がさかんで、オリーブやブドウなどを栽培しています。また、機械やコルクの生産や、漁業も行われています。

ドーロ川に面したポルトには、大聖堂や劇場のほか、色とりどりの美しい建物が建ちならぶ。

基本データ

正式国名（略称） ポルトガル共和国
Portuguese Republic（POR）
首都　リスボン
面積　9万2226km²（日本の約4分の1）
人口、人口密度　1035万人、
　　　112人／km²（2015年）
通貨　ユーロ
おもな言語　ポルトガル語

プラスワン　ポルトガルと日本

16世紀、ポルトガル人は日本にも来て、鉄砲を伝えました。これによって戦い方が進化し、それまで小さな国ごとに分かれていた日本が、1つにまとまることになりました。

また、このころにはポルトガルの商人たちがたびたび来て、パンやてんぷら、お菓子のこんぺいとうなどを日本に伝えました。

19世紀、フランスのナポレオンの軍隊がせめてきて、ポルトガルの国王たちは植民地だった南アメリカのブラジルにのがれました。そのとき一時的に、ブラジルのリオ・デ・ジャネイロがポルトガルの首都になりました。

145ページの答え
③

大航海時代の利益でつくられた、ジェロニモス修道院

　15世紀から17世紀にかけて、ヨーロッパの国々が船で世界を探検した時代を大航海時代といいます。この時代は、大型の帆船がつくられて遠くまで航海できるようになりました。

　大航海時代に最もかがやいた国の1つがポルトガルです。ポルトガルは探検家のバスコ・ダ・ガマに命じて、ヨーロッパからインドへ行く航路を発見させました。そしてアフリカでは、金や象牙（ゾウのきば）、アジアではこしょうなどの香辛料、アメリカ大陸では砂糖を手に入れ、それらを売って大きな利益を手に入れたのです。

　このころ国王だったマヌエル1世は、都のリスボンに豪華なジェロニモス修道院と、船の出入りを監視するベレンの塔を建てました。ジェロニモス修道院の建設には、香辛料の取り引きで得た利益が使われたといいます。これらの建物は、1983年に世界遺産に登録されています。

ジェロニモス修道院の建設は1502年に始まったが、工事が何度も中断されたため、完成までに約300年もかかった。

魚料理が大好きなポルトガル人

　大西洋に面しているポルトガルは漁業がさかんで、日本と同じように、魚料理がよく食べられています。イワシの塩焼きや、エビ、イカ、アサリ、カニ、タコなどを使った雑炊や炊きこみご飯などが、この国の代表的な料理です。

　漁村の人々は、アジ、タラ、イワシなどの魚をほして、干物をよくつくります。とくにタラの干物はバカリャウとよばれ、これを使った料理は、炒めもの や、あげもの、にこみ料理など、数え切れないほどあるといわれます。その中でも人気のメニューは、バカリャウのコロッケや、バカリャウと細切りのフライドポテトに、といた卵をかけて加熱したバカリャウ・ア・ブラスです。

ミニミニクイズ　大航海時代に、ポルトガルの命令を受けて、インドへ向かう航路を発見したのはだれでしょうか。
① マヌエル1世　② バスコ・ダ・ガマ　③ コロンブス

答えは次のページ ▶

147

長い歴史とデザインとグルメをほこる国
イタリア

緑は豊かな国土、白は雪、赤は自分の国を愛することを表している。

イタリアは、伝統を活かしながら、美しいデザインやおいしい料理を生み出しています。

ヨーロッパ

すべての道がここに通じるといわれたローマ帝国

イタリアは西ヨーロッパの国で、地中海につき出したイタリア半島の大部分をしめています。国土は山がちで、南部には火山が多く見られます。気候はわりあいおだやかで、雨は多くありません。

2000年ほど前、ここにはローマ帝国が栄えていました。最も強大だった時期には地中海から西アジアや北アフリカに勢力を広げ、「すべての道はローマに通ず」といわれました。その後、ほかの国々の支配を受け、19世紀にほぼ今の形になりました。

イタリアの産業の中心は工業で、自動車や衣服などをつくっています。また、歴史的な建物や美術品が多いことから、観光業もさかんです。

有名なピサの斜塔は、中部の街ピサにある。12世紀に建設が始まって間もなく、かたむき出したといわれる。

基本データ

正式国名（略称） イタリア共和国
Italian Republic（ITA）
首都 ローマ
面積 30万2073km²（日本よりやや小さい）
人口、人口密度 5979万8000人、198人／km²（2015年）
通貨 ユーロ
おもな言語 イタリア語

プラスワン イタリアのスポーツ

イタリアはサイクリングを愛する人が多く、歴史のある街並みや美しい自然の中で、たくさんのサイクリストを見かけます。

自転車のレースも各地でさかんに開かれています。毎年5月に行われるジロ・デ・イタリアは、約3週間をかけてイタリアをほぼ1周するレースで、世界中の注目を集めます。

南部のナポリの東にそびえるベスビオ山は、今も噴火のおそれがある活火山です。2000年近く前の大噴火のときには、流れ出した大量の火山灰でふもとの街ポンペイがうもれ、消えてしまったのです。

147ページの答え ②

世界中にファンが多い、イタリアの車とファッション

古くから芸術やものづくりを大切にしてきたイタリアは、工業でも、美しいデザインとすぐれた技術力を発揮しています。

自動車では、フェラーリやランボルギーニ、アルファロメオといった高級車をつくり出し、世界の自動車マニアのあこがれの的になっています。また、買いやすい値段の小型車のフィアットも輸出されています。

ファッションの分野でも、ベネトン、グッチ、ジョルジオ・アルマーニ、ジャンニ・ベルサーチ、バレンチノなど、世界的に有名なブランドがイタリアで生まれています。

北部の都市ミラノは、フランスのパリとならぶ「ファッションの都」として有名です。そして、ここで開かれるファッションショーで、新作が世界に向けて発表されるのです。

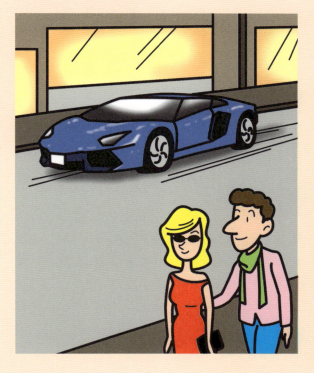

食べることが大好きなイタリア人

南部の都市ナポリのパスタ店。さまざまな種類のパスタやオリーブオイルなどが売られている。

イタリア人は食べることが大好きで、2000年近く前にもう、料理の本があったといわれています。今も地方ごとに特色ある料理がつくられていますが、それらに共通しているのは、トマトソースとオリーブオイルを使っていることです。トマトもオリーブも、地中海の周辺でよく育つ作物なのです。

日本人もよく食べるパスタやピザは、代表的なイタリア料理です。でも、本場のパスタは、マカロニ、ペンネを始め、ラザニア、ニョッキ、ラビオリ、タリアテッレなど、たくさんの種類があります。

イタリア料理には、チーズもよく使われます。このチーズも、牛乳だけでなく、水牛やヤギ、羊の乳なども使われていて、その種類はなんと400以上もあるそうです。

「ファッションの都」として世界的に有名な、イタリア北部の都市はどこでしょうか。
① ローマ　② ミラノ　③ ナポリ

答えは次のページ ▶

高い山と城壁に守られた世界最古の共和国
サンマリノ

白はティターノ山の雪と清らかさ、水色は空とアドリア海を表す。中央はサンマリノの国章。

サンマリノは、住民の代表が政治を行う仕組みを古くから続けてきました。

1700年以上前に石工たちがつくった国

サンマリノは、イタリア半島の北東部にある小さな国です。まわりをイタリアに囲まれていて、海はありません。気候は、1年を通じておだやかで、冬に雨がよくふります。

今から1700年あまり前、石工（石を切り出したり、細工したりする職人）のマリノたちがティターノ山に住みついて、自分たちの街をつくりました。これが国の始まりといわれます。

サンマリノは古い時代の街並みが今も残っていて、景色も美しいため、観光業がさかんです。また、サンマリノの政府がつくっている切手やコインも世界的に人気があり、大きな収入になっています。

首都サンマリノの中心にあるリベルタ広場。奥の政庁（政治を行う建物）の前に自由の女神の像が立っている。

基本データ

正式国名（略称） サンマリノ共和国
Republic of San Marino（SMR）
首都 サンマリノ
面積 61km²（日本の約6000分の1）
人口、人口密度 3万2000人、525人／km²（2015年）
通貨 ユーロ
おもな言語 イタリア語

プラスワン サンマリノのスポーツ

サンマリノでは、野球に人気があります。サンマリノのプロ野球チームであるT&Aサンマリノは、国内にプロ野球リーグがないため、イタリアン・ベースボール・リーグに参加しています。チームは、2011年から3年連続でリーグ優勝を果たしました。また、ヨーロッパの大会でもたびたび優勝しています。

国王のいないサンマリノでは、元首（国の代表）を半年ごとに、議員の中からふたり選んでいます。期間が半年と短いのは、元首が不正（正しくないこと）をするのをふせぐためです。

149ページの答え
②

山のてっぺんのとりでが首都サンマリノになった

4世紀、ローマ帝国（今のイタリア）の皇帝がキリスト教をきびしくおさえつけました。キリスト教徒だった石工のマリノは、高さ約740mのティターノ山の頂上ににげ、仲間といっしょにくらすようになりました。ここが今の首都、サンマリノです。

やがて、敵をふせぐための頑丈なとりでや、都をとり囲む高い壁がつくられ、サンマリノは難攻不落（せめ落とすのがむずかしいこと）の都になっていきました。これによって、長い間、独立を守り続けることができたのです。

サンマリノには、国王はいませんでした。そのため15世紀になると、住民の代表が議会で話し合って政治を行うようになります。国王や皇帝がいない国を共和国といいますが、サンマリノは、今ある国々の中では最も古い共和国なのです。

こうしたサンマリノの歴史がきざまれているティターノ山の頂上と、サンマリノの歴史的な建物は、ユネスコの世界遺産に登録されています。

ティターノ山につくられたとりでの1つ、グアイタ。11世紀に建設され、その後もたびたび建て直された。

コレクターに人気のサンマリノの切手

サンマリノに鉄道はありませんが、イタリアから道路が続いているため、国外からもたくさんの観光客がおとずれます。

14世紀に修道士が建てたサン・フランチェスコ教会は、この国に残る最古の教会です。また、19世紀に建築されたサンマリノ政庁は、今も使われていて、議会の様子を見学できます。政庁の前には自由の女神の像が建てられていて、サンマリノが発行する切手の絵柄にもなっています。

歴史ある建物や街並みがデザインされたサンマリノの切手は、観光客やコレクター（集めることを趣味にしている人）の間でとても人気があります。

ミニミニクイズ サンマリノの国の本をつくった石工のマリノが信じていた宗教は何でしょうか。
① キリスト教　② イスラム教　③ ヒンズー教

答えは次のページ ▶

151

カトリックの教えを広める世界一小さな国
バチカン市国

右側には、法王がかぶる冠と、神が住む世界と人間が住む世界の2つのカギがえがかれている。

バチカン市国は、ローマ法王を中心に、世界のカトリック信者たちをまとめあげています。

ヨーロッパ

キリスト教のカトリック教会の中心地

バチカン市国は、イタリアのローマ市の中にある、世界でいちばん小さな国です。大人なら、国を1周するのに1時間もかからないほどです。

約1700年前、バチカンにサン・ピエトロ大聖堂が建てられました。やがて、キリスト教で最も位が高いローマ法王（ローマ教皇）がここでキリスト教徒をまとめ、領地も広がりました。19世紀には、イタリアがバチカンの領地を没収してしまいます。しかし、1929年、サン・ピエトロ大聖堂の周辺だけは領地としてみとめられ、独立したのです。

現在も、キリスト教のカトリック教会の中心で、世界に大きな影響力をもっています。

サン・ピエトロ大聖堂。キリストの弟子だったペテロの墓があったところに4世紀に建てられ、その後、建て直された。

基本データ

正式国名　バチカン　Vatican
面積　0.4km²（日本の約100万分の1）
人口、人口密度　1000人、2500人／km²（2015年）
通貨　ユーロ
おもな言語　ラテン語、フランス語、イタリア語

イタリア

プラスワン　バチカンと日本

16世紀、ローマ法王は、キリスト教のカトリックの教えを世界に広めるため、日本にも宣教師（教えを広める人）を送りました。

それで、日本でも西日本を中心にキリスト教が広まりました。1582年には、4人の少年が使者としてヨーロッパに送られ、3年後にローマ法王に会うことができました。

ミニミニトピック

ローマ法王は、枢機卿たちによる選挙で選ばれます。選挙の結果が出ると、システィーナ礼拝堂の煙突から煙が上がり、鐘が鳴ります。煙の色が白なら新しい法王が決まった、黒なら決まらなかったという意味です。

151ページの答え
①

国民のほとんどは法王のもとで働いている人

　バチカン市国の人口はおよそ1000人ですが、そのほとんどは、法王の仕事を助ける枢機卿や、カトリック教会の儀式を行う司祭などの聖職者、キリスト教の教えをきびしく守って共同で生活している修道士と修道女です。

　法王が仕事をしている法王庁では、ほかにも約3000人が働いていますが、これらの人々はイタリアに住んでいて、バチカンに通っているのです。

　また、バチカン市国には軍隊がありません。かわりにバチカンを守っているのは、スイス人の兵士たちです。16世紀、バチカンが神聖ローマ帝国（今のドイツ）にせめられたことがありました。このとき、命がけで法王を守ったのがスイス兵だったといわれています。それで今も、昔ながらの青と黄色とオレンジ色のしまもようの軍服を着たスイス兵が、法王の周辺や宮殿などを警備しているのです。

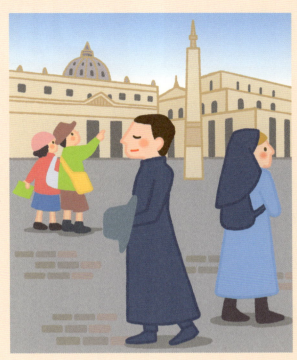

国がまるごと世界遺産！

ミケランジェロがつくった聖母マリアとキリストの彫刻、ピエタ像。サン・ピエトロ大聖堂に置かれている。

　16世紀から17世紀にかけて、古くなったサン・ピエトロ大聖堂を修理するための大工事が行われました。このとき参加したのは、ラファエロやミケランジェロといったイタリアのすぐれた芸術家たちで、大聖堂の内部には、すばらしい彫刻や絵画が数多く残されています。

　また、バチカン美術館には、代々のローマ法王が集めた芸術作品がたくさんあり、その中には『モナ・リザ』という絵をえがいたことで有名なレオナルド・ダ・ビンチがえがいた絵などもあります。

　このように、歴史のある建物や価値の高い芸術作品が数えきれないほどあるバチカン市国は、国がまるごと世界遺産になっていて、世界中から観光客がやってきます。

ミニミニクイズ　バチカン市国で法王を守っているのは、どこの国の兵士でしょうか。
① フランス　② イタリア　③ スイス

答えは次のページ ▶

キリスト教を守る騎士たちが戦った地中海の島
マルタ

白は正義、赤は情熱を表す。十字は、第二次世界大戦の戦いをたたえ、イギリスがおくった勲章。

地中海のほぼ真ん中にあるマルタは、交通の中継地として重要な役割を果たしてきました。

ヨーロッパ

数々の国に支配された地中海の重要な中継地

マルタは、ヨーロッパ南部の地中海にうかぶ島国です。マルタ島、ゴゾ島、コミノ島などからなり、あたたかい気候で、冬に雨がよくふります。

地中海の真ん中にあるマルタの島々は、ヨーロッパと北アフリカ、西アジアを行き来する船の中継地でした。そのため、ローマ帝国（今のイタリア）など、さまざまな国の支配を受けてきました。19世紀には、イギリスの領地になりましたが、1964年に独立を果たしています。

マルタでは、織物をつくる繊維工業や、船をつくる造船業が行われています。また、歴史的な建物が多いことから、観光業もさかんです。

イギリス海軍の基地の1つだった首都バレッタは、マルタ騎士団に関わる建物なども多く、世界遺産に登録されている。

基本データ

正式国名（略称） マルタ共和国
Republic of Malta（MLT）
首都　バレッタ
面積　315km²（日本の約1000分の1）
人口、人口密度　41万9000人、1330人/km²（2015年）
通貨　ユーロ
おもな言語　マルタ語、英語

プラスワン　マルタと日本

1914年に第一次世界大戦という大きな戦争が始まったとき、日本はイギリスと手を結んでいて、地中海に海軍を送りました。

このとき、日本軍の船が、ドイツ軍を始めとする敵側の攻撃を受け、日本兵71人が命を失いました。マルタ島にあるイギリス軍の基地には、日本兵の墓がつくられています。

ミニミニトピック 歴史ある建物や美しい風景が多いマルタでは、数多くの映画やテレビドラマが撮影されています。1979年のアメリカ映画『ポパイ』の撮影のためにつくられた「ポパイビレッジ」という村は、今もそのまま残されています。

153ページの答え ③

世界最古の石づくりの建物、ジュガンティーヤ神殿

マルタには、大昔から人が住んでいました。そのころつくられた石の建物が、マルタの島々にたくさん残されています。

その1つが、ゴゾ島にあるジュガンティーヤ神殿です。この神殿がつくられたのは約5600年前で、エジプトのピラミッドより1000年近く古く、今も残っている石の建物としては世界最古です。また、神殿に使われた石の中には、長さ約6m、重さ約20トン（2万kg）のものもあって、重い物を運ぶ機械がない時代にどうやって巨大な石を積み上げることができたのか、なぞをよんでいます。

そのほかマルタ島にも、約4800年前につくられたハジャーイム神殿を始め、石づくりの建物が30以上あって、これらはユネスコの世界遺産に登録されています。

ジュガンティーヤ神殿には、巨人がつくったという伝説が残っている。現在は、神殿の中を自由に見学できる。

キリスト教世界を守ったマルタ騎士団

昔のヨーロッパでは、馬に乗って武器をもち、国王やキリスト教会のために戦う騎士が活躍していました。16世紀になると、マルタには、騎士の集団の1つであるマルタ騎士団の本部が置かれます。

このころ、イスラム教徒の国であるオスマン帝国（今のトルコ）が、北アフリカや西アジアに勢力を広げていました。そして、ヨーロッパにも進出しようと、たびたびせめてきたのです。それに立ち向かったのが、マルタ騎士団でした。マルタ騎士団は、オスマン帝国の大軍とたびたび戦い、キリスト教徒の多い西ヨーロッパの国々を守り続けたのです。

マルタ島には、マルタ騎士団が建てたりっぱな聖ヨハネ大聖堂や、騎士団長が住んだ宮殿などが残っていて、当時の騎士団の力の大きさを知ることができます。

ミニミニクイズ 16世紀、マルタ騎士団が戦ったイスラム教の国はどこでしょうか。
① フランス　② オスマン帝国　③ イギリス

答えは次のページ ▶

ヨーロッパの進んだ文化の土台をきずいた
ギリシャ

青は空と海、白は清らかさと平和を表している。9本の線には、「自由か死か」という意味がある。

古代に豊かな文明を生み出し、そこからヨーロッパの学問や芸術が育っていきました。

古代にギリシャ文明が花開いた

ギリシャは、ヨーロッパ南東部のバルカン半島にある国です。地中海やエーゲ海に面していて、クレタ島やロードス島など大小約3000の島があります。気候は1年を通じてあたたかく、夏は乾燥していますが、冬は雨がよくふります。

2500年前ごろ、アテネやスパルタ（今のスパルティ）などの都市で市民による政治が行われていました。このころ花開いたギリシャ文明は、長くヨーロッパに受けつがれていきました。

おもな産業は農業で、オリーブ、ブドウなどを栽培しています。そのほか、船で客や荷物を運ぶ海運業や観光業もさかんです。

エーゲ海にうかぶサントリーニ島の街並み。青い海に白い建物が映え、有名な観光地になっている。

基本データ

正式国名（略称） ギリシャ共和国
Hellenic Republic（GRE）
首都 アテネ
面積 13万1957km²
（日本の約3分の1）
人口、人口密度 1095万5000人、83人/km²（2015年）
通貨 ユーロ
おもな言語 現代ギリシャ語

プラスワン ギリシャのスポーツ

約2500年前、アテネの軍が、マラトンの丘でペルシャ（今のイラン）の大軍と戦って、勝利しました。

このとき、ひとりの兵士がマラトンからアテネまでのおよそ40kmを走りました。そして、味方の勝利を報告して、息を引きとったといいます。ここからマラソンという競技が生まれ、今に伝わっているのです。

ミニミニトピック オリンピックの開会式で各国の選手団が入場するとき、国の順番は大会を開く国の言葉によって変わります。ただし、オリンピックを生み出した国であるギリシャだけは、どの大会でも必ず最初に入ってきます。

155ページの答え ②

工事現場から大昔の遺跡が発見される！

古代のギリシャでは、最高神ゼウスを中心とする神様たちの物語であるギリシャ神話が生まれました。そして、ギリシャの人々は、神話に登場する神々をまつるため、りっぱな神殿を各地に建てました。

その1つが、南西部のオリンピアにあるゼウスの神殿です。地震でくずれてしまいましたが、かつては金と象牙（ゾウのきば）でつくられたゼウス像があったといいます。また、首都アテネのアクロポリスの丘には、高さ約10mのりっぱな柱が46本ならんだパルテノン神殿があります。この神殿は、知恵と戦争の女神アテナをまつるために建てられました。

このようにギリシャには遺跡がたくさんありますが、中にはうもれてしまっているものもあります。アテネでは2000年ごろから地下鉄の線路をのばす工事が行われましたが、約2500年前の土器や水道管などが発見され、今はそれらが駅の壁をかざっています。

アクロポリスの丘にあるパルテノン神殿。2500年前ごろ、アテネの北東のペンデリス山の大理石を使ってつくられた。

約2800年前、オリンピックはここで始まった！

ギリシャは、オリンピックが初めて行われた国です。1回目の大会は、約2800年前にオリンピアで開かれました。このころのオリンピックは、神々にささげる祭りのようなもので、約191mを走るレースなども行われました。

古代のオリンピックは393年を最後にとだえましたが、フランスのクーベルタン男爵の提案によって、1896年にふたたびアテネでオリンピックが開かれました。

1936年のベルリン大会（ドイツ）からは、聖火リレーが始まりました。聖火は、毎回まずオリンピックが誕生したオリンピアでともされ、大会が行われる会場まで、リレーによって運ばれます。

ミニミニクイズ 約2800年前に、最初のオリンピックが開かれた都市はどこですか。
① アテネ　　② スパルタ　　③ オリンピア

答えは次のページ ▶

分裂の危機に直面する地中海の島国
キプロス

上にあるのは島の形で、黄色は特産品の銅を表す。下のオリーブの枝は民族の平和を表している。

地中海の島国であるキプロスは、古くから貿易の中継地として栄えました。

地中海の海上交通の交差点だった

キプロスは、地中海の東部にある島国です。島の中央に平野が広がり、南と北に山が連なっています。晴れの日がとても多く、雨はあまりふりません。

昔から、地中海を通ってヨーロッパとアジア、アフリカの間で貿易（物の取り引き）が行われていました。キプロスは、その中継地となる重要な島でした。20世紀後半、キプロス南部のギリシャ系の人々と北部のトルコ系の人々との間で対立が生まれ、国内がゆれています。

おもな産業は、観光業や金融業（銀行など、お金のやりとりに関わる仕事）です。また、オリーブやブドウ、オレンジの栽培もさかんです。

首都ニコシアには、キリスト教の教会や大聖堂のほか、イスラム教の礼拝堂であるモスクが並び立っている。

基本データ

正式国名（略称） キプロス共和国 Republic of Cyprus（CYP）
首都 ニコシア
面積 9251km²（日本の約41分の1）
人口、人口密度 116万5000人、126人/km²（2015年）
通貨 ユーロ
おもな言語 現代ギリシャ語、トルコ語

プラスワン キプロスと日本

日本はキプロスに貨物船や自動車を輸出しています。自動車は、ヨーロッパの多くの国では右側通行ですが、キプロスは日本と同じように左側通行です。だから、右側の座席にハンドルがついている日本車は運転しやすいのです。

キプロスから日本へは魚などを輸出しています。

ミニミニトピック キプロスの山あいの村では、山羊の乳でハルミチーズをつくっています。多くのチーズは焼くととけてしまいますが、ハルミチーズはとけずに、歯ごたえがあります。そのため、海外でも人気があります。

157ページの答え ③

十字軍の戦いの跡や、愛と美の女神の神殿が人気の観光地

　西アジアのエルサレムという都市は、キリスト教、イスラム教、ユダヤ教の聖地（宗教の上で大事な場所）です。11世紀以降、このエルサレムがイスラム教徒にうばわれたとして、キリスト教会のローマ法王が十字軍を送り、エルサレムをとり返そうとしました。通り道にあったキプロスは、十字軍に参加したイングランド（今のイギリス）の王リチャード1世に占領されました。南部の港町リマソルには、十字軍の本部や、リチャード1世が結婚式をあげた城などが残されています。

　キプロスの南西部には、ペトラトゥロミウという海岸があります。ここは、ギリシャ神話に登場する愛と美の女神アフロディテ（ビーナス）が誕生したと伝えられる場所です。近くには、約3200年前のアフロディテ神殿の跡や、アフロディテが水を浴びたという泉があって、観光名所になっています。

ギリシャ神話の女神アフロディテが生まれたと伝えられるペトラトゥロミウ海岸。海水の泡の中から誕生したといわれる。

民族や宗教のちがいから、国が分裂の危機に！

　キプロス人の多くは古代にギリシャからうつり住んだ人々で、ギリシャ正教（おもに東ヨーロッパで発展したキリスト教）を信じています。一方、北部には、トルコから来て、イスラム教を信じている人々もいます。

　20世紀後半、ギリシャ系の人々とトルコ系の人々がきびしく対立しました。そして、ギリシャやトルコがそれぞれを後押しして軍を送ったため、内戦（国の中での戦争）になってしまったのです。

　1983年、北部のトルコ系の人々が独立を宣言して、北キプロス・トルコ共和国をつくりました。この国は、世界ではまだみとめられていません。しかし、国が南北に分かれた状態が続いていて、人々の不安が高まっています。

ミニミニクイズ　キプロスがあるのは、どこの海でしょうか。
① 地中海　② 北海　③ 大西洋

答えは次のページ ▶

ユーゴスラビアから独立した歴史ある国
マケドニア旧ユーゴスラビア共和国

古代のマケドニア帝国の星の紋章を元にしたもので、太陽を表している。

古代のマケドニア帝国の流れをくむ国で、美しい自然と歴史を大切にしています。

ヨーロッパ

マケドニアという名前がギリシャとの対立をまねく

マケドニアは、バルカン半島にある国です。国土には山が多く、海はありません。気候は、夏はあたたかく乾燥していて、冬はわりあい雨がふります。

約2300年前、ここではマケドニア帝国が栄え、エジプトやインドまで領土を広げました。約2200年前にマケドニア帝国がほろびてからは、さまざまな国に支配され、1945年にユーゴスラビアができると、マケドニアもその一部になりました。

1991年、マケドニアはユーゴスラビアから独立します。しかし、マケドニアという言葉を使うことにギリシャが強く反対していて、正式な国名はまだ決まっていません。

首都スコピエには、古代のマケドニアを大帝国に発展させたアレキサンダー大王の像が建てられている。

基本データ

国名（略称） マケドニア旧ユーゴスラビア共和国
Former Yugoslav Republic of Macedonia（MKD）
首都 スコピエ
面積 2万5713km²（日本の約15分の1）
人口、人口密度 207万8000人、81人／km²（2015年）
通貨 マケドニア・デナル
おもな言語 マケドニア語、アルバニア語

プラスワン　マケドニアと日本

あたたかい気候にめぐまれたマケドニアでは、2000年以上前からブドウが栽培され、ワインがつくられていました。

今も、バルダル川の周辺で、ワインがさかんにつくられていて、日本にも輸出されています。一方、日本からマケドニアへは、自動車や電気機器などが輸出されています。

ミニミニトピック ギリシャがマケドニアの国名に反対しているのは、ギリシャも古代マケドニア帝国の一部だったからです。ギリシャの人々は自分たちこそマケドニア人の子孫と考えていて、その名前をほかの国に使われたくないのです。

159ページの答え
①

ヨーロッパでいちばん古いオフリド湖

マケドニア西部のアルバニアとの国境に、ヨーロッパ最古の湖といわれるオフリド湖があります。およそ500万年前にできた湖で、いちばん深いところは285mもあります。

青くすみわたったオフリド湖には、オフリド・トラウトというマスの仲間や、体長1.5mもある大ウナギがすんでいるほか、さまざまな渡り鳥もやってきます。

オフリド湖と、その東の岸辺にある街オフリドは、世界遺産に登録されています。オフリドは、ほかのマケドニアの古い街と同じように城壁に囲まれていて、街の中には、10世紀から13世紀にかけて建てられたレンガづくりの教会がたくさん見られます。とくに、オフリド湖に面したがけの上に建つ聖ヨハネ・カネオ教会や、美しい絵画が残る聖ソフィア教会などは人気の観光スポットになっています。

聖ヨハネ・カネオ教会はオフリド湖に突き出した岬の先端に建っていて、すばらしいながめを楽しむことができる。

地震でこわれた首都の立て直しに日本人が協力

マケドニアの首都スコピエは、国のほぼ真ん中を流れるバルダル川のほとりにあります。ここは古くから栄えていましたが、大地震が起こったり、戦場になったりして、たびたび大きな被害が出ました。

1963年にもスコピエで大きな地震が起こっています。このときの被害も大きく、中心部の建物のほとんどがこわれ、1000人以上が亡くなりました。

その後、こわれた街を新たにつくり直すことになり、日本の建築家（家やビルを建てるための図面をかいたり、計画を立てる人）である丹下健三のチームの計画が採用されることになりました。

当時としてはとても新しいデザインだった中央駅とともに、「タンゲ」の名前は今もスコピエの人々の間に生きています。

ミニミニクイズ マケドニアにある、ヨーロッパで最も古い湖はどこでしょうか。
① 地中海　② オフリド湖　③ カスピ海

答えは次のページ ▶

アルバニア人はワシの子孫だという伝説から、2つの頭をもつワシがシンボルとして使われている。

キリスト教の聖人マザー・テレサを生んだ国
アルバニア

バルカン半島にあるアルバニアは、古くからさまざまな国に支配されてきました。

ヨーロッパ

▶ 長い間、多くの国々に占領されてきた

アルバニアは、バルカン半島の南西部にある国で、西側はアドリア海に面しています。山が多く、平野はあまりありません。気候は、海の近くでは温暖ですが、山地は冬に雪が多くきびしい寒さです。

アルバニアは古くから、ローマ帝国など、さまざまな国の支配を受けてきました。20世紀前半、アルバニアでは独立を求める運動が高まり、1912年に独立を宣言しました。その後、イタリアやドイツに占領されたこともありましたが、1946年にふたたび独立し、今につながっています。

おもな産業は農業で、小麦やタバコなどを栽培しています。

首都ティラナにあるスカンデルベグ広場。まわりには歴史博物館や時計台などがあり、観光名所になっている。

基本データ

正式国名（略称） アルバニア共和国
Republic of Albania（ALB）
首都 ティラナ
面積 2万8748km²（日本の約13分の1）
人口、人口密度 289万7000人、
101人／km²（2015年）
通貨 レク
おもな言語 アルバニア語

プラスワン アルバニアと日本

アルバニアと日本の外交（国どうしのつきあい）は長い間とだえていましたが、1981年に再開しました。それ以来、日本はお金や技術の面でアルバニアを助けているほか、日本の文化を伝える活動もしています。2016年3月には、首都のティラナに200本の桜の木を植えて、「日本の桜の道」をつくりました。

ミニミニトピック アルバニア人は、日本人とは反対に、「はい」と答えるときには首を横にふって、「いいえ」と答えるときは首を縦にふります。これは、かつてアルバニアを支配していたトルコの影響だといわれています。

161ページの答え ②

神のお告げを聞いて、人々を助けたマザー・テレサ

世界で最も有名なアルバニア人といえば、マザー・テレサを思いうかべる人も多いでしょう。

テレサは18歳でキリスト教の修道女（きびしい決まりを守って生活し、修行している女の人）になり、インド東部の都市コルカタにわたりました。そこで見たのは、まずしさや病気によって苦しめられている人々の姿だったのです。

1946年、「最もまずしい人の中で神に仕えなさい」という神の言葉を聞いたマザー・テレサは、1948年にコルカタの最もまずしい地区で、病気の人を助ける活動を始めました。そして、世界各地に同じような施設をつくっていったのです。

テレサは、1979年にノーベル平和賞を受賞しました。そして、1997年に87歳で亡くなってから19年後、キリスト教のカトリック教会から、聖人（すべてのカトリック教徒の手本となる、とうとい人）とみとめられたのです。

マザー・テレサは、宗教や人種に関係なく、まずしい人々のために生涯をささげた。

さまざまな民族や宗教の人が入り交じるバルカン半島

バルカン半島は、ヨーロッパとアジアの境近くにあります。北はドナウ川、東は黒海とエーゲ海、南は地中海、西はアドリア海に囲まれたせまい地域ですが、ここには昔から、言葉や、信じる宗教、文化がちがうさまざまな民族が、入り交じって住んでいました。

そのため、民族と民族の争いもくり返し起こっています。1914年にはセルビアの青年がオーストリアの皇太子を暗殺する事件が発生し、そこからヨーロッパやアメリカ、アジアをまきこむ第一次世界大戦が起こってしまいました。このように、つねに争いの火種をかかえていることから、「ヨーロッパの火薬庫」とよばれることもあります。

マザー・テレサが、1948年にまずしい人や病気の人を助ける活動を始めた国はどこでしょうか。
① エジプト　② インド　③ アルバニア

答えは次のページ

モンテネグロ

「黒い山」の国名をもつ自然遺産の宝庫

赤い地に、2つの頭をもつワシと、ライオンがかかれた盾がえがかれている。

国土のほとんどが山岳地帯のモンテネグロは、セルビアとともに発展してきました。

複雑に入り組む海岸線と2000m級の山が連なる

モンテネグロは、ヨーロッパ南東部のバルカン半島にある小さな国です。国土のほとんどが山地で、イタリア語で「黒い山」という意味のモンテネグロが国名になっています。

モンテネグロは、11世紀にセルビアの一部になり、15世紀以降はオスマン帝国（今のトルコ）の支配を受けました。1878年に独立したものの、その後も、ユーゴスラビア王国、イタリア、ユーゴスラビア社会主義連邦共和国と、次々に占領されてしまいます。そして、2003年にセルビアとともにセルビア・モンテネグロとして独立し、2006年に分かれてモンテネグロという国になったのです。

南部の街コトルは、湾の奥深くにあって、昔に建てられた美しい建物が残り、世界遺産に登録されている。

基本データ

正式国名（略称） モンテネグロ
Montenegro (MNE)
首都 ポドゴリツァ
面積 1万3812km²（日本の約27分の1）
人口、人口密度 62万6000人、45人／km²（2015年）
通貨 ユーロ
おもな言語 モンテネグロ語、セルビア語

プラスワン モンテネグロのスポーツ

モンテネグロでは水球が人気です。水球は1チーム7人で、プールにつくられたコートの中で、相手のゴールにボールを入れる球技です。

モンテネグロの国技で、国内ではプロリーグもあります。日本にはプロリーグがないため、水球の日本人選手がモンテネグロのプロリーグで活躍しています。

 ミニミニトピック モンテネグロの南の都市ウルツィニでは、羊どうしが角をぶつけ合って戦う、闘羊という伝統行事が行われています。一方がにげたり、たおれたりしたら、もう一方の負けになります。

163ページの答え ②

古代の地層が見られるドゥルミトル国立公園

モンテネグロ北部には、ドゥルミトル国立公園があります。ここに連なるドゥルミトル山地は、中生代（約2億5000万年前から約6600万年前）とよばれる時代から長い時間をかけて、海底だったところがもり上がってできたものです。そのため、高さ2528mのボボトブ・クク山などに、古い地層（土や砂などが積もってできた層）が見られます。

さらに、ヨーロッパで最も深いといわれるタラ渓谷があります。深さが1900mもあるこの谷は、氷河にけずられてできたもので、まわりには氷の洞穴や湖などもあって、変化にとんだ景色をつくり出しています。

さらに、この公園には、ヨーロッパ・オオライチョウや、ヤギににたシャモア（アルプスカモシカ）など、めずらしい動物や植物が多く見られるので、ユネスコの世界遺産にも登録されています。

ドゥルミトル国立公園のタラ渓谷。ドゥルミトルは「ねむるもの」のことで、山がおだやかなのでつけられたという。

モンテネグロと日本の意外な関係

モンテネグロと日本は、1905年から2005年まで、戦争をしていたという話があります。

1904年、日本とロシアが戦争を始めたとき、ロシアと同盟を結んでいたモンテネグロが、日本に宣戦布告（戦争を始めると伝えること）をしました。しかし実際に戦争には参加しませんでした。戦後、日本とロシアは戦争終了の約束をし、モンテネグロとはしなかったので、法律的には交戦中ですが、結局、宣戦布告の話はなかったことになりました。

2006年、モンテネグロが独立したとき、日本もそれをみとめ、外交が始まりました。現在、モンテネグロでは柔道がさかんです。また、モンテネグロの人々に折り紙など、日本の文化を伝えたりしてよい関係をきずいています。

ミニミニクイズ 2003年にモンテネグロがいっしょに独立し、2006年に分かれた国はどこでしょうか。
① セルビア　② オスマン帝国　③ イタリア

答えは次のページ ▶

文化的な遺産が多く残る
セルビア

赤・青・白の3色は、スラブ民族の独立を表している。

歴史と豊かな自然のある国ですが、2006年の独立後も不安な状態が続いています。

独立したあとも、緊張した状態が続く

セルビアは、ヨーロッパ南東部のバルカン半島のほぼ中央にあります。北部のドナウ川のまわりには平野が広がっています。

ここには7世紀からセルビア人が住み、1168年にセルビア王国がおこりました。その後、オスマン帝国（今のトルコ）との戦いに敗れ、19世紀半ばまで支配されます。2006年に現在のセルビア共和国になりましたが、その2年後にコソボ地域が独立を宣言しました。しかし、セルビアはこれをみとめていないため、緊張状態が続いています。

おもな産業は農業で、小麦、トウモロコシなどを栽培しています。

首都ベオグラードの聖サワ大聖堂は、世界最大級のギリシャ正教（おもに東ヨーロッパで発展したキリスト教）の聖堂といわれる。

基本データ

正式国名（略称） セルビア共和国
Republic of Serbia（SRB）
首都 ベオグラード
面積 8万8499km²（日本の約4分の1）
人口、人口密度 885万1000人、100人／km²（2015年）
通貨 ディナール
おもな言語 セルビア語、ハンガリー語

プラスワン　セルビアのスポーツ

セルビアで人気のスポーツは水球です。セルビアの国技で、国内ではプロリーグもあります。

国の代表が競う、男子水球の世界大会では毎年上位に入り、2013年から2016年までセルビアが優勝しています。2016年のリオ・デ・ジャネイロ・オリンピックでも男子水球はセルビアが優勝しました。

ミニミニトピック セルビアは、2011年の東日本大震災のとき、いち早く日本の人々を助けるための義援金を送り、日本の国旗にたくさんの応援メッセージを書いてくれました。日本はいつも助けてくれたので、その恩返しだといいます。

165ページの答え
①

歴史ある建物や自然の芸術がたくさん！

とがった塔のような岩が連なり、「悪魔の街」といわれるアボリジャバロ。

セルビアには、世界遺産に登録されている、古い時代の建物や遺跡がたくさんあります。

最も古いのは、3世紀〜4世紀にローマ皇帝ガレリウスが建てた宮殿跡で、東部の都市ザィエチャルにあります。現在、宮殿の石柱と大理石の床が残されています。

また、セルビアの中央にある都市クラリェボの近くに、12世紀に建てられた、セルビア正教（セルビアで信仰されているキリスト教）のストゥデニツァ修道院があり、美しい聖堂の絵画で有名です。

一方、南東部のラダン山には、アボリジャバロ（悪魔の街）とよばれる場所があり、先のとがった、不思議な形の岩が200以上ならんでいます。この岩は、数千年前の火山活動でできた自然の芸術です。ほかにも、約8000万年前にできた東部の鍾乳洞などがあります。

電波通信の基礎をつくったニコラ・テスラ

セルビアの首都ベオグラードには、電気技師で発明家の、ニコラ・テスラの博物館があります。ニコラは、1857年にスミリャン村（現在はクロアチア）で、セルビア人の両親の間に生まれました。

プラハ大学で学んだ彼はアメリカにわたり、発明家のエジソンのもとで働いたこともありました。その後、自分の研究所をつくって、高い電圧が得られる発電機などを考え出しました。これは、アメリカのナイアガラの滝の水力発電所でも利用されました。

また、彼が考えた無線送電（電線を使わずに電気を送ること）の仕組みは、のちにテレビ、パソコン、携帯電話などの電波通信の基礎となりました。ニコラの発明設計図は、2003年、ユネスコの「世界の記憶」に登録されました。

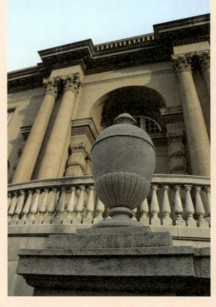

首都ベオグラードにあるニコラ・テスラ博物館。博物館では使っていた実験器具を見たり、発明品を見ることができる。

2008年、セルビアからの独立を宣言した国はどこですか。
① スロバニア　② クロアチア　③ コソボ

答えは次のページ ▶

人々は民族間の悲しい争いとともに生きてきた
コソボ

星は6つの民族を表す。青色はヨーロッパとの協調をしめし、金色で国の形がえがかれている。

セルビアとの長い戦いのあと、人々は、新たな国に生まれ変わろうと、前に進んでいます。

自由を求めて戦い、ついに独立

コソボは、ヨーロッパのバルカン半島中部にあります。山がちで、海はありません。首都プリシュティナは、夏の気温は最高で28度くらいですが、冬にはマイナス5度くらいまで下がることもあります。

ここにはセルビア人が住んでいましたが、オスマン帝国（今のトルコ）の支配下にあったアルバニア人がうつり住んできたため、セルビア人よりもアルバニア人のほうが多くなりました。コソボに住むアルバニア人たちは、セルビアからの独立を求めて長く争い続け、2008年、ようやくコソボ共和国は独立を発表しました。日本はこれをみとめましたが、セルビアやロシアなどは独立をみとめていません。

首都プリシュティナの街並み。独立のための戦いが行われていたころは、ここも戦場になった。

基本データ

正式国名（略称） コソボ共和国
Republic of Kosovo（KOS）
首都　プリシュティナ
面積　1万908km²（日本の約35分の1)
人口、人口密度　180万5000人、
165人／km²（2013年）
通貨　ユーロ
おもな言語　アルバニア語、セルビア語

プラスワン　コソボのスポーツ

コソボで人気のスポーツはサッカーですが、2008年に独立したあとも、国際サッカー連盟（FIFA）や、ヨーロッパ・サッカー連盟（UEFA）への加入は、なかなかみとめられませんでした。しかし、2016年にどちらの団体にも加入がみとめられ、ヨーロッパ選手権やワールドカップに参加できるようになりました。

コソボの国名は、クロウタドリを表す「コス」に由来しています。クロウタドリは、ヨーロッパやアフリカなどに広く見られる鳥です。オスは黒い体と黄色のくちばしが特徴で、とても美しい声で鳴きます。

167ページの答え
③

まずしくても、活気あふれるコソボ

コソボのおもな産業は農業や鉱業です。農業では大麦や小麦、タバコなどが栽培され、鉱業では、亜鉛や石炭、銀などをほり出して、それぞれを外国に売ることで、お金を得ています。しかし、国民が安心してくらすお金には、とうてい足りません。

ヨーロッパの中で、コソボは最もまずしい国です。長く続いた内戦で親を亡くしたり、学校の教科書を買うお金がない子どももたくさんいます。海外へ働きに行った親族から、お金を送ってもらっている家庭も少なくありません。

しかしコソボには、人々の活気があふれています。近年では、オリンピックや世界選手権で活躍する選手も出てきました。長い戦いの末に勝ちとった独立後の国の未来は、コソボの若者たちにたくされているのです。

コソボの中にセルビアの世界遺産がある？

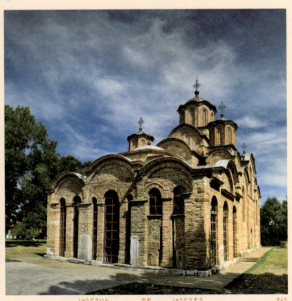

グラチャニツァ修道院では、多くの修道僧たちがキリスト教の教えをきびしく守ってくらしていた。

コソボには、13世紀から14世紀につくられた、歴史的に価値のある修道院がたくさん残っています。たとえば、ドーム型の屋根が特徴のグラチャニツァ修道院。首都のプリシュティナから約5kmはなれたグラチャニツァ村にある、1310年に建てられた修道院です。

多くの国の間では、世界の歴史や文化の上で大切なものを守る世界遺産条約が結ばれていますが、コソボはまだこれに加わっていません。そのため、グラチャニツァ修道院などの建物は、国別ではセルビアの世界遺産として登録されています。

また、国内で争いが続いていた時代には、武器をもった勢力が教会などの建物を傷つけたり、こわしたりしたこともありました。そのため、危機遺産にもなっています。

 コソボの領土内にある、セルビアの世界遺産は何でしょうか。
① 神社　② 学校　③ 修道院

答えは次のページ ▶

169

東西の文化が交わる場所として栄えた
ボスニア・ヘルツェゴビナ

三角形は国の形を表す。青と黄色は、ヨーロッパ連合（EU）の旗からとっている。

かつては大帝国が栄えていましたが、民族や宗教による争いの時代が続きました。

民族や宗教のちがいから内戦が起こった

ボスニア・ヘルツェゴビナは、東ヨーロッパのバルカン半島の北西部にある国です。北側がボスニア地方、南側がヘルツェゴビナ地方とよばれています。

ここには、12世紀にボスニア王国が生まれました。15世紀以降は、オスマン帝国（今のトルコ）やオーストリア＝ハンガリー帝国に支配されましたが、1992年にボスニア・ヘルツェゴビナとして独立しました。しかし、民族や宗教のちがいから内戦（国内の戦争）が始まり、20万人が命を失い、200万人が国外へのがれたといわれます。

内戦は1995年に終わり、今は、経済を始め、国の立て直しをはかっています。

南西部の街モスタルは、スタリ・モストとよばれる石橋を始め、古い建物が残り、世界遺産に登録されている。

ヨーロッパ

基本データ
正式国名（略称） ボスニア・ヘルツェゴビナ
Bosnia and Herzegovina（BIH）
首都 サラエボ
面積 5万1209km²（日本の約7分の1）
人口、人口密度 381万人、74人／km²（2015年）
通貨 兌換マルク
おもな言語 ボスニア語、セルビア語、クロアチア語

プラスワン ボスニア・ヘルツェゴビナのスポーツ

ボスニア・ヘルツェゴビナで人気のスポーツはサッカーです。内戦によって、国際試合などに参加できませんでしたが、海外のチームで活躍する選手もいました。2006年から日本代表の監督をつとめたイビチャ・オシムや、2015年に監督になったバヒド・ハリルホジッチも、この国の出身です。

サラエボでは、スキーなどの冬のスポーツもさかんで、1984年には冬季オリンピック大会が行われました。しかし、その後の内戦によってオリンピックのスタジアムなどは破壊され、今は残っていません。

169ページの答え ③

2つに分かれた「国」をつなぐサラエボ

東部にある首都サラエボは、山々に囲まれた、とても美しい街です。1914年6月、この街でオーストリアの皇太子が殺されたことをきっかけに、第一次世界大戦が始まりました。このできごとはサラエボ事件とよばれ、歴史にきざまれています。

1992年からの内戦では、サラエボも戦場になり、建物にははげしい攻撃のあとが今も残っています。内戦後、ボスニア・ヘルツェゴビナは、モスレム人（イスラム教を信じる人々）とクロアチア人が住むボスニア・ヘルツェゴビナ連邦と、セルビア人が住むスルプスカ共和国に分かれました。1つの国に2つの小さな国があるような形になったのです。

サラエボは、その2つの小さな国のちょうど境にあって、さまざまな民族や宗教の文化を見ることができます。

サラエボのトンネル博物館。内戦中にボスニアがほったトンネルの一部を見ることができる。建物にも銃弾の跡がある。

トルコの影響を受けた、お手軽ファストフード

羊肉の料理、チェバブチチ。名前は、トルコの有名料理「ケバブ」に由来する。

ボスニア・ヘルツェゴビナでは、その昔、オスマン帝国が約400年間も栄えていたため、トルコの影響を受けたものや文化がたくさんあります。その1つが料理です。

たとえば、チェバブチチという肉料理は、羊のひき肉に塩、こしょう、おろしニンニクなどを加え、細長いハンバーグのようにして焼きます。これを、きざんだ玉ねぎといっしょにソムンとよばれる白いパンではさんで食べるのです。チェバブチチは、国民に愛されるファストフードのような存在です。

また、食後のコーヒーもトルコ式です。まず、細かくひいたコーヒーの粉を、砂糖、水といっしょにコーヒー専用のポットに入れ、ふっとうさせます。それを小さなカップに入れ、粉がしずむのを待って、上澄みを飲むのです。

ミニミニクイズ 1984年に冬季オリンピックが開かれた、ボスニア・ヘルツェゴビナの首都はどこでしょうか。　① アドリア　② オスマン　③ サラエボ

答えは次のページ ▶

「アドリア海の真珠」とよばれる美しい国
クロアチア

赤・白・青はスラブ人の色。その上に、5つの地域とチェック柄の民族模様がデザインされている。

雄大で美しい自然や表情豊かな街並みには、クロアチア人のほこりが宿っています。

美しい観光地には戦いの歴史があった

クロアチアは、東ヨーロッパのバルカン半島にあり、西側にはアドリア海が広がっています。深い森のある山々や美しい海岸など、自然豊かな国です。

第二次世界大戦後の20世紀半ば、クロアチアは、ユーゴスラビアという国の一部になっていました。しかし、しだいに独立を求める動きが高まっていき、1991年にユーゴスラビアから独立することを宣言しました。このとき、クロアチアに住むセルビア人が独立に反対したため、内戦（国内の戦争）が起こりましたが、クロアチアの政府が勝利しました。

おもな産業は、美しい自然や街並みを活かした観光業で、船をつくる造船業なども行っています。

首都ザグレブは、パステルカラーの建物や大聖堂など、街並みがとても美しく、観光名所になっている。

基本データ

正式国名（略称） クロアチア共和国
Republic of Croatia （CRO）
首都　ザグレブ
面積　5万6594km²（日本の約7分の1）
人口、人口密度　424万人、75人/km²（2015年）
通貨　クーナ
おもな言語　クロアチア語

プラスワン　クロアチアのスポーツ

クロアチアでも、サッカーは人気があります。

1991年以降は、独立国クロアチアとして国際試合に参加しています。ワールドカップにも4回出場し、1998年には3位になりました。

日本のサッカー選手、三浦知良選手も、1999年にクロアチアのクラブチームでプレーしていました。

ザグレブに近いザゴリエ地方は、深い森が広がる地域です。ここでは150年以上前から家々で、子どもたちのための木のおもちゃをつくってきました。これは、ユネスコの無形文化遺産になっています。

171ページの答え
③

映画のワンシーンのように美しい街、ドゥブロブニク

アドリア海に面した都市、ドゥブロブニクの旧市街は、家々がオレンジ色の屋根に白い壁と、同じ色合いで統一されています。あざやかな街並みと真っ青な海の組み合わせは、映画のワンシーンのようです。宝石のように美しいことから「アドリア海の真珠」とよばれ、世界遺産に登録されています。

ドゥブロブニクの旧市街は、まわりをぐるっと白い壁に囲まれていて、いちばん高いところでは25mもの高さがあります。ほかの国の攻撃から街を守るためにつくられた城壁で、ところどころに見張りのための塔もあります。17世紀の大地震では街の4分の3がくずれ、20世紀にくり広げられた戦いでも大きくこわされました。しかし、街を愛する人々によって修復され、昔のままの景色をたもっています。

ドゥブロブニクは、13世紀から、地中海の貿易の中心地の1つとして栄えてきた。

宮殿の地下に、巨大なゴミ捨て場があるってホント？

スプリットという都市に、かつてローマ皇帝ディオクレティアヌスがくらしていた、豪華で巨大な宮殿がありました。現在は、宮殿としては使われず、人々がくらす街になっています。

じつは、皇帝がいなくなったあと、人々が住みつき、部屋をふやしたり、一部をこわしたり、中をリフォームしたりして、小さな街をつくってしまったのです。

この宮殿の地下には、広い空間があります。かつてはワインをつくるための部屋や、倉庫として使っていましたが、宮殿が街となり、住む人がふえると、人々は床に穴をあけてそこからゴミを捨て始め、地下は、巨大なゴミ捨て場になってしまいました。

1956年に人々は地下をきれいにそうじして博物館をつくりましたが、土や岩のようにかたまったゴミが、今でもあちこちに残っています。

ミニミニクイズ クロアチアがほこる美しい街、ドゥブロブニクは、アドリア海の何とよばれているでしょうか。 ①真珠 ②鳥 ③船　　答えは次のページ ▶

おとぎ話に出てきそうな湖や洞窟がいっぱい！
スロベニア

白・青・赤の3色はスラブカラーとよばれる。左上の国章にはトリグラフ山がえがかれている。

機械工業がさかんで、電子機器や自動車の生産に力を注ぎ、経済的に発展しました。

ヨーロッパ

ユーゴスラビア連邦からいちはやく独立

スロベニアは、アルプス山脈の南側、中央ヨーロッパに位置する国です。高い山々やアドリア海に面した海岸もあり、自然豊かなところです。

ここは昔、ユーゴスラビアの一部でした。しかし、1991年6月、ユーゴスラビア軍との戦いをへて独立を果たしました。この戦いは10日後に終わったので、十日間戦争ともよばれます。

スロベニアは、水力発電で起こしたエネルギーを利用した機械工業がさかんで、電子機器や自動車をつくる工場がたくさんあります。また、地下資源にもめぐまれ、石炭を始め、水銀、鉛などを産出しています。

北西部にあるブレッド湖。湖の真ん中に小さな島があり、おとぎ話に出てくるような美しさの聖マリア教会が建っている。

基本データ

正式国名（略称）　スロベニア共和国　Republic of Slovenia（SLO）
首都　リュブリャナ
面積　2万273km²（日本の約19分の1）
人口、人口密度　206万8000人、102人／km²（2015年）
通貨　ユーロ
おもな言語　スロベニア語

プラスワン　スロベニアのスポーツ

スロベニアで人気のスポーツはスキー競技です。中でも雪の斜面を蛇行しながらすべる滑降や、大回転などの種目があるアルペンスキーのほか、飛んだ距離を競うジャンプで活躍する選手が多いです。

冬季オリンピックでもスロベニアの選手が、金メダルや銀メダルを獲得しています。

ミニミニトピック　スロベニア南部のリピツァでは、16世紀に、品種改良によってリピッツァナーという馬が生み出されました。リピッツァナーは白い毛並みが美しく、軍隊やパレードなどで使われ、大事にされました。

173ページの答え
①

あの世につながる、ふしぎな洞窟

スロベニア南部のクラス地方には、シュコツィアン洞窟群とよばれる、世界でも最大級の洞窟があります。深さは200m以上、長さは約6kmもあって、巨大な穴や地底湖のほかに、地下通路や滝などもたくさん見られます。

中でも目を引くのは、石灰岩が雨水などでとけてできた複雑な空間です。石灰岩が地表にあらわれて、とてもごつごつした地形をカルストといいます。このカルストという言葉は、クラス地方の「クラス」が元になっています。

このあたりの土地では、1万年以上も前から人がくらしていました。古代の人々は、シュコツィアン洞窟群の入口は人の死後の世界につながっていて、ご先祖様と交流できると信じていました。そのため、ここはとても神聖な場所とされ、昔から多くの人がおとずれていたのです。

シュコツィアン洞窟群の中には、レカ川が流れている。おもな空間には、大広間や沈黙の洞窟といった呼び名がある。

首都リュブリャナの名物は三本橋

スロベニアの首都リュブリャナの旧市街と新市街の間を流れるリュブリャニツァ川には、有名な3つの橋があります。

その1つ、竜の橋は、地元の人たちにも人気の観光地で、橋の両側に、市のシンボルである竜の像4体が口を開けて立っています。

2つ目は、ふだんから多くの人が行き来している、旧市街と新市街を結ぶ三本橋です。まず石でできた橋がつくられ、そのあと、石橋の両側に歩行者用の橋がつくられたために、3本の橋になりました。

3つ目は、肉屋の橋です。かつてこの近くに肉屋があったことから、こう名づけられました。橋のてすりには、恋人たちが愛のちかいをこめてつけたカギがずらりとならんでいます。

ミニミニクイズ スロベニアの首都リュブリャナにある有名な3本の橋は、竜の橋と三本橋、あと1つはどれでしょうか。
① パン屋の橋　② 肉屋の橋　③ 本屋の橋

答えは次のページ ▶

中世のような街並みと人形劇がさかんな国
チェコ

スロバキアと分かれた後も、旧チェコスロバキアの国旗のデザインから変わっていない。

「中世の宝石」とよばれるほど美しい首都プラハの街並みは、世界遺産になっています。

ヨーロッパ

かつては1つの国だったチェコとスロバキア

チェコは、ヨーロッパの中央あたりに位置しています。海や高い山々もなく、国土は平らな土地です。この地域は16世紀ごろから、オーストリアとハンガリー一帯で栄えていたハプスブルク家に支配されていました。第一次世界大戦が終わった1918年、ハンガリーから分かれたスロバキアとともにチェコスロバキア共和国が誕生。その後もドイツの支配や国内での争いがありましたが、1993年にチェコ共和国とスロバキア共和国に分かれて落ち着きました。
首都プラハは、赤いレンガの屋根や石だたみの道が中世ヨーロッパの雰囲気を残し、「中世の宝石」とよばれています。

かつてプラハの中心地として栄えた、旧市街広場。14世紀につくられた旧市庁舎など歴史的な建物が多い。

基本データ

正式国名（略称）　チェコ共和国　Czech Republic（CZE）
首都　プラハ
面積　7万8868km²（日本の約5分の1）
人口、人口密度　1054万3000人、134人／km²（2015年）
通貨　チェコ・コルナ
おもな言語　チェコ語

プラスワン　チェコのスポーツ

チェコで人気のスポーツはアイスホッケーです。国内の名門リーグの歴史は100年以上です。
チェコのプロリーグはトップリーグから地域のリーグまで入れると、100チーム以上のプロチームがあります。
1998年の長野オリンピックでは、チェコ代表チームが優勝しています。

ミニミニトピック　世界でいちばん大量にビールを飲む国といわれるチェコ。ビールの材料になる麦とホップを栽培し、国内でたくさんのビールがつくられています。プラハでは「チェコ・ビール・フェスティバル」が開催されています。

175ページの答え　②

人形劇がさかんな街、プラハ。そのきっかけとなったのは……

チェコの首都プラハの街では人形劇があちこちで上演されています。マリオネットというひもを使ったあやつり人形や、パペットという手を入れて動かす人形をつくる工房がたくさんあり、土産品としても売られています。また、マリオネット専用の国立劇場もあるほどです。じつは、チェコで人形劇がさかんになったのには、悲しい歴史がありました。

ほかの国の支配下にあった時代、チェコではチェコ語を話してはいけない時期がありました。しかし、人形劇だけは特別で、チェコ語を使ってよいとされていたのです。そのためチェコの人たちは人形劇をチェコ語で上演することで、悲しい気持ちや不満をはき出していたのです。

現在プラハには、マリオネットについて学ぶための専門学校があり、世界中に人形劇を伝えていくための活動に力を入れています。

ママの味は、コトコトにこんだシチューです

チェコの人たちはシチューやスープが大好きです。代表的なのはスビーチコバーというシチュー。牛ヒレ肉と野菜をじっくりにこみ、クネドリーキという白いゆでたパンをそえ、砂糖を入れていないホイップクリームとクランベリーソースを上からかけたシチューです。

日本のビーフシチューににているグラーシュという料理も人気です。玉ねぎやパプリカを入れたソースで、牛肉をやわらかくなるまで長時間コトコトにこんだシチューです。

スビーチコバーもグラーシュも、チェコの人たちにとっては、愛情がたっぷりつまった「おふくろの味」なのです。

グラーシュなどの肉料理には、クネドリーキという小麦粉、牛乳などでつくる、ゆでたパンがよく付け合わせにされる。

ミニミニクイズ チェコで有名なあやつり人形のことを何というでしょうか。
① マリオネット　② 手袋人形　③ 木彫り人形

答えは次のページ▶

177

コペルニクスやキュリー夫人のふるさと
ポーランド

赤と白は、夕空にまう白ワシをイメージしたもので、外国からの独立を目指す戦いと喜びのシンボル。

第二次世界大戦でのつらく悲しい歴史を乗りこえ、ポーランドは平和を取りもどしました。

ヨーロッパ

昔の悲劇を伝える、アウシュビッツ強制収容所

ポーランドは、中央ヨーロッパにあり、北部はバルト海に面しています。

1795年、となり合っていたロシア、プロシア（今のドイツ）、オーストリアの3つの国の一部となり、1918年まで、ポーランドという国はありませんでした。第一次世界大戦後、ポーランドはふたたび国として独立しますが、第二次世界大戦で、ナチス・ドイツとソ連に占領されました。ナチスによってポーランド南部のアウシュビッツに強制収容所がつくられ、悲しい歴史をつくってしまいました。

戦後、ポーランドは平和な国として独立し、世界でも有数の石炭の資源をもとに発展しました。

第二次世界大戦中、アウシュビッツ強制収容所では、約100万人もの人々がドイツ軍によって殺された。

基本データ

正式国名（略称） ポーランド共和国
Republic of Poland（POL）
首都　ワルシャワ
面積　31万2679km²
（日本よりやや小さい）
人口、人口密度　3861万2000人、
123人／km²（2015年）
通貨　ズロチ
おもな言語　ポーランド語

プラスワン　ポーランドのスポーツ

ポーランドで人気のスポーツはバレーボールです。

ヨーロッパの中でも強豪国で、男子は世界選手権で2回、オリンピックで1回優勝しています。世界ランキングも2016年は2位です。

2000年にポーランドリーグがプロ化され、国民の人気も、ますます高まっています。

ミニミニトピック
ボレスワビエツ地域とその周辺でつくられているポーランドの食器のことを「ポーリッシュポタリー」といいます。すべて職人による手づくりで、絵付けやスタンプの組み合わせでさまざまな柄がえがかれた食器です。

177ページの答え
①

きみは何人知ってる？　ポーランドが生んだ偉人たち

　ポーランドで生まれた偉人はたくさんいます。そのひとりがコペルニクスという天文学者です。15世紀から16世紀に活躍し、「地動説」を初めて発表しました。それまでは、地球のまわりを太陽や星々が回っていると考えられていましたが、コペルニクスは地球が太陽のまわりを回っているという考えを発表し、それまでの考え方を大きく変えたのです。
　芸術の世界で有名なのがショパンです。19世紀に活躍したピアニストであり、作曲家です。「ピアノの詩人」とよばれるほど、豊かな表現力をもち、人々を魅了しました。
　そして、女性として初めてノーベル賞を受賞したキュリー夫人がいます。1903年に放射線の研究でノーベル物理学賞を、1911年にはラジウムの研究でノーベル化学賞を受賞し、史上初の「ノーベル賞を2度受賞した人」としても有名です。

地下にとんでもない巨大空間がある！？

坑道を行くと、岩塩をほってつくった像がならんでいる。像は、伝説や歴史に登場する人物が多い。

　ポーランド南部のビエリチカでは、10世紀ごろから、岩塩がほり出されていました。岩塩は、山などでとれる塩のかたまりです。13世紀には王室がここを所有するようになり、ほり出された岩塩を海外に売って、たくさんのお金を得ていました
　塩をとるためにほられた地下空間は、地下64mから327mまで9層もあり、地下通路の全長はなんと300kmにもおよびます。
　今は地下博物館になっていて、マリア像や礼拝堂などがあります。像も、礼拝堂の天井も壁も床も、すべて塩でできているのです。1978年、世界で初めて12の世界遺産が登録されましたが、ビエリチカ・ボフニア王立岩塩坑もそれにふくまれています。

ミニミニクイズ　ポーランド出身で、世界で初めて女性でノーベル賞を受賞した人はだれでしょうか。
① マリー・アントワネット　② ポンパドゥール夫人　③ キュリー夫人

答えは次のページ▶

179

ドナウ川が育んだ、歴史の息づかいを感じる国
スロバキア

左にあるのは国章で、中の複十字は平和と希望を表す。白・青・赤の3色はスラブカラー。

チェコとくっついたりはなれたりしましたが、現在は独立し、国づくりが進められています。

チェコと分かれて独立した、まだ新しい国

スロバキアは、ヨーロッパ大陸の中央にあり、ポーランド、ウクライナ、ハンガリー、オーストリアに囲まれています。とても小さな国ですが、南西部のドナウ川ぞいには平原が広がっています。

1918年にチェコスロバキア共和国として独立。その後チェコと分かれてスロバキア国になり、第二次大戦後の1945年にふたたびチェコスロバキアとなったのち、1993年にまたチェコと分かれ、スロバキア共和国として独立しました。チェコはドイツの、スロバキアはハンガリーの支配下に置かれていたことや、両国の文化や言語がもともとちがったことから、別々の国家となったのです。

ドナウ川に面した首都ブラチスラバ。オーストリアやハンガリーとの国境に接している。

基本データ

正式国名（略称） スロバキア共和国　Slovak Republic（SVK）
首都　ブラチスラバ
面積　4万9035km²（日本の約8分の1）
人口、人口密度　542万6000人、111人/km²（2015年）
通貨　ユーロ
おもな言語　スロバキア語

プラスワン　スロバキアのスポーツ

スロバキアには、日本の武道に興味がある人が多く、とくに空手に人気があります。

小学生の中にも空手を習っている子どもたちがいて、少年のための空手の国際大会も開かれています。

さらに、空手を生み出した日本の空手家との交流もさかんに行われています。

ミニミニトピック

首都ブラチスラバにある、ドナウ川ぞいの丘の上にそびえるブラチスラバ城。1000年をこえる歴史がありますが、修復をして優雅な姿をたもっています。

179ページの答え　③

金貨がジャラジャラ生まれる要塞都市

スロバキアの中央にあるクレムニツァという街には、13世紀ごろに建てられたクレムニツァ市城があります。城のまわりには、円をえがくようにぐるりと高い壁がつくられ、敵から身を守るための要塞都市になっていて、中には教会もあります。城を囲んでいる壁は現在も状態がよく、当時の雰囲気を伝えています。

クレムニツァには、その昔、金がたくさんとれる鉱山があったことから、ハンガリー王国時代に金貨をつくるための鋳造所が建設され、最も裕福な街の1つとして発展しました。しかし、鉱山がしまってからは、もうつくっていません。

現在では、スロバキア国立銀行が所有する「コインとメダルの博物館」がつくられ、当時の様子や歴史を知ることができます。

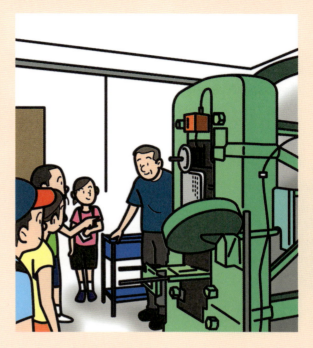

洞窟の中に氷の滝や温泉がある！

洞窟の中は、石灰岩が地下水などでけずられて、不思議な空間をつくり出している。

スロバキアとハンガリーの国境周辺には、カルストという地形が広がっています。カルストは、石灰岩が地表にあらわれて、とてもごつごつしたところです。このあたりにはたくさんの洞窟があり、その数は、スロバキアとハンガリー合わせて700以上にもなります。

その1つであるドミツァ洞窟（バラドラ洞窟）はスロバキアとハンガリーにまたがっていて、長さは約26kmにおよび、ヨーロッパ最大といわれます。また、13mの高さから落ちた水がそのままこおった氷の滝があるドブスハウ洞窟や、温泉が流れている洞窟温泉など、洞窟の中の様子もさまざまです。

スロバキア・カルストの洞窟群は、ハンガリー側のアグテレク・カルストの洞窟群とともに、世界遺産に登録されています。

ミニミニクイズ　スロバキアにたくさんある、世界自然遺産にも登録されているものは何でしょうか。
① 湖　② 洞窟　③ 森

答えは次のページ ▶

ハンガリー

「ヨーロッパの中のアジア」とよばれる国

フランス革命の影響を受けた国旗で、赤は人々の強い力、白は忠実や平和、緑は希望を表している。

ヨーロッパの国でありながら、アジアの文化を感じられます。

馬に乗ってやってきたアジア人が祖先？

ハンガリーはヨーロッパの真ん中あたり、ドナウ川のちょうど中ほどに位置し、オーストリア、スロバキア、ウクライナなど7か国と接しています。

約1000年前、ここにハンガリー王国がおこりましたが、15世紀にはオスマン帝国とハプスブルク帝国に土地を分けられ、その後もさまざまな国の支配を受けてきました。そして、1989年に今のハンガリーになりました。

ハンガリー人はアジアの騎馬民族が祖先といわれています。そのため、ヨーロッパのほかの国々とはちがい、言葉の使い方や、文化などさまざまなところでアジアの雰囲気が感じられる国です。

首都ブダペストにあるハンガリー国会議事堂。ドナウ川のほとりに建ち、宮殿のように豪華な造りになっている。

基本データ

正式国名（略称） ハンガリー Hungary（HUN）
首都 ブダペスト
面積 9万3024km²（日本の約4分の1）
人口、人口密度 985万5000人、106人／km²（2015年）
通貨 フォリント
おもな言語 ハンガリー語

プラスワン ハンガリーのスポーツ

ハンガリーで人気のスポーツは水球です。

伝統的に水泳など水に関係するスポーツが強く、中でも水球は、男子は世界ランク1位（2016年）で強豪国です。

ハンガリーは温水プールやスイミングスクールが多く、水泳競技の環境が整っています。

ミニミニトピック

ハンガリーには国宝のブタがいます。ハンガリー原産のマンガリッツァ豚です。ウーリーピッグ（毛でおおわれた豚）の別名もある、毛の長いブタです。国宝ですが、ふつうに食べられる豚肉になります。

181ページの答え ②

さがしたらきりがない？　フンガリクム

　フンガリクムという言葉を知っていますか？「ハンガリー的なもの」、「ハンガリーならではのもの」、「ハンガリーでつくられた高級品」といった意味があります。

　2012年にハンガリー政府はフンガリクム委員会をつくり、この委員会でみとめたものを、ハンガリーを代表する価値あるもの＝フンガリクムとして登録するようにしました。

　現在では、人や物、文化、習慣、行事など、いろいろなものがフンガリクムになっています。たとえば、独自の言葉であるハンガリー語、ユネスコの無形文化遺産にも登録されたマチョー刺繡、たくさんの国に輸出している高級食材のガチョウのフォアグラ、そのほかハンガリー料理やワインなど、たくさんのフンガリクムがあります。

温泉に入って、古代ローマにタイムスリップ！

ブダペストのルカーチ温泉。オスマン帝国の時代につくられた温泉で、人々は水着を着て、湯につかっている。

　ハンガリーには約1300の温泉があります。その歴史は古く、最初の温泉施設はローマ人によって建てられました。その後、温泉が広まっていったのはオスマン帝国の時代でした。古い時代につくられて、今でも使われている4つの温泉が首都ブダペストにあり、多くの人に愛されています。

　その中の1つ、ルダシュ温泉は1566年に建てられました。八角形の建物と赤い色の大理石の浴槽が特徴です。また、キラーイ温泉は約400年前から今でも使われている歴史的な建物です。ブダペストでは最も小さい温泉の1つで、建物も浴槽も八角形につくられています。

　最近では、お湯につかりながらチェスができる温泉や、浮き輪で入るほど深い温泉もあり、温泉文化を楽しむことができます。

 登録のための委員会もある「ハンガリーならではのもの」を意味する言葉は何でしょうか。　　答えは次のページ ▶
① ハンガリアン　② フンガリクム　③ フンガリアン

ドラキュラの伝説を生んだ ルーマニア

3色は昔この地にあった2つの国の旗から。青は黒海と空、黄色は穀物、赤は勇気を表す。

ラテン系の文化が特徴で、明るく陽気な国民性が多くの観光客をひきつけています。

天然資源にめぐまれた国

ルーマニアは、ヨーロッパの南東に位置し、黒海に面した国です。ヨーロッパを通り、ルーマニアまで続いているドナウ川は、ここで黒海に注ぎます。

この地はローマ人の2000年以上前、ローマ帝国に征服され、その影響を受けた文化が育ちました。15世紀、オスマン帝国の支配下に置かれ、19世紀にルーマニア王国ができます。そして20世紀に王制をやめ、1989年に今のルーマニアになりました。

ルーマニアは農業がさかんですが、天然資源にもめぐまれている国です。石油や木材、石炭、天然ガス、鉄鉱石などが豊富で、化学製品や鉄鋼などを生産し、輸出しています。

第二次世界大戦までは「東欧の小パリ」といわれていた、首都ブカレスト。

基本データ

正式国名（略称） ルーマニア Romania（ROU）
首都 ブカレスト
面積 23万8391㎢（日本の約2分の1）
人口、人口密度 1951万1000人、82人/㎢（2015年）
通貨 レイ
おもな言語 ルーマニア語、ハンガリー語

プラスワン ルーマニアのスポーツ

ルーマニアで人気のスポーツはハンドボールです。

ハンドボールはヨーロッパを中心に競技が発展したので、ヨーロッパの国々で人気があります。ルーマニアでも昔から人気があり、男子は世界選手権で4回優勝しています。

ルーマニアの選手は、世界各国のチームで活躍しています。

ブカレストには、めずらしい農村博物館があります。国内各地の村から古い農家や教会、水車小屋などをもってきてつくられた、農村地域のテーマパーク。1994年にヨーロッパの最高の博物館として表彰されました。

183ページの答え
②

ドラキュラのモデルになった、おそろしい王様って？

人の血を吸う吸血鬼の話を知っていますか。アイルランドの作家ブラム・ストーカーは、『吸血鬼ドラキュラ』という有名な小説を書きました。主人公のドラキュラは、かつてルーマニアにあったワラキア公国の王ブラド3世がモデルだといわれています。

ブラド3世は国を守るために戦い、敵のオスマン帝国の軍隊を追い返した、強い指導者でした。しかし、オスマン帝国の兵士たちを生きたまま串刺しにしたという話も残っていて、「串刺し公」とよばれ、おそれられてもいました。ブラム・ストーカーは、ブラド3世のおそろしさと、吸血鬼伝説を合わせて、『吸血鬼ドラキュラ』の小説をつくりました。

「ドラキュラ」の名は、ブラド3世の父親が神聖ローマ帝国皇帝から、「竜=ドラゴン」が彫られたメダルをもらい、人々から「ドラクル」とか「ドラキュラ」とよばれていたことからつけられました。「ドラク」は、ルーマニア語では鬼や悪魔を意味しているのです。

ルーマニア南部にあるブラン城。小説に出てくるドラキュラ城のモデルになったとされる。現在は、博物館になっている。

「白い妖精」とよばれた、体操のコマネチ選手

オリンピックの体操競技で、世界で初めて10点満点を出した、伝説の女子選手を知っていますか？

それは、ルーマニアのナディア・コマネチさんです。コマネチさんは14歳で出場した、1976年のモントリオール夏季オリンピックのとき、団体戦の段ちがい平行棒の演技で、満点の「10」をたたき出したのです。

この大会で彼女は、10点満点を計7回も出し、金メダル3個、銀メダル1個、銅メダル1個を獲得して、世界中をおどろかせました。

かれんで愛らしい姿は「ルーマニアの白い妖精」とよばれ、話題になりました。

ミニミニクイズ　『吸血鬼ドラキュラ』のモデルになった王様はだれでしょうか。
① ブラド3世　② ドラク3世　③ ブラン3世

答えは次のページ ▶

185

どこまでも続く丘とブドウの香りがただよう国
モルドバ

同じ民族であるルーマニアと国旗がにている。紋章にはワシや牛がえがかれている。

紀元前から続くワインづくりなど、伝統を守って質の高いものを生み出しています。

ヨーロッパ

なだらかな丘が続く農業国

モルドバは、ヨーロッパの南東にある国です。国土の大半はなだらかな丘で、北東部はウクライナと、南西部はルーマニアととなり合っています。

この地は昔から、さまざまな国に支配されていました。20世紀初めからはソビエト連邦（今のロシア）にふくまれていましたが、1990年ごろからは自由を求める声が高まります。そして、1991年に独立を発表しました。

豊かな土地にめぐまれたモルドバでは農業がさかんで、丘の斜面を使ったブドウの栽培に力を入れてきました。一方、資源はとぼしく、エネルギーは多くをロシアにたよっています。

ラウト川沿いにあるオルヘイ・ベッキ。古代のとりでや劇場、洞窟の中につくられた修道院がある。

基本データ

正式国名（略称） モルドバ共和国
Republic of Moldova （MDA）
首都 キシナウ
面積 3万3846km²（日本の約11分1）
人口、人口密度 406万9000人、120人／km²（2015年）
通貨 レイ
おもな言語 モルドバ語、ロシア語

プラスワン モルバドのスポーツ

モルバドで人気のスポーツはサッカーです。1991年の独立のあとに、国際サッカー連盟（FIFA）に加盟しました。それによって、ワールドカップやヨーロッパ選手権の予選に参加できるようになったのです。

国際試合などは少ないですが、首都のキシナウにナショナルチームのホームスタジアムがあります。

さまざまな種類の花がさくモルドバでは、それぞれの花の時期に合わせてハチの巣箱を移動させる移動養蜂でハチミツをとってきました。モルドバのハチミツは高級品ですが、最近は移動養蜂もへってきています。

185ページの答え
①

ブドウといったら、やっぱりワイン

ブドウをたくさん栽培するモルドバでは、ワインもたくさんつくられています。ワインを最初につくったのはモルドバだといわれるほど、モルドバ産ワインは評判が高く、高級品になっています。

首都キシナウから北に15kmのところにあるクリコバという街には、大きくて長いワイン倉庫があります。地下につくられた通路200kmにわたって、ワインがずらりとならべられている光景は、ほかではなかなか見られないでしょう。

この場所はワインメーカーの貯蔵庫で、地面から30～80mの深さにつくられています。そして、ワインを熟成させるための理想的な湿度と温度がたもたれているのです。2006年には「世界最大の長さをもつワイン貯蔵庫」として、ギネスブックに認定されたそうです。

モルドバの地下につくられたワインの貯蔵庫。ここで熟成させることで、ワインの味や香りがよくなる。

たった1つの世界遺産は10の国と共有？

モルドバには世界遺産が1つだけあります。シュトルーベの三角点アーチ観測地点群です。

今から200年ほど前は、地球の正確な大きさは、まだわかっていませんでした。それで、天文学者のシュトルーベらは、ノルウェーのハンメルフェストから黒海に近いウクライナのスタラ・ネクラシウカまでの南北約2800kmの間に目印を置きました。そして、それらの距離や角度をはかることによって、地球の大きさをわり出したのです。

目印は全部で265か所でしたが、世界遺産に登録されたのは、そのうちの34か所です。これらはノルウェー・スウェーデン・フィンランド・ロシア・エストニア・ラトビア・リトアニア・ベラルーシ・モルドバ・ウクライナにまたがっていて、10か国が共有する、めずらしい世界遺産になりました。

ミニミニクイズ モルドバが最初といわれる、ブドウからつくられるお酒は何でしょうか。
① ビール　② ワイン　③ ウイスキー

答えは次のページ ▶

香り立つバラとおいしいヨーグルトの国
ブルガリア

白は平和、緑は豊かな農業、赤は国民の勇気を表している。

めぐまれた自然を活かして、小麦などの栽培や酪農、バラづくりを行っています。

美しい自然と古い歴史を感じさせる街並み

ブルガリアはヨーロッパのバルカン半島東部にあって、黒海に面しています。国の北部にはドナウ川が流れていて、そのまわりにドナウ平原が広がっています。一方、中部や南部には山々が連なっています。

ここには昔から人が住んでいて、ローマ帝国など、いろいろな国に支配されてきました。14世紀からはオスマン帝国（今のトルコ）の一部でしたが、1878年、戦いに勝って独立しました。

ブルガリアは農業がさかんな国です。ドナウ平原では、小麦やひまわりなどが栽培されているほか、山地では羊の放牧が見られます。また、歴史的な建物が多く、観光客も多くおとずれます。

首都ソフィアにある、アレクサンドル・ネフスキー大聖堂。独立するときの戦いで亡くなった兵士のためにつくられた。

基本データ

正式国名（略称） ブルガリア共和国　Republic of Bulgaria（BUL）
首都　ソフィア
面積　11万1002k㎡（日本の約3分の1）
人口、人口密度　715万人、64人／k㎡（2015年）
通貨　レフ
おもな言語　ブルガリア語

プラスワン ブルガリアのスポーツ

ブルガリアでは、手軽にできるスポーツとしてスケートが楽しまれています。冬になると、首都ソフィアでは公園の池がこおって、スケートリンクに変身し、人々は自分のスケート靴や貸しスケート靴でスイスイすべります。また、ショッピングモールの中にも、プラスチック製の小さなリンクがつくられます。

日本の相撲はブルガリアでも知られていて、1995年にはブルガリア相撲連盟がつくられています。2006年には、ブルガリア出身の力士・琴欧州が大相撲の大関になり、ブルガリアでも話題になりました。

187ページの答え
②

かぐわしい花がさきほこるバラの谷のカザンラク

　ブルガリア中部のカザンラクという街には、バラの谷とよばれるところがあります。ここは、世界的に有名なバラの産地で、とくにダマスクローズという品種のバラがたくさん植えられています。ダマスクローズの花びらからとれる水分や油は、それぞれローズウォーター、ローズオイルとよばれ、化粧品や香水の原料になるのです。

　バラの花がさく6月初めに、カザンラクでは、毎年バラ祭りが開かれます。おとずれた人は、バラの花のつみとりを体験したり、民族衣装を着た人々の踊りやパレードを見たり、バラの女王を選ぶコンテストに参加したりできます。

　また、街にはバラの栽培や産業の資料を展示したバラの博物館もあります。

バラの花びらを運ぶ人々。1ccのローズオイルをつくるためには、3～4kgの花びらが必要になる。

ブルガリアといえば、なんといってもヨーグルト！

　ブルガリアは、ヨーグルトづくりのさかんな国として有名です。ヨーグルトの歴史は古く、数千年前、動物の皮でできた袋に乳を入れていたら、ぐうぜんできたといわれています。そして約2500年前、ブルガリアからギリシャにヨーグルトが伝えられたと歴史書に書かれています。

　ブルガリアでは、毎年5月に聖ゲオルギの日を祝います。聖ゲオルギは羊飼いと家畜の守り神です。冬の間、休んでいた放牧をこの日から始め、1年間の家畜の健康をいのりながら、その年初めての乳しぼりをするのです。そして、しぼったばかりのミルクからヨーグルトをつくります。

　ブルガリアでは、今も家でヨーグルトをつくる人が少なくありません。そして、ヨーグルトをデザートだけでなく、スープにしたり、サラダにしたり、さまざまな料理に利用しているのです。

ミニミニクイズ ブルガリア中部のカザンラクの近くでさかんに栽培されている花は何でしょうか。
① スズラン　② バラ　③ チューリップ

答えは次のページ ▶

ドニエプル川ぞいに広がるヨーロッパの穀倉
ウクライナ

青は大きな空を、黄色は実る小麦を表している。

豊かな平原が広がるウクライナは、世界的な農業国として知られています。

ヨーロッパ

農業に向いた豊かな土地と資源にめぐまれる

ウクライナは東ヨーロッパの国で、南は黒海に面しています。国土にはウクライナ平原が広がっていて、ドニエプル川などが流れています。気候は、夏はすずしく、冬はかなり寒くなります。

ドニエプル川ぞいには早くからスラブ人が住み、9世紀にはキエフ公国がおこりました。その後、となりのポーランドやロシアに支配されましたが、1991年にようやく独立を果たしました。

ウクライナ平原では小麦やトウモロコシをさかんに栽培し、ヨーロッパの穀倉（穀物の倉庫）とよばれています。また、鉄鉱石や石炭など、工業やエネルギーの資源にもめぐまれています。

首都キエフにある、ペチェールシク大修道院。1990年に世界遺産に登録されている。

基本データ

正式国名（略称） ウクライナ Ukraine（UKR）
首都 キエフ
面積 60万3500km²（日本の約1.6倍）
人口、人口密度 4482万4000人、74人／km²（2015年）
通貨 フリブニャ
おもな言語 ウクライナ語、ロシア語

プラスワン ウクライナと日本

ウクライナは、たくさんの街に桜の木が植えられています。1920年代に日本からもちこまれた桜がふえ、ウクライナの都市、ウジゴロドは桜の名所になりました。

ウクライナと日本とのつきあいを活発にするため、2017年から国中に2500本の桜の木を植えるキャンペーンが始まりました。

ミニミニトピック 1986年、ウクライナのチェルノブイリ原子力発電所で大きな事故が起こり、その被害はまわりの国々にもおよびました。今は、原子力発電所の建物はコンクリートでおおわれていて、使われていません。

189ページの答え ②

勝利のダンス、コサック・ダンス

　ウクライナの人々は、音楽やバレエなど、文化を大切にしています。そのウクライナが生んだ踊りに、コサック・ダンスがあります。

　コサック・ダンスは、腕組みをして、しゃがみながら片足を前にけり上げるなど、とてもはげしい踊りです。

　15世紀ごろロシアやウクライナの草原に住んで、狩りや漁業、牧畜（牛や馬を育てること）などをしてくらしていた人々がコサックといわれていました。そのあと、ほかの国の人たちと戦ううちに、馬に乗って戦う、騎馬隊をつくるようになり、国の軍事的な共同体として認められました。

　コサック・ダンスは、コサックの人々が戦いに勝ったことを祝ってはげしく踊るもので、ウクライナを代表する文化の1つになりました。日本ではコサック・ダンスとよばれていますが、ウクライナではホパークといいます。

上から見るか、下から見るかで変わるふしぎな階段

オデッサのシンボルになっているポチョムキンの階段。20世紀初めの有名な映画『戦艦ポチョムキン』の舞台になった。

　南部の都市オデッサでは、「ポチョムキンの階段」とよばれるふしぎな階段が名物になっています。この階段は、奥行きがほかより広くなっている踊り場が途中にいくつかあります。そして、階段のいちばん上の段の幅は、いちばん下の段の幅よりせまくなっているのです。

　この階段は高さが147mありますが、いちばん下から見上げると、踊り場がぜんぜん見えなくて、とても長い階段が続いているように感じます。反対に、いちばん上から見おろすと、踊り場しか見えないので、長い階段には見えません。

　この階段は、見た人が勘違いするように計算して、わざとつくられたものです。

ミニミニクイズ　ウクライナに昔から伝わる踊りは何でしょうか。
① フラダンス　② コサック・ダンス　③ フォーク・ダンス

答えは次のページ

191

森と湖と沼がたくさんある美しい国
ベラルーシ

赤はかがやく歴史、緑は未来を表している。2012年に国民投票によって決まった。

ベラルーシは、豊かな自然を活かした農業がさかんで、最近では工業も発達しています。

ヨーロッパ

国土の3分の1は森でおおわれている

ベラルーシは、東ヨーロッパにある国です。海はありませんが、大河のドニエプル川などが流れ、湖や沼が多いので、水にめぐまれています。また、国土の3分の1は森でおおわれています。雨はあまり多くなく、冬の寒さはきびしいです。

ここには古代からスラブ人が住んでいましたが、まわりの国々にたえず支配されてきました。18世紀後半からはロシアの一部になりましたが、1991年に独立して、国名をベラルーシとしました。

今のベラルーシは工業が産業の中心で、繊維業や化学工業がさかんです。また、農業ではライ麦や大麦、ジャガイモなどを栽培しています。

西部の街ミールにあるミール城。16世紀に建てられた石づくりの城で、世界遺産に登録された。

基本データ

正式国名（略称）　ベラルーシ共和国　Republic of Belarus（BLR）
首都　ミンスク
面積　20万7600km²（日本の2分の1）
人口、人口密度　949万6000人、46人/km²（2015年）
通貨　ベラルーシ・ルーブル
おもな言語　ベラルーシ語、ロシア語

プラスワン　ベラルーシのスポーツ

ベラルーシで人気のあるスポーツは、アイスホッケーです。アイスホッケーは、2チームが、氷の上でパックとよばれる球をスティックで打って、相手のゴールに入れて点を競うゲームです。

2014年には、首都ミンスクでアイスホッケーの世界選手権が行われました。

ベラルーシの伝統文化に、箱人形劇があります。これは数百年の歴史がある人形劇で、木の箱の舞台の上で、人がいくつもの人形を動かして民話などの芝居をさせるのです。終わったら箱は持ち運ぶことができます。

191ページの答え
②

ヨーロッパ最大の原生林ビャウォビエジャ

　ベラルーシと西のポーランドにまたがって広がるビャウォビエジャの森は、ヨーロッパで最も広い原生林（人の手が入っていない、自然のままの森林）で、1992年に世界遺産に登録されています。

　この森には樹齢（木の年齢）数百年の木が生え、さまざまな動物や鳥、昆虫がすんでいます。その中でも有名なのが、ヨーロッパ・バイソンです。

　ヨーロッパ・バイソンは体長が3mほど、肩までの高さが2m近くもあり、ヨーロッパにすむ陸上動物では最も大きい体をしています。体は茶色の毛でおおわれ、2本の角がありますが、食べるのはおもに木の葉や草、木の皮などです。

　ヨーロッパ・バイソンは、昔はヨーロッパのいろいろなところで見られましたが、数がへって、20世紀前半に野生のものは絶滅してしまいました。そこで、1929年、ポーランドが動物園でかっていたものを森に放し、数をふやしているところです。

ビャウォビエジャの原生林は、ヨーロッパ・バイソンを始めとする野生動物の貴重な生息地になっている。

ベラルーシの人々が大好きな料理はドラニキ

　ベラルーシは、世界でも指折りのジャガイモの生産国です。そのため、ベラルーシの人々はジャガイモをたくさん食べていて、スープに入れたり、つぶしてマッシュポテトにしたり、デザートにしたり、メニューが豊富です。

　そんなベラルーシの人々が大好きな料理が、ドラニキです。ドラニキは、すりおろしたジャガイモと、細かく切ったタマネギ、卵、小麦粉をまぜて焼いたパンケーキのようなもので、少しすっぱいサワークリームをかけて食べます。

　ドラニキはベラルーシの人々がよく食べる国民食ですが、今ではヨーロッパにも広がり、多くの国の人たちが食べています。

ミニミニクイズ ベラルーシの人たちに人気の料理、ドラニキに使われる野菜は何でしょうか。
① ダイコン　② キュウリ　③ ジャガイモ

答えは次のページ▶

最先端技術が自慢の森の国
リトアニア

黄色は自由と小麦が実った平野、緑は森と希望、赤は勇気と国への愛を表している。

自然が豊かなリトアニアは、最近では、新しい技術を利用した産業がさかんです。

ヨーロッパ

バイオテクノロジーやレーザーなど最先端技術が発達

リトアニアはヨーロッパ北東部にある国で、西はバルト海に面しています。国土の大部分は平地で、森林が広がり、約3000の湖や沼があります。気候はおだやかで、雨はほとんどが夏にふります。

ここでは13世紀にリトアニア大公国が生まれて、14世紀には最も栄えました。その後、ロシアやドイツなどに支配され、1991年に独立したのです。

リトアニアは、バイオテクノロジー（生物の体のしくみなどを利用した技術）やレーザーの技術を利用した産業が発達しています。また、外国から輸入した石油を原料に、さまざまな石油製品をつくって輸出しています。

ガルベ湖にうかぶ島の上にあるトラカイ城。15世紀に防衛のために建てられ、住居や牢獄になったこともあった。

基本データ

正式国名（略称） リトアニア共和国 Republic of Lithuania（LTU）
首都　ビリニュス
面積　6万5286km²
（日本の約6分の1）
人口、人口密度
287万8000人、
44人／km²（2015年）
通貨　ユーロ
おもな言語　リトアニア語

プラスワン　リトアニアのスポーツ

リトアニアの国技はバスケットボールです。街のあちらこちらにコートがあって、子どもたちは小さいころからバスケットボールを楽しんでいます。

世界でも、リトアニアはバスケットボールの強豪国の1つで、国内のプロリーグはもちろん、アメリカで活躍する選手もいます。

ミニミニトピック　リトアニアの名物料理といえばツェペリナイです。豚肉とタマネギを、ジャガイモで包んでつくります。形がドイツ人のツェッペリン伯爵が開発した飛行船ににていることから、ツェペリナイとよばれています。

193ページの答え
③

リトアニアで大勢の命をすくった杉原千畝

杉原千畝は日本の外交官（国と国のつきあいがうまくいくように働く役人）で、1939年からリトアニアの日本領事館で働いていました。

このころドイツを動かしていたナチスという政党は、ユダヤ人をつかまえて財産をうばい、重労働をさせたり、殺したりしていました。そのドイツが第二次世界大戦を始めて勢力を広げたため、多くのユダヤ人がにげ出しました。

杉原がいたリトアニアの日本領事館にも、大勢のユダヤ人が殺到しました。彼らは、ヨーロッパから日本にわたって、それからアメリカなどにげようとしていて、日本を通ることをみとめるビザという書類をくれとたのんだのです。

杉原は、リトアニアをはなれるまでの1か月間にビザを書き続け、約6000人のユダヤ人の命をすくいました。その功績をたたえて、領事館があったカウナスに杉原記念館がつくられています。

98kmも続く砂の半島、クルシュー砂州

海の水や風で運ばれた土や砂が海岸にたまって、海につき出すようになったものを砂州といいます。リトアニア西部にあるクルシュー砂州は、バルト海に細長く曲がって伸びて半島のようになり、長さはなんと98kmもあります。「海と風と人間がつくった自然の奇跡」とよばれています。

この周辺では木の切りすぎや、放牧のしすぎによって、多くの森林が失われました。そのため、砂州の砂がふえて砂丘になってしまい、多くの村がのみこまれたといいます。

そのため、リトアニアでは、木を植えたり緑をふやしたりして、砂州を守る努力を続けています。2000年には世界遺産にも登録されました。

16世紀に多くの村をのみこんだ、クルシュー砂州。今は、砂州を守るため、緑化活動などの努力が続けられている。

ミニミニクイズ　リトアニアで大勢のユダヤ人をすくった杉原千畝の仕事は何でしょうか。
① 外交官　② 医者　③ 科学者

答えは次のページ ▶

ラトビア

美しい森と街並みが自慢

茶色には、昔ドイツ軍と戦って流れた血をわすれないという思いがこめられている。

緑の土地とよばれるラトビアは林業がさかんです。歴史的な建物が多く残されています。

国土をおおう森林を活かして林業がさかん

ラトビアはヨーロッパ北東部の国で、バルト海の東岸にあります。国土の大部分は平原ですが、「緑の土地」とよばれるほど森林が多く、ところどころに湖もあります。気候はわりあいおだやかですが、冬にはたくさん雪がふります。

13世紀、ドイツ人がここを支配下に置きました。20世紀中ごろにはソビエト連邦（今のロシア）の領土になりましたが、1991年に独立しました。

ラトビアは林業がさかんで、木材や家具などを輸出しています。また、牛やブタなどをかう酪農や畜産も行っていて、ヨーグルトやチーズなどをつくったり、肉を加工したりしています。

中部の街スィグルダにある、トゥライダ城。トゥライダは先住民のリボニア人の言葉で「神の庭」という意味がある。

基本データ

正式国名（略称）　ラトビア共和国　Republic of Latvia（LAT）
首都　リガ
面積　6万4573km²（日本の約6分の1）
人口、人口密度　197万1000人、31人/km²（2015年）
通貨　ユーロ
おもな言語　ラトビア語

プラスワン ラトビアのスポーツ

ラトビアでは、アイスホッケーがさかんです。これは氷の上でプレーするスポーツで、2チームがパックとよばれる球をスティックを使って相手ゴールに入れて、点を競います。アメリカのアイスホッケー・リーグで活躍する選手もいて、国の代表が参加する世界選手権の試合には、大勢のファンが応援にかけつけます。

ミニミニトピック　ラトビアの政府が出す記念コインは、童話に登場するネコがえがかれるなど、かわいいものや美しいものが多いことで知られています。そのため、国内だけでなく海外のコイン収集家にも人気があります。

195ページの答え　①

首都リガは、オモチャのような建物がならぶ美しい港町

　首都のリガは、街並みが美しいことから「バルト海の真珠」とよばれています。リガはバルト海に面していて、13世紀から港町として栄えてきました。そのため、さまざまな文化の影響を受けた建物が立ちならび、それらが今も残されているのです。

　リガでとくに有名な建物は、13世紀初めに建てられた聖ペテロ教会です。高さ123mの塔は、17世紀にはヨーロッパで最も高い木造の塔でしたが、落雷や戦争で2度もこわれてしまいました。今は、鉄筋の塔につくりかえられ、高さ70mのところに展望台もあります。

　また、「三人兄弟の家」もリガの名物です。15世紀、17世紀、17世紀末に建てられた3軒の家が並んでいて、それぞれの時代の建物がわかることから、「三人兄弟の家」とよばれて親しまれているのです。中はラトビア建築博物館になっていて、家の中のつくりも見学することができます。

古くから貿易港としてさかえていたリガの街。左にそびえるのは、聖ペテロ教会の塔。

サウナで体と心をきれいにするラトビア人

　ラトビア人は、サウナが大好きです。サウナは風呂の一種で、とても熱い石に水をかけて蒸気を出し、その蒸気で汗を流します。ラトビアの人々にとって、サウナは体も心もきれいにしてくれる大切な場所で、街のあちこちにサウナがあります。

　ラトビアのサウナに必ずあるのは、緑の葉がついた木の枝です。夏の間にとった白樺やカシなどの枝を何本かまとめて束にし、体をたたいてマッサージするのです。

　ラトビアの人々がいっしょにサウナに入るのは、家族や友達のように、親しい人どうしです。裸のつきあいをすることで、なかよくなるのは、日本人に通じるものがあるかもしれません。

ミニミニクイズ　ラトビアは何という海に面しているでしょうか。
① カスピ海　② バルト海　③ 黒海

答えは次のページ ▶

最近はコンピュータに関連する産業で発展中

エストニア

青は空と海と国を愛する心、黒は大地とまじめさ、白はつつましさと清らかさと将来への希望を表す。

伝統や文化を大事にする国ですが、コンピュータに関連する産業で注目されています。

コンピュータなど先端技術に力を入れる森の国

エストニアはヨーロッパ北東部にある国です。西にバルト海、北にフィンランド湾があり、島の数は1500をこえます。国土は森林におおわれ、多くの湖があります。冬は寒く、雨はあまりふりません。

13世紀以降、デンマーク人やドイツ騎士団がやってきて、ここに元から住んでいた人々を従わせました。その後、スウェーデンやロシアなどに支配されましたが、1991年に独立しました。

エストニアはオイルシェールという、油がとれる岩の産地です。この油は石油がわりに使われます。また、最近は、コンピュータなど先端技術の開発にも力を入れています。

歴史的な建物が多くあるタリン旧市街地。奥にある丸みをおびた屋根の建物は、アレクサンドル・ネフスキー聖堂。

基本データ

正式国名（略称）　エストニア共和国　Republic of Estonia（EST）
首都　タリン
面積　4万5227km²（日本の約8分の1）
人口、人口密度　131万3000人、29人／km²（2015年）
通貨　ユーロ
おもな言語　エストニア語

プラスワン エストニアと日本

エストニア出身の力士・把瑠都が大相撲で活躍したこともあって、エストニアには、日本に関心をもつ人が少なくありません。

日本のアニメが好きな人も多く、タリンなどの都市では、日本アニメ映画祭が毎年開かれていて、日本のさまざまなアニメ映画が上映されています。

エストニア南西部のキフヌ島の人々は、昔からこの島で話されてきた方言を使い、女の人は赤いスカートを身にまとって、古い伝統を守ってくらしています。島のくらしはユネスコの無形文化遺産に登録されています。

197ページの答え
②

エストニアの歌が国を大きく変えた!

エストニアの人たちは歌と踊りが大好きです。首都タリンでは、1869年に「歌の祭典」が、1934年に「踊りの祭典」が初めて行われました。そして今では「歌と踊りの祭典」が5年に1度行われています。この祭典では、エストニアの合唱曲が歌われ、大勢の人々が民族衣装を着て踊ります。毎回、約3万人が出演し、国中から多いときで30万人のお客さんが見に来る大きなイベントなのです。

1988年に「歌と踊りの祭典」が行われたとき、エストニアはまだソビエト連邦(今のロシア)の一部でした。ソビエト連邦はエストニアの民族音楽を歌うことを禁止していました。しかし、人々は勇気を出して民族音楽をエストニア語で合唱したのです。これがきっかけで、「ソビエト連邦から独立しよう」という運動が高まり、ついに独立を実現させました。そのため、エストニアの独立は「歌う革命(世の中を大きく変えること)」ともよばれています。

首都タリンで開かれる「歌と踊りの祭典」は、ユネスコの無形遺産に登録されている。

バルト三国の独立を早めた200万人の鎖

バルト海はヨーロッパの北東部にあって、古くから船の交通に利用されてきました。まわりを8つの国に囲まれていますが、東岸のラトビア、リトアニア、エストニアは、とくにバルト三国とよばれています。

この3つの国にはそれぞれちがう歴史があります。しかし、3か国とも18世紀にロシアの領土になり、1918年に独立したものの、1940年にはふたたびソビエト連邦に組みこまれました。そして、1989年8月、これらの国々の200万人が手をつないで、3つの国の首都を結び、独立をうったえたのです。これは「人間の鎖」とよばれて世界に伝えられ、独立を求める運動がいっそう高まりました。その結果、1991年、3つの国が独立したのです。

20世紀末、エストニアの人々は運動を起こし、独立を果たしました。これは何とよばれているでしょうか。
① 見る革命　② 走る革命　③ 歌う革命

答えは次のページ ▶

ロシア

ヨーロッパとアジアにまたがる世界最大の国

ソビエト連邦がなくなり、ロシアが誕生したときに、ロシア帝国の時代の旗が復活した。

ロシアは、エネルギーなどの資源も豊富で、世界に大きな影響力をもっています。

石油や天然ガス、農作物、木材の輸出がさかん

ロシアは、ユーラシア大陸の北半分をしめる、世界でいちばん広い国です。西部には平原が広がっていますが、中部から東部にかけてはタイガとよばれる広大な森林があります。気候は1年を通じてすずしく、冬にはきびしい寒さになります。

18世紀ごろから、ここではロシア帝国が大きな力をもっていましたが、20世紀初めにほろびて、ソビエト連邦が生まれます。そのソビエト連邦も1991年になくなり、今の形になりました。

ロシアは、石油や天然ガス、石炭などの資源が豊富で、大量に輸出しています。また、広い土地を利用して、小麦やジャガイモなどを栽培しています。

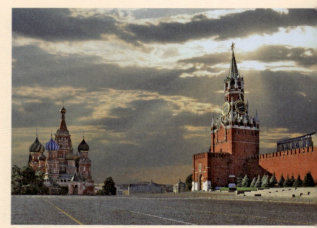

世界遺産のクレムリン（右）は、大統領が仕事をする政治の中心。正面には赤の広場と聖ワシリイ大聖堂がある。

基本データ

正式国名（略称）　ロシア連邦　Russian Federation（RUS）
首都　モスクワ　　面積　1709万8246km²（日本の約45倍）
人口、人口密度　1億4345万7000人、8人/km²（2015年）
通貨　ロシア・ルーブル
おもな言語　ロシア語

プラスワン　ロシアのスポーツ

ロシアでは、サッカーやアイスホッケーから、フィギュアスケート、柔道まで、さまざまなスポーツが行われていて、世界的に活躍している選手が大勢います。

2018年6～7月には、サッカーのワールドカップが初めてロシアで開かれることになっていて、世界から注目されています。

ロシア東部にあるバイカル湖は、三日月のような形をしたとても大きな湖で、日本最大の琵琶湖の50倍近い面積です。いちばん深いところは1620mと世界で最も深く、40m下まで見えるほどすきとおっています。

199ページの答え
③

アメリカとともに世界を二分したソビエト連邦

　1917年、生活に苦しんでいたロシアの人々は皇帝をたおし、1922年にソビエト連邦をつくりました。世の中を平等にするために、土地や工場を国のものにして、工場や農場でつくるものも国が決めました。
　まわりの国々も組みこんで世界最大の国になったソビエト連邦は、もう1つの大国アメリカと、軍事力や宇宙開発などではげしい競争をくり広げました。1961年にソビエト連邦のガガーリンが世界で初めて宇宙船での地球1周に成功すると、その8年後の1969年には、アメリカのアポロ11号が月に到達するという具合です。この時代は、世界の多くの国がソビエト連邦側とアメリカ側に分かれて対立していたので、「冷たい戦争」とよばれました。
　1980年代後半、東ヨーロッパを中心に独立を求める運動が高まります。そして、1991年にそれらの国々が独立して、ソビエト連邦はなくなりました。しかし、中心だったロシアは今も世界の大国で、いろいろな国々に大きな影響力をもっています。

サンクトペテルブルクにあるレーニン像。レーニンは、世界初の社会主義国家のソビエト連邦をつくった人物。

始発から終点まで1週間もかかるシベリア鉄道

ウラジオストック駅に停車するシベリア鉄道。ここから9000kmはなれたモスクワを目指す。

　ロシア西部のモスクワと東部のウラジオストックを結ぶシベリア鉄道は、全長9000kmをこえる世界で最も長い鉄道です。モスクワからウラジオストックまでは7日もかかります。そのため、車両にはベッドがあって寝られるようになっています。
　シベリア鉄道が運んでいるのは、人だけではありません。ロシアでつくった農作物をヨーロッパへ運ぶのにも使われています。
　シベリア鉄道は1891年に建設が始まり、1916年に現在のルートが完成しました。それから100年以上も、ロシアの重要な交通機関として長い距離を走り続けているのです。

ミニミニクイズ　世界で一番長い鉄道は、何という名前でしょうか。
① シベリア鉄道　② モンゴル鉄道　③ 東清鉄道

答えは次のページ ▶

紅茶やブドウづくりがさかんな国
ジョージア

グルジア王国の国旗が元となっている。この十字の配置はエルサレム十字とよばれる。

カフカス山脈のふもとにあるジョージアでは、紅茶やブドウなどを栽培して輸出しています。

紅茶、ワイン、ミネラルウォーターが海外で人気

ジョージアはヨーロッパ南東部にある国で、北にはけわしいカフカス山脈があり、西は黒海に面しています。気候は、わりあいおだやかです。

ここは、古くからアジアとヨーロッパをつなぐ重要な場所でした。11世紀ごろグルジア王国がおこりましたが、長い歴史の大部分はほかの国に支配されてきました。20世紀にはソビエト連邦の一部になりましたが、1991年に独立を果たしました。

ジョージアは農業がさかんで、茶や、ブドウなどの果物を栽培しています。それらを加工した紅茶やワインは重要な輸出品で、ほかにミネラルウォーターも輸出しています。

首都のトビリシは、キュル川にそって広がっている。19世紀の建物など、歴史的な街並みが残る。

基本データ

正式国名（略称）　ジョージア　Georgia（GEO）
首都　トビリシ　　面積　6万9700km²（日本の約5分の1）
人口、人口密度　400万人、57人／km²（2015年）
通貨　ラリ
おもな言語
ジョージア語

プラスワン　ジョージアのスポーツ

ジョージアは、格闘技がとてもさかんな国です。そのため、夏のオリンピックでは、ジョージア代表の選手たちがレスリングや柔道などの競技で活躍し、数々のメダルをとっています。

また、日本の大相撲でも、小結になった臥牙丸関を始め、ジョージア出身の力士が出ています。

ジョージアは、日本ではロシア語の読み方で「グルジア」と長くよばれていました。しかし、ジョージアが英語の読み方に変えてほしいと希望したため、2015年から日本でのよび方が変わりました。

201ページの答え
①

首都のトビリシでは、丸いドームの下に温泉がある

　ジョージアは温泉がとても多い国で、首都トビリシにも温泉がわいています。そもそもトビリシは「あたたかい」という意味の言葉なのです。

　今から1500年あまり前、トビリシで狩りをしていた国王がキジをうつと、温泉に落ちました。しかし、温泉の効果でキジの傷がなおり、元気に飛びたったことから、国王が気に入ってここを都にしたという伝説が残っています。トビリシの街にある、アバノトウバニとよばれる浴場は半分地下で、地上には丸いドームがつき出ています。

　もともとトビリシは、アジアとヨーロッパを行き来する人々の通り道として、1000年以上前から栄えた街です。そのため、温泉のほかにもメテヒ教会やシオニ教会など、歴史のある建物がたくさん残っていて、国を代表する観光地になっています。

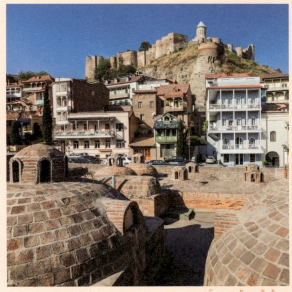

アバノトウバニの「アバノ」はジョージア語で、蒸し風呂という意味がある。人々は水着を着ないで入る。

秋を知らせるブドウのお菓子、チュルチヘラ

お店にならぶチュルチヘラ。ジョージアの伝統的なお菓子で、国内ではお土産としても人気がある。

　ジョージアは、ワインづくりの歴史が長く、8000年前にさかのぼります。そのころは、ブドウを入れた大きなつぼを土の中にうめて、ワインをつくっていました。ジョージアの伝統的なワインづくりは、ユネスコの無形文化遺産に登録されています。

　ジョージアには、ブドウを使った料理やお菓子もたくさんあります。その1つであるチュルチヘラはこの国で生まれ、ずっと愛されてきたお菓子です。ブドウのジュースと砂糖をにつめたもので、くるみやアーモンドを包んでからほして固めます。細長くて、ソーセージににた形をしています。1年ぐらいそのままでも大丈夫なので、保存食にもなります。

　ブドウを収穫する時期になると、あちらこちらの店にチュルチヘラがぶらさげられ、秋の深まりを人々に知らせるのです。

ミニミニクイズ　ジョージアで人気のお菓子、チュルチヘラに使われているのはどの果物でしょうか。
① ブドウ　② モモ　③ スイカ

答えは次のページ ▶

203

石油がたくさんとれる火の国
アゼルバイジャン

三日月と星はイスラムの国であること、青は民族、赤は貢献、緑はイスラム教の信仰を表している。

ヨーロッパとアジアを結ぶ場所にあり、カスピ海の石油を輸出して、豊かになりました。

石油と天然ガスをたくさん輸出して国が発展

アゼルバイジャンはヨーロッパの南東にある国です。北のカフカス山脈を始め山々に囲まれていて、東のカスピ海に向けては平地が広がっています。気候はわりあいおだやかで、冬に雨がふります。

ここでは古くから国がありましたが、ヨーロッパとアジアを結ぶ重要な場所にあったため、さまざまな国に支配されてきました。1922年にはソビエト連邦に加わりましたが、1991年に独立しました。

アゼルバイジャンは石油や天然ガスといったエネルギー資源が豊富で、ヨーロッパの国々へさかんに輸出しています。そのため国が豊かになり、首都バクーなどには高層ビルが立ちならんでいます。

コブスタンにある泥火山。実際は火山ではないが、天然ガスにより泥がブクブクとあわだっている。

基本データ

正式国名（略称） アゼルバイジャン共和国　Republic of Azerbaijan（AZE）
首都　バクー
面積　8万6600㎢
　　　（日本の約4分の1）
人口、人口密度　975万4000人、
113人／㎢（2015年）
通貨　マナト
おもな言語　アゼルバイジャン語

プラスワン　アゼルバイジャンと日本

アゼルバイジャンでは、柔道がさかんで、オリンピックでも、代表選手がたびたびメダルをとっています。2017年3月には、柔道の国際大会であるグランドスラム大会が、首都バクーで開かれました。

アゼルバイジャンは、ほかにもレスリングやテコンドーなどの格闘技で活躍する選手が大勢出ています。

アゼルバイジャンの名物料理は、ドルマです。ドルマは、もともと包むという意味で、その名前のとおり、羊の肉や米、タマネギ、トマトなどをまぜ、ブドウの葉で包んで、じっくりにこみます。

203ページの答え
①

首都バクーの夜空にゆらめく3つの炎

首都バクーの丘の上には、ゆらめく炎のような形をした3つのビルがならんでいます。高さが190mもあるこれらの塔は、2012年に完成して、フレイム・タワーズとよばれています。フレイム・タワーズは英語で炎の塔という意味です。夜には3つのビルがライトアップされて、まるで大きな炎がゆらめいているように見えるのです。

この国の首都に、炎のような形のビルが建てられたのには理由があります。アゼルバイジャンという国名は、火の国という意味の「アトロパテン」という言葉が元になっています。この地で、火をつけるとよく燃える石油がとれることは古くから知られていたので、こうよばれたのです。また、昔のアゼルバイジャンには、火を大切にするゾロアスター教という宗教を信じている人たちが大勢いました。

そのため、炎の形のビルが、まさに国と都のシンボルとして建てられたのです。

フレイム・タワーズの3つのビルのうち1つは観光客などがとまるホテル、2つは企業が集まるオフィスビルになっている。

世界最大の湖 カスピ海には資源がいっぱい！

東ヨーロッパと中央アジアの境にあるカスピ海の面積は日本と同じぐらいで、世界最大の湖です。大昔には海とつながっていたせいか、水は塩分をふくんでいて、ニシンやチョウザメなど、ふつうは海にすむ生き物も多く見られます。

さらに、カスピ海の下には、石油や天然ガスなどが大量にねむっていて、アゼルバイジャンの首都バクーではそれをほり出しているのです。

しかし、広いカスピ海のまわりには、ほかにも、ロシアやイラン、カザフスタンなどたくさんの国があります。そのため、カスピ海の豊かな資源をいろいろな国々がどのように分け合うのかが話し合われています。

面積は約37万1000km²、いちばん深いところで、深さは約995m、湖1周の長さは約7000kmにもなる。

ミニミニクイズ 世界でいちばん大きな湖はどこでしょうか。
① バルハシ湖　② グレートソルト湖　③ カスピ海

答えは次のページ ▶

205

世界で最初にキリスト教の国になった
アルメニア

赤は国のために流された人々の血を、青は希望を、オレンジは勇気を表している。

ヨーロッパとアジアの境にあるアルメニアは、世界で最初にキリスト教の国になりました。

ヨーロッパ

ダイヤモンドをみがく技術がとても高い！

アルメニアは、ヨーロッパの南東部にあります。国土のほとんどは高原で、北西部には4000mをこえる山もそびえています。気候は、夏と冬の気温の差が大きく、雨はあまりふりません。

約2200年前、ここにはアルメニア王国が栄えていました。やがてローマ帝国（今のイタリア）やペルシャ帝国（今のイラン）などに支配され、国もいくつかに分かれてしまいました。19世紀後半にはロシアの領土になりましたが、1991年に独立します。

アルメニアは、ダイヤモンドをみがいたり、けずったりする技術が高いことで世界的に有名です。最近は、コンピュータ関連の産業にも力を入れています。

アララト平野にある首都エレバン。奥はノアの箱舟がたどり着いたといわれるアララト山。

基本データ

正式国名（略称） アルメニア共和国
Republic of Armenia（ARM）
首都 エレバン
面積 2万9743km²（日本の約13分の1）
人口、人口密度 301万8000人、101人/km²（2015年）
通貨 ドラム
おもな言語 アルメニア語

プラスワン アルメニアと日本

アルメニアは地震が多い国です。1988年には北西部で大地震が起こり、約2万5000人がなくなりました。このとき日本は、人々を助け、建物を直すために協力しました。

また、2011年に日本で東日本大震災という大地震が起こったときにはアルメニアで、困った日本の人々を助ける募金などが行われました。

ミニミニトピック アルメニア人は大昔から、商売がうまいことで知られてきました。現在でも、世界的な自動車会社やホテルなどの経営者には、アルメニア人の血を引く人々が少なくありません。

205ページの答え ③

世界で最初にキリスト教を国教にした！

アルメニアでは早くからキリスト教が広まり、301年にはキリスト教がアルメニアの国教（国の宗教）になりました。世界で最初にキリスト教を国教にした国です。

そのため、アルメニアには古い時代のキリスト教の建物がたくさん残されています。その1つであるハフパット修道院は、アルメニア北部のハフパット村に10世紀に建てられました。修道院は、キリスト教の修行をする人々が、きびしい決まりを守りながらくらす場所です。ハフパット修道院では、最も多いときは500人が修行をしていたといわれます。

ハフパット修道院から少しはなれたところには、10世紀から13世紀にかけて建てられたサナヒン修道院もあります。今は、食堂や図書室もある宗教施設になっています。これらの建物は、1996年に世界遺産に登録されています。

ハフパット修道院は、サナヒン修道院とともにアルメニアのキリスト教の中心だった。

観光客に人気の巨大な階段

アルメニアの首都エレバンには、カスケードとよばれる長い階段があります。1920年、アルメニアは、アルメニア・ソビエト社会主義共和国となりました。その後、ソビエト連邦（今のロシア）に加わり、1971年には、アルメニア・ソビエト社会主義共和国を記念してカスケードの建設が始まり、1980年に完成したのです。

大きな階段の中にはエスカレーターがそなえられていて、それにそって美術館がつくられています。階段のいちばん上に上がると記念の塔があり、そこからエレバンの市内を見わたすことができます。

また、階段の正面は噴水のある公園になっていて、人々がベンチに座りながらおだやかな時間をすごせる、観光客にも人気のスポットになっています。

ミニミニクイズ アルメニアが世界で最初に国教とした宗教は何でしょうか。
① ユダヤ教　② キリスト教　③ 仏教

答えは次のページ ▶

207

ヨーロッパとアジアの文化が交わる国
トルコ

オスマン帝国初代皇帝の夢に月と星が出たという伝説がある。星は、進歩や独立を表している。

ヨーロッパとアジアの境にある国で、歴史をきざんだ建物が多く、観光客が集まります。

東西の交通の要所にオスマン帝国が生まれた

トルコは、ヨーロッパ南東部にある国です。国土には山や高原が多く、北は黒海、西はエーゲ海、南は地中海にのぞんでいます。気候はおだやかで、雨はおもに冬にふります。

ヨーロッパとアジアの間にあるトルコは、古くから交通の上で重要な場所でした。13世紀末オスマン帝国が生まれ、ヨーロッパ東部から西アジアや北アフリカまで勢力を広げました。しかし、20世紀初めにほろび、1923年に今の国ができたのです。

トルコは農業がさかんで、茶やトマトなどを栽培しています。また、歴史的な建物が多く残され、観光客も大勢おとずれます。

歴史のあるトルコには観光客が多くおとずれる。世界遺産のカッパドキアでは、気球に乗って観光するのが人気。

基本データ

正式国名（略称） トルコ共和国 Republic of Turkey（TUR）
首都 アンカラ　面積 78万3562㎢（日本の約2倍）
人口、人口密度 7866万6000人、100人／㎢（2015年）
通貨 トルコ・リラ　おもな言語 トルコ語

プラスワン　トルコのスポーツ

トルコの国技は、ヤール・ギュレシュというスポーツです。ヤール・ギュレシュはレスリングににた格闘技ですが、選手は全身に油をぬって戦うため、強い力で相手をつかまないと、にげられてしまいます。

毎年7月には、トルコ西部のエディルネでチャンピオンを決めるための大会が開かれます。

ミニミニトピック　トルコは料理がおいしい国として有名です。羊などをかう遊牧民が多くいたことから、肉やヨーグルト、チーズなどをふんだんに使うのが特徴で、フランス料理、中国料理とともに世界三大料理に数えられています。

207ページの答え ②

1600年近く栄えてきた都イスタンブール

330年、西ヨーロッパから西アジアにかけて支配していたローマ帝国は、黒海とマルマラ海に面したコンスタンチノープルを東の都に定めました。ローマ帝国が東西に分かれたあと、ここは東ローマ帝国の都になり、そのあとに、この地を治めたオスマン帝国でも都が置かれました。オスマン帝国時代に、名前はイスタンブールとあらためられました。

このように1600年近くの間、大国の都が置かれていたイスタンブールには、東ローマ帝国時代につくられたアヤ・ソフィアという教会、オスマン帝国時代につくられたトプカプ宮殿など、豪華な建物がたくさんあります。これらの建物があるイスタンブール地区は、世界遺産に登録されています。

また、市内には4000軒以上の店がならんでいる、屋根つきの市場があります。市場の道にはカーペット商人通り、金細工師通りなどの名前がついていて、世界中からやってきた観光客でにぎわっています。

アヤ・ソフィアは教会として建てられたが、2度の建て直しのあと、現在は博物館になっている。

キリスト教徒がくらしていたタケノコの山

トルコ東部のカッパドキアには、タケノコのような形をした細長い岩山がたくさん立ちならんで、ふしぎな風景をつくり出しています。この近くには火山があって、大昔に爆発し、火山灰や溶岩がふりつもりました。それが、長い間に風や雨によってけずられ、このような岩ができたと考えられています。

これらの岩山の中には、つくられた時代がちがう集会所、教会、修道院があり、キリスト教徒が4世紀ごろからくらしていたようです。時代によって、イスラム教徒、ローマ帝国、東ローマ帝国などが力を強め、行き場をなくしたキリスト教徒がここへのがれてきました。そして、岩の中に自分たちの街をつくって住んでいたと考えられています。

ミニミニクイズ 13世紀末におこった大国で、イスタンブールを都にしていたのはどこでしょうか。
① ロシア帝国　② ペルシャ帝国　③ オスマン帝国

答えは次のページ ▶

イスラエル

長い長い歴史をほこる新しい国

青い2つの三角形の組み合わせは、ユダヤ人のお守りとされてきた「ダビデの星」を表す。

20世紀半ばにできた国ですが、国が生まれるまでには、長く苦しい歴史がありました。

2000年前に国を追われた人々の子孫が新しい国をつくった

イスラエルは、ヨーロッパと西アジアの境にあります。南北に細長い国で、西の地中海ぞいや東のヨルダン川のまわりに平野が広がり、南部には砂漠があります。

約3000年前、ここではイスラエル王国が栄え、やがてユダヤ教という宗教が人々に広まりました。しかし約2000年前、ローマ帝国がユダヤ教徒を追い出し、人々は世界各地にのがれたのです。

今のイスラエルは、これらの人々の子孫が1948年につくった国です。おもな産業は、ダイヤモンドの加工や、病院などで使う機械の生産です。農業もさかんで、果物や野菜をつくっています。

テルアビブは地中海沿いにあり、政治の中心になっている。ほかの国の企業なども多い。

基本データ

正式国名（略称）　イスラエル国
State of Israel（ISR）
首都　エルサレム
（国際的にはテルアビブ）
面積　2万2072km²（日本の約17分の1）
人口、人口密度　806万4000人、365人／km²（2015年）
通貨　新シェケル
おもな言語　ヘブライ語、アラビア語

プラスワン　イスラエルのスポーツ

2017年に行われた野球の国際大会ワールド・ベースボール・クラシックにイスラエル代表チームが初めて出場しました。選手のほとんどはアメリカ生まれでしたが、古代にイスラエルを追われた人々の子孫にあたるユダヤ系でした。そのため、アメリカではなくイスラエルの代表として、参加したのです。

ミニミニトピック　ユダヤ教では、食べるものについて、きびしい決まりがあります。たとえば、豚肉を食べることは禁じられているほか、肉とミルクをいっしょに食べてもいけません。

209ページの答え　③

多くの人々をなやませるパレスチナ問題

1948年にイスラエルという国がふたたびできたことで、それまでそこでくらしていたアラブ人たちは住むところを失いました。そのため、まわりのアラブ人の国とイスラエルの間でたびたび戦争が起こりました。現在、アラブ人は、地中海に面したガザ地区とヨルダン川西岸地区に分かれたパレスチナ自治区に住んでいます。しかし、争いはまだ続いていて、これをパレスチナ問題といいます。

ヨルダン川西岸地区のエルサレムは、ユダヤ教とイスラム教とキリスト教の聖地（宗教のうえで大事な場所）で、イスラエルの政治や文化の中心でもありました。

1950年、イスラエルはエルサレムを首都にしましたが、エルサレム東部はパレスチナ自治区にふくまれていることもあって、ほかの多くの国々はみとめていません。そのため、国際的には、イスラエルの首都は西部の都市テルアビブとなっているのです。

ダイヤモンドの原石をキラキラの宝石にみがきあげる

テルアビブには、ダイヤモンドの金額を決めるダイヤモンド取引所を始め、ダイヤモンド関連の企業が多くある。

ダイヤモンドは、キラキラ光るとても美しい宝石です。でも、ダイヤモンドは最初から光っているわけではありません。

ダイヤモンドは、アフリカやオーストラリアなどでほり出されます。地面からほり出して、何も手を加えていない石を原石といいますが、ダイヤモンドの原石の表面はざらざらで、少しもかがやいていません。これを輸入して、表面をけずったり、みがいたりしているのが、イスラエルにある企業なのです。きれいにみがかれ、美しくかがやくようになったダイヤモンドは、高い値段で海外に輸出されます。日本で売っているダイヤモンドも、イスラエルでみがかれたものが少なくありません。

ミニミニクイズ イスラエルはある宝石をけずったりみがいたりして輸出しています。その宝石は何ですか。
① エメラルド　② サファイヤ　③ ダイヤモンド

答えは214ページ▶

アフリカ

人類の祖先は、アフリカで誕生したと考えられています。15世紀以降、多くの国が植民地になりましたが、20世紀後半に入ると次々に独立しました。

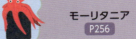

モロッコ P214
アルジェリア P216
モーリタニア P256
セネガル P262
ガンビア P264
ギニアビサウ P266
ギニア P268
ブルキナファソ P276
コートジボワール P274
ガーナ P278
ベナン P282
シエラレオネ P270
リベリア P272
トーゴ P280
サントメ・プリンシペ P292
赤道ギニア P294

大西洋

カーボベルデ P260

カーボベルデでは、外国から観光客を集めようと、ホテルや空港をつくって観光地化を進めている。

マリ P258

マリに古くから住むドゴンの人々の村。バンディアガラ山地の崖に家をつくり、祖先から伝えられてきた神話を大事にしてくらしている。

ニジェール P284

ニジェールの遊牧民、ウォダベたちは、男性だけが参加できる美男子コンテストを毎年行っている。

ウガンダ P238

ウガンダの南東部には、アフリカで最も大きいビクトリア湖がある。ビクトリア湖はナイル川の源流の1つになっている。

南アフリカ共和国 P314

南部のケープタウンにあるテーブルマウンテンは、高さ約1000mで、頂上が平らになっている。ここには、めずらしい植物がたくさん見られる。

ながめのすばらしい場所がいっぱいの国
モロッコ

モロッコの王家が300年前から使っている赤い旗に、緑の星をつけた。

モロッコは景色のすばらしい場所が多く、料理もおいしいので、観光客に人気があります。

高い山、川、砂漠、いろいろな自然が見られる

モロッコは、アフリカ大陸の北西部にあり、ジブラルタル海峡をはさんでスペインと向かい合っています。国の北東から南西にかけては高い山脈が連なっていて、多くの川が流れ出しています。雨もほかの北アフリカの国々と比べれば多くふります。

7世紀、アラビア半島からアラブ人がここに来て、イスラム教を伝えました。今の国王モハメッド6世はイスラム教を始めたムハンマドの血を引くといわれ、国民のほとんどもイスラム教徒です。

モロッコには、めずらしい街並みや美しい景色が多く、観光業がさかんです。また、映画の撮影場所としても人気があります。

アフリカ

細い道が入り組んで、街全体が迷路のようになったフェズの風景。1981年に世界遺産に登録された。

基本データ

正式国名（略称）　モロッコ王国
Kingdom of Morocco（MAR）
首都　ラバト
面積　44万6550km²（日本の約1.2倍）
人口、人口密度　3437万8000人、77人／km²（2015年）
通貨　モロッコ・ディルハム
おもな言語　アラビア語、ベルベル語、フランス語

プラスワン　モロッコのスポーツ

モロッコでは、いろいろなスポーツが行われていますが、中でもゴルフがさかんです。りっぱな設備をそなえたゴルフ場がたくさんあり、多くのゴルファーが集まります。

とくに、前国王のハッサン2世はゴルフ好きで知られ、ハッサン2世杯というゴルフの国際大会も開かれています。

モロッコのまわりの海では、とてもおいしいタコがとれますが、モロッコの人はタコを食べません。そのため、モロッコでとられたタコの多くは日本に輸出されています。

211ページの答え　③

とんがりぼうしみたいなタジンなべ

モロッコの代表的な家庭料理といえば、タジンです。タジンは、とんがりぼうしのような形のふたがついたタジンなべを使って、野菜や肉を蒸し焼きにした料理です。水を入れなくても、野菜の水分だけで調理ができるので、水が貴重な砂漠の地域ではとても便利でした。

また、モロッコの人々は、日本人と同じように緑茶をよく飲みます。お客さんが来たときはもちろん、食事のときや、午前10〜11時と午後5〜6時にもお茶が出されて、みんなでひと息つくのです。でも、お茶のいれ方は日本とはちがっています。緑茶にミントの葉を入れて、砂糖をたっぷり加えるので、さわやかな風味と、あまさをいっしょに味わえます。

モロッコの家庭料理タジン。とんがりぼうしのような形のふたが特徴。野菜から出る水分を使って調理をする。

みんながびしょぬれになるアーシューラーの祭り

イスラム教では、イスラム暦とよばれる暦（カレンダー）をもとに年や月日を数えます。そのイスラム暦の1月10日には、アーシューラーという行事が行われます。アーシューラーの日、イスラム教を信仰する多くの国では、断食（食事をとらないこと）をして静かにすごしますが、モロッコではにぎやかなお祭りが行われます。

まず10日の夜には、街の中で爆竹やたいこの音が鳴りひびき、たき火が行われます。夜が明けると、人々はバケツやコップに水をくんで通りにまき散らしたり、おたがいにかけ合ったりします。水をまくときは、「ザムザム」ととなえます。ザムザムは、イスラム教の聖地メッカの聖なる泉の名前で、くんできた水に、ザムザムの泉と同じような神のめぐみがあるようにという願いがこめられているのです。この日は子どもたちにおもちゃを買う習慣があり、市場にはたくさんのおもちゃがならべられるのです。

ミニミニクイズ モロッコの料理に使われる、とんがりぼうしのような形のふたがついたなべを何というでしょうか。
① アラジン　② タジン　③ マジン

答えは次のページ ▶

砂漠が広がるアフリカ最大の国
アルジェリア

三日月と星はイスラム教のシンボル。白は清らかさ、緑は勇気を表している。

アフリカで最も大きな国、アルジェリアの砂漠には、豊かな資源がねむっています。

❓ アフリカ最大の国で、エネルギー資源がいっぱい

アフリカ大陸北部にあるアルジェリアは、大陸で最も大きな国です。国土の大部分は砂漠なので、人々は地中海に面した平地などに住んでいます。

19世紀初めごろまでは、地中海をあらす海賊たちが、この国のアルジェなどを足場にしていました。1830年にフランスが海賊を退治するという理由でアルジェを占領し、100年以上にわたって支配しました。しかし、アルジェリア国内で独立を求める動きが高まり、1962年に独立することができました。

アルジェリアは、石油や天然ガスなどのエネルギー資源を輸出しています。また、地中海の近くでは、小麦やナツメヤシなどを栽培しています。

首都アルジェの中央郵便局。フランスの植民地だった時代につくられた建物で、街のシンボルになっている。

基本データ

正式国名（略称） アルジェリア民主人民共和国
People's Democratic Republic of Algeria （ALG）
首都　アルジェ
面積　238万1741km²（日本の約6倍）
人口、人口密度　3966万7000人、17人／km²（2015年）
通貨　アルジェリアン・ディナール
おもな言語　アラビア語、ベルベル語、フランス語

➕ プラスワン　アルジェリアのスポーツ

アルジェリアには、日本の武道に興味をもっている人が大勢います。中でも、柔道は約10万人、空手は約8万人の人々が練習にはげんでいるといわれています。

2008年に中国で開かれた北京オリンピックでは、柔道でアルジェリア代表の選手が銀メダルをとりました。

アルジェリアのバスには、ルートをしめす路線図や、何時に出発するかをしめす時刻表がありません。バスを利用したい人は、バスの通り道に住んでいる人に聞いて確かめなければなりません。

215ページの答え
②

北アフリカのふるさとの味、クスクス

北アフリカの国々では、小麦粉を水で練って、つぶの形にしたクスクスが、料理によく使われます。ゆでるとパスタににているクスクスですが、調理のしかたは地方によっていろいろです。

アルジェリアの家庭では、クスクスにソースをかけて食べますが、そのソースは大きく分けて2種類あります。1つは、田舎風とよばれるソースで、季節の野菜や肉、トマト、とうがらしをいっしょににこんでつくり、赤い色をしています。もう1つは、アルジェ風とよばれるソースで、羊の肉やとり肉と、カブやズッキーニなどの白い野菜、こしょうやシナモンなどの香辛料（スパイス）をいっしょににこんでつくり、白い色をしています。このほかに、発酵させた牛乳や砂糖をかけて食べる方法もあります。

北アフリカ生まれのクスクスは、今では、西アジアの国々やヨーロッパの国々でも食べられています。

砂にうもれてねむっていた、2000年前の街

ティムガッドは1982年に世界遺産に登録された。奥に見えるのは高さ12mのトラヤヌスの凱旋門。

長い歴史があるアルジェリアには、多くの遺跡があります。その1つ、ティムガッドは、約2000年前、そのころのアルジェリアを支配していたローマ帝国の皇帝がつくった街です。

ここには高さ12mの門や神殿、劇場、図書館が建てられ、道路が東西南北に通っていました。さらに、遠くの川から水を引いてきて、上水道と下水道も整えられました。しかし、その後、街はすたれ、8世紀の大地震で砂漠にうもれてしまったのです。

ティムガッドがふたたび人々の目にふれたのは、19世紀のこと。偶然発見されて、発掘調査が始まりました。砂の中に保存されていた街はとてもよい状態で残っていて、昔のままの姿をあらわし、人々をおどろかせたのです。

ミニミニクイズ　アルジェリアなど、北アフリカで食べられる、小麦を水で練ってつぶの形にした料理を何というでしょうか。
① ケラケラ　② ニヤニヤ　③ クスクス

答えは次のページ ▶

地中海を支配したカルタゴの子孫たちの国
チュニジア

赤い旗は歴史上の関係の深いトルコの国旗を参考にした。三日月と星はイスラム教のシンボル。

古代にカルタゴを中心に栄えたチュニジアは、自分たちに合ったイスラム文化を育てました。

アフリカ

2800年前には、地中海を支配していた

チュニジアは南北に長く、アフリカ大陸の北にあります。北部は1年を通じてあたたかく、冬に雨がふりますが、中部は雨があまりふりません。

約2800年前、フェニキア人が北部の街カルタゴを占領し、アフリカでとれた金や銀を地中海周辺の国々と取り引きして栄えました。その後も、ローマ人やアラブ人、スペイン人、フランス人等の支配を受けましたが、1956年に独立を果たしました。

チュニジアは農業がさかんで、オリーブやブドウ、オレンジなどを栽培しています。また、農業の肥料などに使われるリン鉱石がたくさんとれ、生産量は世界でも上位です。

首都チュニスにあるカルタゴ遺跡の公共浴場。1979年に世界遺産に登録された。

基本データ

正式国名（略称）　チュニジア共和国
Republic of Tunisia（TUN）
首都　チュニス
面積　16万3610㎢（日本の約5分の2）
人口、人口密度　1125万4000人、69人／㎢（2015年）
通貨　チュニジア・ディナール
おもな言語　アラビア語、フランス語

プラスワン　チュニジアと日本

地中海にはマグロがたくさんいて、チュニジアはマグロの漁や養殖（人が育ててふやすこと）を行っています。チュニジアから日本への輸出品でいちばん多いのはマグロです。2011年に日本で東日本大震災という大地震が起こったときには、チュニジアからマグロを加工したツナの缶詰6万個がとどけられました。

チュニジア北部、地中海の近くにあるイシュケル国立公園にはイシュケル湖があります。ここには、約20万羽のガンやナベコウなどの渡り鳥が、冬をこすためにやってくることで知られています。

217ページの答え　③

イスラムの教えを、自分たちに合わせてアレンジ

チュニジアでは、7世紀に入ってきたアラブ人がイスラム教を広めました。今では国民の99％がイスラム教徒で、イスラム教の教えを守って、毎日決まった時間にお祈りし、禁じられているお酒や豚肉は口にしません。でも、チュニジアには、ほかの国とは少しちがうところもあります。

イスラム教の多くの国では、一夫多妻制といって、ひとりの男の人が4人まで奥さんをもつことができます。しかし、チュニジアの法律では、ひとりの男の人はひとりの女の人としか結婚できません。

また、イスラム教の国の中には、女子に勉強はあまり必要ないという考えから、女子だけ義務教育が短かったり、そもそも学校へ通えないところも少なくありません。でもチュニジアは、女子も男子と同じように小学校と中学校に通えるのです。

チュニジアは、イスラム教の国でありながら、自分たちに合わせて決まりを少し変えているのです。

首都チュニスのシンボルになっているグランド・モスク。モスクはイスラム教の寺院で、街はここを中心に発展した。

きらびやかな伝統衣装

チュニジアには、伝統的な衣装があります。男の人は、6枚の重ね着スタイルです。まず、いちばん下にはカミースというシャツと、シルワールという半ズボン、その上にサドリーヤとファルマラというベストと、ミンターンとよばれるそでがついた上着を着て、さらにジュッパという、丈の長い服を重ね、最後にバルヌースというコートを着ます。

一方、女の人の伝統衣装には、長い布地を体にまくものと、布をぬってつくったものの2種類があります。頭にかぶる布や衣装にも、かざりをつけています。どちらも、きらびやかで、結婚式でも着られています。

ミニミニクイズ　古代にチュニジアで栄えていた街を何というでしょうか。
① カルタゴ　② インカ　③ ロシア

答えは次のページ ▶

砂漠の下には豊かな石油と地下水がある
リビア

赤・黒・緑はリビアの3つの地方を、三日月と星はイスラム教を表している。

国のほとんどが砂漠におおわれているリビアですが、地下には豊かな資源があります。

1万4000年前から人が住んでいた砂漠の国

リビアはアフリカ大陸北にある国です。北部は地中海に面していますが、国土の大部分は砂漠で、雨もほとんどふりません。砂漠から海に向けて、ギブリ（ジブリ）とよばれる砂まじりの熱い風がふくため、農業には向いていないところです。

ここには約1万4000年前から人が住んでいました。やがて地中海周辺の行き来がさかんになると、さまざまな国に支配されてきましたが、1951年にようやく独立することができました。

1959年、リビアで石油がとれる油田が発見されました。今日では、石油を外国に輸出して、大きな利益を上げています。

リビア砂漠。国土のほとんどがこのような乾燥した砂漠におおわれている。

アフリカ

基本データ

- 正式国名（略称）　リビア　Libya（LBA）
- 首都　トリポリ
- 面積　167万6198km²（日本の約4倍）
- 人口、人口密度　627万8000人、4人／km²（2015年）
- 通貨　リビア・ディナール
- おもな言語　アラビア語

プラスワン　リビアのスポーツ

リビアでは、サッカーがとてもさかんで、国内でリーグ戦も行われていました。

2011年に内戦（国の中での戦争）が起こって、サッカーのリーグ戦も中止されてしまいました。その後も、リーグ戦の再開と中止がくり返されましたが、2016年にはぶじにリーグ戦を行うことができました。

リビアを始め、北アフリカ周辺には、現在、世界中で飼われているイエネコの祖先であるリビアネコ（リビアヤマネコ）がいます。リビアネコはイエネコより体が大きくて、ずんぐりしています。

219ページの答え
①

トイレでおしゃべりを楽しんだ古代トリポリの人々

　リビアの首都トリポリは、地中海に面した港町です。古くはオエアとよばれていました。しかし、2000年以上前にフェニキア人がここオエアと、近くのレプティス・マグナ、サブラタに都市をつくり、「3つの都市」という意味のトリポリスとよんだことから、この名前が残りました。

　長い歴史をもつトリポリには、たくさんの遺跡があります。中でも有名なのはマルクス・アウレリウスの凱旋門です。2世紀に、ローマの皇帝が、パルティア（今のイランにあった国）との戦争に勝ったことを祝って建てられました。

　また、サブラタには、3世紀ごろの街並みが残されていて、円形の劇場のほか、街の人がみんなで使う公衆浴場や公衆トイレが見られます。トイレは大理石という貴重な石でできていて、人々が用を足しながら、おしゃべりをしていたと考えられています。

トリポリ市内にあるマルクス・アウレリウスの凱旋門。昔は南北と東西を通る道路の交差点だった。

全国をパイプラインでつないで水不足をなくす！？

　砂漠が広がり、大きな川もないリビアでは、水不足はずっと深刻な問題でした。しかし、1950年代に油田をさがしていたとき、砂漠の下には、石油だけでなく地下水があることがわかりました。この地下水は、大昔にふった雨などが、地面の深いところにたまって、何万年もとじこめられていたものです。

　リビア政府は、直径4mのパイプラインを国中に通して、この地下水を送るという大規模な計画を立てました。計画名は「大人工河川計画」、パイプラインを人工の川に見立てたのです。

　1984年にこの計画は始まり、1996年にはトリポリに水が送られ、緑豊かな街になりました。完成すると、パイプラインの長さは合計で4000kmをこえるそうです。

ミニミニクイズ リビアの砂漠から海に向けてふく、砂のまじった熱い風を何というでしょうか。
① 貿易風　② やませ　③ ギブリ

答えは次のページ ▶

古代文明が生まれた砂漠の国
エジプト

赤は戦争で流れた血、白は明るい未来、黒は過去を表している。真ん中の金色のワシは国のマーク。

砂漠が広がるエジプトでは、ナイル川の河口で豊かな古代文明が発達しました。

ナイル川が育んだエジプト文明

エジプトはアフリカ大陸の北東にある国で、国土の大部分は砂漠におおわれています。そんなきびしい環境の中、今から5000年以上前にエジプト文明がおこりました。

ここで文明が生まれたのは、世界で最も長いナイル川が流れていたからです。ナイル川が運んできた土は栄養にとんでいて、大麦などの栽培がさかんになりました。農業が発達したエジプト王朝は、力をたくわえていき、大国に成長したのです。

現在のエジプトは石油や天然ガスなどを輸出し、観光業もさかんです。そして、アラブ世界の中心の1つとして、大きな役割を果たしています。

アフリカ

エジプトの首都カイロは、アフリカの中でいちばん人口が多く、政治や経済の重要な施設が多くある、アフリカの中心。

基本データ

正式国名（略称）　エジプト・アラブ共和国
Arab Republic of Egypt（EGY）
首都　カイロ
面積　100万2000km²（日本の約3倍）
人口、人口密度　9150万8000人、91人／km²
通貨　エジプト・ポンド、ピアストル
おもな言語　アラビア語、英語

プラスワン　エジプトと日本

今から約150年前の江戸時代の終わりごろ、日本の武士たちがピラミッドをおとずれました。江戸幕府の命令で海をわたってヨーロッパの文化を学びに行ったとき、その途中でエジプトに立ちよったのです。

ピラミッドの近くのスフィンクスの前でとった武士たちの写真が、今も残っています。

古代エジプトの人々は、太陽の神ラーや、世界をつくった神アトゥム、作物を実らせる神オシリスなど、たくさんの神さまを信じて、絵にかいたり、像をつくったりしていました。

221ページの答え
③

ピラミッドでわかる、古代の王の力

エジプト文明を代表するものといえば、ピラミッドでしょう。ピラミッドは古代の墓と考えられていて、奥の部屋には王とその家族のミイラが置かれています。エジプトにはピラミッドが100以上あったことがわかっています。その中でもとくに有名なのは、ギザにあるクフ王のピラミッドです。

ピラミッドは、大きな岩や石を切り出して、正確に積み上げてつくります。クフ王のものは、土台の部分が一辺230mの正方形で、高さは約140mと、エジプトのピラミッドの中で最も大きく、2トンをこえる重さの石が230万個も使われました。現代のような機械のない時代にこのピラミッドを完成させるためには、10万人が働いても20年間かかったという説もあります。このことから、古代エジプトの王がどれだけ大きな力をもっていたかがわかります。

クフ王のピラミッドは、今から4500年ほど前に建設された。手前には王を守るスフィンクス像がつくられている。

ヨーロッパからアジアへ、海の近道、スエズ運河

船が通れるように、人工的につくった川を運河といいます。エジプトには長さ約160kmのスエズ運河があって、北の地中海と南の紅海を結んでいます。

フランス、エジプトなどがお金を出し合って建設を始めたスエズ運河は、1869年に完成しました。それまでヨーロッパから船でアジアに向かうには、アフリカ大陸をぐるっと回らなければなりませんでした。しかし、スエズ運河が開通して、地中海から紅海をぬけてインド洋に行けるようになり、航海にかかる日数を大きく短縮することができました。

20世紀後半からは、アラビア半島やアフリカ大陸でとれた石油を大量にヨーロッパに運ぶようになり、スエズ運河はいっそう重要なものになりました。船がスエズ運河を通るときは通行料をはらいます。今日でも、これは国の重要な収入になっています。

ミニミニクイズ エジプトを流れる、世界一長い川は何でしょうか。
① アマゾン川　② ナイル川　③ ミシシッピ川

答えは次のページ▶

223

アフリカ大陸の北と南を結ぶ国
スーダン

緑はイスラム教と繁栄（豊かに栄えること）、赤は革命と進歩、白は平和と光を表している。

スーダンは、アフリカ大陸南部の国々と北のエジプトを結ぶ国として発展してきました。

独立したあとも国の中で争いが続く

アフリカ大陸の北東部にあるスーダンは、大部分は砂漠です。白ナイル川と青ナイル川の２つの川が首都のハルツームで合流し、大きなナイル川となって北のエジプトへ流れていきます。

およそ5000年前、ここはヌビアとよばれていました。19世紀になるとエジプトやイギリスの支配を受けるようになりましたが、1956年に独立しました。

しかし、それからも国の中で争いがたえず、西部のダルフールでは2003年から2010年の間に約30万人が亡くなりました。さらに2011年には、南部の地域が南スーダンとして独立しました。

首都のハルツームで、青ナイルと白ナイルが合流する。ナイル川はスーダンとエジプトを流れ、地中海に注いでいる。

基本データ

正式国名（略称）　スーダン共和国　The Republic of the Sudan（SUD）
首都　ハルツーム
面積　188万km²（日本の約5倍）
人口、人口密度　4023万5000人、21人／km²（2015年）
通貨　スーダン・ポンド
おもな言語　アラビア語、英語、その他部族語

プラスワン スーダンと日本

2010年、内戦が長く続いていたスーダンで、24年ぶりに大統領や国会議員を選ぶための選挙が行われました。このとき日本は、選挙が平和に、まちがいなく行われるように16人の選挙監視団を送りました。

その後も日本の団体は、井戸をほるなど、スーダンの人々を助ける活動をしています。

スーダンの特産品の1つに、アラビアゴムがあります。アラビアゴムは、のりなどの接着剤や、食品にも使われています。スーダンは世界でも指折りのアラビアゴム生産国です。

223ページの答え
②

ピラミッドの数がエジプトより多い！

長い歴史の中でエジプトと深く関わってきたスーダンは、エジプトの影響を強く受けてきました。ピラミッドというと、エジプトを思いうかべる人が多いと思いますが、じつは、スーダンにもピラミッドがたくさんあります。現在、スーダンに残されているピラミッドの数は1000近いといわれています。エジプトのピラミッドの数は約150なので、数ではスーダンの方が勝っているのです。

スーダンでとくに多くのピラミッドが建てられたのは、北部のメロエです。ここは、約2600年前から900年以上にわたってクシュ王国の都だったところです。スーダンのピラミッドは、エジプトのものよりも小型で、とがった形をしています。また、ピラミッドの近くには、エジプトにはなかったゾウの神様の像も見られます。

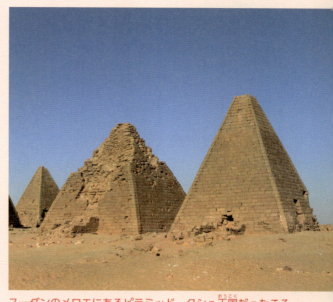

スーダンのメロエにあるピラミッド。クシュ王国だったころの王と王妃約40人のお墓といわれている。

オクラ入りのシチューが大好きなスーダン人

スーダンの人は、シチューが大好きです。スーダンのシチューは、乾燥した肉や玉ねぎ、香辛料（スパイス）などといっしょに、オクラが入っているのが特色です。オクラは細長い野菜で、中が少しネバネバしています。日本でも、にものやサラダなど、いろいろな料理に使われますが、実はナイル川の周辺が原産地（最初にとれた土地）といわれています。この地域では2000年前からオクラを食べていて、それがインドやヨーロッパに伝わり、世界に広まったのです。

また、スーダンの料理には、コショウやニンニク、とうがらしなどの香辛料もよく使われます。これらは1000年以上前、アラブ人がイスラム教をスーダンに伝えたとき、いっしょに入ってきて、スーダンの料理に欠かせないものになったのです。

ミニミニクイズ スーダンの料理によく使われている、ナイル川周辺が原産の野菜は何でしょうか。
① ダイコン　② オクラ　③ レタス

答えは次のページ ▶

南スーダン

南アフリカ大陸でいちばん若い国

黒は国民、白は自由、赤は戦争で流れた血、緑は豊かな国土、青はナイル川、星は団結を表している。

南スーダンは、2011年にできた新しい国ですが、昔からの伝統を今も守っています。

スーダンから分かれて自分たちの国をつくった

南スーダンは、アフリカ大陸のほぼ中央にあります。白ナイル川が国の南から北へ流れていて、そのまわりにスッドとよばれる湿地が広がっています。気候は1年を通じてあたたかく、雨が少ない乾季（1～3月）と、雨が多い雨季（5～10月）があります。

南スーダンは、もともとスーダンの一部でした。しかし、宗教のちがいや政府への不満から、2011年にスーダンから独立したのです。

この国の地下には、豊富な石油がうまっています。しかし、その一部はスーダンとの境にあるため、独立後も、石油がどちらの国のものかをめぐって、争いが続いています。

川の左側が首都のジュバ。国内で白ナイル川にかかるたった1つの橋、ジュバ橋（写真中央）。

基本データ

正式国名（略称） 南スーダン共和国　The Republic of South Sudan（SSD）
首都　ジュバ
面積　65万8841km²（日本の約1.7倍）
人口、人口密度　1234万人、19人/km²（2015年）
通貨　南スーダン・ポンド
おもな言語　英語、その他部族語

プラスワン　南スーダンのスポーツ

2016年、南スーダンという国ができて初めての全国的なスポーツ大会が、首都のジュバで開かれました。「平和と結束」がテーマのこの大会では、陸上競技やサッカーなどが行われました。平和にスポーツを楽しめる日が来ることはスーダンの人々の願いで、それがようやく実現したのです。

南スーダンには、ゾウや、ガゼル、アンテロープなど、野生の動物が多くすんでいます。しかし、密猟グループが入ってきたため、シマウマなど、姿を消してしまった動物も少なくありません。

225ページの答え　②

プロポーズには牛が欠かせない！

　南スーダンの人々は、湿地の中の高台などに村をつくって住んでいます。そこで、牛や羊、山羊を飼育したり、キビやヒエを栽培したりしてくらしているのです。雨季でもとくに雨の多い時期には、村の近くの牧草地は水びたしになってしまいます。そのため、村の若者がその時期だけ家畜を連れて土地のかわいた草原に行き、キャンプをしてくらします。

　南スーダンでは、人間よりずっと多い数の家畜が飼われています。中でも牛は特別で、大切にあつかわれています。たとえば、結婚の約束をしたときには、その印として牛がおくられ、罪をおかしたときにも、罰金の代わりに牛をおさめます。牛がお金と同じか、それ以上の価値をもっているのです。それだけに、牛がうばわれる事件も多く、部族同士の戦いにつながることもあります。

ナイル川のまわりに住む複数の民族が大切にしている牛。これらの民族では、この牛を多く飼う人ほど尊敬される。

石油はあるのに、輸出できない！？

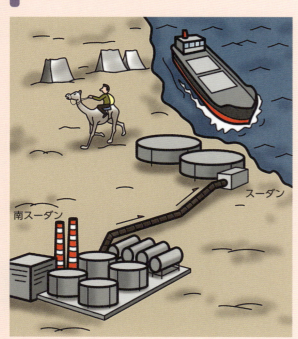

　1970年ごろから、南スーダンの地下には石油がたくさんねむっていると予想されていました。そして、1990年代後半から開発が進み、今では国の収入のほとんどを石油にたよっています。

　そんな南スーダンのなやみは、石油を外国に運ぶための施設や、石油の精製（ガソリンや灯油など、いろいろな石油製品をつくること）を行う施設がないことです。今は、パイプラインでとなりのスーダンに送り、そこの精製施設や港を利用していますが、使用料として高いお金をはらわなければなりません。そのうえ、スーダンとの争いも続いています。

　スーダン以外の国にパイプラインを通す計画も立てられ、日本など、いろいろな国が協力する動きもあります。しかし、計画を進めるためにも、国の中を1日も早く平和にする必要がありそうです。

ミニミニクイズ　南スーダンで、お金と同じように大切にされている動物は何でしょうか。
① 牛　② クマ　③ ワニ

答えは次のページ▶

エリトリア

30年にわたる戦争の末、独立の夢をかなえた

緑は農業、青は海からとれる資源、赤は戦争で流れた血を表している。左の木はオリーブ。

エリトリアは、美しい自然にめぐまれ、自転車レースを愛する熱い国民が住んでいます。

30年の戦いののち、独立を勝ちとった

エリトリアはアフリカ北東部の国で、東は紅海に面しています。北部には高原地帯が広がっていて、南部は平地です。気候はおだやかですが、雨がよくふる雨季と、雨があまりふらない乾季に分かれます。

約2000年前、ここではアクスム王国がおこり、アフリカでとれた象牙（ゾウのキバ）を取り引きして栄えました。その後、イタリアやイギリスなどに支配され、1962年にはエチオピアに組みこまれました。しかし、人々は独立を求めて30年にわたって戦い、1993年、ついに独立を果たしたのです。

現在のエリトリアの産業の中心は農業で、ほかに金や大理石を輸出しています。

紅海で泳ぐイルカの群れ。紅海にはたくさんの生き物がすんでいるので、ダイビングに訪れる人も多い。

基本データ

正式国名（略称） エリトリア国　State of Eritrea（ERI）
首都　アスマラ
面積　11万7600km²（日本の約10分の3）
人口、人口密度
　522万8000人、44人／km²（2015年）
通貨　ナクファ
おもな言語
　ティグリニャ語、アラビア語、諸民族語

プラスワン　エリトリアと日本

2020年に開かれる予定の東京オリンピックでは、エリトリアの代表選手は神奈川県の小田原市や箱根町、大磯町でトレーニングなどをすることになっています。

そのため、これらの市や街では、エリトリアの選手をまねいたり、市民がエリトリアの紹介をしたりする活動をしています。

ミニミニトピック　紅海に面したマッサワやダフラク諸島では、スイミングやフィッシング、ダイビングなどが人気です。独立戦争のときには漁ができなかったため、海にすむ魚の数が増えたといわれています。

227ページの答え　①

アフリカでいちばんながめがいいエリトリア鉄道

エリトリアでは、19世紀末から鉄道の建設が始まりました。東のマッサワと都のアスマラ、西のアゴルダットを蒸気機関車で結ぶエリトリア鉄道です。

この鉄道は、窓からイタリア風の建物や古代のアクスム王国の遺跡、古いキリスト教会を見ることができ、「アフリカで最も美しい車窓をもつ鉄道」といわれました。さらに、蒸気機関車は、海抜（海面からの高さ）０ｍのマッサワから、2340ｍのアスマラまでの急ながけを上がることでも評判でした。

エリトリアの人や物を運んでいた鉄道は、20世紀後半にすたれ、独立のための戦争が始まると閉鎖されました。しかし、1993年に独立してからは、エリトリアの人々の間で鉄道を復活させたいという願いが高まりました。そしてついに、2003年、マッサワとアスマラの間でふたたび鉄道が開通し、今では観光客を楽しませています。

アスマラからマッサワへ向かう蒸気機関車。かなり古い車両が今でも現役で運行している。

ロードレースに熱くもえるエリトリア人

エリトリアで人気のスポーツといえば、自転車競技です。レースが行われる日曜日になると、人々は中継するラジオを片手に熱狂し、レースコースとなっている大通りは観戦する人であふれかえります。

エリトリアに自転車競技の文化が広まったのは、イタリアの植民地時代。自転車競技の好きなイタリア人によって伝えられました。

自転車競技には、舗装された道路を走るロードレースや、舗装されていない山道を走るマウンテンバイクなどの種類がありますが、エリトリア人が得意としているのはロードレースです。フランスで行われる世界最高峰のレース、ツール・ド・フランスはもちろん、アフリカ大陸で行われるレースなどでは、多くの観客が集まり、お祭り騒ぎになります。

ミニミニクイズ エリトリアでとても人気があるスポーツは何でしょうか。
① カヌー　② アイスホッケー　③ 自転車競技

答えは次のページ ▶

229

緑・黄色・赤は、アフリカを表す色。真ん中には星の形がえがかれている。

3000年の歴史をもつ緑豊かな国
エチオピア

エチオピアでは古代に王国がつくられ、ずっと独立をつらぬいてきました。

3000年間、独立を守った国

エチオピアは、アフリカ大陸の北東部にある国です。国土にはエチオピア高原が広がり、北東から南西にかけて大地溝帯（グレートリフトバレー）とよばれる巨大な谷がのびています。赤道近くにありますが、気候はすずしくて、雨もよくふります。

エチオピアは、約3000年前、メネリク1世によって建てられたと伝えられています。その後、何度もほかの国々が侵入してきましたが、屈することなく、今日まで独立を守り続けてきました。

エチオピアの産業の中心は農業で、とくにコーヒーの生産が有名です。最近はバラなどの切り花も輸出しています。

アフリカ

首都アディスアベバの聖ギオギルス大聖堂。19世紀末に、イタリアとの戦争に勝ったことを祝って建てられた。

基本データ

正式国名（略称） エチオピア連邦民主共和国
Federal Democratic Republic of Ethiopia（ETH）
首都 アディスアベバ
面積 110万4300km²（日本の約3倍）
人口、人口密度 9939万1000人、90人／km²（2015年）
通貨 ブル
おもな言語 アムハラ語、英語

プラスワン エチオピアのスポーツ

1960年のローマ・オリンピックで、マラソンに出場したエチオピアの選手アベベは、はだしで約42kmを走りぬいて優勝し、世界をおどろかせました。

その4年後の東京オリンピックでも、アベベははだしで出場しました。そして世界記録で優勝し、「はだしの王様」とよばれたのです。

エチオピアには、ひし形の本体に馬のしっぽの弦をはったマシンコという楽器があります。エチオピア高原では、マシンコを演奏しながら歌いおどり、結婚式などをもり上げる、アズマリとよばれる人たちが有名です。

229ページの答え ③

コーヒーはエチオピア生まれだった！

エチオピア高原の南部には、野生のコーヒーの木が生えていました。大昔のエチオピア人は、その葉や豆をにて、出てきたしるを薬として飲んでいたようです。やがてコーヒーはアラビア半島に伝わり、13世紀ごろになると、豆をいってからにる方法が考え出されました。こうして、今のように、香ばしくて苦味のある飲み物になったのです。

イスラム教の教えはお酒を禁じているので、代わりにコーヒーを飲む人が増えていきました。コーヒー豆を売って大もうけしていたアラブの商人は、コーヒー栽培がほかの地域に広がるのをおそれて、イエメンのモカ港以外でコーヒー豆を取り引きすることを禁止しました。さらに、コーヒーの種に熱湯をかけて、持ち出しても芽が出ないようにしたのです。

しかし、16世紀にインド人が7つぶの種をこっそり持ち帰ったのをきっかけに各地でコーヒーが栽培されるようになったと伝えられています。

エチオピアのコーヒー農園で働く子どもたち。アフリカの国々の中でエチオピアはコーヒーの生産量がいちばん多い。

エチオピアでは、1年が13月まである！

4世紀にキリスト教が伝えられたエチオピアでは、多くの人がキリスト教徒です。信仰の中心となるエチオピア教会は、自分たちの暦（カレンダー）をつくりました。それが今では国中で使われています。

エチオピアの暦によると、1年は13か月あって、1月から12月までは毎月30日、そのあとの13月は5日だけしかありません。

また、エチオピアの新年は、日本など、ほかの国の暦では9月11日にあたり、エンコタタシ（宝石のおくりものという意味）とよばれます。この日には、新しいドレスを着た子どもたちが、家々に花かざりや絵をとどけます。そして夜には、家ごとに花火を上げて、おどりながら新年を祝うのです。

ミニミニクイズ エチオピアでさかんにつくられているものは何でしょうか。
① 自動車　② 毛織物　③ コーヒー

答えは次のページ ▶

アフリカとヨーロッパ、アジアに続く海の道にある
ジブチ

白は平和、青は海と空、緑は地球、赤い星は戦争で流れた血と団結を表している。

ジブチは、海の交通の要所にあり、港にもめぐまれていたため、貿易で発展してきました。

世界でいちばん暑い砂漠の国

ジブチは、アフリカ大陸北東部の小さな国です。紅海とアデン湾につながるタジュラ湾に面しています。気候は1年を通じて暑く、夏は気温が50度をこえることもあります。

ここには古くから、ラクダや羊を飼ってくらす遊牧民が住んでいました。19世紀半ば、フランスがジブチに進出して植民地にしました。それによって、ヨーロッパ、アフリカ、アジアを結ぶ海の交通に力をふるうことができたのです。

その後、1977年にジブチは独立国となりました。国の経済は港や鉄道からの収入や、外国の援助によってささえられています。

ラクダを飼ってくらす遊牧民。最近は、外国の援助で井戸がつくられ、遊牧をやめて井戸の近くに住む人がふえている。

基本データ

正式国名（略称）　ジブチ共和国
Republic of Djibouti（DJI）
首都　ジブチ
面積　2万3200km²（日本の約50分の3）
人口、人口密度　88万8000人、38人/km²（2015年）
通貨　ジブチ・フラン
おもな言語　アラビア語、フランス語

プラスワン　ジブチのスポーツ

ジブチでは、マラソンの半分の距離を走る、ジブチ国際ハーフマラソン大会が開かれています。

これは、アフリカやヨーロッパなどの国々からも選手が参加する大きな大会です。そのため、ジブチの人たちはみんなこの大会を楽しみにしていて、大勢が応援や観戦にやってきます。

ジブチの海では、マグロなどの魚がとれます。日本のすしのチェーン店の中には、ジブチに会社をつくってマグロを日本に輸入しているところもあります。

231ページの答え
③

ジブチだけでなくエチオピアもささえるジブチ港

　1888年、フランスはタジュラ湾南岸のジブチに港をつくり、ここを植民地の都としました。この周辺は、ヨーロッパとアジアを行き来する船の通り道だったため、ジブチは船に食料や燃料を補給したり、貿易を中継したりして、利益を上げることができました。

　さらに1917年には、となりのエチオピアの首都アディスアベバとジブチ港を結ぶ鉄道が完成します。これによってジブチは、海がないエチオピアの貿易港としての役割も果たすようになりました。

　今でもジブチ港では、外国から輸入したものを、そのままほかの国に輸出する中継貿易が行われています。また、輸出や輸入にかかる税金を安くして貿易しやすくする自由貿易が進められて、東アフリカを代表する港として発展しています。

なめると塩からい！？　ジブチの奇跡・アッサル湖

アッサル湖の岸辺には、塩が固まっている。ジブチの人はアッサル湖の一部で塩をとって、売っている。

　ジブチの国土は、大地溝帯（グレートリフトバレー）という巨大な谷にふくまれていて、土地の高いところと低いところの差が大きく、でこぼこしています。中でも、タジュラ湾の西にあるアッサル湖は、湖面が海面より150mも低く、アフリカ大陸でいちばん低い場所といわれています。

　ところで、アッサル湖の水をなめると、とても塩からい味がします。それは、この湖の水が、海水よりもこい塩水だからです。このような湖は塩湖といいます。

　アッサル湖の水が塩からいのは、タジュラ湾の水が大地溝帯の割れ目からしみこんできているためです。どこよりも暑いジブチにあるのに、干上がることなく水をたたえるアッサル湖は、「ジブチの奇跡」とよばれています。

ミニミニクイズ　ジブチのタジュラ湾の西にある、塩水をたたえた湖を何というでしょうか。
① アッサル湖　　② ビクトリア湖　　③ タナ湖

答えは次のページ ▶

遊牧民がつくった農業の国
ソマリア

星の5つの角はソマリの人々が住む5つの地域を表す。青は、国際連合の旗の色をとり入れた。

遊牧民がつくったソマリアは、支配に苦しみながら、自分たちの文化を守ってきました。

ラクダの飼育頭数が世界一多い

ソマリアは、アフリカ大陸の東のはしにある国です。ほとんどの地域は、雨が少なく乾燥していますが、南部の海岸周辺は、気温が高く雨もふります。

10世紀ごろ、遊牧民のソマリの人々がここにうつってきて、18世紀ごろからアラブやヨーロッパの国々が勢力を広げました。19世紀末には、北部はイギリスの植民地に、南部はイタリアの信託統治領になっていましたが、1960年にそれぞれが独立して合併し、ソマリア連邦共和国ができたのです。

ソマリアのおもな産業は農業です。とくに北部はラクダの飼育がさかんで、飼育頭数は世界でもトップクラスです。

北部の都市ハルゲイサのラクダ市場の様子。ソマリアの人々の生活に欠かせないラクダが、ここでとり引きされる。

アフリカ

基本データ

正式国名（略称） ソマリア連邦共和国
Federal Republic of Somalia（SOM）
首都 モガディシュ
面積 63万7657km²（日本の約1.7倍）
人口、人口密度 1078万7000人、17人／km²（2015年）
通貨 ソマリア・シリング
おもな言語 ソマリア語、アラビア語、英語、イタリア語

プラスワン ソマリアのスポーツ

モガディシュ生まれのモハメド・ファラーは、内戦がはげしくなったため、8歳でソマリアをはなれました。2012年と2016年のオリンピックで、ファラーはイギリス代表として、陸上の1万mと5000mの2つの競技で連続優勝します。そして今は、故郷のソマリアの人々を助ける活動を行っています。

ミニミニトピック
かつて、イタリアに支配されていたソマリア南部の人たちは、スパゲッティが主食です。よく食べられるのは、ラクダのひき肉のミートソース。人々はフォークを使わず、指でスパゲッティを巻いて器用に食べます。

233ページの答え ①

最高級の香りの産地だった古代のソマリア

　ソマリ族が来るずっと前、今から3000年以上前のこの土地は、香料（香りをつくる材料）のミルラと乳香の産地として知られていました。

　ミルラも乳香もカンラン科の木からとれ、あまくて上品な香りがします。古代のエジプトや西アジアでは、これらの香料は金と同じくらい貴重とされていて、中でもソマリア産のものは最高級品でした。

　古代の人々は、ミルラや乳香をもやしたり、油にまぜて体にぬったりして、香りを楽しみました。エジプトでは、王様が死んでミイラをつくるときも、香りをつけるために使われました。そもそもこの「ミイラ」という言葉も、もともとミルラを指すポルトガル語でした。しかし、日本に伝わったときに、保存された死体を表す「ムーミイ」という言葉と入れ代わり、やがて死体の方をミイラとよぶようになったのです。

白いほうが乳香、茶色のほうがミルラ。乳香もミルラも、香料の中でいちばん古いものだといわれている。

干ばつや争いに苦しむ「アフリカの角」

　アフリカ大陸東部のエリトリア、ジブチ、ソマリア、エチオピア、ケニアがある地域は、地図で見ると、紅海とインド洋にはさまれて角のようにつき出しています。そこから、「アフリカの角」ともよばれます。

　この地域は雨があまりふらないため、昔から水不足がなやみの種でした。そして、2010年秋からは過去60年で最悪といわれる干ばつが起こり、作物が育たず、数万人もの人々が命を落としました。

　さらに、ソマリアで内戦が起こったり、エチオピアとエリトリアが国境をめぐって戦ったりして、争いもたえないため、多くの人が周辺の国へ避難しています。

　こうした人々を助けるため、国連を中心にいろいろな国が支援活動を行い、日本も参加しています。

「アフリカの角」とよばれる地域には、さまざまな民族がすむ。そのため、民族間の争いも多い。

ミニミニクイズ　ソマリアでさかんに飼育されている動物は何でしょうか。
① ラクダ　② ブタ　③ カンガルー

答えは次のページ ▶

大草原が広がる野生動物の王国
ケニア

黒は国民、赤は戦争、緑は農業、白は平和を表す。中央はケニアに昔から住むマサイ族の盾と槍。

ケニアは、豊かな大自然を活かし、さまざまな民族と野生の動物がともにくらしています。

大自然に囲まれたポレポレの国

ケニアはアフリカの東海岸にあります。国のほぼ真ん中を赤道が通っていて、西部には大地溝帯という深い谷が南北に走っています。気候はあたたかく、年に2回の雨季をのぞけば、雨はあまりふりません。

ここでは、昔から海をわたってアラビア半島と取り引きをしていました。19世紀末からはイギリスの支配を受けましたが、反発した人々が独立運動を起こし、1963年に独立しました。

ケニアの人々は、「急がないで、ゆっくり」という意味のポレポレという言葉を大事にしていて、ゆったりと大らかにくらしています。農業がさかんで、サトウキビやトウモロコシなどを栽培しています。

ケニアに住む先住民、マサイの人々。狩りや家畜によって生活を守り、昔から続く儀式などを大切にしている。

基本データ

正式国名（略称） ケニア共和国
Republic of Kenya（KEN）
首都　ナイロビ
面積　59万1958km²（日本の約1.6倍）
人口、人口密度　4605万人、78人/km²（2015年）
通貨　ケニア・シリング
おもな言語　スワヒリ語、英語

プラスワン　ケニアのスポーツ

ケニアは、バレーボールがさかんです。女子のケニア代表チームはアフリカでも指折りの強豪で、アフリカ選手権で何回も優勝しています。

ケニアのバレーボール選手の強化に、日本も協力しています。これまでにふたりの日本人監督がケニアの女子代表チームをひきいて、世界選手権などに出場を果たしました。

ミニミニトピック　ナクル湖国立公園にはフラミンゴがすんでいます。多いときは数百万羽のフラミンゴが群れ、湖がピンクにそまるほどでした。しかし最近は、水のよごれなどが原因でフラミンゴの数がへってしまい、心配されています。

235ページの答え ①

サバンナは野生動物の王国

　ケニアには、さまざまな野生動物がすんでいます。それらを守るため、ケニアは全国に国立公園や国立保護区、動物保護区をつくっています。
　その中で最大のツァボ国立公園は、南部のタンザニアとの国境にあります。面積は日本の四国（愛媛県、香川県、徳島県、高知県）よりも広くて、ライオン、サイ、ヒョウ、ゾウ、キリンなど、日本でも人気の動物たちがゆうゆうとくらしています。
　それより西には、ヌーの大移動で有名なマサイマラ国立保護区があります。ヌーは牛の仲間の大きな動物で、毎年6月、タンザニアから約150万頭の大群がマラ川をわたってやってきます。そして、マサイマラの豊かな草を食べつくした10月ごろ、また川をわたってタンザニアに行くのです。数百頭から数千頭のヌーが次々に岸から飛びおりて、川を泳いでいく姿はまさに圧巻で、この時期には海外からも多くの観光客が集まります。

マラ川をわたるヌー。マラ川にはワニがたくさんすんでいるので、川をわたり切れないヌーは食べられてしまう。

ケニアには小学8年生がいる！

　ケニアでは、かつては学校に通わない子どもが少なくありませんでしたが、今では大部分の子どもが小学校で勉強しています。これは、ケニアの政府が、小学校の授業料を無料にしたからです。
　ケニアの子どもたちは、小学校に8年間通って、公用語の英語とスワヒリ語、母語、算数、理科、社会、宗教、芸術、体育などの教科を学びます。母語というのは、英語やスワヒリ語以外の、その民族がふだん使っている言葉について勉強する教科です。また、宗教も、キリスト教やイスラム教などの中から、自分が信仰するものを選んで、教えや歴史を学びます。また、ケニアには1年中暑いところが多いため、水泳の授業も1年を通して行われます。

ミニミニクイズ スワヒリ語で、「急がないで、ゆっくり」という意味の言葉は何でしょうか。
① カラカラ　② クルクル　③ ポレポレ

答えは次のページ▶

水にめぐまれた高原の国
ウガンダ

黒は国民、黄は太陽、赤は同胞愛を表す。真ん中の鳥は、ウガンダの国鳥、カンムリヅル。

ウガンダは豊かな自然が広がり、マウンテンゴリラなどの貴重な動物もすんでいます。

象牙の取り引きで栄えた！

ウガンダは、アフリカ大陸の真ん中近くにあります。赤道が通っていますが、国土の大半は高原なので、すごしやすい気候です。また、ビクトリア湖など、湖が国の面積のおよそ5分の1をしめています。

19世紀、ここではブガンダ王国が象牙（ゾウのキバ）などの取り引きで利益を上げて栄えました。その後、イギリスの保護領になりましたが、1962年に独立しました。

ウガンダのおもな産業は農業で、コーヒー、綿花、茶、バナナなどを生産しています。自然にめぐまれ、観光業がさかんなほか、近年では油田が発見されて、エネルギー産業にも力を入れています。

アフリカ

ウガンダの首都カンパラでは、バイクの後ろに座席をつけて客を乗せるボダボダが、庶民の足になっている。

基本データ

正式国名（略称） ウガンダ共和国
Republic of Uganda（UGA）
首都 カンパラ
面積 24万1550km²（日本の約5分の3）
人口、人口密度
3903万2000人、162人/km²（2015年）
通貨 ウガンダ・シリング
おもな言語 英語、スワヒリ語、ルガンダ語

プラスワン
ウガンダのスポーツ

ウガンダでは、野球が少しずつ広まっています。これには日本も協力していて、野球場をつくったり、日本人のコーチを派遣したりしたほか、ウガンダの選手を日本のプロ野球のチームにまねきました。その結果、ウガンダの子どもたちがリトルリーグの世界選手権やU18ワールドカップに挑戦するようになりました。

ウガンダの南のビクトリア湖には、ほかでは見られない魚が数多くすんでいましたが、20世紀に放流されたナイルパーチという肉食の魚がふえたため、多くの種類が絶滅してしまいました。

237ページの答え
③

マウンテンゴリラを絶滅から守れ！

ウガンダには、世界でもめずらしいマウンテンゴリラがすんでいます。ウガンダで野生のマウンテンゴリラがいる場所はかぎられていて、ブウィンディ国立公園と、ウガンダ、ルワンダ、コンゴ民主共和国の国境にあるビルンガ火山群でしか見られません。

マウンテンゴリラは大きく、オスは身長が約2m、体重は200kgにもなります。2000～4000mの山地で、野生のセロリの葉やくき、タケノコ、シダなどを食べてくらしています。

マウンテンゴリラは絶滅のおそれがあるため、ウガンダでは、ブウィンディ国立公園とビルンガ火山群をそれぞれマウンテンゴリラの保護区としています。これらの場所では、マウンテンゴリラの生活の様子などについて研究が進められているほか、観光客のためのツアーも行われています。

ブウィンディ国立公園のマウンテンゴリラの子ども。保護政策の結果が表れ、マウンテンゴリラの数がふえている。

バナナは、欠かせない主食！

毎日の食事の中心になるものを主食といいます。日本の主食は、米や小麦ですが、ウガンダでは、主食がなんと15種類以上もあります。

ウガンダで主食として食べられているのは、米と小麦のほかにバナナ、キャッサバ、サツマイモ、ヤムイモ、トウモロコシなどです。中でも、結婚式などのお祝いごとや、お客さんをもてなすときに出されるのは、バナナです。

バナナといっても、日本で売られているものとは少しちがいます。ウガンダの人たちが食べているのはマトケとよばれる料理用のバナナで、大きくて青く、あまりあまくありません。これを葉っぱで包んでむしたり、にたりしたものが、晴れの日のごちそうなのです。結婚式では、バナナでつくったお酒も出されて、みんなでお祝いをします。

ミニミニクイズ　ブウィンディ国立公園とビルンガ火山群にすんでいる、めずらしい動物は何でしょうか。
① マウンテンゴリラ　② テングザル　③ オランウータン

答えは次のページ ▶

悲劇を乗りこえて、奇跡の復活を果たした
ルワンダ

青は幸福と平和、黄は国の経済が豊かになること、緑は国が栄えることを表している。

ルワンダは、内戦の傷を乗りこえて、国がふたたび一丸となって平和をとりもどしました。

1000の丘の国で起こった「奇跡」

ルワンダはアフリカ大陸の中央にあります。国土の大部分は高原で、「1000の丘の国」とよばれます。

ここにはトゥワ、フツ、ツチの3つの部族が住んでいます。最も多いのはフツですが、国を支配してきたのはツチでした。そのためフツとツチの内戦（国の中での戦争）が始まり、1994年の民族同士の大虐殺では100日間で約80万人が亡くなる悲劇も起こりました。

2000年に大統領が国民を1つにまとめ、国を元にもどすよう力をつくしました。ようやく、平和がもどったルワンダは、農業を中心に経済が大きく成長し、「ルワンダの奇跡」とよばれています。

12月のルワンダの市場ではカボチャが売られている。平和がもどり、今では多くの人が安心してくらせるようになった。

アフリカ

基本データ

正式国名（略称） ルワンダ共和国　Republic of Rwanda（RWA）
首都　キガリ
面積　2万6338km²（日本の約100分の7）
人口、人口密度　1161万人、441人/km²（2015年）
通貨　ルワンダ・フラン
おもな言語　キニアルワンダ語、英語、フランス語

プラスワン　ルワンダと日本

1994年の内戦などで手や足を失った人が、ルワンダには大勢います。そうした人々の手足の代わりになる義手や義足をつくる活動が、日本の団体によって行われています。

その義足をつけてトレーニングをした選手が、2004年にギリシャで行われたアテネ・パラリンピックに出場し、銅メダルにかがやきました。

ルワンダは、タングステンの生産国。タングステンはダイヤモンドに次いで固く、鉄よりも重い金属です。豆電球の中の細い線や、パソコン、プリンターなどに使われています。

239ページの答え
①

ポリ袋は禁止！　地球にやさしいルワンダ

キガリは、ルワンダの真ん中にあります。1962年に独立したとき、首都になりました。ルワンダが平和を取りもどした今では、アフリカ大陸では数少ない、だれもが安心して歩ける街となっています。

また、キガリは街並みがとても美しいところとしても有名です。どうしてそんなに美しいのかというと、ルワンダの政府が環境保護や衛生に力を入れているからです。たとえばルワンダでは、スーパーで買い物をしたとき、ポリ袋ではなく紙袋がわたされます。紙袋の方がリサイクルしやすく、土にうめたあとも自然にかえるまでの時間が速いからです。外国からルワンダに入国するときにも、ポリ袋やビニール袋を持ちこんではいけません。

平和で美しい国を取りもどそうというルワンダの人たちの思いが、街並みにもあらわれているのです。

首都キガリでは、毎月最後の土曜日は住民みんなで街を掃除する。そのため商店はしまり、バスも動かない。

帰ってきた難民たちが経済成長をおしすすめた

世界中にショックをあたえた1994年の大虐殺から、「ルワンダの奇跡」とたたえられるまでに成長したルワンダの経済。そこでは、避難先からもどってきた難民たちが大きな役割を果たしました。

戦争状態をさけてルワンダを出ていった難民の中には、外国で働いて技術を身につけたり、お金をためたりした人たちもいました。その人たちがルワンダにもどってきて、技術や知識を伝え、お金を投資したことが、産業の発展を後押ししたのです。

今日のルワンダは、情報通信産業を国の中心産業に育てようとしています。それは、人々に知識や情報がなくて、正しい判断ができなかったから大虐殺が起こったと考えたからです。そのため、インターネットなど、情報をあつかう産業に力を入れ、小学生からパソコンを学べるように環境を整えています。

ミニミニクイズ　ルワンダの首都の名前は何というでしょう。
① アガリ　② キガリ　③ トガリ

答えは次のページ ▶

241

大自然豊かな2つの国立公園がある
ブルンジ

赤は戦争、緑は未来への希望、白は平和、真ん中の3つの星は国内の3民族を表している。

内戦が続いていたブルンジですが、自然にめぐまれ、めずらしい動物がたくさんいます。

北海道より小さな国、ブルンジ

ブルンジは、アフリカ大陸の中央部にある国です。熱帯にありますが、高原や山が多いので、わりあいすごしやすい気候です。南西部のタンガニーカ湖の深さは世界第2位で、約400種の生物がすんでいます。

17世紀ごろ、ブルンジは王国として栄えていましたが、その後はドイツやベルギーに支配されます。1962年に独立しましたが、民族間で対立が深まり、内戦（国内での戦い）が起こりました。そのため、約30万もの人々が亡くなったといわれています。

2006年、内戦は終わりましたが、その後も争いはたえません。そのため国の発展はおくれていて、人々は平和がもどる日を待ち望んでいます。

タンガニーカ湖に面した首都ブジュンブラの国際空港。外国からの観光客の玄関口になっている。

基本データ

正式国名（略称） ブルンジ共和国
Republic of Burundi（BDI）
首都　ブジュンブラ
面積　2万7830km²（日本の約100分の7）
人口、人口密度　1117万9000人、402人／km²
（2015年）
通貨　ブルンジ・フラン
おもな言語　フランス語、キルンジ語

プラスワン　ブルンジと日本

戦争の傷あとや干ばつに苦しむブルンジの人々を助けるために、日本はさまざまな協力をしています。

ブルンジでは食事ができなくて困っている人々が大勢います。そのため、食料や、農業に必要な肥料を買うための援助をしています。また、貿易をするための港の改良にも協力しています。

ミニミニトピック　1991年に来日したブルンジの陸上選手、アロイス・ニジガマは、日本で活躍していました。1996年、ブルンジは内戦中でしたが、ブルンジ代表としてアトランタ・オリンピックに出場し、10000mで4位入賞をしました。

241ページの答え　②

世界に輸出される有機栽培のコーヒー豆

ブルンジでは、国民の90％以上の人々が農業をしながらくらしています。農産物の大部分は、自分たちで食べるバナナ、トウモロコシなどですが、コーヒーの栽培もさかんです。コーヒーの栽培は、外国へ輸出するためで、ブルンジから外国への輸出品のほとんどをコーヒー豆と茶がしめています。

ブルンジのコーヒーの木は、標高（海面からの高さ）1600mという高いところで育てられています。大きな農業機械が入れないけわしい山岳地域です。そのため、ブルンジの人々はほとんどの農作業を手で行っていて、肥料も自然に生えている植物を利用しています。

このように、手間をかけてつくられたブルンジのコーヒー豆は良質で、アメリカなどを中心に多くの外国へ輸出されています。日本も、ブルンジからコーヒー豆を輸入していて、日本のブルンジからの輸入額の大部分がコーヒー豆となっています。

野生動物がくらすルジジ国立公園とルヴブ国立公園

ブルンジには、ルジジ国立公園とルヴブ国立公園という国立公園があります。そこは、自然が豊かでたくさんの動物がくらしています。

ルジジ国立公園は、世界で2番目に深い湖、タンガニーカ湖へ流れるルジジ川の周辺にあります。ルジジ川には野生のカバやワニがすんでいるので、間近で見ることができます。また、ルジジ川やタンガニーカ湖には、ナイルワニという、全長が7mもある巨大なワニもすんでいます。

ルヴブ国立公園は1980年に設立された国立公園です。ここではヒョウやライオンなどサバンナでくらす動物のほかに、めずらしい鳥をたくさん見ることができます。観光地としても人気があります。

タンガニーカ湖の夕暮れ。遠くに見える船は、湖で漁をする人たちのもの。

ミニミニクイズ 日本がブルンジから輸入している農作物は何でしょうか。
① バナナ　② コーヒー豆　③ 紅茶

答えは次のページ ▶

243

アフリカ最高峰キリマンジャロのふもとにある
タンザニア

緑は国土と農業、黒は国民、青はインド洋の海、黄色は国でとれる金などを表している。

タンザニアは、キリマンジャロ山を始め、スケールの大きな自然を見ることができます。

人類の祖先を生んだ大自然

タンザニアはアフリカ大陸東部にあります。国土には高原が広がり、アフリカ大陸でいちばん高いキリマンジャロや、いちばん大きなビクトリア湖などがあって、変化にとんだ大自然が見られます。

北部では、約180万年前の人類の骨が発見されています。そのため、人類の祖先はタンザニアをふくむアフリカ東部で生まれたと考えられています。

タンザニアは、15世紀ごろからポルトガル、ドイツ、イギリスなど、ヨーロッパの国々の支配を受けましたが、1961年に国として独立を果たしました。今は、コーヒー豆や金、タバコなどを外国へ輸出しています。

ビクトリア湖には、コウノトリの仲間のアフリカハゲコウを始め、野生の鳥もたくさんすんでいる。

アフリカ

基本データ

正式国名（略称） **タンザニア連合共和国**
United Republic of Tanzania（TAN）
首都　ドドマ
面積　94万7303km²（日本の約3倍）
人口、人口密度
5347万人、56人／km²（2015年）
通貨　タンザニア・シリング
おもな言語　スワヒリ語、英語

プラスワン タンザニアと日本

日本の企業もタンザニアに進出しています。タンザニアを始めとするアフリカの国々では、蚊などによって感染するマラリアという病気がたびたび流行します。それで、蚊が部屋に入らないようにする網戸をタンザニアでつくっているのです。
また、タンザニアの工場で電池をつくっている会社もあります。

17世紀から18世紀にかけて、タンザニアから多くの象牙が輸出されました。その一部は江戸時代の日本にもわたり、かざりなどに使われていました。

243ページの答え
②

244

ヨーロッパ人をおどろかせた赤道の雪

キリマンジャロの高さは5895mで、富士山の1.5倍もあります。キリマンジャロは、スワヒリ語で「白い山」「輝く山」という意味の言葉です。

キリマンジャロは、赤道の近くにあります。赤道のまわりは1年を通じてあたたかいのですが、キリマンジャロの頂上はとても高いために気温が上がらず、夏も雪がとけません。また、雪が氷のようになって流れる氷河もできていました。それで、「白い山」という名前がつけられたのです。どこよりも暑いアフリカの山に雪がふるという報告は、19世紀のヨーロッパの人々をおどろかせました。

キリマンジャロは、タンザニアを代表する観光地になっていて、世界中から大勢の人々が、登山のためにやってきます。

ゾウなどの野生動物がすむサバンナの向こうに、白い雪をかぶったキリマンジャロがそびえている。

世界でいちばん美しい街、キルワ

インド洋にうかぶキルワ・キシワニ島には、ずっと昔の宮殿やモスク（イスラム教の寺院）、人々の住まいのあとが残っています。

今から700年あまり前、イスラム教を信仰する人々がこの島を支配し、アフリカ南部でとれた金や象牙（ゾウのキバ）、さらにはアフリカの人々を奴隷としてインド洋周辺の国々に売り、たいへん栄えました。14世紀にここをおとずれたアラビアの旅行家は、旅行記を書いて、キルワを「世界でいちばん美しい街」とほめたたえました。また、工芸や建築の技術もとても高いと記しています。

やがてヨーロッパ人がアフリカ大陸に来るようになったころから、キルワはおとろえ、ほろびてしまいました。19世紀になって宮殿のあとなどが発見され、1981年に世界文化遺産として登録されました。

ミニミニクイズ タンザニアにある、アフリカ大陸でいちばん高い山は何でしょうか。
① モンブラン　② キリマンジャロ　③ エベレスト

答えは次のページ▶

245

大きくて美しい湖をもつ小さな国
マラウイ

黒は国民、赤は戦争で流れた血、緑は豊かな自然、太陽はアフリカの日の出を表している。

マラウイは、おだやかな気候と水にめぐまれ、農業でくらしを立てています。

おだやかな気候を活かし、農業がさかん

マラウイはアフリカ大陸の南部にあります。南北に細長い形をしていて、国土の約5分の1をマラウイ湖がしめています。気候はおだやかで、11～3月の雨季には雨がよくふり、緑も多く見られます。

17世紀ごろ、ここではマラビ王国が栄えていました。そして、19世紀の終わりごろからイギリスの保護領になりましたが、イギリスの支配に反対する運動が起こり、1964年に独立をなしとげました。

マラウイの産業の中心は農業で、自分たちが食べるもののほか、輸出用のタバコや紅茶がさかんにつくられています。また、マラウイ湖のほとりはリゾート地で、外国からの観光客もおとずれます。

マラウイの茶畑。国の南部を中心に栽培され、アフリカ大陸ではケニアに次いで輸出量が多い。

アフリカ

基本データ

正式国名（略称） マラウイ共和国
Republicc of Malawi（MAW）
首都 リロングウェ
面積 11万8484km²（日本の約10分の3）
人口、人口密度 1721万5000人、145人/km²（2015年）
通貨 マラウイ・クワチャ
おもな言語 チェワ語、英語、各部族語

プラスワン マラウイと日本

マラウイの学校には、運動会のような行事がありませんでした。そこで、日本のスポーツ・フォー・トゥモロー事業の1つとして、マラウイの子どもたちにスポーツを楽しんでもらう、UNDOKAIを開いています。
2016年にはマラウイの4か所で開かれ、綱引きや玉入れなどの競技が行われました。

マラウイ南部のサトウキビ畑では、水をまく機械の部品がよくぬすまれるため、警備会社がラクダでパトロールを始めました。ぬかるみが多く自動車では走りづらいのですが、ラクダならスムーズに進むことができます。

245ページの答え ②

「きらめく星の湖」とよばれたマラウイ湖

　マラウイ北東部のタンザニアやモザンビークとの国境にあるマラウイ湖は、アフリカ大陸で3番目に大きな湖です。昔はニヤサ湖とよばれていましたが、マラウイ共和国が生まれた1964年に、国名と同じ名前になりました。

　マラウイ湖の水はすんでいて、その色は、空をうつして、おどろくほど変化します。早朝は黒に近い紺色をしていますが、明るくなるにつれてマリンブルーやエメラルドグリーンになり、夕暮れには深みのある赤にそまるのです。この湖を初めてヨーロッパに紹介した、イギリスの有名な探検家デイビッド・リビングストンは、「きらめく星の湖」とよびました。

　マラウイ湖には、色があざやかで熱帯魚として人気のあるシクリットを始め、めずらしい魚もたくさんすんでいます。そのため、1984年には世界自然遺産にも登録されました。

国土の5分の1をしめるマラウイ湖には、5000種類以上の魚がすむといわれる。

日本とマラウイをつなぐ学校給食プロジェクト

　マラウイの家庭の多くはまずしくて、ごはんを十分に食べられない子どもたちがたくさんいます。そのため、2013年から2016年にかけて、青年海外協力協会という日本のボランティア団体が「マラウイ学校給食プロジェクト」を行いました。これは、日本の岩手県でつくったお米を粉にしてマラウイに送り、給食として食べてもらうという活動です。

　マラウイのムジンバ県の小学校で、米粉を使ったおかゆを給食として出す取り組みが行われました。これによって、おなかが空いたまま授業を受けることがなくなり、勉強に集中できるようになったということです。

　日本とマラウイははなれていますが、じつはこうした支援活動がさかんに行われているのです。

給食プロジェクトが始まる前は、卒業試験の合格率が平均の40%だったが、2016年は71%まで上がった。

ミニミニクイズ　マラウイ湖に多くすんでいる、色あざやかで熱帯魚として人気の魚は何でしょうか。
① シクリット　② クマノミ　③ ナマズ

答えは次のページ ▶

青い海にうかぶ楽園の島々
セーシェル

青は空と海、黄色は太陽、赤は国民、白は平和的なまとまり、緑は豊かな自然を表している。

小さな島々が集まるセーシェルは、アフリカ屈指の観光地として人気を集めています。

「インド洋の真珠」とよばれる美しい島々

セーシェルは、アフリカ大陸の東のインド洋にうかぶ島国で、最大のマーエ島など、約100の島があります。気候は1年中あたたかくて、おだやかです。

セーシェルには、もともとアフリカ大陸や南太平洋からわたってきた人たちが住んでいました。18世紀にはフランスやイギリスの植民地になりましたが、1976年に独立を果たしました。

青い海に囲まれたセーシェルは、「インド洋の真珠」とよばれていて、観光業がとてもさかんです。一方、田畑にする土地が少ないので、食料の多くを輸入にたよっています。最近は、漁業やマグロの加工なども行っていて、外国に輸出しています。

美しいマーエ島。セーシェルではこの美しい景色をたもつために、路上にゴミを捨てると罰金が課せられることもある。

基本データ

正式国名（略称） セーシェル共和国
Republic of Seychelles（SEY）
首都 ビクトリア
面積 457km²（日本の約1000分の1）
人口、人口密度 9万6000人、210人/km²（2015年）
通貨 セーシェル・ルピー
おもな言語 英語、フランス語、クレオール語

プラスワン セーシェルと日本

セーシェルでは漁業が成長していて、漁船もふえてきています。そのため、日本の政府は、セーシェルの漁港の設備や、魚を新鮮にたもつために必要な製氷施設（氷をつくるところ）などを整えて、漁業を助ける活動をしています。

セーシェルでとれたマグロなどは、日本にも輸出されています。

ミニミニトピック モルディブの海岸で海を漂流してきたヤシの実を見つけた人たちは、それはモルディブで育ったものだと信じていました。しかし、18世紀中ごろになって、セーシェルで育つフタゴヤシであることがわかりました。

247ページの答え ①

巨大なゾウガメがすむアルダブラ環礁

セーシェルの西のはしに、アルダブラ環礁という島があります。ここは、はるか昔は海底にあったサンゴ礁がせり上がり、輪のようにつながってできた島です。みごとなサンゴ礁が見られるので、世界自然遺産にも登録されています。

ここでは、白い花が美しいアルダブラジャスミンなど、ほかでは見られない植物や動物をたくさん見ることができます。中でも有名なのは、巨大なアルダブラゾウガメです。アルダブラゾウガメは、長いものでは150年以上も生き、甲羅も1.5mぐらいに成長します。アルダブラ環礁には、およそ15万頭のアルダブラゾウガメがすんでいます。

カメの甲羅はかざりなどに、肉は食料として利用できることから、アフリカ大陸では多くのカメが人間にとらえられ、数がへってしまいました。しかし、アルダブラ環礁にはあまり人間がやって来なかったため、生きのびることができたのです。

セーシェルのアルダブラ環礁にすむアルダブラゾウガメ。海岸に近い草原などにすみ、草や木の葉などを食べる。

巨大なヤシの実が育つプララン島

セーシェルの北東部には、マーエ島に次いで大きなプララン島があります。プララン島は美しいビーチで知られていますが、それ以上に有名なのは、フタゴヤシ（オオミヤシ）です。

フタゴヤシは、プララン島にしか生えていない木で、樹齢（木の年齢）は最長で1000年をこえるといわれます。花をつけるまでに25年、花がさいたあとにできた実（種子）が育つまでに1年、実のなかみが完全に熟すまでには7～8年もかかります。そうして育った実は、人間のおしりににた形をしていて、重さはなんと30kgにもなります。

実はゼリー状であまく、セーシェルの人々の好物になっています。

ミニミニクイズ セーシェルで最もさかんな産業は何でしょうか。 ① 農業　② 工業　③ 観光業　　答えは次のページ ▶

シーラカンスが泳ぐ海の小さな島々
コモロ

黄、白、赤、青は国の島々を表す。緑はイスラム教で使われる色、三日月と星はイスラム教のシンボル。

コモロはフランスから独立しましたが、国民の意見が分かれ、混乱が続いています。

フランスから独立したあとも、争いが続いている

コモロは島国で、アフリカ大陸とマダガスカル島の間の海にうかんでいます。気候は1年中あたたかくて、雨が多く、サイクロンとよばれるあらしにおそわれることもあります。

ここに住んでいるのは、太平洋の島々などからうつってきた人々です。19世紀末にフランスの植民地になりましたが、1975年に独立しました。しかし、独立に反対する人たちがクーデター（暴力によって政治の力をうばうこと）を起こし、政府をたおしてしまいました。その後も、クーデターや大統領の暗殺事件などがたびたび起こっていて、国の発展がおくれています。

アフリカ

アンジュアン島の美しい海岸。年平均気温が26度と、おだやかで温暖な気候です。

基本データ

正式国名（略称）	コモロ連合　Union of Comoros（COM）
首都	モロニ
面積	2235km²（日本の約500分の3）
人口、人口密度	78万8000人、353人／km²（2015年）
通貨	コモロ・フラン
おもな言語	アラビア語、フランス語、コモロ語

プラスワン　コモロと日本

日本の水族館や学者たちは、コモロの政府と協力して、シーラカンスについての調査を行ってきました。

シーラカンスが水中で泳ぐ姿を撮影したり、最新の機械を使って体の中の様子を調べたりしています。

また、シーラカンスの標本（研究のために体を保存したもの）を展示している水族館もあります。

ミニミニトピック　コモロの南にあるマヨット島は、1975年の独立前はコモロの一部でした。しかし、マヨット島では住民投票で独立に反対する人が多かったため、今はフランス領になっています。

249ページの答え
③

生きた化石・シーラカンスが泳いでいる！

コモロの海には、シーラカンスという魚がすんでいます。シーラカンスは、人間が地球に登場するよりはるか昔の3億5000万年前には、もう生きていた魚です。7000万年前ごろに絶滅したと考えられていましたが、1938年にアフリカ大陸の近くの海で生きた状態で発見され、世界中をおどろかせました。その姿が3億5000万年前と変わらないことから、シーラカンスは「生きた化石」とよばれます。

その後、コモロ周辺の深海では、シーラカンスがたびたび見つかっています。地元の人々は昔からシーラカンスを、「食えない魚、使えない魚」という意味のゴンベッサとよんできました。固いうろこにおおわれ、肉もおいしいとはいえないシーラカンスは、何の役にも立たなかったからです。

しかし、「生きた化石」として有名になってからは、つり上げると高く買ってもらえるため、ゴンベッサは「幸せをよぶ魚」という意味で使われるようになったそうです。

シーラカンスは、今の魚とちがって背骨がない。古代には、世界中の海にすんでいたと考えられている。

あま〜い香りを世界に輸出

石油や鉱石などの資源がほとんどとれないコモロでは、バニラやイランイランといった香料（香りをつくる材料）を生産して、外国へ輸出しています。

バニラは、バニラアイスクリームやプリンなどのお菓子に使われる、あまい香りのもとで、バニラという草の種からつくります。また、イランイランは、イランイランノキの花からとり出した香料で、高級な香水などに使われています。コモロは、世界で最大のイランイランの輸出国です。

しかし、それでも暮らしはまずしいので、多くの人がフランスや近くのマダガスカルに出稼ぎに出て、国の経済をささえています。

ミニミニクイズ コモロのまわりの海にすんでいる、「生きた化石」とよばれる魚は何でしょうか。
① マグロ　② シーラカンス　③ ジンベエザメ

答えは次のページ ▶

めずらしい生き物がすむ楽園の島
マダガスカル

赤と白はこの国の民族が昔から使っていた色。それに、海沿いに住む民族を意味する緑を加えた。

マダガスカルは、ほかでは見られない、めずらしい植物や動物の宝庫です。

▶ アフリカからはなれて、巨大な島になった！

マダガスカルはアフリカ大陸の東の海にうかぶ、世界で4番目に大きな島です。大昔はアフリカ大陸とくっついていましたが、1億年以上前に切りはなされたと考えられています。それからは生き物もマダガスカルの環境に合った進化をとげ、めずらしい動物や植物の宝庫になっています。

19世紀末、マダガスカルはフランスの植民地になりましたが、1960年に独立しました。

おだやかな気候を活かし、農業がさかんで、米、果物の栽培や、牛の牧畜などを行っています。そして、香料や香辛料として使われるバニラやクローブのほか、ニッケルという金属を輸出しています。

アフリカ

首都アンタナナリボの通り。ダンスをおどる人を見に、たくさんの見物客が集まった。

基本データ

正式国名（略称） マダガスカル共和国
Republic of Madagascar (MAD)
首都 アンタナナリボ
面積 58万7295km²（日本の約1.6倍）
人口、人口密度 2423万5000人、41人／km²（2015年）
通貨 アリアリ
おもな言語 マダガスカル語、フランス語

アンタナナリボ　インド洋

プラスワン　マダガスカルのスポーツ

マダガスカルにはクバーラというゲームがあります。クバーラは、攻撃側と守備側に分かれて、長方形のコートのはしからはしまで敵にさわられないように往復するゲームです。鬼ごっこ遊びににていて、マダガスカルでは、昔から子どもたちに親しまれてきました。最近は、日本でも行われるようになりました。

インドリは、マダガスカル語で「ごらんなさい」という意味です。かつて、フランスの学者がインドリを見たとき、現地の人が「ごらんなさい（インドリ）」といい、学者がそれをサルの名前だとかんちがいしました。

251ページの答え
②

ずんぐりしていて栄養いっぱいのバオバブ

マダガスカル西部の草原に行くと、幹がずんぐりしていて高く、てっぺんの方にだけ枝が広がった、おもしろい形の木を見ることができます。これがバオバブです。バオバブはアフリカ大陸やオーストラリアにも生えていますが、どちらも１種類しかありません。しかし、マダガスカルには７種類が生えていて、まさにバオバブの王国になっているのです。

バオバブがおもしろいのは形だけではありません。マダガスカルでは、雨がほとんどふらない乾季が半年くらい続きますが、バオバブは幹の60％が水分でできているため、長い乾季にもたえられます。また、実や若葉にはビタミンがふくまれ、マダガスカルの人々の大切な栄養源として利用されてきました。

しかし最近は、田畑がふえたことなどから、環境が変わってバオバブの数がへり、心配されています。

周囲から孤立したマダガスカルの環境のため、バオバブだけでなく90％もの植物が固有種です。

マダガスカルにすむ「悪魔の化身」と「死者のたましい」

アイアイは頭から胴までの長さは40㎝ほどだが、尾は60㎝もある。夜行性で、集団ではなく１匹で行動する。

インドリは頭から胴までの長さは70㎝ほどあるが、尾はほとんどない。集団で、昼間に活動する。

マダガスカルにすむ動物の80％は、ほかの国では見られない種類だといわれています。

日本の童謡で歌われるアイアイも、マダガスカルにしかいない、めずらしいサルです。歌の通りの丸い目と長いしっぽ、そして長い指が特徴で、森にすんで木の実や虫の幼虫を食べています。名前はかわいいアイアイですが、マダガスカルでは「悪魔の化身」と考えられ、きらわれることも多いそうです。

これとは反対に、インドリは聖なるサルとして大切にされてきました。インドリは、木の上にすんで木の葉を食べてくらしています。仲間をよぶときは、のどをふるわせて鳴き、その声は３kmはなれたところにもとどきます。マダガスカルの人たちは、インドリは死者のたましいが宿る聖なる生き物だと考えて、けっして狩りはしません。

ミニミニクイズ マダガスカルは世界で何番目に大きな島でしょうか。
① １番目　② ４番目　③ ７番目

答えは次のページ ▶

小さな無人島から工業国に成長した
モーリシャス

赤は独立のための戦争、青はインド洋の海、黄は自由への光、緑は農業を表している。

無人島だったモーリシャスは、さまざまな民族が住む国に変わりました。

アフリカの島だが、インド系の人が多く住む

モーリシャスは、アフリカ大陸の東のインド洋にうかぶ島々からなる国です。熱帯気候で、夏はたくさん雨がふります。11～4月にかけてはサイクロンが来て、大きな被害が出ることもあります。

モーリシャスは無人島でしたが、10世紀にアラブ人によって発見されました。その後、オランダやフランス、イギリスに占領され、アフリカやインドから人がうつってきました。そのため、今のモーリシャスで最も多いのはインド系の人々で、アフリカ系やヨーロッパ系、中国系の人々も住んでいます。

産業の中心は工業で、情報産業も発達しています。また、美しい自然を活かし、観光業もさかんです。

きらびやかな衣装を身にまとい、モーリシャスの伝統舞踊セガダンスを踊る女性たち。

基本データ

正式国名（略称）　モーリシャス共和国
Republic of Mauritius（MRI）
リパブリック オブ モーリシャス　エムアールアイ
首都　ポートルイス
面積　1969km²（日本の約200分の1）
人口、人口密度　127万3000人、647人／km²（2015年）
通貨　モーリシャス・ルピー
おもな言語　英語、フランス語、クレオール語

ポートルイス
インド洋
ルモーン山

プラスワン　モーリシャスのスポーツ

モーリシャスでは、競馬がとてもさかんです。

首都のポートルイスには、1812年につくられた世界で2番目に古いシャン・ド・マルスという競馬場があって、毎年5～12月にかけてレースが行われています。とくに大きなレースはテレビや新聞にとり上げられ、国中が注目します。

ミニミニトピック　17世紀にオランダがモーリシャス島を占領していたとき、指揮をとっていたのはマウリッツ総督でした。マウリッツを英語の発音で読むとモーリシャスになり、これがのちに国の名前となりました。

253ページの答え　②

失われてしまった鳥たちの楽園

火山活動によってできたモーリシャス島には、鳥類が多くすんでいましたが、ほ乳類はコウモリぐらいしかいませんでした。おそってくる動物がいない島は、鳥たちにとって楽園のようだったにちがいありません。飛んでにげる必要がなかったので羽が退化し、飛べなくなった鳥も少なくありませんでした。「まぼろしの鳥」といわれるドードーもその1つです。

ドードーは全長1mあまり、体重は20kgをこえる大きな鳥で、飛べない代わりに、走るのが速かったといわれます。

無人島だったころはのびのびとくらしていたドードーでしたが、島に人が住むようになると、つかまって食料にされたり、犬などに卵やヒナが食べられたりして、へっていきました。そして、1680年ごろの目撃報告を最後に見られなくなってしまったのです。失われたドードーの姿は、今はモーリシャスの国章に残されています。

奴隷たちの悲しい歴史をきざむルモーン山

ルモーン山は、モーリシャス島の南西部にある高さ556mの山です。アフリカ大陸の人々が奴隷として取り引きされていた18世紀から19世紀にかけて、モーリシャス島は奴隷を運ぶ船が立ちよる場所になっていました。そのとき船からにげ出した奴隷たちは、この山の洞窟にかくれ住んでいたのです。

にげ出した奴隷のことをマルーンといいます。モーリシャスには、奴隷たちが住んでいた場所がほかにもあったので、マルーンの共和国ともよばれました。

奴隷たちはもういませんが、彼らが暴力や重労働に苦しめられた悲しい歴史をわすれないようにするため、2008年、ルモーン山は世界遺産に登録されました。

奴隷たちがかくれ住んだルモーン山。急な斜面が多く、三方を海に囲まれている。

ミニミニクイズ かつてモーリシャス島にすんでいましたが、17世紀ごろ絶滅してしまった鳥は何でしょうか。
① ドードー　② トキ　③ コウテイペンギン

答えは次のページ ▶

255

砂漠をわたる商人たちでにぎわった
モーリタニア

緑は砂漠を緑豊かなところにしたいという願いを表している。三日月と星はイスラム教のシンボル。

モーリタニアは、かつて、砂漠をこえる交易や、大西洋の交易の中継地として栄えました。

❓ サハラ砂漠の交易の中継地だった

モーリタニアはアフリカ大陸の北西部にあり、北大西洋に面しています。国土のほとんどはサハラ砂漠で、1年中気温が高く、雨はほとんどふりません。
11世紀には北部の遊牧民が建てたムラービト王朝がこのあたりを支配し、ウワダンやシンゲッティなどが、砂漠の交易の中継地として栄えました。20世紀初めにはフランスの植民地になりますが、1960年に独立しました。
砂漠が広がるモーリタニアは田畑にする土地がほとんどなく、農業はあまり発達していません。最近は漁業に力を入れているほか、石油や天然ガスなどの資源を輸出しています。

首都ヌアクショットの街並み。大西洋に面した漁港だったが、20世紀の半ばから都市化が進んだ。

アフリカ

基本データ

正式国名（略称） モーリタニア・イスラム共和国
Islamic Republic of Mauritania（MTN）
首都 ヌアクショット
面積 103万700km²（日本の約3倍）
人口、人口密度 406万8000人、4人／km²（2015年）
通貨 ウギア
おもな言語 アラビア語、プラール語、ソニンケ語、ウォロフ語、フランス語

プラスワン モーリタニアと日本

モーリタニアでは、カヌーのような木の船で漁が行われています。モーリタニアの政府は漁船をつくる技術を高めたいと考え、日本に協力を求めました。それにこたえた日本の企業が、漁船のつくり方などをモーリタニアの人々に指導し、2014年、トイレなどをそなえた最初の船が完成しました。

遊牧民たちは、ラクダなどの動物のえさとなる草が生えているところを求めて、住むところを点々とします。同じ場所に住み続けることはないので、家を建てることはなく、テントを持ち歩いています。

255ページの答え ①

交易とイスラム文化の中心地だったシンゲッティ

　広いサハラ砂漠をこえて、アフリカ大陸の南北を行き来することは簡単ではありません。そのため、交易をしていた商人たちは、ラクダに荷物を積み、隊列を組んで砂漠をこえていきました。

　モーリタニアは、サハラ砂漠の西を通るルートにあります。そのため、ウワダン、シンゲッティ、ティシット、ウアラタといった都市が、商人たちの旅の中継地として栄えました。

　これらの都市の中心にはモスク（イスラム教の寺院）がつくられ、そのまわりに商品の取り引き所や倉庫が置かれました。中でもシンゲッティには、ミナレットとよばれる高い塔のある立派なモスクや、たくさんの書物をおさめた図書館もあって、イスラム文化の中心地の1つになっていました。

　やがて、サハラ砂漠の交易がおとろえると、これらの都市もすたれてしまいました。しかし、建物がよい状態で残り、当時を知る手がかりになることから、1996年に世界遺産に指定されました。

シンゲッティには、日干しレンガと石でつくられた建物などが残されている。

日本人が教えたモーリタニアのタコ漁

　さしみや、すし、たこやきと、日本人はよくタコを食べますね。じつは、そのタコの多くは、モーリタニアでとれたものです。

　モーリタニアの沖合は、さまざまな魚が集まる場所で、とくにタコがたくさんいます。しかし、アフリカの人々は、タコは気味が悪いといって食べる習慣がありませんでした。

　今から40年ほど前、日本人の漁師が、モーリタニア人にタコをとって日本に輸出することをすすめました。そして、タコのとり方を教えたのです。それ以来、モーリタニアではタコ漁がさかんに行われるようになり、重要な輸出品になっています。

ミニミニクイズ 日本がモーリタニアからたくさん輸入している魚介類は何でしょうか。
① マグロ　② タコ　③ クジラ

答えは次のページ ▶

257

北の塩と南の金が集まる場所として栄えた
マリ

緑は豊かな自然と農業、黄はこの国で採れる金などの鉱物、赤は戦争で流れた血を表している。

マリは、大陸の北や南から商品が集められて発展し、次々に王国が生まれました。

アフリカ大陸の北と南をつないだ場所

アフリカ大陸の北西部のマリは、国の大部分がサハラ砂漠にふくまれていて、海はありません。

ここは昔から北アフリカと西アフリカの交通を結ぶ場所で、1000年以上前にガーナ王国がおこり、その後マリ帝国、ソンガイ帝国と、次々に大国が生まれました。19世紀後半からフランスの支配を受けましたが、1960年にセネガルとともに独立。のちにセネガルが分かれて、マリ共和国になりました。

マリは農業がさかんで、綿花、米などを栽培しています。また、金やウラン、農業の肥料になるリン鉱石なども豊富ですが、武装勢力による争いがあいついでいて、経済の成長はとどこおっています。

アフリカ

首都バマコのほぼ中央をニジェール川が流れている。川の北側にホテルやオフィス、南側に空港やバスターミナルがある。

基本データ

正式国名（略称） マリ共和国　Republic of Mali（MLI）
首都　バマコ
面積　124万192km²（日本の約3倍）
人口、人口密度　1760万人、14人／km²（2015年）
通貨　CFAフラン
おもな言語　フランス語、バンバラ語

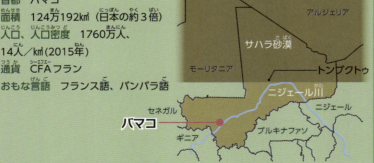

プラスワン　マリのスポーツ

マリの子どもたちのあこがれの職業は、プロのサッカー選手です。

内戦が続いて、国がまずしいマリでは、プロのサッカー選手になって、家族が楽な生活をできるようにしたいと考えている子どもたちが大勢いるのです。そのため、マリの選手の中には、ヨーロッパの強豪チームで活躍する選手も少なくありません。

ミニミニトピック　14世紀、マリ帝国の王が大量の金をもってサウジアラビアのメッカに行ったことから、「マリではニンジンをほり出すのと同じように黄金が手に入る」といううわさが広まり、「黄金の帝国」とよばれるようになりました。

257ページの答え　②

258

ヨーロッパにも伝えられた、まぼろしの都トンブクトゥ

マリ帝国の時代、サハラ砂漠の南のはしとニジェール川のいちばん北の部分が接するところにあったトンブクトゥは、大陸の北と南を結ぶ交易の重要な中継地点でした。北からは砂漠でとれた塩がラクダで運びこまれ、南からは金や象牙、奴隷たちが船で運ばれて来たのです。これらはトンブクトゥで交換され、塩は南へ、金などは北へ送られました。

交易で豊かになったトンブクトゥには、モスク（イスラム教の寺院）や大学が建てられ、西アフリカのイスラム文化の中心になりました。黄金が集まるトンブクトゥのうわさは遠くはなれたヨーロッパにもとどいて、「まぼろしの都」とよばれました。ヨーロッパの探検家の中には、トンブクトゥへ行こうとして命を落とした人もいたのです。

その後もトンブクトゥのにぎわいは続きましたが、ソンガイ帝国がおとろえるとともにかがやきを失い、すたれてしまいました。

トンブクトゥは16世紀からしだいにおとろえ、19世紀にフランス人のカイエがたどりついたときには、あれ果てていた。

宇宙の始まりの神話を語りつぐ、ドゴン族

マリと南のブルキナファソとの国境に、バンディアガラ山地があります。高さは500mほどですが、急な崖が200kmも続いていて、崖の上や下、中ほどにドゴン族が家をつくって住んでいます。

ドゴン族は、1000年近く前に西の方から来て、住みついた人たちです。かれらは、イスラム教ではなく、自分たちの祖先から伝わった神話を信じて、伝統的なくらしを守り続けています。その神話によれば、太陽や月や大地は、神が投げた粘土からつくられ、あらゆるものには精霊が宿っています。

雨がふらない乾季はドゴン族にとって祭りの季節で、村の人たちは独特の仮面をつけて、神話をもとにした踊りなどを披露します。

ミニミニクイズ　マリ帝国の時代に栄え、「まぼろしの都」とよばれたのはどこでしょうか。
① アレクサンドリア　② バグダッド　③ トンブクトゥ

答えは次のページ▶

コロンブスも立ちよった大西洋貿易の中継地
カーボベルデ

青は空と海、白は平和、赤は国民の力のシンボル。10の星はこの国のおもな島を表している。

カーボベルデはまずしいため、仕事をさがして外国へ行く人も少なくありません。

緑の少ない「緑の岬」の国

カーボベルデはアフリカ大陸の西の海にうかぶ島国です。15の島でできていますが、雨があまりふらないので、土地はとても乾燥しています。

もともとカーボベルデの島々は無人島でした。15世紀後半、ポルトガル人が上陸して植民地をつくったことから、この国の歴史が始まったのです。

カーボベルデという名前は、セネガルの西のはしにあるベルデ岬からとったもので、「緑の岬」という意味です。しかし名前に反してカーボベルデに緑は少なく、農業は発達していません。政府は観光に力を入れて、空港やリゾートホテルをつくり、ヨーロッパから多くの観光客を集めています。

カーボベルデ最大の島であるサンティアゴ島のビーチ。山に緑が少ないのがわかる。

基本データ

正式国名（略称） カーボベルデ共和国　Republic of Cabo Verde（CPV）
首都　プライア
面積　4033km²（日本の約100分の1）
人口、人口密度
52万1000人、129人／km²（2015年）
通貨　カーボベルデ・エスクード
おもな言語　ポルトガル語、クレオール語

プラスワン カーボベルデと日本

ポルトガルの植民地だった時代、カーボベルデにコーヒー栽培が伝えられました。今では、フォゴ島のピコ火山の山すそを中心に、コーヒーがさかんにつくられています。

フォゴ島のコーヒー豆は、香りがとてもよく、さわやかで飲みやすいことから、日本にも輸入され、コーヒー好きに人気があります。

ミニミニトピック　カーボベルデは輸出用にコーヒーやサトウキビ、国内用にイモや豆などを栽培していますが、雨が少ない上、急な斜面が多く、生産量は多くありません。そのため、食べ物の多くを輸入にたよっています。

259ページの答え
③

本国より数が多い、海外在住のカーボベルデ人

　カーボベルデの人口は50万人あまりですが、じつは、それより多くのカーボベルデ人が海外に住んでいます。いちばん多いのはアメリカで、ほかにサントメ・プリンシペやポルトガル、アンゴラなどにも大勢のカーボベルデ人がいます。

　どうして外国にうつり住むのかといえば、くらしが苦しいからです。カーボベルデの経済の柱は観光業や商業ですが、豊かな生活ができるというほどではありません。また、農業ではトウモロコシや豆がつくられていますが、昔から数え切れないほど干ばつが起こっていて作物がかれてしまい、食料不足で飢え死にする人が出たことも少なくありません。

　そのため多くの人は外国に行って働き、そこで得たお金をふるさとに送って、家族のくらしをささえているのです。

カーボベルデとポルトガルとブラジルが、とけ合った音楽

サル島のサンタ・マリアでドラムを演奏する人々。島によって影響を受けた音楽が異なる。

　カーボベルデの人々は音楽が大好きで、カーニバルはもちろん、いろいろな場所で歌ったり楽器を演奏したりして、楽しんでいます。その中から、ゆったりしていて、なつかしさや、さびしさを感じさせるモルナや、ダンス音楽でテンポが速いフナーナなど、魅力的な音楽がいくつも生み出されてきました。

　カーボベルデの音楽の特色は、アフリカとポルトガル、さらにブラジルの音楽がうまくとけ合っていることです。19世紀ごろまで、カーボベルデはポルトガルの奴隷貿易の中継地で、多くのアフリカ人がカーボベルデからブラジルに連れて行かれました。このとき、ブラジルから音楽などが伝わり、カーボベルデの音楽に影響をあたえたのです。

　カーボベルデの音楽はヨーロッパやアメリカなどでも愛され、世界的な歌手も出てきています。

ミニミニクイズ　カーボベルデという国名は、ポルトガル語で何という意味でしょうか。
① 赤い岬　　② 緑の岬　　③ 黒い岬

答えは次のページ ▶

フランスの西アフリカ支配の中心地だった
セネガル

緑・黄・赤の3色は、アフリカの国々がよく使う色。真ん中の星は自由を表している。

セネガルは、フランス人が来たことによって、フランス植民地の中心になっていきました。

ベルデ岬にポルトガル人が来て、ヨーロッパの支配が始まった

西アフリカのセネガルは、大部分が低い平野で、セネガル川などが流れています。気温は1年中高くて乾燥し、南部には熱帯雨林が広がっています。

15世紀、ベルデ岬にポルトガル船が来航し、その後はヨーロッパの国が次々に来ました。20世紀初めにはフランスの植民地になりましたが、1960年4月、マリといっしょにマリ連邦として独立しました。しかし、政府の中で対立が生まれたため、6月にはマリと分かれてセネガル共和国となりました。

セネガルの経済の中心は農業で、落花生や綿花をつくって輸出しています。また、最近は漁業にも力を入れています。

西アフリカ最大の都市であるセネガルの首都ダカール。手前にセネガルの独立記念広場が広がっている。

基本データ

正式国名（略称） セネガル共和国 Republic of Senegal（SEN）
首都 ダカール
面積 19万6712km²（日本の約2分の1）
人口、人口密度 1512万9000人、77人/km²（2015年）
通貨 CFAフラン
おもな言語 フランス語、ウォロフ語

プラスワン セネガルのスポーツ

セネガルの人々は、日本と同じように、昔から相撲をとってきました。セネガル相撲には、土俵がありません。相手の両ひざや両手、背中などを地面につけたら勝ちになります。試合の間は、太鼓などが打ち鳴らされてとてもにぎやかです。サッカー場で大勢の観客を前にして行われることもあります。

1979年、自動車などでフランスのパリからセネガルのダカールまで走る、パリ・ダカール・ラリーが始まりました。コースが変わり、今は南アメリカで行われていますが、ダカール・ラリーという名前は残っています。

261ページの答え
②

フランス人が広めたイスラム教

　セネガルを植民地にしたフランスは、農民たちに落花生を栽培させることにしました。落花生は、砂地が多いセネガルの土地でもよく育ちます。それに落花生の実の油は、食用油や石けんなど、いろいろなものに利用できて、フランスで売れたからです。

　しかし、落花生はもともと南アメリカの植物で、セネガルの農民たちは育て方を知りません。そこでフランスは、イスラム教の教団と力を合わせて、セネガルにイスラム教と落花生の栽培方法を教えました。そのころイスラム教は、セネガルの王族や貴族には伝わっていましたが、ふつうの身分の人たちには知られていませんでした。

　イスラム教は、世の中の変化に不安を感じていた人々の支えになりました。それとともに落花生の栽培方法も広まり、産業の中心へと成長したのです。

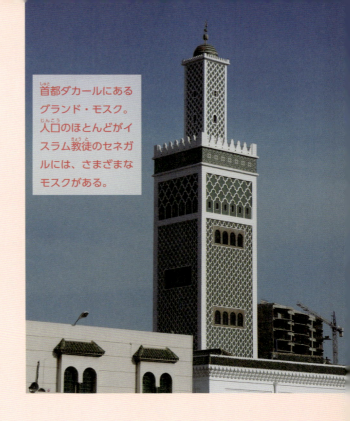

首都ダカールにあるグランド・モスク。人口のほとんどがイスラム教徒のセネガルには、さまざまなモスクがある。

かまないで飲みこむセネガルのご飯

　セネガルの北部や中部に住む人たちは、ソルガムやトウジンビエという穀物を主食としています。これらを粉にしたものを、むして食べるのです。正確に言うと、食べるというよりは飲みこむ感じです。

　セネガルだけでなく、アフリカの多くの地域では、主食はかまないで、飲みこみます。飲みこみやすいように、とろみがつけられたり、油が多く使われたりしているのです。

　セネガルの南部や首都のダカール周辺では、米を主食にしています。その米を使った料理の1つに、チェブジェンがあります。チェブジェンをつくるときは、まず、大きな魚と野菜をにこみます。次に、魚と野菜はとり出して、残った煮汁で米をたくのです。最近は南部以外でも米を食べるようになり、チェブジェンはセネガルを代表する料理になっています。

ミニミニクイズ セネガルでさかんに栽培されている作物は何でしょうか。
① キャベツ　② 落花生　③ 小麦

答えは次のページ▶

263

イギリスとフランスの争いで細長い国になった
ガンビア

青はガンビア川、赤は太陽、緑は農業、白は平和と団結を表している。

ガンビア川ぞいにあったイギリスの領地が、20世紀に新しい国として独立しました。

ガンビア川にそって国土が決められた

ガンビアは、西アフリカにある小さな国で、ガンビア川にそって東西に細長い形をしています。気候はあたたかく、6～10月は雨がよくふります。

北のセネガル川と南のガンビア川にはさまれた土地は、セネガンビアとよばれていました。19世紀、ガンビア川ぞいはイギリス、それ以外のセネガンビアはフランスの領地になりましたが、1965年にガンビアはイギリスから独立しました。

その後、1982年にセネガルと合併してセネガンビアになりましたが、うまくいかず、1989年にまた、ガンビア共和国にもどったのです。産業の柱は農業で、落花生や米を栽培しています。

ガンビア川の河口のセント・メリー島にある首都バンジュールの街並み。今は落花生の輸出港になっている。

基本データ

正式国名（略称） ガンビア共和国　Republic of The Gambia（GAM）
首都　バンジュール
面積　1万1295km²（日本の約100分の3）
人口、人口密度　199万1000人、176人／km²（2015年）
通貨　ダラシ　おもな言語　英語、マンディンゴ語、ウォロフ語、フラ語

プラスワン　ガンビアと日本

ガンビアでは、国民の大半が農業にたずさわっています。しかし、干ばつや、アフリカでの感染症の流行、政治の乱れなどによって、生産量は多くありません。

その結果、何十万人もが栄養不足におちいっているため、日本の政府は、ガンビアの人々が食事をとれるように助けています。

ミニミニトピック

クンタ・キンテ島は、以前はジェームズ島といいましたが、ガンビア人で奴隷としてアメリカに売られたクンタ・キンテ少年と、その子孫をえがいたアメリカのドラマ『ルーツ』にちなんで、今の名前に改められました。

263ページの答え　②

セネガンビアに残された、なぞの古代遺跡

　ガンビア川の近くでは、8〜14個の石柱が円をえがくように置かれた遺跡がたくさん見られます。円の直径は4〜6m、石柱の高さは2mぐらいで、鉄製の道具で丸いつつの形などにけずられています。

　この遺跡はセネガンビアのストーン・サークルとよばれていて、ガンビア川とセネガル川の周辺のあちらこちらで見られます。中でも有名なのは、ガンビア川中流のワッスというところで、52のストーン・サークルが集まっています。

　これらのストーン・サークルは、今から2200年あまり前から600年あまり前にかけてつくられたようですが、くわしいことはわかっていません。ただ、ストーン・サークルのそばには、古墳（土をもり上げてつくった古代の墓）があるので、死んだ人へのとむらいに関係があると考えられています。

ヨーロッパの国々がとり合ったクンタ・キンテ島

クンタ・キンテ島では、アフリカ人奴隷の取り引きがさかんに行われていた。

　ガンビア川の河口近くに、クンタ・キンテ島という小さな島があります。15世紀にポルトガル船がこの島に来てから、ヨーロッパの国々の間でこの島の取り合いが続きました。なぜこの島をほしがったかというと、ここが西アフリカで勢力を広げるための重要な場所だったからです。

　海をわたってきたヨーロッパの国々は、アフリカ大陸に着くと、川を利用して大陸内部に入っていきました。ガンビア川は、雨季になると船で上流まで行けるので、どの国も河口のクンタ・キンテ島を足がかりに、ガンビア川を独占しようとしたのです。

　クンタ・キンテ島の周辺には、ポルトガル人の建てた教会のような、当時のアフリカとヨーロッパの関わりの歴史を伝える遺跡がたくさんあります。そのため、2003年に世界遺産に登録されました。

ミニミニクイズ ガンビア川の周辺にたくさんある遺跡を何というでしょうか。
① ストーン・サークル　② ピラミッド　③ モアイ像

答えは次のページ ▶

265

政治不安がなやみの種の緑豊かな国
ギニアビサウ

黄はサバンナの地域、緑は森林の地域、赤は海沿いの地域、黒い星はアフリカの団結を表している。

ギニアビサウは、国内でたびたび争いが起こり、平和な国づくりへの努力が続いています。

1973年に独立を達成！ でもその後も争いは続く

ギニアビサウは、アフリカ大陸の北西のはしにあります。なだらかな丘がある北西部以外は低い土地で、草原や熱帯雨林が広がっています。乾季（12～5月）はハルマッタンとよばれる風がふいて乾燥しますが、雨季（6～11月）には雨がよくふります。

ギニアビサウは、1446年にポルトガル船が来航して以来、奴隷の取り引きの中継地として栄えました。そして1973年、国として独立しました。

独立したとき、政府はカーボベルデと合併しようとしましたが、国民の反発にあって失敗します。その後も、内戦やクーデター（暴力で政府をたおすこと）が続き、人々のくらしは苦しくなっています。

ギニアビサウ東部のガブの村の様子。人々が、中央にある井戸で水をくんでいる。

基本データ

正式国名（略称） ギニアビサウ共和国　Republic of Guinea-Bissau（GBS）
首都　ビサウ
面積　3万6125km²（日本の約10分の1）
人口、人口密度　184万4000人、51人/km²（2015年）
通貨　CFAフラン
おもな言語　ポルトガル語

プラスワン　ギニアビサウと日本

ギニアビサウでは、内戦のため、道路や電気、水道など、人々の生活に欠かせないものの多くがこわされてしまいました。

そこで、日本は、これらのものを直すためのお金を出したり、食べるものに困っている人を助けたりしています。また、ビサウ市に小学校を建てるのにも協力しています。

ミニミニトピック　ギニアビサウという国名の「ギニア」は、西アフリカ地方のよび名。「ビサウ」は、西アフリカを探検したポルトガルのエンリケ王子がもらった「ビサウ公」という位がもとになったといわれています。

265ページの答え　①

農業や漁業がさかんでも、人々はおなかを空かせている!?

国の中で争いが続いていると、人々は安心して働けません。だから、工業や農業、商業がおくれてしまいます。ギニアビサウではずっとこのような状態が続いていて、今では世界でもとくにまずしい国の1つとなっています。

ギニアビサウの国民のほとんどは農家で、カシューナッツや落花生のほか、米、トウモロコシなどをつくっています。これらのうち、カシューナッツは輸出用で、国内で売ることは禁じられています。ギニアビサウはカシューナッツをインドやアメリカなどに売って、お金を手に入れているのです。これに対して、米やトウモロコシは自分たちが食べるためのものですが、しばしば干ばつが起こるため、生産量は多くありません。そのためギニアビサウには、栄養不足の人が大勢います。

最近では漁業もさかんになり、イカやエビの漁を行い、冷凍して外国に輸出しています。

結婚式を祝うため、集まったギニアビサウの女性たち。着ているのは、ギニアビサウの伝統的な衣装。

サハラ砂漠からどこへふくかで風の名前が変わる

サハラ砂漠からふく風は、いつ、どこに向けてふくかによって、名前がちがいます。

冬、サハラ砂漠から東や北西に向けてふく風は、ハルマッタンといいます。ギニアビサウにもふくハルマッタンは、とても乾燥していて、細かい砂を大量にふくみ、砂嵐を起こすこともあります。

3月から5月にかけては、アラビア半島に向けて、熱く乾燥したカムシンという風がふきます。これがふくと、気温が40度以上になることもあります。

さらに、夏の初めに北アフリカや地中海に向けてふく風は、ギブリといいます。この風も熱く乾燥していますが、地中海を通るときに湿り気をおび、ヨーロッパに着くころにはシロッコとよばれます。

ギブリやハルマッタンなどのように、ある地方に決まってふく風を地方風(局地風)という。

ミニミニクイズ ギニアビサウで、輸出用としてさかんにつくられている作物は何でしょうか。
① タマネギ　② リンゴ　③ カシューナッツ

答えは次のページ▶

ギニア

水と資源を活かして成長を目指す

赤はまじめに働くこと、黄は正しい行いで国が栄えること、緑は協力して農業に取り組むことを表す。

争いが長く続き、経済の成長がおくれていたギニア。これからの発展が期待される。

雨と川にめぐまれた「西アフリカの水瓶」

ギニアはアフリカ大陸の北西部にあります。4～11月の雨季は雨がよくふり、ニジェール川のような大きな川もあり、アフリカ大陸の中では水にめぐまれた国で、「西アフリカの水瓶」とよばれます。

ギニアは昔から、ガーナ王国やマリ帝国などに支配されてきました。15世紀ごろからは、奴隷貿易のためにヨーロッパの国々が来るようになり、19世紀終わりごろ、フランスがギニアを植民地としました。その後、1958年にギニアは独立を果たします。

最近はアルミニウムの原料になるボーキサイトや金などの鉱山の開発が進められています。ギニアは水が豊富なので、農業も期待されています。

首都コナクリの街並み。大西洋に面した港町だったが、今は国の政治・経済・文化の中心地になっている。

基本データ

正式国名（略称） ギニア共和国　Republic of Guinea（GUI）
首都　コナクリ
面積　24万5857km²（日本よりやや小さい）
人口、人口密度　1260万9000人、51人／km²（2015年）
通貨　ギニア・フラン
おもな言語　フランス語、プル語、マリンケ語、スース―語

プラスワン　ギニアと日本

雨季はニジェール川の水がふえます。日本は、これを利用して魚を養しょくする方法をギニアの人々に教えました。まず、川の近くに池をほり、雨季にふえた川の水と魚が流れこむようにします。周辺で放牧している牛のフンでプランクトンがふえるので、エサは必要ありません。そして、水がへったら魚を引き上げるのです。

ミニミニトピック　ギニアでは、アフリカのイネとアジアのイネをかけ合わせて開発したネリカという品種の米をつくっています。ネリカは、水田ではなく畑で栽培するイネで、日本もお金を出すなどの協力をしています。

267ページの答え
③

めずらしい生き物がいっぱいのニンバ山地

ニンバ山地は、ギニアとコートジボワール、リベリアの国境にあります。この周辺にはサバンナとよばれる乾燥した草原や、熱帯雨林があって、さまざまな生き物が見られます。

動物では、ライオンやヒョウ、レイヨウの仲間のダイカー、ふつうのカバの10分の1ぐらいの大きさのコビトカバのほか、卵ではなくオタマジャクシを直接産むニシコモチヒキガエルなどがすんでいます。また、植物でもここでしか見られない種類のものがたくさんあるので、これらの生き物を守るためにユネスコの世界遺産に登録されました。

しかし、ニンバ山地周辺の地下にある鉄鉱石などの豊富な資源をほり出す計画が立てられています。また、法律を破って動物をつかまえようとする密猟者もいます。そのため、生き物がへってしまうのではないかと、心配する声が上がっています。

ギニア、リベリアなどの森林地帯や、水辺にすんでいるコビトカバ。

ギニアの地図を日本人がつくった！

1958年、ギニアはフランスから独立しました。植民地のギニアを手放すことになったフランスは、国の大事な書類をもって行ってしまいます。その中には、ギニアの国土の地図もふくまれていました。

生活をささえる道路も鉄道も水道も、正確な地図がなければつくれません。地図のないギニアの国土はあれて、人々の生活も苦しくなっていきました。そこで日本がギニアに協力を申し出て、1977年、土地の高さや距離を調べる測量隊を送ったのです。

夏には気温が40度をこえるきびしい環境のもと、測量隊は5年の月日をかけて、ギニアの地図を完成させました。これによってギニアでは、道路をつくったり、川から用水路を引いたりできるようになり、国の立て直しが進められることになりました。

ミニミニクイズ 19世紀の末から、ギニアを植民地として支配していた国はどこでしょうか。
① アメリカ　② フランス　③ ロシア

答えは次のページ ▶

奴隷たちの希望の国
シエラレオネ

緑は農業と山、白は正義と協力、青は外国との貿易を通じて世界を平和にしたいという意味。

奴隷反対に方針を変え、解放された奴隷たちが住む新しい国になりました。

元奴隷たちが自由の街をつくった

シエラレオネは、西アフリカにある国です。気温は1年を通じて高く、5〜10月の雨季には、スコールとよばれる、はげしい雨がふることもあります。

18世紀の末、イギリスでは奴隷の取り引きに反対する意見が高まり、奴隷から解放された人たちが新しい街をつくりました。これが現在の首都、フリータウンです。1961年に、植民地となっていたイギリスから独立、1971年に共和国になりました。

シエラレオネの最大の産業はダイヤモンドの生産です。ダイヤモンドの鉱山をめぐる争いから内戦（国内での戦い）が起こり、2002年に終わりました。今は国の立て直しがはかられています。

アフリカ

首都フリータウンのそばの海岸で、サッカーのゲームで遊ぶシエラレオネの子どもたち。

基本データ

- 正式国名（略称） シエラレオネ共和国 Republic of Sierra Leone（SLE）
- 首都 フリータウン
- 面積 7万2300km²（日本の約5分の1）
- 人口、人口密度 645万3000人、89人／km²（2015年）
- 通貨 レオン
- おもな言語 英語、クリオ語、メンデ語、テムネ語

ギニア／フリータウン／大西洋／リベリア

プラスワン シエラレオネと日本

シエラレオネは内戦で、水道の施設もこわされました。そのため住民の約80％が汚れた水を使用していて、病気になる人が多くいました。

そこで、日本が新しい水道施設を作る手伝いをしました。汚れた水をきれいにする技術や、安い費用で施設をたもち続けていく方法を教え、安全な水が使えるようになりました。

ミニミニトピック

シエラレオネは「ライオンの山」という意味のポルトガル語。15世紀、ポルトガル人がフリータウン近くの山で鳴りひびいた雷におどろいて「ライオンの山」とよび、それが国名になりました。

269ページの答え ②

奴隷船をとりしまったイギリス軍

1787年、イギリス人のグランビル・シャープによってつくられたフリータウンは、初めはシャープの名前をとってグランビルタウンと名づけられました。その後、シエラレオネの先住民（もとから住んでいた民族）が街をおそう事件が起こりましたが、カナダから移ってきた元奴隷たちが街を建て直し、それからはフリータウンとよばれるようになりました。

1808年からは、イギリス海軍がフリータウンを基地に奴隷船をとりしまるようになります。イギリス海軍につかまった船の奴隷たちはフリータウンに住むようになり、街はいっそう発展しました。

フリータウンの住民となった元奴隷たちやその子孫はクレオールとよばれ、商人や役人、教師などの仕事について、安定してくらせるようになりました。その一方で、生活が苦しい先住民たちの不満が高まり、対立も生まれました。

首都フリータウンの街並み。奴隷から解放されて自由になった人々が、安心して住める土地として発展してきた。

大自然がまるごと残る、オタンバ・キリミ国立公園

シエラレオネ北部のギニアとの国境近くには、広大な森林や草原があります。東はオタンバ、西はキリミとよばれるこの場所では、昔は野生動物たちの狩りが行われていました。そこで、シエラレオネの政府は、野生動物たちを守るために、国で最初の国立公園をここにつくりました。

オタンバとキリミには人間の手がほとんど入っていなかったので、そのままの自然が残っています。コロブスというとてもめずらしいサルを始め、チンパンジー、カバなど、いろいろな動物がくらしていて、観光客は歩きながら見て回ることができます。

この国立公園は国にとっても貴重な収入になっていましたが、内戦の影響や、交通の整備のおくれのため、最近では観光客がへってきています。

ミニミニクイズ シエラレオネの内戦原因にもなった、この国でとれる貴重な鉱石は何でしょうか。
① ダイヤモンド　② 鉄鉱石　③ 銅

答えは次のページ ▶

奴隷から解放された人たちがつくった国
リベリア

赤と白の11本の線はアメリカから独立するときに、深く関わった11人を表している。

奴隷だった人々が19世紀にアフリカ大陸に帰り、新しい国をつくりました。

自由になった喜びが国名になった

リベリアは、アフリカ大陸の南西のはしにある国です。大西洋に面した海岸ではサンゴ礁やマングローブが見られ、中央には草原が広がっています。

15世紀ごろヨーロッパ人はアフリカ大陸の人々をアメリカ大陸に連れていき、奴隷として働かせていました。その後、アメリカで奴隷制度に反対する運動が起き、1822年に奴隷だったアフリカ人を連れてきて街をつくりました。それが今のリベリアです。リベリアは「自由」という意味です。

その後は、内戦（国内での戦い）が起き、2003年まで続きましたが、今は経済に力を入れていて、鉄鉱石や天然ゴムなどを輸出しています。

リベリアの首都モンロビア。モンロビアの海岸部には港もあり、昔も今も外国との貿易がさかん。

アフリカ

基本データ

正式国名（略称） リベリア共和国　Republic of Liberia（LBR）
首都　モンロビア
面積　11万1369km²（日本の約3分の1）
人口、人口密度　450万3000人、40人／km²（2015年）
通貨　リベリア・ドル
おもな言語　英語、各部族語

プラスワン
リベリアのスポーツ

リベリアではサッカーが人気です。国のスター選手ジョージ・ウェアがいます。1995年にアフリカ人初のバロンドール（ヨーロッパの年間最優秀選手賞）を受賞しました。

その後、ジョージ・ウェアは、内戦で傷ついた母国、リベリアを良くしようと、国内で活動し、2017年には大統領選に立候補しました。

ミニミニトピック
リベリアは鉄鉱石と天然ゴムの輸出がアフリカ屈指でしたが、内戦のため経済は弱ってしまいました。しかし内戦終結後は、各国による復興支援や天然ゴムの価格上昇、鉄鉱採掘の再開によって経済は上昇しつつあります。

271ページの答え
①

世界で2番目に船が多い?

　人間に国籍があるように、じつは船にも国籍があります。船の場合は、船籍といいます。

　人や荷物を運ぶ商船の船籍を見てみると、リベリアは、パナマに次いで、世界で2番目に船が多い国だということがわかります。でも、だからといって、リベリアの船会社がたくさんの船をもって、さかんに人や荷物を運んでいるわけではありません。

　船は、人間の国籍とちがって、世界のどの国からでも自由に船籍を選ぶことができます。そして、船籍のある国に税金をはらうことになっています。リベリアはその税金が安いので、多くの船の持ち主が、リベリアで船籍を登録しているのです。一方、リベリアは、1せき1せきの税金は安くても、たくさんの船から税金が入ってくれば、それだけ大きな利益を上げることができます。

　船からの利益は、リベリアの経済をささえる柱の1つになっています。

たくさんの命をうばったエボラ出血熱

　2013年から2015年にかけて、リベリアのほか、シエラレオネ、リビアなど、西アフリカでエボラ出血熱が流行しました。これはエボラウイルスによって感染し、多くが命を落とす、こわい病気です。

　エボラ出血熱は、1970年代からたびたび流行していましたが、ほかの国々にまで広がったのは、これが初めてでした。リベリアでは大勢が感染し、そのうちの約4800人が亡くなりました。リベリアで死者が多かったのは、まずしくて栄養状態の悪い人が多かったためだと考えられています。

　エボラ出血熱の予防法や治療法は見つかっていません。そのため多くの人々がこの病気の研究が進むことを願っています。

ミニミニクイズ 奴隷から解放されたあと、リベリアの建国に大きく関わった人たちはどこの国から来たでしょうか? ① フランス ② インド ③ アメリカ　答えは次のページ ▶

273

チョコレートの原料・カカオの生産が世界一
コートジボワール

オレンジは北部のサバンナ、緑は南部の森林、真ん中の白は2つの地域を1つにするという意味。

象牙を輸出して栄えたコートジボワール。今は、カカオの生産がとてもさかんです。

象牙の取り引きから国名がついた

コートジボワールは西アフリカにあります。北部には草原地帯、南部には熱帯林が見られます。

コートジボワールは、「象牙海岸」という意味のフランス語です。象牙はゾウのキバのことで、貴重で、値打ちがとても高かったのです。15世紀ごろからヨーロッパ人が来て、象牙をもち帰るようになりました。そのとき、たくさんの象牙が積み出された場所が象牙海岸とよばれ、国名になりました。

19世紀末、フランスは、コートジボワールを完全に植民地化すると、港や鉄道、カカオなどの農園をつくりました。1960年にフランスから独立し、最近では経済の成長に努めています。

アフリカ

コートジボワールのサバンナにいる野生のアフリカゾウ。現在は頭数も少なく、絶滅のおそれがある。

基本データ

正式国名（略称） コートジボワール共和国 Republic of Cote d'Ivoire（CIV）
首都 ヤムスクロ
面積 32万2463km²（日本よりやや小さい）
人口、人口密度 2270万2000人、70人／km²（2015年）
通貨 CFAフラン
おもな言語 フランス語、各民族語

プラスワン コートジボワールのスポーツ

コートジボワールで人気があるスポーツはサッカーです。アフリカ大陸の中でも強豪国の1つで、アフリカの国々が集まる、アフリカネイションズカップでは、これまでに2回優勝しています。

2014年のワールドカップ・ブラジル大会で、日本は、グループリーグでコートジボワールに負けました。

ミニミニトピック コートジボワールでは、1993年から石油の生産が始まりました。今では、コーヒーなどとならぶ重要な輸出品になっています。

273ページの答え ③

大統領のふるさとを首都に！

　コートジボワールは1960年に独立国となって、ウフェボワニが最初の大統領になりました。ウフェボワニは強い力をもって政治を進め、1983年には首都をそれまでのアビジャンから、自分の故郷であるヤムスクロにうつすと決めました。

　ヤムスクロは沼地と草原しかない土地でしたが、そこに大統領が住む屋敷や国会議事堂、役所が置かれることになったのです。大統領は、さらに大聖堂（キリスト教の大教会）もつくりました。この大聖堂はバチカンのサン・ピエトロ大聖堂をもとにしていて、建物の窓にはイタリア製のステンドグラスがはめられ、とても豪華なつくりでした。建てるのに100億円以上かかったといわれています。

　大統領として30年以上も政治を動かしていたウフェボワニは、新しい首都が完成する前の1993年に亡くなってしまいます。そのお葬式には、大聖堂が満員になるほどの人々が集まりました。

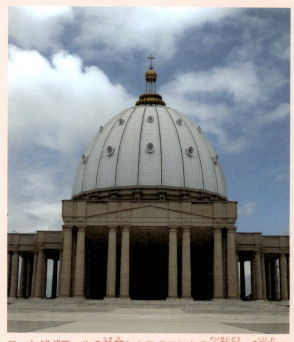

コートジボワールの首都ヤムスクロにある大聖堂。「平和の聖母聖堂」ともよばれている。

カカオの生産量は世界一！

　ヤムスクロの前に首都だったアビジャンは、ギニア湾に面していて、フランスの植民地時代に港が整備され、大型船の出入りができるようになりました。そして、カカオ豆、木材が船で大量に輸出されるようになったのです。

　コートジボワールは、独立後もコーヒーやカカオ豆の生産に力を入れ、カカオ豆の生産は世界第1位になりました。カカオ豆はチョコレートの原料となる木の実です。世界中で愛されるチョコレートはコートジボワールの農家がささえていたのです。

　カカオは、コートジボワールでも、熱帯の気候の南部でしか栽培できません。そのため南部の経済が成長し、国の外からも人が集まるようになりました。

ミニミニクイズ　1960年に独立するまで、コートジボワールはどこの国の植民地でしたか。
① ポルトガル　② フランス　③ スペイン

答えは次のページ ▶

苦しいことも助け合いの心で乗りこえる国
ブルキナファソ

赤は戦争で流れた血、緑は豊かに実る農作物と希望、黄の星はこの国で採れる金などを表している。

清らかな心を大切にする人々は、災害が起こっても、助け合いながら乗りこえています。

モシ王国があった国

ブルキナファソは西アフリカの国です。北部は寒暖の差がはげしく、乾季の夜は気温が10度まで下がり、雨季の日中は日陰でも40度まで上がります。

11～13世紀ごろ、モシ族が、モシ王国をきずきました。しかし、19世紀末にフランスの保護領にされ、一時期はセネガルなどの一部に組みこまれてしまいます。その後、1919年にセネガルから切りはなされましたが、この国の人々は、体が強く勤勉なため、労働力として利用されました。

第二次世界大戦後に独立運動が起こると、1960年にオートボルダ共和国として独立し、1984年に国名をブルキナファソに変えました。

首都ワガドゥグーの様子。国の交通や教育、観光の中心地で、かつてはモシ王国の都でもあった。

基本データ

正式国名（略称） ブルキナファソ　Burkina Faso（BUR）
首都　ワガドゥグー
面積　27万2967km²（日本よりやや小さい）
人口、人口密度　1810万6000人、66人／km²（2015年）
通貨　CFAフラン
おもな言語　フランス語、モシ語、ディウラ語、グルマンチェ語

プラスワン　ブルキナファソと日本

ブルキナファソでは、柔道や空手といった武道に人気があります。国内には柔道のクラブが25あります。
日本からも柔道を教えるために、柔道選手がブルキナファソへ行って、子どもから大人まで、はば広く指導しています。2016年のリオ・オリンピックでもブルキナファソの男子柔道選手が出場しました。

ブルキナファソでは、ほとんどの人が農業をしています。主要な輸出品である綿花やゴマなどのほか、主食のソルガム（雑穀）やサトウキビなどを栽培し、北部や東部では牛や山羊の飼育も行っています。

275ページの答え
②

1000年以上残る、とりでのような集落

さまざまな部族が住むブルキナファソでは、地域ごとに個性豊かな文化が育まれてきました。

南部にくらすカッセーナの人々は、日干しレンガを積み重ねて、四角形や筒形などの家をつくります。カッセーナの人々は一族でここに集まって住んでいて、女性が家の壁に模様をかきます。そして、家と家とは土の壁でつながっていて、外から敵が入ってくるのをふせぐ、とりでのようになっています。

一方、南西部の国境近くには、ロロペニの遺跡群とよばれる、石でできた遺跡が残されています。ロロペニは、14世紀から17世紀にかけて金をほり出したり、サハラ砂漠を横断して交易を行ったりして栄えた地域です。遺跡群のまわりは石の壁に囲まれて、ここもとりでのようになっていました。このうち、保存状態のよい10か所の遺跡が、2009年に世界遺産に登録されています。

カッセーナの人々の家。四角形の家には男の人が、つつ形やひょうたん形の家には女性と子どもが住んでいる。

ブルキナベ（ブルキナファソ人）の「連帯」

ブルキナファソは、「清廉潔白（心が清らかで欲が少なく、けがれがないこと）な人の国」という意味です。そんな国名を表すエピソードがあります。

ブルキナファソには、国家連帯大臣という役職があるほど、「連帯」という言葉がよく使われます。ブルキナベ（ブルキナファソ人のこと）は、人と人のつながりを大切にしていて、身近な人が困っていたら、みんなで助け合おうとする国民性なのです。

2009年9月、首都のワガドゥグーで大雨がふりました。雨は夜中までふり続き、大洪水を引き起こします。多くの家だけでなく道路や橋もくずれ、15万人の人々が被害にあいました。この洪水でもブルキナベたちは、被害にあった人たちに、できる範囲でお金の支援や衣服の寄付をしました。

ミニミニクイズ　ブルキナファソはかつて何という名前の国でしたか。
① オートボルタ　　② スーダン　　③ ロロペニ

答えは次のページ ▶

昔は黄金海岸、今はカカオの生産国で有名
ガーナ

赤は戦争で流れた血、黄は金などの資源、緑は豊かな森林、黒い星は自由への道しるべを表す。

今のガーナは、金のほかにカカオ豆なども輸出し、西アフリカのモデルとされています。

かつて「黄金海岸」とよばれた国

ガーナは西アフリカにあり、南側はギニア湾に面した、ほぼ長方形の形をした国です。南西部はカカオの産地になっています。

ガーナには多くの民族がいますが、1471年にポルトガル人がやって来て、海岸沿いに貿易の拠点をつくりました。そこで金が見つかったことから、かれらはこの地域を「黄金海岸」とよびました。

19世紀になると、イギリスの植民地となりましたが、1957年に独立し、国名も1960年にはガーナ共和国に改められました。最近では政治や経済も安定してきて、西アフリカの国々のモデルとして期待されています。

かつては「黄金海岸」とよばれていたガーナの海岸地域にあるエルミナの漁港。今はたくさんの釣り船でにぎわっている。

アフリカ

基本データ

- 正式国名（略称） ガーナ共和国　Republic of Ghana（GHA）
- 首都　アクラ
- 面積　23万8537km²（日本の約3分の2）
- 人口、人口密度　2741万人、115人／km²（2015年）
- 通貨　ガーナセディ
- おもな言語　英語、各民族語

プラスワン　ガーナのスポーツ

ガーナで人気のあるスポーツはサッカーです。

サッカーのガーナ代表は、アフリカ選手権大会で過去に4回優勝しています。2010年のワールドカップではベスト8で、アフリカ大陸の国の中でいちばんの成績です。

ヨーロッパのチームで活やくするガーナ選手も多くいます。

ガーナでは、日本との交流の1つとして高知県の伝統的な民謡・踊りである「よさこい」が踊られています。2002年から2016年までに「ガーナでよさこい」のイベントが15回、行われています。

277ページの答え
①

手作業でていねいにつくられる、ガーナのカカオ豆

日本人が大好きなチョコレートの原材料は、カカオ（カカオ豆）です。日本はいろいろな国からカカオを買っていますが、最大の輸入先はガーナです。ガーナは日本人にとって、とてもなじみの深い国なのです。

ガーナでのカカオ生産は大規模なものではなく、小規模の農家によって行われています。農家は、まず耕地になっていないところをナタのような道具を使って開拓し、自分たちの主食であるバナナやイモ類などを植えます。機械は使わないので、1年でつくることのできる畑は小さく、自分たちの主食を確保しながらカカオ畑をつくっています。

カカオは、十分な収穫を得られるようになるまで数年かかります。カカオは時間をかけてつくられ、私たちのもとへとどけられているのです。

カカオの実からとり出したばかりのカカオ豆。生産量は年間約83万tで、コートジボワールに次ぐ世界第2位。

ガーナで亡くなった野口英世

1000円札にもえがかれている細菌学者の野口英世は、1918年、アメリカの医学研究所で研究を行い、流行していた黄熱病の調査団に加わりました。野口は、そこで黄熱病の病原体が微生物であると発表しましたが、これは誤りで、本当の原因は小さなウイルスで、これが感染することがわかりました。

その後、西アフリカでも黄熱病が発生します。当時の西アフリカは気候がきびしく、マラリアや黄熱病といった熱帯病もあって、多くの人々が命を落としていました。野口はすぐにアフリカの調査に行きますが、1928年、自らも黄熱病に感染し、現在のガーナの首都であるアクラの病院で亡くなりました。野口英世の名前は、アフリカの病気対策に貢献した人におくられる「野口英世アフリカ賞」によって、今も語りつがれています。

ミニミニクイズ かつて、ガーナの南の海岸は何とよばれていたでしょうか。
① 象牙海岸　② 湘南海岸　③ 黄金海岸

答えは次のページ ▶

トーゴ

ヨーロッパの国々の間でゆれ動いた国

赤は戦争で流れた血、緑は希望と国民、黄は働くことを表す。緑と黄の線はトーゴの5つの地方。

いろいろな国の支配を受けて、1つの国としてまとまろうとしています。

植民地時代に産業や交通が整えられた

トーゴ共和国は西アフリカにある南北に細長い国です。気候は南部の熱帯雨林気候から、北部のサバンナ気候へと変化します。

トーゴは長い間、1つの国としてはまとまっていませんでした。1884年にドイツが進出してくると、初めに南部の海岸部が支配され、翌年には全土が植民地となりました。ドイツの支配の間に地下資源の開発やカカオ・綿花の栽培、道路や鉄道、港などの整備が行われました。

第一次世界大戦後は西部をイギリス、東部をフランスが治めました。現在のトーゴは、フランスに治められていた東部が1960年に独立したものです。

トーゴの首都ロメにある独立記念碑。1960年4月にトーゴがフランスから独立した記念に建てられた。

アフリカ

基本データ

正式国名（略称） トーゴ共和国
Republic of Togo（TOG）
首都 ロメ
面積 5万6785km²（日本の約5分の1）
人口、人口密度 730万5000人、129人／km²（2015年）
通貨 CFAフラン
おもな言語 フランス語、エヴェ語、カビエ語

プラスワン トーゴと日本

トーゴでは現在、首都のロメにある港の開発を進めています。今までの漁港は工事のために一時的に3分の1まで小さくしました。そのため、漁船がぶつかる事故や、衛生環境が悪くなるといった、問題があり、開発が進みませんでした。
2016年から日本の経済的支援と技術支援が始まっています。

2011年3月、日本で東日本大震災という大きな地震がおきたとき、トーゴからは木材が送られました。これらの木材を使って、地震の被害にあった子どもたちのおもちゃなどがつくられました。

279ページの答え
③

塔の家・タキエンタには目も口もある!?

トーゴの北東部に位置するクタマクの風景は、東側のとなりの国ベナンの近くまで広がっています。クタマクとは、トーゴ北東部の山あいの地域で、現在も伝統的な農業や林業をいとなむ少数民族、バタマリバ人のくらす場所でもあります。ここには、タキエンタとよばれる、土でつくられた、塔のような住居が立ち並んでいます。それらの多くは2階建てで、2階は穀物倉庫になっています。

また、タキエンタはバタマリバ人の宗教にもとづいて建てられていて、ドアは口、窓は目というように、人の体に対応しているといわれています。ほかに儀式を行う場所や泉などもあります。

広大なクタマクの文化的な風景は、タキエンタを中心に人間と自然が調和していて、トーゴのシンボルとなっています。

2004年に「クタマク、バタマリバ人の土地」として世界遺産に登録されました。

少数民族バタマリバ人の家タキエンタ。中には家畜の飼育場所、貯蔵庫、台所、寝室などがある。

サッカー・ワールドカップ初出場で選手の帰国日が祝日に

トーゴではサッカーが人気のスポーツです。多くの子どもたちの練習場は砂浜です。長く長く続く砂浜に、高さ2mほどの棒が2本ずつ立っていて、その棒の上の方に1本の木がわたされています。その木の棒をゴールの代わりにしているのです。砂に足をとられても気にしないで、子どもたちはボールを追いかけています。優秀な選手としてみとめられると、フランスで本格的に育ててもらえるのです。

トーゴがサッカーのワールドカップに初出場したのは、2006年のドイツ大会でした。残念ながらグループリーグで敗退してしまいましたが、代表選手をたたえるために、選手の帰国日は国民の祝日としてお休みになりました。

ミニミニクイズ 1960年までトーゴを統治していた国はどこでしょうか。　① フランス　② スペイン　③ ベルギー　　答えは次のページ▶

争いを終わらせ、国の立て直しを目指す
ベナン

黄は北部に広がるサバンナ、緑は南部のヤシ林などの森林、赤は戦争で亡くなった人を表している。

アフリカ人の奴隷の取り引きで栄えましたが、今は平和で豊かな国をつくろうとしています。

かつて奴隷貿易で軍事大国になった国

西アフリカのベナンは西のトーゴと東のナイジェリアにはさまれた、南北に細長い国です。

この地域は、17世紀にダホメ王国が成立し、ヨーロッパに奴隷をわたす代わりに武器を輸入する、奴隷貿易で栄えていました。しかし19世紀に入ると、ダホメ王国はしだいに力を失っていき、1892年、フランスの保護領となってしまいました。

そして、第二次世界大戦後の1960年に、ダホメ共和国として独立し、1990年に現在のベナン共和国になりました。独立後、暴力による政治権力のうばい合いが5回も起こりましたが、現在は政治が安定し、国の立て直しを進めています。

ベナンで最大の都市コトヌーの様子。ギニア湾にのぞむ港町で、国の経済や文化の中心として発展している。

基本データ

正式国名（略称）　ベナン共和国
Republic of Benin（BEN）
首都　ポルトノボ
面積　11万4763km²（日本の約3分の1）
人口、人口密度　1088万人、95人/km²（2015年）
通貨　CFAフラン
おもな言語　フランス語

プラスワン　ベナンと日本

ベナンは国を立て直すために、子どもへの教育環境を整備しています。小学校は無料で通うことができますが、学校の数が少なかったり、勉強するための机や椅子が足りなかったりしています。

日本は小学校の建設を手伝ったり、教室に必要な机や黒板などを寄付して支援しています。

ベナンでは農業がさかんで、キャッサバや米、サツマイモなどを育てています。キャッサバからは、タピオカというでんぷんがとれます。そのほか、アブラヤシからとれるパーム油などを輸出しています。

281ページの答え　①

アフリカのベネチアとよばれるガンビエ

ベナンの南部に、コトヌーという経済的に発展した都市があります。その近くにあるノコウエ湖の上では、アイゾ人が集落をつくっています。湖の上に人々がくらしているのです。この集落はガンビエとよばれ、人口は4万5000人ほどいるそうです。アフリカ最大の水上都市として、海外から多くの人々がおとずれる観光名所になっています。

1717年ごろから、奴隷になるのをおそれた人々が湖の上に、ピロティとよばれる竹とかやでつくった家に住み始めたのが、ガンビエの始まりとされています。現在は多くの人が漁業によって生計を立てています。家はもちろん、学校や病院、銀行もすべて水の上にあり、移動は小さな舟で行っています。

イタリアの都市ベネチアは昔から運河（人工の川）が発達して、今も人々は水上バスなどで移動しています。それにならって、ガンビエの町は、「アフリカのベネチア」ともいわれています。

ノコウエ湖にある水上都市ガンビエ。移動はすべて舟なので、ほとんど全員が舟をもっている。

世界遺産「アボメイの王宮群」が大切な理由

ベナンで世界遺産に登録されているのが、アボメイの王宮群です。アボメイは、17世紀から19世紀に栄えた、ダホメ王国の首都とされていた地です。

アボメイの王宮群は、かつて、ダホメ王国を治めていた12人の王によって、12の宮殿がきずかれました。その多くは竜巻の被害によって失われ、現在では、宮殿全体が残っているのは2つだけになっています。宮殿は、そのほとんどが土でつくられ、柱には動物の彫刻、壁に動物の絵がえがかれています。

当時のダホメ王国は、奴隷貿易によって手に入れた武器で周辺の国々を支配し、その国の人々を奴隷にしました。アボメイの王宮群は、奴隷貿易の歴史を伝える、重要な遺産になっているのです。

ミニミニクイズ ノコウエ湖にある水上集落を何というでしょうか。
① ガンビエ　② ベネチア　③ アボメイ

答えは次のページ ▶

283

砂漠におおわれた、貴重な資源の宝庫
ニジェール

オレンジはサハラ砂漠、白は清らかさ、緑は川沿いに広がる農業地帯、中央の円は太陽を意味する。

ウランや石油などの貴重な資源がねむり、経済の発展を目指す。

国土全体が乾燥した砂漠の国

西アフリカのニジェールは、海がありません。北部は砂漠地帯、南部はサバンナ地帯です。南部は比較的雨がふりますが、それ以外の地域はほとんど雨がふらなくて乾燥しています。

この地域では数々の王国が争いをくり広げ、多くの民族が入ってきました。1922年にニジェールは、フランスの植民地となります。第二次世界大戦後の1960年に独立しましたが、国内は不安定な状況が続いています。

ニジェールはウランがとても豊富で、その輸出がおもな収入源です。また最近では石油の生産も始めていて、経済を発展させようと試みています。

砂漠に囲まれたオアシス都市アガデスの女性たち。アガデスの周囲では、スズやウランなどがほり出されている。

基本データ

正式国名（略称）　ニジェール共和国　Republic of Niger（NIG）
首都　ニアメ
面積　126万7000km²（日本の約3倍）
人口、人口密度　1989万9000人、16人／km²（2015年）
通貨　CFAフラン
おもな言語　フランス語、ハウサ語

プラスワン　ニジェールと日本

ニジェールでは電気を発電するための原子力の燃料になるウランがとれます。ニジェールは、そのウランを輸出しています。

資源がとぼしい日本は、ニジェールからウランを輸入していました。しかし、2011年の東日本大震災の原子力発電所の事故により現在は輸入をしていません。

ミニミニトピック　ニジェールの国名の元であるニジェール川は、どう流れているかが長い間なぞでした。18世紀に5人の探検家が調査するも失敗。19世紀にシエラレオネからマリやナイジェリアを通り、ギニア湾に注ぐことがわかりました。

283ページの答え　①

アフリカ

掃除機の先のような口の恐竜が歩いていた!?

　今から1億年以上前、アフリカ大陸は今よりも緑が豊かで、さまざまな恐竜がすんでいました。そのころの化石が、ニジェールのあちらこちらで発見されています。

　そのうち、1997年と2000年に骨がほり出された恐竜は、全長約10mで体はあまり大きくありませんが、とても特徴のある顔をしていました。口が掃除機の先のように横に広がっていて、上の歯も下の歯も、まっすぐ横1列にならんでいたのです。

　この恐竜は、顔を地面に近づけ、歯で草を切りとって食べていたと考えられています。歯がすりへっても、すぐ後ろに代わりの歯が生えていました。骨が発見された国の名前をとって、この恐竜は、ニジェールサウルスと名づけられています。

ニジェールサウルスの歯は、上下合わせて80本、すりへったときの予備の歯もふくめると、500本もあったといわれる。

ちょっと変わった美人コンテスト?

　ニジェールのウォダベという遊牧民族の間では、美しい人を決めるコンテストが開かれます。美人コンテストに出場する人は、化粧をし、セクシーな衣装を着て、かざりものをつけていますが、みなさんが考えている美人コンテストとは少しちがいます。

　美人とは、必ずしも美しい女性だけを指す言葉ではありません。ウォダベの美人コンテストは、美男子がだれなのかを競い合うのです。参加する男性は顔を赤、白、黄色の粘土でぬり、アピールをするために何時間もおどります。そして、優勝者は女性たちの審査によって決められるのです。ウォダベの女性にとっての美男子の基準は、背が高く、筋肉がついていることだそうです。

　このコンテストはゲレウォールとよばれ、ふだんははなれてくらしている遊牧民たちが、1年に1度集まる特別なイベントになっています。

ミニミニクイズ　ニジェールの国土の多くはどのようなところでしょうか。
① 砂漠　　② 熱帯雨林　　③ 湿地

答えは次のページ ▶

ノリウッドで映画界に進出したアフリカの巨人
ナイジェリア

緑は豊かな森と農地、白は人々が団結して国が1つにまとまり、平和になることを表す。

経済が進んだナイジェリアはアフリカの大国です。最近は映画産業が成長して話題です。

大陸最大の人口をほこるアフリカの巨人

ナイジェリアの人口はアフリカ大陸でいちばん多く、経済もさかんです。ナイジェリアの国土のほとんどはなだらかな丘で、西から南へニジェール川が流れ、ギニア湾に注いでいます。

14世紀に栄えた南部のベニン王国は、ポルトガルと奴隷貿易を行い、武器を手に入れるようになります。1900年にはイギリスの保護領になりました。それまで、この地域の北部と南部は別々に治められていましたが、1914年には統一されました。

1960年、ナイジェリアは独立して、4つの州からなる国家となりました。しかし、州同士の対立が絶えず、今も不安定な状態が続いています。

1991年から首都になったアブジャ。市の中心部の建設計画は、日本の建築家・丹下健三によって立てられた。

基本データ

正式国名（略称） ナイジェリア連邦共和国
Federal Republic of Nigeria（NGR）
首都 アブジャ
面積 92万3768km²（日本の約2倍）
人口、人口密度
1億8220万2000人、
197人／km²（2015年）
通貨 ナイラ
おもな言語 英語、ハウサ語、ヨルバ語、イボ語

プラスワン ナイジェリアのスポーツ

ナイジェリアで人気のスポーツはサッカーです。ワールドカップはアフリカの予選を勝ち抜いて、4回出場しています。

オリンピックでは、1996年のアトランタ・オリンピックで金メダルをとりました。2016年のリオ・オリンピックでは銅メダルで、日本は予選リーグで対戦して負けました。

ミニミニトピック ナイジェリアの経済をささえているのは鉱業で、とくに石油や液化天然ガスなどの資源が輸出の大部分をしめています。日本も火力発電所の燃料となる液化天然ガスを輸入しています。

285ページの答え
①

アフリカのハリウッド

ナイジェリアは、アフリカでもっとも映画産業が盛んな国として知られています。アメリカの映画産業の中心地であるハリウッドにちなんで、ノリウッドとよばれています。ナイジェリアの頭文字であるNをとって、ノリウッドとしているようです。

1990年代から映画づくりがさかんになり、現在では年間2000本以上もの映画がつくられているといわれています。ノリウッドの歴史はまだ25年ほどですが、映画が完成したら、すぐにビデオにすることで産業として成立させているのです。

映画の内容は、その多くがナイジェリアの暮らしや文化、日常生活がテーマですが、最近では恋愛やアクションなどのジャンルもふえつつあるそうです。ナイジェリア国内に映画館は30館ほどしかありませんが、ノリウッド作品はアフリカのさまざまな国で受け入れられているそうです。

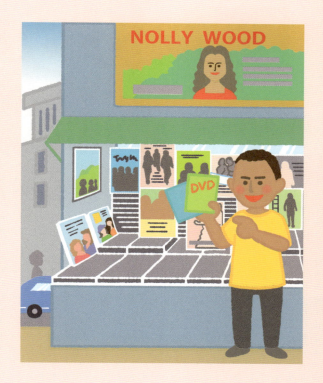

地域や民族でことなる農業や食べ物

ナイジェリアの料理、エグシスープ。ウリ科のエグシの種を細かくしたものと、肉や野菜といっしょににこんだ料理。

ナイジェリアの農業の方法や食べ物は、地域や民族によって大きくことなります。北部のハウサ人はおもに穀物を栽培していますが、同じ北部のフラニ人は牛を飼う牧畜を好みます。南部ではチョコレートの原料になるカカオ豆が森林地帯でつくられています。また、東部ではマーガリンや石けんの原料になるアブラヤシや落花生などがつくられています。

食べ物も、南北でちがいがあります。南部ではサツマイモににたキャッサバや、イモの仲間であるヤムイモを主食にしています。北部ではミレットやモロコシとよばれる雑穀が主食となっています。

しかし、ナイジェリア国内の食料の生産は、1億人をこえる人口をまかなえていないため、多くの食料を海外からの輸入にたよっている状態です。

ミニミニクイズ ナイジェリアの映画産業のことを何とよぶでしょうか。
① ノリウッド　② ボリウッド　③ ハリウッド

答えは次のページ ▶

緑は南部の緑が豊かな国土、黄は北部のサバンナ、赤と黄色の星は南北が1つになることを表す。

自然も人も文化も、アフリカの全部がつまった
カメルーン

250以上の部族が集まり、言葉も250種以上使われていて、ミニ・アフリカとよばれます。

250もの部族が集まるミニ・アフリカ

カメルーンの国土は、北部に砂漠、中部に山脈、南部に熱帯雨林が広がっています。約250もの部族が住み、ミニ・アフリカとよばれています。

15世紀末、ポルトガル人がカメルーンに進出して、奴隷貿易を始めました。その後、ドイツがここを支配しましたが、第一次世界大戦でドイツが敗れると、カメルーンの国土の5分の1にあたる西カメルーンがイギリス、5分の4にあたる東カメルーンがフランスの占領下に置かれました。

1960年に東カメルーンがカメルーン共和国として独立。西カメルーンの一部がナイジェリアに合併され、残りはカメルーン共和国と統合されました。

首都ヤウンデの市場の様子。カメルーンはバナナをたくさん栽培している。

基本データ

正式国名（略称）　カメルーン共和国
Republic of Cameroon（CMR）
首都　ヤウンデ
面積　47万5650km²（日本の約1.3倍）
人口、人口密度　2334万4000人、49人／km²（2015年）
通貨　CFAフラン
おもな言語　フランス語、英語、各部族語

プラスワン　カメルーンのスポーツ

カメルーンで人気のスポーツはサッカーです。アフリカの中でも強豪国の1つです。

2000年のシドニー・オリンピックでは金メダルをとりました。

2002年に日本と韓国で行われた日韓ワールドカップでは、大分県の中津江村（現在の日田市）でカメルーン代表が合宿を行いました。

カメルーンでは工業が急速に発達しています。サナガ川の水力発電による大規模なアルミニウム工場や、地元産の木材やゴムを原料とした製紙工場、タイヤ工場などがつくられています。

287ページの答え　①

前人未踏の野生動物たちの楽園

カメルーンの南部には、世界遺産に登録されているジャー動物保護区があります。ちょうど赤道の真下あたりにあたるところで、ジャー川のまわりに熱帯雨林が広がっていて、総面積は5300km²にもなります。先住民のピグミー族がくらしていますが、それ以外の人間はほとんど足をふみ入れたことがなく、そのままの自然が残っています。

ここには、ニシローランドゴリラやチンパンジー、サルの仲間のオオハナジログエノン、アフリカスイギュウなど、さまざまな野生動物がすんでいます。また、高級家具や楽器の材木になるマホガニーの原生林（自然のままの森林）があるほか、ランやシダなどの植物もいろいろ見られます。

この保護区で狩りをすることは禁止されていますが、ピグミー族にだけは狩りがゆるされています。貴重な自然といっしょに、ピグミー族の伝統的なくらしも大切に守ろうとしているのです。

アフリカの食をささえるキャッサバ

カメルーンは干ばつの影響が少ないため、コーヒーやバナナ、ゴムなど輸出のための作物のほか、トウモロコシやミレット（雑穀）、落花生、キャッサバといった、主食となる食物が栽培されています。

キャッサバは、もともと南アメリカ近辺でつくられていた作物ですが、1700年ごろ、ポルトガル人がアフリカにもたらしたといわれています。干ばつに強く、栄養のとぼしいやせた土地でもよく育ちます。また、収穫をしなくても4年間は土の中に残しておける上、簡単に繁殖するので、栽培しやすいのです。しかし、食べるときには毒ぬきが必要で、この作業は女性がになっています。きびしい環境でも育つキャッサバは、アフリカの食をささえているのです。

キャッサバは、サツマイモににていて、むしたり、ゆでたり、油であげたりして調理する。

ミニミニクイズ　カメルーン南部にあり、ニシローランドゴリラなどの野生動物が見られる場所はどこでしょうか。
① アイル・テレネ自然保護区　② ジャー動物保護区　③ オタンバ・キリミ国立公園
答えは次のページ ▶

医師のシュバイツァーが生涯をささげた
ガボン

緑は国土の80％にもなる豊かな森林、黄は太陽や赤道、青は南大西洋の海を表す。

植民地時代、ドイツ人医師のシュバイツァーは、ガボンの人々のために力をつくしました。

石油やマンガンがとれて豊かになった

ガボンはアフリカ大陸の中部にあり、国の真ん中あたりを赤道が横切っています。国の西側は大西洋に面していて、海岸の近くには平野が開けています。

15世紀末にポルトガルが進出してきて、奴隷貿易を始めました。ガボンは、ほかにも象牙（ゾウのキバ）も輸出していました。装飾品などに使われる象牙は、高値で取り引きされていたのです。

1910年、フランスがガボンを植民地にすると、木材の売買がさかんになりました。そして、1960年にガボンが独立してからは、石油やマンガン、ウランなどの資源開発が進められ、経済的に豊かになっていきました。

アフリカ

首都リーブルビルでの野外マーケットの様子。国で最大のマーケットで、大勢の人が売り買いをするために集まる。

基本データ

正式国名（略称） ガボン共和国　Gabonese Republic（GAB）
首都　リーブルビル
面積　26万7668km²（日本よりやや小さい）
人口、人口密度　172万5000人、6人／km²（2015年）
通貨　CFAフラン
おもな言語　フランス語

プラスワン　ガボンと日本

ガボンには首都リーブルビルに柔道クラブが9つあります。地方でも柔道が行われていますが、必要な施設や道具がそろっていません。

日本は教育指導の1つとして柔道の支援を行っていて、柔道ができるように日本の畳や柔道着を送っています。2016年のリオ・オリンピックには、男女ともに出場しました。

ミニミニトピック　ガボンは、ポルトガル語で「船乗りのコート」のことです。ポルトガル人がガボンに来たとき、住民が着ていたフードつきの服がポルトガルの船乗りのコートににていたことから、ガボンとよばれるようになりました。

289ページの答え
②

アフリカのために医者となったシュバイツァー

1913年、ガボンにひとりのドイツ人がやって来ました。医師のシュバイツァーです。

シュバイツァーは、大学で哲学などを学んだあと、牧師や大学の教師として働いていました。しかし、アフリカでは病院や医者の数が足りなくて人々が苦しんでいることを知り、30歳をすぎてから医者をこころざしたのです。

シュバイツァーは、アフリカの人々を熱帯性の病気から救いたいと考えました。熱帯ではマラリアなどの病気が広がり、人々の健康をおびやかしていたのです。シュバイツァーは、フランスの植民地だったガボンに行き、多くの人々の命を救いました。

シュバイツァーはどんなに小さな生き物でも殺さないようにしていたといいます。その生き方は、多くの人々に影響をあたえ、1952年にはノーベル平和賞を受賞しています。

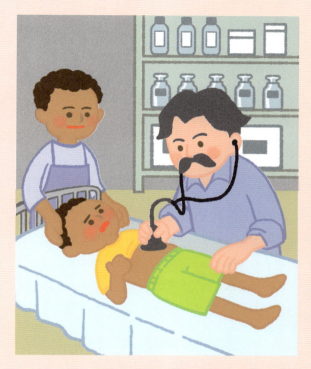

1万5000年前から変わらない風景が世界遺産に

野生のマンドリルは、ガボンからカメルーンにかけて広がるジャングルにすむ。あざやかな赤い鼻が特徴。

ガボンの中央に、ロペオカンダという国立公園があります。ここには熱帯雨林が広がっているのですが、北部には、1万5000年前の氷河期にできたとされるサバンナの草原も見られます。

ニシローランドゴリラやマンドリル、中央チンパンジー、クロコロブス（チンパンジーの仲間）などのめずらしい野生動物が多くすみ、中には絶滅の危機にあるものもいます。

さらに、パンツー族やピグミー族などがずっとここに住んでいて、大昔に岩石にかかれた絵が1800点も残されています。

古代の風景を今も見ることができるこの国立公園は、2007年、「ロペオカンダの生態系と残存する文化的景観」として世界遺産にも登録されました。

ミニミニクイズ 1913年にガボンをおとずれた有名な医者はだれでしょうか。
① 野口英世　② シュバイツァー　③ コッホ

答えは次のページ ▶

291

無人島から小さな農業国になった
サントメ・プリンシペ

2つの星はこの国のおもな島、サントメ島とプリンシペ島を表す。黄は太陽、緑は農作物、赤は平等。

無人島だったサントメ・プリンシペは、サトウキビやカカオを輸出して発展してきました。

砂糖、カカオ豆の産地として栄えた国

西アフリカのサントメ・プリンシペは、ギニア湾にうかぶサントメ島とプリンシペ島からなる国です。どちらも火山によってできた小さな島です。

これらは無人島でしたが、ポルトガル人によって発見され、1483年にポルトガルの植民地となりました。ポルトガルはここで、砂糖の原料となるサトウキビの栽培を行い、19世紀に入ると、カカオやコーヒー豆の栽培も始めました。現在では、国の輸出額の85％をカカオがしめています。

サントメ・プリンシペは、1975年に独立を果たしました。最近は、海底油田が発見され、新たな産油国として注目を集めています。

サントメ・プリンシペの海岸。1年を通じてあたたかい気候なので、ココヤシの木が生えている。

アフリカ

基本データ

正式国名（略称）　サントメ・プリンシペ民主共和国
Democratic Republic of Sao Tome and Principe（STP）
首都　サントメ
面積　964km²（日本の約300分の1）
人口、人口密度　19万人、197人／km²（2015年）
通貨　ドブラ
おもな言語　ポルトガル語

プラスワン　サントメ・プリンシペと日本

サントメ・プリンシペは、アフリカ大陸の中でもまずしい国です。食料のほとんどは輸入にたよっていますが、それでも食べる物がなく、栄養不足の子どもも大勢います。

そのため、日本はサントメ・プリンシペを助ける活動をしています。国民が1年間に食べる米のうち、約30％を日本が支援しています。

ミニミニトピック　サントメ・プリンシペでコーヒーやカカオの生産がふえると、多くの労働者が連れてこられました。イギリスは、この人たちが重労働をさせられていることに抗議して、サントメ島のカカオ豆を買わないようにしました。

291ページの答え　②

292

ジャングルにそびえたつ、ピコ・デ・サントメ

サントメ島の南部のオボ国立公園には、ジャングルが広がっています。そこに、まるで親指を立てたようなふしぎな山があります。高さ2024mのピコ・デ・サントメ（サントメ山）です。

細長い岩を立てたような姿のピコ・デ・サントメですが、ロッククライミングの技術がなくても、歩いて登ることができます。頂上から見わたす島の全景はとてもすばらしく、観光客にも人気があります。

さらに、ふもとの原生林（人間の手が入っていない自然のままの森林）ではバードウォッチングが楽しめるほか、ランやベゴニアなど、さまざまな植物が生えていて、自然を存分に楽しむことができます。

ピコ・デ・サントメの原生林には約800種の植物が生えていて、そのうちの約100種はここでしか見られない。

ランでつながるサントメ・プリンシペと日本

赤道直下にあって日差しが強いサントメ・プリンシペには、さまざまなランが自然に生えています。サントメ島では約100種類、プリンシペ島では約60種類のランが発見されていて、大切に保護されています。ランの保護区には、トレッキング（山歩き）のコースになっているところもあります。しかし、保護区に指定されているサントメ山は高さが2000mをこえ、人はあまり立ち入れません。そのため、ここにはまだ発見されていないランが生えているかもしれないと期待されています。

ランは日本でも栽培されています。中でも愛知県東海市は、シンビジウムやコチョウラン、カトレヤなど、洋ランの特産地として有名です。2005年に愛知県で国際博覧会が行われたとき、東海市とサントメ・プリンシペは協力して、ランの展示を行いました。その後も2つの国は、ランを通じて交流を続けています。

ミニミニクイズ　サントメ・プリンシペに自然に生えていて、保護区がつくられている植物は何でしょうか。
① バラ　② チューリップ　③ ラン

答えは次のページ ▶

石油と天然ガスで一気にお金持ちの国になった
赤道ギニア

青の三角は島々をつなぐ海、緑は農業、白は平和、赤は戦争で流れた血を表す。真ん中は国の国章。

石油と天然ガスが発見されたことで、アフリカを代表する豊かな国になりました。

大陸ではなく島に都があるめずらしい国

赤道ギニアは、アフリカ大陸西部のムビニを中心とした地域と、ギニア湾にうかぶビオコ島などの島々からなる国です。首都は古くから経済の中心地だったビオコ島のマラボに置かれています。

15世紀後半にポルトガルがやってきて、これらの地域はポルトガルの植民地になり、その後はスペインやイギリスの手にわたりました。1843年にふたたびスペインの植民地になり、これは1968年に赤道ギニアとして独立するまで続きました。

赤道ギニアは、カカオやコーヒー豆、木材が重要な輸出品でした。しかし、1992年から石油や天然ガスの生産が始まり、経済が急速に発展しました。

空から見たマラボ港。イギリスの植民地時代につくられた港で、ここから石油などが輸出されている。

基本データ

正式国名（略称） 赤道ギニア共和国
Republic of Equatorial Guinea（GEQ）
首都　マラボ
面積　2万8051km²（日本の約100分の7）
人口、人口密度　84万5000人、30人/km²（2015年）
通貨　CFAフラン
おもな言語　スペイン語、フランス語、ポルトガル語、ファン語、ブビ語

プラスワン　赤道ギニアと日本

赤道ギニアは最近になって石油や天然ガスなどの資源がたくさんとれることがわかり、生産が始まりましたが、輸出するための設備が整っていませんでした。

そこで、日本の企業が協力して、資源をとるため、石油などを運ぶパイプラインをつくり、輸出量が増加しました。

ミニミニトピック

スペインの植民地だった赤道ギニアは、スペイン語を公用語（おおやけの場で使う言葉）とするアフリカでただ1つの国です。最近はフランスやポルトガルとも関係が強まり、それらの国の言葉も公用語に加えています。

293ページの答え　③

大統領の恐怖政治に人口の3分の1がにげ出した！

1968年に赤道ギニアが独立したとき、最初の大統領になったのは、マシアス・ンゲマでした。マシアス大統領は強大な力をふるって政治を行い、自分は死ぬまで大統領を続けると宣言しました。そして、大統領の政治に反対する5万もの人を殺したのです。おそれた人々はほかの国へにげ出し、その数は赤道ギニアの人口の3分の1をこえたといわれます。そのため、コーヒーやカカオの生産量は、独立する前よりも大きく落ちてしまいました。

1979年、大統領のおいにあたるオビアン・ンゲマがクーデター（暴力を使って政府をたおすこと）を起こし、マシアスを処刑しました。そして自分が次の大統領になって新しく憲法をつくり、議会の選挙も行ったのです。しかし、軍の力を後ろだてに、マシアスと同じような政治が行われているため、国民の反発を買い、不安定な状態が続いています。

「うなぎのエリック」とよばれたオリンピック選手

2000年夏、オーストラリアのシドニーで行われたオリンピック大会に、赤道ギニアからひとりの選手が出場しました。エリック・ムサンバニです。

オリンピックでは、多くの国に参加してもらうため、特別に選手を招待することがあります。ムサンバニは水泳を始めてからわずか8か月でしたが、招待選手として、水泳の男子100m自由形に出場しました。赤道ギニアには25mのプールしかなく、練習にはとても苦労したといいます。

ムサンバニのタイムは、世界記録の2倍以上の1分52秒72でしたが、泳ぎ切ったかれの姿は、観戦した人々の心に感動を残しました。そして、ひょろひょろした泳ぎをしていたことから、「うなぎのエリック」とよばれ、多くの人に親しまれたのです。

ミニミニクイズ 赤道ギニアのエリック・ムサンバニ選手が、シドニー・オリンピックで出場した競技は何でしょうか。　① 柔道　② 水泳　③ 体操　　答えは次のページ ▶

295

チャド

人類誕生の地はチャド湖にあった

青は空と希望、黄色は太陽、赤は国民が団結して国を1つにまとまることを表している。

チャドは国土の大半が砂漠におおわれていて、チャド湖もしだいに小さくなってきています。

古くから王国が栄えた国、チャド

チャドはアフリカ大陸の真ん中近く、サハラ砂漠の南東部にあります。アフリカ大陸で5番目に大きな国で、1年を通じて気温が高く、乾燥しています。

ここは古くからサハラ砂漠を通る交易路の重要な場所で、9世紀ごろから19世紀半ばまでカネム・ボルヌ王国が栄えました。20世紀初め、フランスがチャドを植民地にします。そして、人々を奴隷として鉄道建設などで働かせました。

チャドは1960年に独立を果たし、その後、油田が南部で発見されました。現在は石油の輸出がおもな収入となっていますが、経済は立ちおくれていて、人々のくらしはあまり楽ではありません。

南西部の町ムンドゥで料理を作る女性たち。2014年の調査でチャドの食料事情は世界で最下位となっている。

基本データ

正式国名（略称） チャド共和国
Republic of Chad （CHA）
首都 ンジャメナ
面積 128万4000km²（日本の約3倍）
人口、人口密度 1403万7000人、11人／km²（2015年）
通貨 CFAフラン
おもな言語 フランス語、アラビア語

プラスワン チャドと日本

チャドでは、干ばつが続いたり、政府の軍と武装勢力の間で戦いが起こったりして、社会が不安定になっています。そのため、人々は生活に苦しみ、食べるものがなくて困っている人も大勢います。

そこで、日本の政府は、国際機関を通じて、チャドの人々に食料の援助を行っています。

ミニミニトピック チャドでは北と南で文化がちがいます。北部にはイスラム教徒が多いのに対し、南部では多くの人々がチャドの伝統的な宗教を信じています。こうしたちがいから対立が生まれ、しばしば内戦も起こっています。

295ページの答え ②

砂漠の楽園チャド湖が消えてしまう！

チャドには、チャド湖という、かつてアフリカ第4の大きさをほこった湖があります。チャド湖は、シャリ川などから流れこむ水や、地下水によってうるおい、1960年代には面積が最大2万5000km²（琵琶湖のおよそ40倍）もありました。また、周辺に緑が生いしげるチャド湖は、人類の祖先のものと考えられる700万年前の化石が発見されたことでも有名です。

ところが近年、チャド湖が急速に小さくなっています。チャド湖はもともと浅いため、地球温暖化や干ばつなど、気候の影響を受けやすいのです。また、シャリ川周辺の人口がふえたことに加えて、農地の開発やダムの建設が進んだことも原因と考えられてます。今では、雨の少ない乾季になると、チャド湖は昔の15分の1ほどのわずか1600km²になってしまいます。

1973年（上）と2007年（下）に撮影されたチャド湖の衛星写真。緑色の部分がチャド湖で、2007年にはだいぶ小さくなっていることがわかる。そのため魚などがへって、湖で漁業をしていた人にも深刻な影響が出ている。

魚や肉に代わる貴重なたんぱく源、スピルリナ

スピルリナは、水中にすむ藻類の1つです。こい緑色をしていて、らせんの形（ぐるぐるまいたような形）をしているので、ラテン語で「ねじれたもの」という意味のスピルリナという名前になりました。

スピルリナは、たんぱく質をたくさんふくんでいます。チャド湖でもたくさんとれたので、周辺の人々はわらでつくったあみや、ざるですくって、乾燥させ、粉にします。そしてその粉を丸めて、ダイエとよばれる緑色のお菓子をつくったり、パンやスープにまぜたりして、食べているのです。

この地方にある湖や川の水は、こい塩水のため、魚がすめません。また、砂漠なので家畜を育てることもできません。そのためスピルリナは、魚や肉に代わる貴重なたんぱく源となってきたのです。

ミニミニクイズ 近年、チャド湖はどのように変化しているでしょうか。
① 面積がふえている　② 面積がへっている　③ 深くなっている

答えは次のページ ▶

中央アフリカ共和国

アフリカの真ん中にある多民族国家

フランス国旗の青、白、赤と、アフリカの国々でよく使われる緑、黄、赤を合わせた。

中央アフリカ共和国は、野生動物が多くすみ、ダイヤモンドなどの資源も豊富です。

さまざまな部族がくらす国

中央アフリカ共和国は、名前の通り、アフリカ大陸の中央にある国で、国土の大部分は高原です。

ここには、ピグミーとよばれる民族が住んでいました。ピグミーは体が小さく、狩りや、木の実などをとってくらしていたのです。ところが、ピグミーたちはスーダンから来た奴隷商人によって連れて行かれて、19世紀までにいなくなってしまいました。

20世紀に入ると、中央アフリカはフランスに支配されましたが、1960年に独立しました。現在はバンダ族やバヤ族など、さまざまな人々が住み、農業をいとなんでいます。また、ダイヤモンドや金を輸出しています。

ピグミーの部族の１つ、バトワの人たち。平均身長は、男性152.9cm、女性が145.7cmと小柄で、森に住んでいる。

基本データ

正式国名（略称）　中央アフリカ共和国　Central African Republic (CAF)
首都　バンギ
面積　62万2984km²（日本の約1.6倍）
人口、人口密度　490万人、8人/km²（2015年）
通貨　CFAフラン
おもな言語　サンゴ語、フランス語、部族語

プラスワン　中央アフリカ共和国と日本

中央アフリカ共和国では、国の中で争いが続いている上、HIVという、おそろしい感染症も広がり、多くの人々が命を失っています。

そこで、日本のNGO（政府ではなく、個人などが世の中に役に立つためにつくった団体）が、病気やけがをした人々や、まずしい人々を助ける活動を続けています。

> **ミニミニトピック**　アフリカには、ツェツェバエという、血をすうハエがいます。人間がツェツェバエにかまれると、意識がもうろうとする眠り病になり、治療しないで放っておくと、命を落とすこともあります。

297ページの答え　②

水辺で静かにたたずむ巨大な鳥、ハシビロコウ

中央アフリカ共和国の北部には、世界遺産のマノボ＝グンダ・サン・フローリス国立公園があります。面積は1万7400km²ほどで、南のボンゴ高原、北のアウク川にはさまれていて、氾濫原（洪水のとき、川の水が氾濫するところ）や、サバンナが広がり、多くの貴重な動物がくらしています。中でも有名なのが、ハシビロコウです。

ハシビロコウは、アフリカ大陸の中東部の湿地帯でだけ見られる巨大な鳥で、ここには1万から1万5000羽がすんでいます。ハシビロコウの大好物はハイギョという大きな魚です。ハイギョをとるとき、ハシビロコウは水辺でまったく動かず、じっとしています。そしてハイギョが来ると、大きなくちばしでとらえ、一気に丸飲みするのです。ハシビロコウの先がかぎのようになったくちばしや、はばの広いつばさ、長い足指などは、ハイギョをとるために進化したと考えられています。

全長1.2mのハシビロコウは、羽を広げて雄大に飛ぶ。ほとんど鳴かないが、上下のくちばしでカタカタと音を立てる。

ダイヤモンドと黄金が、富と争いを生み出す

中央アフリカ共和国では金やダイヤモンドが豊富です。とくに、ダイヤモンドは重要な輸出品で、2011年には31万カラットものダイヤモンドが輸出されました。1カラットで50万～100万円ですから、輸出額は1550億～3100億円ほどになります。

しかしダイヤモンドは、正式な貿易以外に、法律を破って輸出入をする密輸も行われています。ダイヤモンドの密輸によって得た利益が、戦いの資金になっています。

また、金も2011年には100kg輸出されています。金の産出は1930年から始まり、ピーク時の1980年には1年で580kgの金がとれていました。当時およそ300億円ほどの輸出額でした。

ミニミニクイズ マノボ＝グンダ・サン・フローリス国立公園で見られる、めずらしい鳥は何でしょうか。
① ハシビロコウ　② オオワシ　③ トキ

答えは次のページ ▶

水色は平和、赤は戦争で流れた血、黄色は国が豊かであること、星は未来を表す。

熱帯雨林が国土の半分をしめる大きな国
コンゴ民主共和国

コンゴ川と熱帯雨林が国土の大部分をしめていて、野生動物がたくさんすんでいます。

世界でいちばん雷が落ちる国

コンゴ民主共和国はアフリカ大陸で2番目に大きな国です。赤道直下にあって、世界でも最大級の熱帯雨林が広がっています。1年を通じて気温が高く、雨もたくさんふるうえ、世界でいちばん雷が落ちる場所としても知られています。

13～17世紀にかけて、ここではコンゴ王国が栄えていましたが、のちにベルギーの植民地になりました。ベルギーは、銅やダイヤモンド、マンガン、鉄の開発に力を入れ、同時に、コーヒーや綿花などの大規模な栽培も行いました。

1960年にベルギーから独立しましたが、その後も内戦が起こるなど、不安定な状態が続いています。

コンゴ川を船でわたる家族。コンゴ民主共和国の住民にとって、川は欠かせない交通路となっている。

アフリカ

基本データ

正式国名（略称） コンゴ民主共和国
Democratic Republic of the Congo（COD）
首都 キンシャサ
面積 234万4858km²（日本の約6倍）
人口、人口密度 7726万7000人、33人/km²（2015年）
通貨 コンゴ・フラン
おもな言語 フランス語、キコンゴ語、チルバ語、リンガラ語、スワヒリ語

プラスワン コンゴ民主共和国のスポーツ

1974年10月、ボクシングのヘビー級チャンピオン、ジョージ・フォアマンと、挑戦者モハメド・アリの試合がザイール（今のコンゴ民主共和国）の首都キンシャサで行われました。試合前は圧倒的に不利といわれたアリがみごとに勝ったこの試合は、「キンシャサの奇跡」とよばれて、今も語りつがれています。

ミニミニトピック コンゴ民主共和国の首都キンシャサでは、屋台でシクワングという食べ物が売られている。シクワングは、サツマイモににたキャッサバからつくった、おもちのような食べ物で、いつでも手軽に食べることができる。

299ページの答え ①

ふたたび世界に影響をあたえるコンゴ音楽

アフリカの音楽は、奴隷たちによって南北のアメリカ大陸に伝えられ、そこの音楽に大きな影響をあたえました。その代表が、アメリカで生まれたジャズや、ブラジルのサンバです。

その後、アメリカの音楽がアフリカに伝わり、今度はアフリカで新しい音楽が生まれました。第二次世界大戦のころ、ガーナで生まれたハイライフとよばれる音楽もその1つです。少しおくれて、コンゴ民主共和国の首都キンシャサでは、コンゴ・バーで演奏された音楽が流行しました。コンゴ・バーは、ダンスと軽い食事が楽しめる場所です。そこで演奏された音楽は、キューバ音楽の影響を受け、ギターと吹奏楽を組み合わせたものです。こうした音楽が、やがてアフリカ・ジャズへと発展しました。

この国で生まれたコンゴ音楽は、西アフリカで大きな人気を得ています。そしてふたたび、世界の音楽に影響をあたえているのです。

アフリカ東部を走る大陸の割け目

アフリカ大陸の東部には、北のエチオピアから南のマラウイやモザンビークまでのびる、くぼ地（くぼんだ土地）が見られます。くぼ地のはばは30～60kmほどですが、長さはなんと約7000km！いちばん深いところは1800mにもなります。

このくぼ地は、数千万年前にアフリカ大陸の地面がさけて、できたもので、アフリカ大地溝帯、またはグレートリフトバレーとよばれます。ここには、ビクトリア湖やタンガニーカ湖など、たくさんの湖があって、多くの野生生物がすんでいます。

この大陸の割け目は、今も少しずつ広がっています。そのため、数百万から数千万年後にはアフリカ大陸が分裂するかもしれないと考えられています。

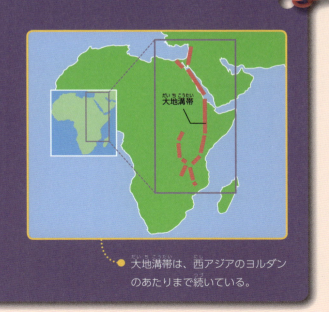

大地溝帯は、西アジアのヨルダンのあたりまで続いている。

ミニミニクイズ　1960年に独立するまで、コンゴ民主共和国はどこの植民地でしたか。
① エジプト　② イギリス　③ ベルギー

答えは次のページ ▶

301

コンゴ共和国

世界の珍獣と最新ファッションに出会える国

緑は平和と森林、黄色は希望と資源、赤は自主独立（自分の考えで行動すること）を表している。

国土の半分以上が熱帯雨林で、さまざまなめずらしい動物が生息しています。

南部と北部で気候がちがう赤道の下の国

コンゴ共和国はアフリカ大陸の西部にある国で、国のほぼ真ん中を赤道が横切っています。

この地域に最初に住みついたのは、狩りをしたり、木の実などをとったりしてくらすピグミー族でした。その後、コンゴ人がやってきて、奴隷を輸出する奴隷貿易で発展します。そして、1882年にフランスの植民地となり、1960年に独立してコンゴ共和国が生まれました。

1969年、この国で海底油田が発見され、石油の輸出が急増しました。そのほかの資源も豊富で、経済をささえています。その一方で、政治は混乱していて、人々は不安なくらしが続いています。

アフリカ

1887年に建てられたブラザビル大聖堂は、街のランドマークとなっている。

基本データ

正式国名（略称） コンゴ共和国
Republic of Congo（CGO）
首都 ブラザビル
面積 34万2000km²（日本よりやや小さい）
人口、人口密度 462万人、14人/km²（2015年）
通貨 CFAフラン
おもな言語 フランス語、リンガラ語、キトゥバ語

プラスワン コンゴ共和国と日本

コンゴ共和国は、亜鉛、銅、鉛、金などの資源がたくさんあります。しかし、政府に反対するグループが武器をもって攻撃するなど、国が安全とはいえないため、産業はあまり発達していません。日本の政府は、コンゴ共和国のまずしい人々の食事や、産業に必要な機械などを送ったりして支援しています。

ボンゴはウシ科の動物で体長は1.7m～2.5m、体高1.2m～1.4m、体重200kg～220kgです。大きな角をもち、赤いくり色の体に11～12本の白いしまがあります。森にすみ、木の葉を食べています。

301ページの答え ③

奇跡の湿原に集まる珍獣たち

　コンゴ川の支流であるサンガ川は、コンゴ、カメルーン、中央アフリカの3つの国にまたがって流れています。その流域にはバイとよばれる湿地性草原が広がっていて、ミネラルいっぱいの土から草が生いしげり、めずらしい動物が多くすんでいます。

　その1つであるマルミミゾウは、アフリカゾウよりも体が小さく、キバで土をほって食べ、ミネラルをとります。ほかにも赤い毛のニシローランドゴリラやマンドリル、チンパンジー、「世界四大珍獣」に数えられるボンゴ、何千羽ものオウムやハトなど、さまざまな種類の野生動物が見られます。

　そのため、コンゴ共和国、カメルーン、中央アフリカは、それぞれこの地域に国立公園をもうけて、野生動物を保護してきました。それらは、「サンガ川流域の3か国保護地域」として、世界自然遺産に登録されています。

体高が2mほどのマルミミゾウは、耳もアフリカゾウより小さくて丸い。バイには100頭以上のマルミミゾウがすむ。

おしゃれと平和を愛する、コンゴのサプールたち

　首都ブラザビルには、有名ブランドの服に身を固めた、サプールとよばれる人たちがいます。サプールは「おしゃれで優雅な紳士協会」という意味で、植民地時代、フランスにあこがれ、そのスタイルをまねようとしたことが始まりだとされています。

　サプールは、ファッションだけでなく、礼儀正しさや優しさも大事にしています。この国では今も、まずしさや暴力に苦しむ人々が少なくありません。そこでサプールは、自分たちが上品にふるまうことで、人々の考え方を変え、暴力をなくそうとしているのです。サプールの中には、世界のファッションショーでモデルをつとめる人もいます。今ではフランスなどにもサプールのスタイルが広がって、世界的な運動になり始めています。

ミニミニクイズ コンゴ共和国の首都はどこですか。　① キンシャサ　② ブラザビル　③ 東京　　答えは次のページ ▶

植民地支配と戦争を乗りこえて復活を目指す

アンゴラ

赤と黒は独立のために活動した国民のシンボル。真ん中のナイフは農民、歯車は工場で働く人を表す。

長く戦争が続いたアンゴラは、支配と戦争の傷をいやしながら、復活を目指しています。

大勢のアンゴラ人が奴隷として連れて行かれた

アンゴラはアフリカ大陸の西部にある国です。国土には高地が広がり、西は南大西洋に面しています。

15世紀末、ポルトガルがアンゴラを支配し、人々を奴隷としてアメリカ大陸に送りこみました。アメリカ大陸の大農園では、大勢の働き手を必要としていたからです。アンゴラは1975年にポルトガルから独立しましたが、内戦（国内での戦い）が続き、平和がおとずれたのは2002年のことでした。

最近では、アンゴラの人々の生活も、回復のきざしが見られます。というのも、アンゴラで大量の石油がとれるようになったからです。海外の会社が進出し、外国人も仕事を求めてくるようになりました。

音楽大国でもあるアンゴラ。伝統音楽のセンバや現代音楽のクドゥーロは世界でも知られるようになった。

基本データ

正式国名（略称）　アンゴラ共和国
Republic of Angola（ANG）
首都　ルアンダ
面積　124万6700㎢（日本の約3倍）
人口、人口密度　2502万2000人、20人／㎢（2015年）
通貨　クワンザ
おもな言語　ポルトガル語、ウンブンドゥ語

プラスワン　アンゴラのスポーツ

アンゴラの人々はスポーツが大好きで、サッカーやバスケットボールに人気がありますが、ローラーホッケーもさかんです。ローラーホッケーは、ローラースケートをはいて、パックとよばれるゴム製のボールをスティックで相手のゴールに打ちこむスポーツで、代表チームが世界大会にも出場しています。

ポルトガルの植民地時代、多くのアンゴラ人が奴隷としてブラジルに連れて行かれました。このとき、アンゴラの伝統音楽センバも伝えられ、ブラジルの音楽として有名なサンバのもとになったといわれています。

303ページの答え
②

うめるのは簡単、とりのぞくのはたいへんな地雷

　27年も続いた内戦の間、アンゴラでは、道路や橋など、国のいたるところに地雷がうめられました。国土のおよそ35％に地雷がうめられていると考えられています。地雷は、人がふれたり車が通ったりすると爆発する兵器で、人に大けがをさせ、命をうばうこともあります。ほかの兵器にくらべて安く、うめるのも簡単なので、これまでの戦争では大量の地雷が使われていました。しかし、一度うめた地雷をとりのぞくのは、とてもむずかしく、お金もかかります。

　アンゴラは内戦が終わったあとも地雷がうめられたままで、その数は数百万個にのぼり、世界一ともいわれています。地中の地雷は外からは見えないので、知らずにふれてしまった人がけがをしたり、亡くなったりする事故も後をたちません。そのため、多くの国がアンゴラから地雷をなくすための活動を行っていて、日本も参加しています。

なぞの巨大岩がとつじょ、あらわれた！

プンゴ・アンドンゴの風景。角ばったものや丸いものなど、いろいろな形の大岩がならんでいる。

　アンゴラの北部は、自然風景が見どころです。プンゴ・アンドンゴには、ブラックストーンとよばれる巨大な岩が連なっている場所があります。平坦なサバンナの中に突然あらわれる巨大な岩は、どうやってできたのかわかっていません。この場所は、16世紀まではンドゴ王国の首都で、ンゴラ・キリウアンジ国王とギンガ・ムバンディ女王によって治められていたと考えられています。言い伝えでは、雨の中、水浴びをしていた女王がポルトガル兵に見つかり、にげたときの足跡が残っているとされています。

　また北部には、カランドゥーラの滝があります。アフリカでは2番目の大きさの滝です。

ミニミニクイズ　アンゴラで大量にとることができるものは何でしょうか。
① 石油　② 小麦　③ エビ

答えは次のページ ▶

水と銅とコバルトで国を豊かにする
ザンビア

緑は農業、赤は戦争、黒はアフリカ人、オレンジは銅を表す。国鳥のワシは自由と強さのシンボル。

豊富な水や資源にめぐまれたザンビアは、それらを活かして豊かな国をつくっています。

豊かな水にめぐまれたザンビア

ザンビアはアフリカ南部にある国です。海はありませんが、高原が広がる国土にはたくさんの川が流れていて、湖や沼も多く、水にめぐまれています。

ザンビアにはもともと牧畜や農業をいとなむ人々が住んでいました。しかし、19世紀末、ザンビアで大量の銅がとれることに目をつけたイギリス人のセシル・ローズがやってきて、支配するようになりました。その後、1924年には正式にイギリスの植民地となりましたが、1964年に独立しました。

「ザンビアといえば銅」といわれるように、銅は今もザンビアの産業の中心です。また、経済を安定させるため、ほかの産業にも力を入れています。

首都ルサカは高層ビルが立ちならび、夜の景色が美しい。古くから交通の中心地で、道路や鉄道が整えられている。

アフリカ

基本データ

正式国名（略称） ザンビア共和国 Republic of Zambia (ZAM)
首都 ルサカ
面積 75万2612㎢（日本の約2倍）
人口、人口密度 1621万2000人、22人/㎢（2015年）
通貨 ザンビア・クワチャ
おもな言語 英語、ベンバ語、ニャンジャ語、トンガ語

プラスワン ザンビアのスポーツ

ザンビアで最も人気のあるスポーツはサッカーです。サッカーのザンビア代表チームは、「銅の弾丸」という意味のチポロポロというニックネームでよばれ、愛されています。

2012年、このチポロポロがアフリカ選手権で初めて優勝しました。このときには、国中が喜び、お祭り騒ぎになりました。

19世紀、セシル・ローズに支配されていたジンバブエが「ローデシア」とよばれていたことから、ジンバブエの北に位置するザンビアは、北ローデシアとよばれていました。

305ページの答え
①

満月の夜、ビクトリアの滝に虹がかかる！

ザンビアとジンバブエの国境にあるビクトリアの滝は、幅はおよそ1700m、最大落差（いちばん高い所と低い所の差）が150mもある巨大な滝で、アルゼンチンとブラジルの境にあるイグアスの滝、カナダとアメリカの境にあるナイアガラの滝とならんで、世界三大瀑布（瀑布は滝のこと）の1つに数えられています。

ザンビアの先住民たちは、この滝を「モシ・オア・トゥニャ」とよんできました。これは「雷鳴がとどろく水のけむり」という意味で、名前の通り、大量の水がゴーゴーという大音量と、もうもうと水けむりを上げながら落ちている様は、言葉に表せないほど迫力があります。

また、この滝は、満月の夜に、太陽ではなく月光によって虹がかかることでも知られています。「ルナ・レインボー」とよばれる、この幻想的な虹を見るために、世界中から観光客が訪れています。

ビクトリアの滝のふちに大きな水たまりがあり、乾季には入ることができる。とても危険なため、デビルズプール（悪魔のプール）とよばれる。

ザンビアの経済をささえる銅とコバルト

ザンビアはアフリカの中でもとくに、銅や鉄、金、ウランなどの資源にめぐまれている国の1つです。ザンビアで最も銅がとれるのは、北のコンゴ民主共和国との境に近い地域で、カッパーベルト（銅地帯）とよばれています。昔は、民間の会社が銅山を経営していましたが、ザンビアが独立してからは、政府が銅をとって輸出するようになりました。

ザンビアの銅山では、銅といっしょにコバルトという貴重な金属もとれ、重要な輸出品になっています。コバルトは高温に強くて、磁石のような性質がある物質で、なべや飛行機のほか、携帯電話やカメラなどの電池の材料として使われています。日本も、コバルトをザンビアから買っています。

ミニミニクイズ ザンビアで大量にとることができるものは何でしょうか。
① ジャガイモ　② 木材　③ 銅

答えは次のページ ▶

307

独立後も政治と経済の混乱に苦しむ
ジンバブエ

緑は農業、黄はこの国でとれるプラチナや金、赤は戦争で流れた血、白は平和と進歩、黒は国民を表す。

ジンバブエでは、政治と経済がみだれて、人々の生活は苦しくなってしまいました。

イギリスの大金持ちに支配されたローデシア

ジンバブエはアフリカの南部にある国です。国土には高原が広がっていて、海はありません。気候はあたたかく、11〜3月に雨がよくふります。

昔、ここはローデシアとよばれていました。イギリス人の大金持ち、セシル・ローズが支配していたからです。ローデシアは、ローズにちなんでつけられた名前です。その後、イギリスの植民地になりましたが、1980年に独立を果たしました。

ジンバブエは小麦などの栽培がさかんで、「アフリカの穀物倉庫」とよばれたこともありました。しかし、政治と経済が混乱して農業がおとろえ、外国に助けられながら、国の立て直しをはかっています。

南部にあるグレート・ジンバブエ遺跡。1986年に世界遺産に登録された。

アフリカ

基本データ

正式国名（略称）　ジンバブエ共和国　Republic of Zimbabwe（ZIM）
首都　ハラレ
面積　39万757km²（日本とほぼ同じ）
人口、人口密度　1560万3000人、40人/km²（2015年）
通貨　アメリカ・ドル、南アフリカ・ランド、日本円、中国元、オーストラリア・ドル、インド・ルピー
おもな言語　英語、ショナ語、ンデベレ語

プラスワン　ジンバブエのスポーツ

ジンバブエは、オリンピックで3つの金メダルをとっています。

1つは、1980年のモスクワ大会のホッケーで、女子チームが優勝したときのものです。残り2つは、カースティ・コベントリー選手が、2004年のアテネ大会と2008年の北京大会で、水泳の女子背泳ぎ200mを連続優勝して獲得しました。

ミニミニトピック　ジンバブエでは日本の中古車がたくさん走っています。日本語で会社名が書かれた車や、かわいい幼稚園バスも見られます。日本車は古くなっても性能が落ちないので、ジンバブエの人々の間で人気があるのです。

307ページの答え　③

1年で物の値段が231万倍になった！

　2000年ごろ、ジンバブエでは、物の値段がどんどん上がり始めました。2008年7月には、値段が前の年の231万倍も上がって、牛乳500mlが600億ジンバブエ・ドル、牛肉1kgが4380億ジンバブエ・ドルもしました。

　こんなに値段が上がったのは、国のお金が足りなくなって、政府が手当たりしだいにお札をつくったからです。お金の価値はどんどん下がり、ついには100兆ジンバブエ・ドル札も登場しましたが、値上がりは止まりませんでした。値段がどんどん上がることをインフレといいますが、これほどのインフレはめったにありませんでした。

　そのため2009年1月、政府はジンバブエ・ドルを使えなくすると決定しました。代わりに、アメリカのドルや南アフリカ共和国のランドなど、外国のお金が使われるようになって、経済の大混乱が落ちついたのでした。

アフリカを分けあったヨーロッパの国々

　今から100年以上前の19世紀終わりごろになると、ヨーロッパでは工業が発達し始めました。しかし、工業の原料を自分の国の中だけでまかなえる国はなかったため、それぞれ外国に植民地をつくって原料を手に入れようとしました。

　その標的となったアフリカ大陸は、20世紀初めには、エチオピアをのぞくほとんどが、ヨーロッパのどこかの植民地になっていました。植民地になると、自分たちの国のことを国民が決めることはできません。そのため、多くの国で植民地支配に反対する運動が高まり、20世紀後半になると、あいついで独立国が生まれました。とくに1960年には、17か国が独立したので、「アフリカの年」とよばれました。

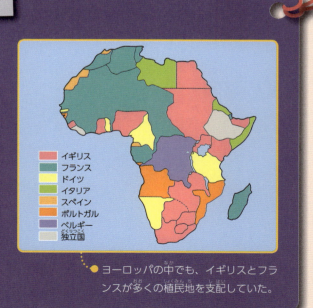

ヨーロッパの中でも、イギリスとフランスが多くの植民地を支配していた。

ミニミニクイズ 2000年ごろから、ジンバブエのものの値段はどうなりましたか。
① どんどん下がった　② まったく変わらなかった　③ どんどん上がった

答えは次のページ ▶

平和で豊かな国づくりを着実に進める
ボツワナ

水色は砂漠地帯でいちばん大切な水、黒と白は黒人と白人が仲良く住める国にするという決意を表す。

ボツワナは、豊かな自然や資源にめぐまれ、国は順調に発展をとげています。

豊かな自然と資源で順調に発展

ボツワナは、アフリカ大陸の南部にあります。国土のほとんどがカラハリ砂漠にふくまれていて、まわりに海がないため、1年中乾燥しています。

この地域には、サン族を始め、いくつかの民族が住んでいました。19世紀にイギリスの植民地になり、1966年に独立しました。

ボツワナは、政治が安定していて、国内の争いはあまりありません。経済も順調で、ダイヤモンドや銅などを輸出しています。首都のハボロネを始めとした都市にはオフィスビルが立ちならび、路線バスや道路が整備されています。さらに、最近では、鉄道や高速道路の建設も進められています。

首都ハボロネには国の役所や銀行などが集まっている。また、鉄道で、南アフリカと結ばれている。

基本データ

正式国名（略称） ボツワナ共和国
Republic of Botswana（BOT）
首都　ハボロネ
面積　58万2000km²（日本の約1.5倍）
人口、人口密度
226万2000人、4人／km²（2015年）
通貨　プラ
おもな言語　英語、ツワナ語

プラスワン　ボツワナと日本

2013年、青年海外協力隊としてボツワナに行った井坪圭佑は、柔道を広めるために力をつくしました。翌年、井坪は登山中の事故で亡くなってしまいます。しかし、教え子が、2016年のリオ・オリンピックに出場を果たしました。さらに2017年、井坪の名前のついた柔道場がハボロネにつくられました。

ボツワナでは病気やけがをしたとき、ディンガガに見てもらう人が大勢います。ディンガガは植物の葉や根などから薬をつくって治療する人で、幸運のお守りをくれたり、雷をあやつったりもできるといわれています。

309ページの答え ③

12万頭の巨大なゾウが大移動するチョベ国立公園

ボツワナは、環境や生きものの保護に力を入れています。北部のチョベ川ぞいにあるチョベ国立公園には、草原や森林、湿地が広がっていて、キリンやシマウマ、インパラ、ライオン、ジャッカルなど、さまざまな野生動物がすんでいます。

中でも有名なのはゾウの群れです。ここにすむゾウは、ほかの地域のゾウにくらべて大きな体ですが、キバは短く、あまり強くありません。20世紀初めは数千頭しかいませんでしたが、ボツワナの政府が保護したことによってじょじょにふえ、今では12万頭に上るといわれています。

ゾウは、雨の少ない乾季には公園の北部を流れるチョベ川周辺に集まってすんでいて、雨がふる雨季になると南東の低地に移動していきます。その距離は、最大でなんと200km。遠くはなれた土地をゾウの大群が移動する様子はとても迫力があって、外国からも多くの観光客が集まります。

水を飲むチョベ国立公園のゾウ。体は大きいが、キバはもろいため、大きなキバをもつものは少ない。

6000年前の砂漠の美術館・ツォディロ遺跡

ツォディロの丘の岩に残された絵。赤い色で、サイやキリンなどがかかれていることがわかる。

カラハリ砂漠の西のツォディロの丘には、いくつもの岩が切り立ち、その表面に、サイやキリンなどの動物の絵がかかれています。絵は今から6000年前ごろにかかれたものと考えられていて、その数は全部で4500以上。スケールの大きさから、フランスの有名なルーブル美術館にならって、「砂漠のルーブル」ともよばれます。

ここには、昔からサン族が住んでいました。サン族は狩りをしたり、果物をとったりしてくらしている人々です。サン族は、ツォディロの丘は神聖な場所で、神々が住み、死んだ人の霊がねむっていると信じてきました。サン族は文字をもちませんが、代わりに岩絵が、サン族の歴史を伝えているのです。

ミニミニクイズ　「砂漠のルーブル」ともよばれるツォディロ遺跡の絵は、だれがかいたものでしょうか。
① フツ　② サン族　③ マサイ族

答えは次のページ▶

311

世界最古の砂漠が広がる
ナミビア

青は大西洋の海、白は平和、赤は平等な国をつくるという強い気持ち、緑は農業、太陽は命を表す。

ナミビアには、広大なナミブ砂漠を始め、手つかずの自然が多く残されています。

カラカラにかわいた土地にたくさんの資源がねむる

ナミビアは、アフリカ大陸の南西部にある国です。南大西洋にそって南北にナミブ砂漠がのびていて、その東に高原があり、高原をこえるとカラハリ砂漠が広がっています。雨はあまりふらず、アフリカ大陸の南部でもとくに乾燥した地域です。

1884年、ドイツがナミビアを保護領にし、20世紀には南アフリカが支配しました。南アフリカは白人とそれ以外の人を差別したため、ナミビアのアフリカ系の人々は反発し、1990年に独立しました。

ナミビアは、ウランや銅、ダイヤモンドなどの資源が豊富です。最近では、沖合の天然ガス田に注目が集まっていて、今後の開発が期待されています。

ナミブ砂漠の中でもとくに景色が美しいソススフレイ。古代の湖が干上がった場所で、枯れた木が点々と立っている。

基本データ

正式国名（略称） ナミビア共和国　Republic of Namibia（NAM）
首都　ウィントフック
面積　82万4116km²（日本の約2倍）
人口、人口密度　245万9000人、3人／km²（2015年）
通貨　ナミビア・ドル
おもな言語　英語、アフリカーンス、ドイツ語、その他部族語

プラスワン　ナミビアと日本

南アフリカに支配されていたナミビアでは、古くからラグビーが行われています。4年に1度開かれるラグビーのワールドカップにも、5大会連続で出場しています。

2015年に行われた大会では、選手のほとんどがアマチュアだったにも関わらず、強豪国を相手に熱戦をくり広げ、観客をわかせました。

昔からナミビアに住んでいるヒンバ族は、赤いどろと牛の脂肪をまぜた「オカ」を全身にぬることで知られています。オカは日焼け止めや虫よけのほか、寒さや乾燥からはだを守る効果もあるといわれています。

311ページの答え　②

1000年も生きのびる、砂漠の「奇想天外」

ナミブ砂漠は、8000万〜5500万年前にできたといわれる、地球上でいちばん古い砂漠です。雨はほとんどふりませんが、霧が立ちこめることがあって、それが生き物の命をつないでいます。そうした生き物の1つにウェルウィッチアがあります。

ウェルウィッチアは、直径数十cmのくきから、2枚の葉が生えます。葉の数はそれ以上ふえませんが、はばは20cmほど、長さは2m以上に成長し、途中でさけたりしながら地面にのびているので、全体を見ると、葉っぱのかたまりのようです。

見た目の不思議さから「奇想天外（思いもよらないほど変わっていること）」という別名もあるウェルウィッチアは、1859年にオーストリアの探検家に発見されました。きびしい砂漠の環境の中で、600年から1000年も生きるといわれるウェルウィッチア、まさに、砂漠の生きた化石といえます。

地上から水分をとれないウェルウィッチアは、根を地下10m近くまでのばし、地下水を吸収して生きている。

8万年前、世界最大の隕石が落ちてきた！

ナミビアにある世界最大のホバ隕石。見学者はこの隕石にさわったり、写真をとったりすることができる。

地球には、宇宙の星のかけらなどがたくさん飛びこんできています。そのほとんどは空を落ちてくる間に高温になり、もえつきてしまいますが、中には地上にとどくものもあります。それが隕石です。

ナミビアの北部には、8万年前に地球に落ちてきたといわれる隕石があります。たて、横の長さは約2.7m、重さは約60tで、これまで見つかった隕石の中でも最大級の大きさです。成分はほとんどが鉄で、天然の鉄のかたまりとしても、史上最大級です。

長い間知られていなかったこのホバ隕石は、1920年、農民に偶然発見されました。こんなに大きなものが落ちたのに、どうしてまわりにクレーター（くぼんだ土地）ができなかったかなど、多くのなぞが残っていて、研究が進められています。

ミニミニクイズ ナミブ砂漠でしか見られない、「奇想天外」という別名をもつ植物は何でしょうか。
① バオバブ　② ラフレシア　③ ウェルウィッチア

答えは次のページ ▶

313

赤は血、青は空と海、緑は農業と森、黄は資源、黒は黒人、白は白人を表している。

アフリカを代表する工業国
南アフリカ共和国

人種によって差別する政策を終わらせた南アフリカは、自由と平和の国を目指しています。

差別の国から友愛の国へ

南アフリカ共和国は、アフリカ大陸の南のはしにある国です。気候はあたたかく、晴れる日が多いので「太陽の国」ともよばれます。

17世紀中ごろ、ここはオランダの植民地になりましたが、19世紀後半、ダイヤモンドや金の鉱山が発見されてオランダとイギリスが争い、勝ったイギリスがこの土地を支配しました。

1910年に独立しましたが、白人以外の人々を差別するアパルトヘイト政策を続けたため、世界中から非難されました。1991年にこの政策をやめた南アフリカは、人種の壁をこえて国民の友愛を大切にし、アフリカ最大の工業国となっています。

世界的な大都市ケープタウン。ドーナツ形の建物は、2010年にサッカー・ワールドカップが開催されたスタジアム。

基本データ

正式国名（略称） 南アフリカ共和国 Republic of South Africa（RSA）
首都　プレトリア
面積　122万1037km²（日本の約3倍）
人口、人口密度　5449万人、45人／km²（2015年）
通貨　ランド
おもな言語　英語、アフリカーンス語、バンツー諸語

プラスワン 南アフリカのスポーツ

南アフリカは、ラグビーの世界的な強豪国です。国の代表チームは、アフリカ大陸南部だけにすむ動物のスプリングボックにちなんで、スプリングボックスというニックネームでよばれています。

4年に1度開かれるラグビーのワールドカップでは、1995年と2007年に優勝を果たしています。

ミニミニトピック：南アフリカの南の岬は嵐におそわれることが多く、「嵐の岬」とよばれていました。しかし、ここを通ってインドまで行けることを願ったポルトガル王が「希望の岬」と名づけたことから、今は「喜望峰」とよばれています。

313ページの答え ③

人種差別に反対して、ついに大統領になったマンデラ

アパルトヘイト政策が行われていた時代は、数の少ない白人がいつでも優先されて、大勢のアフリカ系やアジア系の人々は、住むところも、仕事や学校も制限されていました。南アフリカではアパルトヘイト政策に反対する運動が根強く続けられ、その中心にいたのが、ネルソン・マンデラでした。

アフリカ系の黒人だったマンデラは、人種による差別をなくして、南アフリカを自由と平和の国にするために戦い続けました。そして、ついにアパルトヘイト政策を終わらせることに成功し、1994年には大統領になったのです。

マンデラの仕事は世界中からたたえられ、1993年には、ノーベル平和賞があたえられました。マンデラは、95歳で生涯をとじましたが、今もなお多くの人々から尊敬されています。

ネルソン・マンデラをたたえて、南アフリカのあちらこちらに銅像が建てられている。

ダイヤモンドの山に世界中から人がおしよせた

大量のダイヤモンドをほったためにできた穴。中部の都市キンバリーにあり、直径は約500m、深さは約400mにもなる。

南アフリカは、世界でも指折りのダイヤモンドの生産国として知られてきました。この国で初めてダイヤモンドが発見されたのは、1867年のことでした。子どもが石で遊んでいるのを見た農民が、たまたまその石を調べてもらったところ、なんとダイヤモンドの原石（加工前の宝石）だったのです。

ダイヤモンドが発見されたというニュースは、あっという間に広がりました。そして、ダイヤモンドをほり当ててお金持ちになりたいという人が世界中からおしよせたのです。このときのさわぎは、ダイヤモンド・ラッシュとよばれました。

ダイヤモンドがほり出されたあとには巨大な穴が残り、大きなものは東京タワーがすっぽり入ってしまうほどです。これまでにほり出されたダイヤモンドは2500kgをこえるといわれています。

ミニミニクイズ　アパルトヘイト政策への反対運動を続け、1994年に南アフリカの大統領になったのはだれでしょうか。
① ワシントン　② マンデラ　③ リンカーン

答えは次のページ ▶

315

3000m級の山々がそびえる高原の国
レソト

青は雨、白は平和、緑は栄えることを表している。真ん中にえがかれているのはレソトの帽子。

国のほとんどが標高1500mをこえるレソトは、美しい自然を楽しむことができます。

南アフリカに囲まれた「アフリカのスイス」

レソトは、アフリカ大陸の南部にある小さな国です。まわりをぐるりと南アフリカに囲まれていて、海はありません。美しい山々が多いことから、「アフリカのスイス」ともよばれています。気候はおだやかで、晴れの日が1年に300日以上あります。

18世紀、ここにソト族が入ってきて、王国を建てました。国名のレソトは、「ソト族の国」という意味です。その後、イギリスの植民地になりましたが、1966年に独立して、レソト王国ができました。

レソトは農業がさかんで、小麦やトウモロコシなどを栽培しています。最近は、外国の衣料品メーカーの工場がつくられ、せんい工業も成長しています。

レソトの首都マセルは、標高（海面からの高さ）1500mにあり、国の政治と経済の中心になっている。

アフリカ

基本データ

正式国名（略称）　レソト王国　Kingdom of Lesotho（LES）
首都　マセル
面積　3万355km²（日本の約25分の2）
人口、人口密度　213万5000人、70人/km²（2015年）
通貨　ロチ
おもな言語　英語、セソト語

マセル

南アフリカ

プラスワン　レソトと日本

海のないレソトですが、漁業に力を入れています。2009年からは、標高2200mという高地で、マスの養しょく（魚などを人間の手で育てて、ふやすこと）を始めました。
このマスの大部分はアジアに出荷されていて、日本へも船で4週間もかけて運ばれ、スーパーマーケットなどで売られています。

レソトのように、国のまわりをたった1つの国に囲まれている国はあまりありません。世界でもレソト以外では、イタリアに囲まれたサンマリノとバチカン市国の2か国だけです。

315ページの答え
②

冬、スキー客でにぎわうマルティ山のスキー場

　レソトは、季節の区別がはっきりした国です。南半球にあるので日本とは季節が逆で、5～7月ごろは冬、11～1月ごろは夏にあたります。
　冬、レソトでは気温が0度以下になることもあり、霜がおりたり、雪がふったりします。標高（海面からの高さ）3222mのマルティ山にはスキー場があり、多くのスキー客が集まります。アフリカ大陸でスキーを楽しめるのは、今のところ、レソトやとなりの南アフリカなど一部の国だけです。そのため、趣味としてのスキーヤーはもちろん、競技スキーの練習をするためにアスリートもおとずれます。
　一方、夏は気温が上がるので、ウォータースポーツがさかんです。レソトに海はありませんが、オレンジ川や、その支流の川が流れています。そこで人々は、急流下りやカヌー、つりなどを楽しんでいるのです。

レソトの山に積もる雪。アフリカ南部は赤道からはなれているため、標高が高いところでは雪が見られる。

まじめさと器用さで経済力アップを目指す

　レソトでは、織物をつくったり、衣類を加工したりする繊維工業がさかんです。今では、中国を始め、いくつもの外国の会社がレソトに工場をつくって、衣類などを生産しています。
　外国の会社がレソトに進出している理由としては、レソトでは政治が安定していて、国の中が安全なことや、英語を話せる人が多いこと、レソト人はまじめで手先が器用なことなどが挙げられています。また、政府も、外国の企業をまねいて、人々の働く場所をふやし、国を成長させようと努力しています。
　最近では、オレンジ川に水力発電所をつくって電気と水を南アフリカにとどける、レソトハイランド・ウォータープロジェクトという計画があり、南アフリカと共同で進められています。

ミニミニクイズ　レソトの冬は、何月から何月でしょうか。
① 2月から4月　　② 5月から7月　　③ 11月から1月

答えは次のページ ▶

317

長い歴史きもつ王家が政治を行う
スワジランド

青は平和、黄色はここでとれる鉱物、赤は戦争を表す。真ん中には槍や盾がえがかれている。

スワジランドでは、19世紀から続く王家が今も力をもち、国の政治を動かしています。

自然にめぐまれて農業がさかん

スワジランドはアフリカ大陸の南東部にある国で、南アフリカとモザンビークにはさまれています。大部分は高原ですが、川が多いので水にめぐまれ、気候もおだやかです。

1815年、スワジ族がここにスワジ王国をつくりました。その後、イギリスの保護領になりましたが、スワジ族が国の政治を行うこともみとめられました。そのため、今も国王の政治が続いています。

スワジランドは農業がさかんで、サトウキビやかんきつ類などを栽培しています。ほかにも木材や鉄鉱石、石炭などの資源にめぐまれ、重要な輸出品になっています。

スワジランド北西部の町ヌグウェンヤ。ここでは古くから鉄鉱石がほり出されていた。

基本データ

正式国名（略称） スワジランド王国
Kingdom of Swaziland（ＳＷＺ）
首都　ムババネ
面積　1万7363km²（日本の約20分の1）
人口、人口密度　128万7000人、74人／km²（2015年）
通貨　リランゲーニ
おもな言語　英語、シスワティ語

プラスワン　スワジランドと日本

スワジランドには、日本の中学校と高校にあたる中等学校が少なかったため、生徒たちは遠くはなれた学校に通っていました。

2013年、日本政府はスワジランドの各地に12の中等学校をつくりました。これによって、約4000人の生徒が、通学に時間をかけることなく勉強ができるようになりました。

ミニミニトピック　スワジランドでは、自国のお金1リランゲーニ＝南アフリカのお金1ランドとして、南アフリカのお金を使うことができます。しかし、南アフリカではスワジランドのお金を使うことはできません。

317ページの答え　②

アフリカ

絶滅寸前のサイを守る！　ムカヤ動物保護区

　スワジランドには、野生動物がたくさんすんでいます。これらの野生動物が安全に生きていけるように、スワジランドは動物保護区をつくっています。
　とくに有名なのは、国の中部にあるムカヤ動物保護区で、今ではとてもめずらしいクロサイとシロサイを見ることができます。クロサイもシロサイも草原にすんでいて、体長はどちらも3.8mほどですが体高はシロサイのほうが上回ります。これらのサイの角は、かざりや薬の材料などに利用できることから、どんどん人間にとらえられ、今では絶滅が心配されています。
　ムカヤ動物保護区には、ほかにもゾウやキリン、バッファロー、カバ、クロコダイルなどがいます。観光客は入ることができますが、動物のそばに行くにはいくつものゲートが設置されていて、厳重に守られています。

スワジランドにすむクロサイ。世界に約5000頭しかいないといわれ、絶滅危惧種に指定されている。

王様の前で少女たちがおどるリードダンス

　スワジランドでは、8〜9月にかけて、リードダンスという伝統的なお祭りが行われています。この期間には、スワジランド中から、数万人のまだ結婚していない少女たちが集められます。
　少女たちは、水辺などに生えているヨシ（アシ）という背の高い植物をかりとります。そしてスワジランドの伝統的な衣装を着て、ヨシを手に歌いおどりながら行進し、ヨシを国王の母親にささげるのです。このときの踊りは、リードダンスとよばれます。
　お祭りは、少女たちがみんなで参加することで連帯を深め、国王への尊敬を深める意味があるといわれます。とてもめずらしいお祭りなので、この時期にはスワジランドだけではなく、外国からも観光客が集まります。

ミニミニクイズ！　スワジランドのムカヤ動物保護区で見られる、めずらしい動物は何でしょうか。
① クロサイとシロサイ　② クロヤギとシロヤギ　③ クロクマとシロクマ

答えは次のページ ▶

長い戦争の時代が終わって経済が急成長中
モザンビーク

赤は独立のための戦い、緑は豊かな農産物、黒はアフリカ大陸、黄は資源、白は平和と正義を表す。

モザンビークは、戦争や国内の争いを乗りこえ、平和な国として成長をとげています。

豊富なアルミニウムを海外に輸出

モザンビークは、アフリカ大陸の南東部にある、南北に長い国です。インド洋に面した海岸の近くには平野が広がり、国の西部には高原があります。

15世紀末にここにやってきたポルトガル人は、大農園でモザンビーク人を強制的に働かせたり、奴隷としてブラジルに連れて行ったりしました。1975年、モザンビークは独立しましたが、今度はモザンビーク人同士の戦いが1992年まで続きました。

現在のモザンビークは、戦争によるおくれをとりもどすかのように、急ピッチで成長をしています。産業の柱は農業ですが、アルミニウムや石炭などの資源が豊富で、外国の会社も進出してきています。

モザンビークの首都マプト。高層ビルがならび、観光地として近代的な都市に発展している。

基本データ

正式国名（略称）　モザンビーク共和国
Republic of Mozambique（MOZ）
首都　マプト
面積　79万9380km²（日本の約2倍）
人口、人口密度　2797万8000人、35人/km²（2015年）
通貨　メティカル
おもな言語　ポルトガル語

プラスワン　モザンビークのスポーツ

モザンビークは、オリンピックに1980年のモスクワ大会から参加していて、2000年のシドニー大会で初めての金メダリストが誕生しました。陸上競技の女子800mで、マリア・ムトラ選手がみごとに優勝したのです。ムトラ選手は国民的スターになり、ゴールデンガールとよばれました。

ミニミニトピック
16世紀、織田信長が日本統一をめざしていた時代には、ポルトガル人の商人や宣教師（キリスト教を伝える人）がたびたび日本に来ました。その中にいたアフリカ系の人は、モザンビーク人だったといわれています。

319ページの答え　①

400年以上前に日本の少年も立ちよったモザンビーク

　モザンビーク島は、モザンビーク北部の沖合にうかぶ小島です。かつてはこの島で、アラブの商人たちがさかんに貿易を行っていました。しかし、1498年にポルトガルの探検家バスコ・ダ・ガマがこの島にやってくると、その後はポルトガル人がアラブ人を追い出し、自分たちの基地にしてしまいます。そして、とりでや宮殿、キリスト教の聖堂などを島につくりました。

　また、16世紀ごろには日本にもキリスト教が伝えられ、4人の少年たちが使いとして長崎からヨーロッパへ送られました。この少年たちも帰りにモザンビーク島に立ちより、半年ほどすごしています。

　モザンビーク島には、ポルトガルが支配していたころの建物が今も残されています。それらは、1991年に世界遺産に登録されました。

モザンビーク島のサンパウロ宮殿。17世紀にポルトガルの司令官のために建てられたが、今は博物館になっている。

マンタやジンベイザメに会えるトーフー海岸

　モザンビークの海岸線は長くて、2500km以上も続いています。観光客に人気のビーチリゾートも多く、中でも有名なのが、南部のトーフー海岸です。

　トーフー海岸の砂は「鳴き砂」とよばれるもので、はだしで歩くと、キュッキュッという音がします。また、海に入れば、マンタやジンベイザメといった大きな魚が優雅に泳ぐ様子を見ることができます。マンタは体の大きさが5～6mにもなる巨大なエイで、イトマキエイともよばれます。性格はおとなしく、人がそばに近づいてもあまり気にしません。一方、ジンベイザメも、大きいものは10mもありますが、人をおそうことはありません。

　トーフー海岸は、ジンベイザメやマンタといっしょに泳げる海として注目され、外国からも多くの観光客が集まります。

ミニミニクイズ　16世紀にモザンビークをおとずれた少年たちは、日本のどこから来ましたか。
① 江戸　② 長崎　③ 大阪

答えは324ページ ▶

北アメリカ

北アメリカには古くから先住民が住んでいましたが、15世紀にヨーロッパの人々が来て移住地になりました。今は、アメリカ合衆国とカナダという大きな国があります。

ボーフォート海

アメリカ合衆国 P326

ベーリング海

アラスカ湾

カナダ P324

カナダの森には、野生のハイイログマがすむ。頭と胴の長さが2mもあり、ヘラジカやトナカイなどをおそって食べる。

アメリカ合衆国 P326

アメリカ合衆国南西部のグランド・キャニオンは、コロラド平原が雨や川などでけずられてできた谷で、最も深いところは約1800mにもなる。

カナダ P324

カナダ東部のモントリオールは、昔、フランスの植民地だった。ノートルダム寺院を始め、その時代の建物が多く残っている。

アメリカ合衆国 P326

東海岸のワシントンD.C.は、アメリカ合衆国の政治の中心で、大統領が住むホワイトハウスがある。

広い国土に大自然がたっぷりつまった移民の国
カナダ

赤と白は国の色。真ん中にある赤いカエデの葉は、カナダのシンボル。

自然豊かな国土に移民たちが集まって、さまざまな文化をもつ国として発展しました。

❓ 200をこえる民族を受け入れる

カナダは、北アメリカ大陸の北部をしめる広い国です。ほとんどの地域は寒さがきびしく、冬はマイナス20度や30度になる日もあります。

1756年、この地を植民地にしようとフランスとイギリスが戦争を始めました。1763年にイギリスの植民地になりましたが、1867年に独立しました。負けたフランスの人たちの多くは、東部のケベック州に残りました。カナダには、ヨーロッパを始め、アジア、オセアニア、中南米から、多くの移民が集まり、現在も200をこえる民族が生活しています。

産業は金融・不動産などのサービス業や広大な土地を使った自動車・機械などの製造業が中心です。

首都オタワは国の政治の中心。国会議事堂を始め、政府の建物が集まるパーラメントヒルは観光名所にもなっている。

北アメリカ

基本データ

正式国名（略称） カナダ Canada（CAN）
首都 オタワ
面積 998万4670km²
（日本の約26倍）
人口、人口密度 3594万人、
4人/km²（2015年）
通貨 カナダ・ドル
おもな言語 英語、フランス語

プラスワン カナダのスポーツ

カナダは、夏はラクロス、冬はアイスホッケーを国技として認定しています。

オリンピック種目になっているアイスホッケーは、これまでのオリンピックで男子は9個、女子は4個の金メダルをとっています。

ラクロスでは、男子が2014年の世界選手権で優勝しています。

 カナダと日本の木材の取り引きは、明治時代から始まりました。1923年、日本では関東大震災という大地震が起こりましたが、いち早くカナダから日本に木材が運びこまれ、多くの家を建て直すことができたのです。

321ページの答え ②

324

とろ～りおいしいメープルシロップ

　カナダの国土の3分の1ほどが森です。森林の面積は、日本の国土の約10倍もあり、180種類の樹木がしげっています。
　東部の森には、国旗にもえがかれているサトウカエデが多く生育しています。このサトウカエデの樹液からつくられるカナダの特産品が、メープルシロップです。あまくて、パンケーキやトーストにかけるとおいしいです。メープルシロップは、木の幹に管をさして樹液をとり、コトコトにつめてつくります。
　西部の森には、マツの仲間が多く生育し、家や家具などの材料として、世界中に輸出されています。
　豊かな森には、樹木のほか、ハイイログマなどの動物たちも生息しています。カナダの人たちは、動物の暮らしを大切にしながら、森の育成や管理をしているのです。

工夫がいっぱい！ イヌイットの雪の家

イヌイットがくらす地域はマイナス40度になることもあるが、イグルーの中の温度はマイナス10度ぐらい。

　イヌイットはカナダの先住民で、古くから氷と雪におおわれた北部の地域に住んでいました。
　イヌイットの人々の伝統的な生活は、カヤックとよばれるカヌーや、犬ぞりに乗って、雪の上を移動しながら、アザラシや魚をつかまえることでした。
　アザラシは肉を食べるだけでなく、毛皮は服や帽子に、アザラシからとれる油は燃料として使われます。魚やアザラシをつかまえるために出かけるときは、数日ごとに場所を移動するため、イグルーという雪の家をつくって寝泊まりします。積もって固くなった雪をブロック状に切り出し、積み重ねて、ドーム型の家にします。寒さをふせぐために、床に動物の毛皮をしくなどたくさんの工夫をしています。
　しかし現在は、このような伝統的な生活を送るイヌイットの人々は見られなくなってきています。

ミニミニクイズ カナダ名物のメープルシロップは、どんな樹木からつくられますか。
① マツ　② ヒノキ　③ サトウカエデ

答えは次のページ ▶

巨大な力で国際社会を支配する
アメリカ合衆国

13本の赤と白の線は独立したときの州の数、50の星は現在の州の数を表している。

移民たちがつくったアメリカは、超大国として、世界の政治と経済の中心になっています。

移民たちがつくった世界の超大国

アメリカは北アメリカの南半分をしめる国で、西部にはけわしい山々があり、東部から中部にかけては平野が広がっています。

ここには大昔にアジアからわたってきた先住民がくらしていましたが、17世紀に入ると、ヨーロッパの人々がきて植民地をつくるようになりました。そして1776年、東部のイギリス植民地13州が本国イギリスからの独立を宣言して、アメリカ合衆国が生まれたのです。

工業や農業、商業など、あらゆる産業が発達したアメリカは、強い経済力や軍事力を後ろだてに、国際社会を動かす超大国になっています。

ニューヨークの自由の女神は、友好の印として、フランスからおくられた。まわりには高層ビルが建ち並んでいる。

北アメリカ

基本データ

正式国名（略称） アメリカ合衆国　United States of America（USA）
首都　ワシントンD.C.　面積　983万3517km²（日本の約26倍）
人口、人口密度　3億2177万4000人、33人／km²（2015年）
通貨　アメリカ・ドル
おもな言語　英語

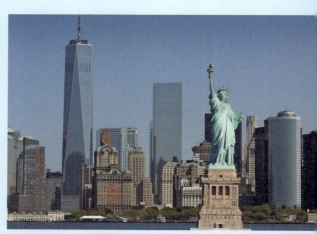

プラスワン　アメリカのスポーツ

アメリカではさまざまなスポーツがさかんですが、最も人気があるプロ・スポーツは、アメリカンフットボールです。2つあるリーグの優勝チームを同士が戦う試合はスーパーボウルとよばれ、その日は多くの人が家族や友人といっしょにテレビ観戦し、視聴率も毎年40％をこえます。

「アメリカ」という名前は、コロンブスと同じころ南アメリカを探検したイタリア人のアメリゴ・ベスプッチの名前からとられました。アメリゴは『新世界』という論文を書いて、新しい大陸をヨーロッパに紹介しました。

325ページの答え
③

326

世界をリードするアメリカの産業

アメリカは、宇宙・航空機やコンピュータといった先端技術産業が発達した工業国ですが、それと同時に、世界でも指折りの農業大国でもあります。

地域ごとに、気候や土壌の自然条件に合った作物を集中的につくる適地適作が徹底されていて、小麦やトウモロコシ、肉、果物など、さまざまな農作物を輸出しています。さらに農作物の種子も大量に生産していて、世界各国に輸出しています。

また、アメリカは、石油を始めとしたエネルギー生産国でもあります。といっても、国内で使う量がとても多いので、これまでは足りない分を輸入していました。しかし最近は、天然ガスの1つであるシェールガスを生産するようになり、エネルギーの輸出国に変わろうとしています。

工業や農業を始め、アメリカの経済は世界に大きな影響をあたえています。そのため、世界中の国々がつねにアメリカに注目しているのです。

アメリカ中部のトウモロコシ畑。アメリカの農家は、広大な畑で大量に作物を栽培するのが特徴。

大人から子どもまで夢中になる、アメリカの文化

アメリカは、映画や音楽、ハンバーガーやコーラといった食べもの・飲みもの、テーマパークなど、新しい文化を次々に生み出してきました。これらは大人から子どもまで多くの人の心をつかみ、世界中に広がっていきました。

中でも映画は、20世紀初めごろから西部のハリウッドを中心に発展し、重要な産業になりました。最近は、大人から子どもまで楽しめる映画が多くつくられ、日本でもヒットしています。

また、インターネットが広まって、みんなが手軽に情報を発信したり、やりとりしたりできるようになりました。アメリカで生まれた文化が、人と人とのつながりも変えているのです。

ミニミニクイズ 1776年に独立するまで、アメリカはどこの国の植民地でしたか。
① フランス　② イギリス　③ スペイン

答えは次のページ▶

中・南アメリカ

中・南アメリカは、北アメリカ大陸南部とカリブ海の島々からなる中央アメリカと、南アメリカ大陸からなります。15世紀以降、ヨーロッパの国々によってアフリカの人々が多く連れてこられ、先住民とアフリカ系やヨーロッパ系の人々が混ざり合ってくらしています。

コスタリカ P342

コスタリカには、色あざやかなコンゴウインコなど、美しい鳥が多く、バードウォッチングでも人気がある。

キューバ P346

首都ハバナでは、1950年代など、古い時代につくられたアメリカ車が、今もたくさん走っている。

アルゼンチン P400

ブラジルとの国境にあるイグアスの滝は、幅は約4000m、高さは約70mもあり、世界最大の滝といわれる。

ペルー P390

南部のナスカには、古代にかかれた巨大な絵が残されている。写真はクモの絵で、大きさが46mもある。

太平洋

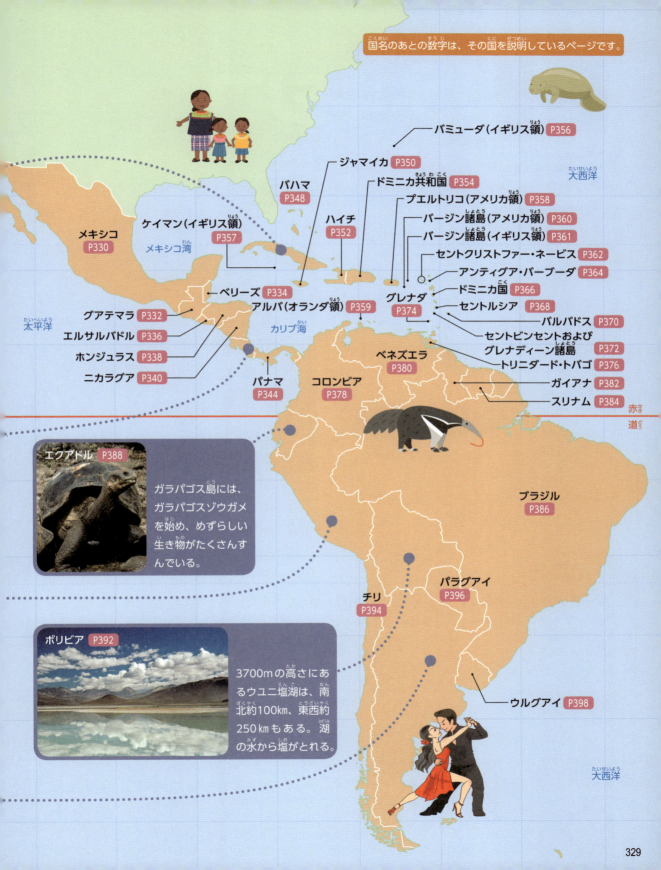

アステカ文明の遺跡とおいしいサボテンの国
メキシコ

緑は自由と独立、白は宗教、赤は民族が1つになることを表す。真ん中はヘビをくわえたワシの絵。

もとからいた先住民と、あとからきたスペイン人の文化がまざり、発展してきました。

陽気な人々と遺跡の残る国

メキシコは北アメリカ大陸のいちばん南にある国です。北部は乾燥した砂漠が広がり、南北に高い山が連なっています。国の大部分が高い土地で、首都のメキシコシティも標高（海面からの高さ）が2200mのところにあります。

14世紀、ここではアステカ王国が栄えていましたが、16世紀にスペイン人が入ってきて支配され、新たな文化やキリスト教が加わるようになりました。今も、毎年12月にはグアダルーペ聖母祭が開かれ、アステカの民族衣装を着た先住民も集まります。

産業は近年、自動車の部品工場や製造工場が発展し、メキシコの経済成長が期待されています。

首都メキシコシティのグアダルーペ寺院には、浅黒い肌のマリアの絵「褐色の聖母」がかざられ、アステカ文化とキリスト教がいっしょになったシンボルとなっている。

中・南アメリカ

基本データ

正式国名（略称）　メキシコ合衆国　United Mexican States（MEX）
首都　メキシコシティ　面積　196万4375km²（日本の約5倍）
人口、人口密度　1億2701万7000人、65人／km²（2015年）
通貨　ペソ
おもな言語　スペイン語

プラスワン　メキシコと日本

メキシコと日本の交流は400年以上前の江戸時代から続いています。
メキシコ人政治家のロドリゴ・デ・ビベロが航海中に台風におそわれ、日本の千葉県に漂着しました。このとき日本人が献身的に救助しました。
そして、江戸幕府の徳川家康の指示により船が提供され、1610年に無事にメキシコへ帰国しました。

ミニミニトピック　日本でも有名な小型犬のチワワ。メキシコにはチワワのふるさと、チワワ州があります。チワワは、もともとはこの地域で生まれた犬といわれています。そのかわいらしさから、今では世界中で広く愛されています。

327ページの答え　②

サボテンだって、おいしいんです！

　北部の砂漠には、いろいろな種類のサボテンが生えています。人の背よりも大きなサボテンもたくさんあり、メキシコ料理にはサボテンがよく使われています。

　ウチワサボテンは、観賞（見て楽しむこと）用と食用を合わせて約300種類あるといわれています。食用になるウチワサボテンは、皮をむいてサラダやステーキにします。また、リュウゼツランという植物からは、テキーラというお酒がつくられます。

　ほかに、日本でもよく知られているメキシコ料理として、タコスがあります。トウモロコシの粉や小麦粉をクレープのようにうすく焼いたトルティーヤに、お肉や野菜などを包んだ料理です。トルティーヤは主食のようなもので、油であげたり、いろいろなものをはさんだりします。からいものが好きなメキシコ人は、これに、トウガラシやトマトを使ったソースをつけて食べるのです。

メキシコにあるピラミッド

テオティワカンにある太陽のピラミッド。世界で3番目に大きいピラミッドといわれている。

　メキシコシティの近くには、古代都市テオティワカンがあります。テオティワカンとは「神々の都市」という意味で、今から2200年前ごろに人が集まって都市になり、たくさんの建造物などがつくられたといわれています。

　テオティワカンで有名なのは、月のピラミッドと太陽のピラミッドです。太陽のピラミッドはとても大きく、夏至の日（1年でいちばん昼の時間が長い日）に、真向かいに太陽がしずむような位置につくられています。月のピラミッドはそれよりも小さく、古代には儀式をする場所だったと考えられています。

　テオティワカンは世界文化遺産に登録されていて、世界中からたくさんの観光客が集まります。

ミニミニクイズ　砂漠に育つ植物で、メキシコ料理に出てくるのは何でしょうか。
① ホウレンソウ　　② ウチワサボテン　　③ ツクシ

答えは次のページ ▶

火山の影響で最高級のコーヒーができる国
グアテマラ

青は海の色、白はきれいな心を表す。真ん中は自由のシンボルで国鳥のケツァール。

マヤ文明の遺跡の中心地として有名です。国土の半分は森林で、火山も多くあります。

昔、中央アメリカで栄えたマヤ文明の中心地

グアテマラは、北アメリカ大陸と南アメリカ大陸をつなぐところに位置する国です。西に太平洋、東にカリブ海があり、アグア火山を始め火山が多く広がっています。

ここでは古代にマヤ文明が栄え、遺跡がたくさん残されています。今でも、マヤ系の先住民が国民の半分近くをしめています。16世紀から19世紀の初めまではスペインの植民地だったので、スペイン語が国の公用語ですが、先住民の中には昔から伝わる言葉を使う人も多くいます。

コーヒー、バナナなどの農産物の輸出がさかんですが、近年は観光地として注目されています。

北部のティカル国立公園にあるマヤ文明の遺跡。入口にジャガーの彫刻があったため、ジャガー神殿ともよばれる。

基本データ

正式国名（略称）　グアテマラ共和国
Republic of Guatemala （GUA）
首都　グアテマラシティー
面積　10万8889km²（日本の約3分の1）
人口、人口密度　1634万3000人、150人／km²（2015年）
通貨　ケツァル
おもな言語　スペイン語

プラスワン　グアテマラのスポーツ

グアテマラでは、マラソンや競歩などの陸上競技が人気です。国内でも、マラソン大会や競歩大会が開かれています。競歩の人気が高まったのは、2012年のロンドン・オリンピックからです。このとき、エリック・バロンド選手が、20km競歩で銀メダルをとり、グアテマラ初のオリンピック・メダリストになったからです。

中・南アメリカ

ミニミニトピック　グアテマラにはケツァルという美しい鳥がすんでいて、マヤ文明のころは「大気の神」として大切にされていました。今でも自由のシンボルで、グアテマラのお金の単位もケツァルといいます。

331ページの答え
②

火山のおかげ？　最高級のコーヒー豆

　グアテマラはコーヒー豆やバナナ、サトウキビの栽培が有名です。コーヒー豆は、国の南部の火山の斜面でつくられています。このあたりの土は、コーヒー豆の栽培に適しているからです。中でもアンティグア高地で栽培されたコーヒー豆は高級品とされ、日本でも売られています。

　グアテマラのコーヒー豆は、栽培される土地の標高（海面からの高さ）によってランクづけされていて、最高級品は1350m以上の場所で栽培された豆です。コーヒー豆は、日が当たりすぎないように日陰をつくる木の下で栽培されています。この木やコーヒー豆の木からなる広く豊かな森は、人によってつくられた森林としては、中央アメリカで最大といわれています。

　日本はアメリカの次に、グアテマラ産のコーヒー豆の輸入国になっていて、グアテマラが海外へ輸出する量の20％が日本へのものです。

グアテマラのコーヒー農園。背の低いコーヒーの木の間に背の高い木がある。落ちた葉はコーヒーの肥料にもなる。

虹のようにカラフルで美しい、ウイピル

　先住民の村には、ウイピルとよばれる伝統的な民族衣装が伝わっています。ウイピルは、昔は、1枚の布に穴をあけて、その穴に頭を通し、腰のあたりをひもで結んで着ていました。けれども今では、巻きスカートやかぶるタイプのシャツのような形に変わっています。

　布の模様や色が村ごとにちがうのが特徴です。昔から伝わるマヤ文化の5つの色、赤＝東、黒＝西、黄＝南、白＝北、緑＝中心を使っているのです。そのカラフルな色彩から、ウイピルの模様は虹にたとえられ、グアテマラ・レインボーとよばれます。太陽や花や鳥の模様や、ストライプやチェック柄など、いろいろなデザインのものがあります。

ミニミニクイズ　グアテマラの先住民に伝わる民族衣装はその美しさを何に例えられていますか。
① 虹　② 女神　③ 太陽

答えは次のページ ▶

美しい海にサンゴ礁が広がる
ベリーズ

赤と青は国の政治を行うグループの色。国の木であるマホガニーと、ふたりの人がえがかれている。

古代マヤ文明の遺跡が残る歴史ある国ですが、独立国として新たな発展を続けています。

アメリカ大陸でいちばん新しい国

中央アメリカにあるベリーズは、北はメキシコ、西南はグアテマラととなり合っていて、東はカリブ海に面しています。

この国は、古くからマヤ文明が栄えていました。しかし、16世紀に探検家のコロンブスがきてからスペイン人がふえ、さらに、イギリス人も木材を求めてやってきたことから、スペインとイギリスが争うようになりました。19世紀になると、イギリスがここを支配して、イギリス領ホンジュラスとよばれましたが、1981年に独立しました。

マナティやウミガメなど海の生き物や、自然あふれる島々が人気の観光地として、発展しています。

首都ベルモパンは、かつての首都ベリーズシティがハリケーンの被害にあったため、1970年に建設された。

基本データ

正式国名（略称）　ベリーズ
Belize（BIZ）
首都　ベルモパン
面積　2万2966km²（日本の約16分の1）
人口、人口密度　35万9000人、16人／km²（2015年）
通貨　ベリーズ・ドル
おもな言語　英語、スペイン語、ベリーズ・クレオール語、モパン語

プラスワン　ベリーズと日本

ベリーズが独立してから、ベリーズと日本の交流は深まっています。

文化では、日本のよさこい踊りを伝える活動が行われています。2016年にはベリーズの都市、ベリーズシティで、よさこい踊りを子どもたちに教えたり、ベリーズ最北端のコロザルという街の小学校を訪問して、踊りを見せたりしました。

ミニミニトピック　マヤ文明では、0を貝殻、1を●（まる）、5を棒で表し、この3つを組み合わせて、数を表していたという記録が残っています。また、20を1つの固まりとして数える20進法が使われていました。

333ページの答え　①

サンゴ礁に囲まれた、青く深い海の穴

ベリーズの海には、世界自然遺産にもなっているベリーズサンゴ礁保護区があります。ベリーズバリアリーフといわれるサンゴ礁は、長さが約300kmも広がっていて、西半球では最大です。ベリーズの海の水の温度は20度以上あり、60種以上のサンゴを見ることができます。

そのサンゴ礁の中に、グレートブルーホールという大きな青い穴が空いています。上から見ると、まるで青い海の中にあるサファイアの宝石のようなブルーで、その美しさから「カリブの宝石」と名づけられています。

この穴は、直径が約300m、深さは約130mもあり、氷河期の氷がとけたときに洞窟がしずんでできたといわれています。下のほうには鍾乳石のある洞窟のようなくぼみがあり、その深さや、神秘的な様子から、ダイビングで海にもぐる人たちに「海の怪物の寝床」とよばれています。

グレートブルーホールにはイルカがすみ着いていて、初心者でもイルカと一緒に泳ぐことができる場所として人気がある。

きれいな宝石がとれたアルトゥン・ハ遺跡

ベリーズには、古代に栄えたマヤ文明の遺跡も残っています。中でもアルトゥン・ハ遺跡は、ヒスイという緑色の宝石でできた太陽神の頭の像が発見されたことで有名です。アルトゥン・ハとは「岩石の池」という意味で、その名の通り黒曜石やヒスイなど貴重な石がたくさんとれる場所だったようです。

アルトゥン・ハ遺跡は、海岸から10kmという場所にあって、貝殻を使った飾りも見つかっています。マヤ文明はおもにジャングルの奥深いところで栄えたので、海岸の近くに遺跡があるのはめずらしいことです。

アルトゥン・ハ遺跡は、カリブ海と内陸を結ぶ交易の中心として栄えたと考えられています。

ミニミニクイズ アルトゥン・ハ遺跡のアルトゥン・ハとは、どういう意味ですか。
① カリブの宝石　② 海の怪物の寝床　③ 岩石の池

答えは次のページ ▶

南北アメリカ大陸にある国の中でいちばん小さい
エルサルバドル

青は太平洋とカリブ海、白は平和を表す。真ん中には国章（国の紋章）がえがかれている。

中央アメリカの小さな国ですが、農業や観光業を中心に国づくりをしています。

火山や地震にも負けず、新しい国づくりに挑戦中

エルサルバドルは、北アメリカ大陸の南部にある国です。南北に高い山々が連なり、国の半分近くは山岳地帯です。しかも、活火山が多く、昔から噴火や地震が何度も国をおそっています。

この地には先住民がいましたが、16世紀にスペインの植民地になりました。やがて独立したい人たちが戦いを始めて、スペインの支配を終わらせ、1841年に共和国になりました。今は内戦（国内の戦い）も落ち着き、新たな国づくりが進んでいます。

エルサルバドルは農業国で、コーヒー豆やサトウキビなどを栽培しています。また、繊維工業が行われていて、衣類や繊維などを輸出しています。

首都サンサルバドルの街並み。国の政治と経済の中心で、多くの人口が集まっている。

基本データ

正式国名（略称） エルサルバドル共和国　Republic of El Salvador（ESA）
首都 サンサルバドル　面積 2万1041km²（日本の約18分の1）
人口、人口密度 612万7000人、291人／km²（2015年）
通貨 アメリカ・ドル
おもな言語 スペイン語

プラスワン　エルサルバドルと日本

エルサルバドルは資源が少なく、たびたび起こる地震や火山の噴火などで生活がよくなりませんでした。

そこで、生活をよくするために、日本が生活の技術を教えました。それは、昔の日本の生活方法です。ガスや電気がなくても食事ができるように、かまどを使いやすく改良した台所が広がっています。

中・南アメリカ

ミニミニトピック　仲の悪かった隣の国、ホンジュラスと1969年のサッカー・ワールドカップ予選での対戦などをきっかけに戦争をしたことがあります。5日間で戦闘は終わりましたが、仲直りには時間がかかりました。

335ページの答え ③

コーヒー豆で国が豊かになった！？

エルサルバドルでつくられているおもな農作物は、コーヒー豆です。コーヒー栽培は1840年代から始まり、やがて大量に海外に輸出するようになりました。そのおかげで一部のコーヒー農家はとても裕福になっていきましたが、コーヒーの生産量や取り引きの値段によって国の経済が左右される、不安定な状態でした。また、その一方で、土地をもたず、コーヒーをつくれない人々は、生活が苦しくなっていきました。

そのため、エルサルバドルの政府は、コーヒー豆だけでなく、砂糖やトウモロコシなども海外へ輸出できるように力を入れ、観光業をさかんにして、たくさんの旅行客にきてもらうようにしました。さらに、お金がなくてもだれもが教育を受けられるようにして、人々の生活を変えていったのです。

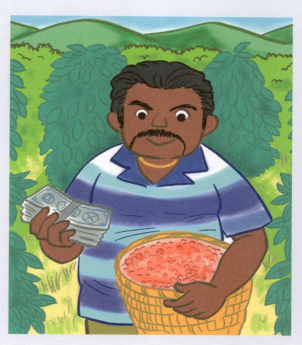

1400年の眠りから覚めた古代遺跡

ホヤ・デ・セレン遺跡は、エルサルバドルで初めて世界遺産に登録された。建物は日干しレンガやどろでつくられていた。

首都サンサルバドルの北西にあるホヤ・デ・セレンは、古代のマヤ文明の時代の村の遺跡で、世界遺産に登録されています。

この地域はかつてヒスイの産地で、「宝石の土地」という意味のクスカトランとよばれました。しかし、1400年前ごろに火山が噴火して、村は灰にうもれてしまいました。そして、20世紀になって、工事をしているときに、偶然発見されたのです。

調べてみると、レンガでつくられた住まいのあとや集会所、寺院、共同浴場、木でつくられた農業用の道具などが、ほぼ完全な状態で見つかりました。マヤ文明の建物の遺跡はたくさんありますが、農村の生活を知る遺跡はほとんどありません。そのため、火山灰の中で約1400年もの間ねむっていた貴重な遺跡として、観光名所にもなっています。

ミニミニクイズ エルサルバドルにある世界遺産は何でしょうか。
① サンサルバドル火山　② エル・ピタル山　③ ホヤ・デ・セレン遺跡

答えは次のページ

真ん中の5つの星は、かつての同盟国を表す。

貴重な生き物の聖地がある
ホンジュラス

有名な遺跡と世界的に貴重な大自然。新たな観光地として知られるようになってきました。

かつては金や銀がほり出されて栄えた国

ホンジュラスは、中央アメリカのほぼ真ん中にあります。たくさんの山がありますが、火山はなく、地震もほとんどありません。

ここは16世紀から、スペインに支配されていました。そのころ、金や銀がほり出される山が発見され、大きく発展しました。19世紀に独立しましたが、その後も周辺の国々との間にいさかいが起こったり、国内で争いが起こったりしました。そして、20世紀末ごろから、ようやく民主的な政治が行われるようになったのです。

産業の中心はバナナやコーヒーの栽培で、ほかにエビの養殖にも力を入れています。

首都テグシガルパは、標高（海面からの高さ）1000mの高地にある。かつては近くで金や銀がほり出され、栄えた。

中・南アメリカ

基本データ

正式国名（略称）　ホンジュラス共和国　Republic of Honduras（HON）
首都　テグシガルパ　面積　11万2492km²（日本の約3分の1）
人口、人口密度　807万5000人、72人／km²（2015年）
通貨　レンピーラ
おもな言語　スペイン語

プラスワン ホンジュラスと日本

1998年に、大きなハリケーン・ミッチがホンジュラスをおそったとき、日本は自衛隊の医療部隊を送って、約4000人の診察をしました。

ほかにも、外国でボランティア活動を行う青年海外協力隊をホンジュラスに送って、子どもたちに算数を学んでもらうための教材づくりをしたり、さまざまな協力をしています。

ミニミニトピック　カラフルな羽をもつ美しいコンゴウインコは太陽のシンボルとされ、コパン遺跡にはコンゴウインコの彫刻がいくつもあります。今ではホンジュラスの国鳥にもなっています。

337ページの答え　③

世界でも貴重な生き物の宝庫、リオ・プラタノ生物圏保護区

ホンジュラスを流れるプラタノ川ぞいのジャングルと、川が流れこむカリブ海一帯には、絶滅が心配されている動物がたくさんいます。

川や浅い海を泳ぐ大きな体のアメリカマナティ、ヒョウににた体つきで木登りも泳ぎも得意なジャガー、細長い口から舌をのばして巣にいるシロアリを食べるオオアリクイなどです。ほかに、色あざやかな羽をもつコンゴウインコのような鳥類もいて、とても貴重な地域です。

これらの生き物と自然を守るため、1982年にユネスコはここをリオ・プラタノ生物圏保護区として、世界遺産にしました。しかし、この地区に勝手に入り、住みついてしまう人が後をたたず、木を切ったり、猟をしたりするため、森や動物たちがどんどんへっています。それでユネスコは、この地区を危険にさらされている危機遺産にも登録していますが、自然を守るための努力はまだまだ必要です。

マナティ

オオアリクイ

マヤ文明で最も美しいといわれる、コパン遺跡

コパン遺跡の神聖文字の階段。コパンを治めていた王たちの歴史がきざまれている。

西部のグアテマラとの国境近くには、マヤ文明のコパン遺跡があります。ここは、4〜9世紀に黒曜石やヒスイといった宝石がたくさんとれ、繁栄していた都市のあとです。複雑な絵や模様がほられた石の像がたくさんあって、マヤ文明の遺跡の中で最も美しいといわれています。

ここで発見された祭壇Qとよばれる背の低い四角い柱には、それぞれの面に4人ずつ、合計16人の王の名前と姿がほられています。遺跡の中心部にあるピラミッド型の階段には多くのマヤ文字がほられていて、神聖文字の階段とよばれています。

ほかに、広い球技場も残されていて、コパン遺跡は世界遺産に登録されています。

ミニミニクイズ　ホンジュラスのコパン遺跡にある、背の低い四角い柱の祭壇は何とよばれていますか。
① 祭壇Q　② 祭壇J　③ 祭壇P

答えは次のページ▶

中央アメリカの火山国
ニカラグア

真ん中には、火山や虹がえがかれている。

豊かな自然と歴史ある街並みを大切にし、詩を愛する人の多い国です。

国の半分もあるジャングルは、動物たちの楽園

ニカラグアは、中央アメリカのほぼ真ん中にある国です。国土の約半分は深いジャングルで、シカやピューマなどの動物や、ワニやトカゲなどの、は虫類がたくさんいます。また、太平洋に面した西部には火山が多く、地震もたびたび起こっています。

16世紀前半、ここはスペインの植民地になりましたが、19世紀前半に独立しました。しかし、その後は政治の混乱が長く続いて、20世紀末には内戦（国内の戦い）も起こりました。

そのため、経済は立ちおくれていて、政府は国を立て直すために農業や畜産に力を入れ、コーヒー豆や牛肉をつくっています。

レオン市のレオン大聖堂。ほかにも植民地時代の建物が残り、レオン・ビエホ遺跡群として世界遺産に登録されている。

基本データ

正式国名（略称） ニカラグア共和国 Republic of Nicaragua（NCA）
首都 マナグア
面積 13万373km²（日本の約3分の1）
人口、人口密度 608万2000人、47人／km²（2015年）
通貨 コルドバ
おもな言語 スペイン語

プラスワン ニカラグアと日本

ニカラグアは、1998年、大きなハリケーンにおそわれました。このとき、レオンとチナンデガという2つの都市では、ほぼ全部の小学校が被害にあいました。

授業が受けられない子どもたちのために、日本は60校の小学校を建て替えたり、増設（設備などをふやすこと）したりして助けました。

中・南アメリカ

ミニミニトピック ニカラグアの街には今でも馬車がたくさん走っています。人々はタクシーと同じように馬車を使っていて、古い街並みにとても似合っています。環境にもやさしい乗り物ですね。

339ページの答え
①

340

ニカラグア国民のヒーローは詩人

ニカラグアの国民が愛してやまないヒーローは、中南米（中央アメリカと南アメリカ）最高の詩人といわれるルベン・ダリオです。

ダリオは1867年にニカラグアで生まれ、13歳のときから自分で書いた詩を新聞に送って、発表していました。大人になると、南アメリカの国々を始め、スペインやフランス、アメリカをおとずれて、さまざまな土地で詩をつくりました。中でも1905年に発表した「生命と希望の歌」という詩はとても高く評価されましたが、1916年に49歳で亡くなっています。

それから約100年たった今も、ニカラグアの人たちはダリオを忘れていません。彼の影響を受けて詩をつくる人々が、ニカラグアにはたくさんいるのです。また、首都マナグアにはダリオの記念像があり、1969年に建てられた劇場は、ルベン・ダリオ国立劇場と名づけられています。

サメやメカジキもすむ、中央アメリカ最大のニカラグア湖

ニカラグア南西部には、中央アメリカ最大のニカラグア湖があります。ここは大昔は海の一部でしたが、火山の噴火によって海とへだてられ、湖になったと考えられています。面積は、日本でいちばん大きな琵琶湖の12倍もあって、風によって広い湖面に波が立つさまは、まるで海のようです。

40以上の川が流れこむニカラグア湖は、カリブ海ともつながり、サメやメカジキなどがすんでいます。また、湖の中に400以上の島々があります。

近年、ニカラグアでは大運河の建設計画が立てられていて、ニカラグア湖はそのルートの一部になっています。しかし、湖がよごれたり、生き物がへったりするのではないかという心配の声もあります。

ニカラグア湖で最大のオメテペ島には、高さ1610mの火山コンセプシオン山などがそびえている。

ミニミニクイズ ニカラグアがほこる、有名な詩人の名前はどれでしょうか。
① コベン・ダリオ　② ルベン・ダリオ　③ ルベン・トリオ

答えは次のページ ▶

平和と自然を大切にする人たちの国
コスタリカ

青は空、赤は血、白は平和を表す。左のマークには、火山や船がえがかれている。

国民の意見を大切にし、平和な社会をきずいてきた、自然豊かな国です。

🏛 中央アメリカの平和な国

コスタリカは、中央アメリカの南部にある国です。国の真ん中には3つの山脈があり、西側の湿地にはマングローブの林が広がっています。

ここは16世紀からスペインに支配されていましたが、19世紀に独立しました。20世紀、中央アメリカには政治の不安定な国が多く、あちらこちらで争いも起こっていました。そんな中、わりあい安定していたコスタリカで1986年に大統領になったアリアスは、中央アメリカの平和のために努力し、1987年にノーベル平和賞を受賞しています。

おもな産業は農業で、バナナやコーヒー豆をつくっています。自然を活かした観光業もさかんです。

首都サンホセにある国立劇場。バレエやミュージカルなどがもよおされ、観光客にも人気がある。

基本データ

正式国名（略称） コスタリカ共和国
Republic of Costa Rica （CRC）
首都　サンホセ
面積　5万1100km²（日本の約7分の1）
人口、人口密度　480万8000人、94人／km²（2015年）
通貨　コロン
おもな言語　スペイン語

プラスワン　コスタリカと日本

コスタリカと日本は、1935年から、とてもよい関係を続けています。コスタリカは、2011年に東日本大震災という大地震が起こったとき、いち早く日本への支援を表明した国の1つです。日本への募金を集めるためのイベントでは、大統領が募金をよびかけたり、ミュージシャンが応援歌をつくったりしたのです。

中・南アメリカ

火山があるコスタリカは、日本と同じように温泉もあります。タバコンという温泉では、わき出した湯が川のようにジャングルの中を流れ、人気の観光地になっています。

341ページの答え ②

自然を守り、観光客をよんでいるココ島

コスタリカは、自然の豊かな国としても知られています。本土から南西に550kmはなれた太平洋上には、世界遺産に登録されているココ島があります。

ココ島は、ジャングルにおおわれた火山島で、まわりの海には、シュモクザメやネムリブカ、マグロなどの魚がすんでいます。19世紀のイギリスの作家スティーブンスの小説『宝島』の舞台となったところですが、最近は、美しいビーチやダイビングスポットで世界的に有名です。

しかし、このココ島でも、かつては木が大量に切られて、森がへってしまった時期がありました。そこでコスタリカは、自然を守ることや、自然環境について考えることなどを目的とした内容で観光客を集め、国を豊かにする方法を考えました。それが、エコツーリズムです。観光客を集めることと自然を守ることを両立させるための工夫を重ね、今では年間に約200万人がおとずれるようになりました。

ココ島の海を泳ぐシュモクザメの群れ。頭の形がハンマーににているので、ハンマーヘッドシャークともよばれる。

平和を愛し、軍隊をもたない国

コスタリカは、1949年に憲法（国の基本となる法）を定めました。それには、この国が軍隊をもたないということが書かれています。ただし、もしもコスタリカが危険な状態になったときには、大統領には軍隊をつくる権限があります。でも、憲法が定められてから今まで一度も、大統領がその権限を使ったことはありません。

コスタリカのように軍隊をもたない国は、世界でもそれほど多くはありません。コスタリカは、国際連合を通じて、世界の平和や環境を守る活動を進めています。また、首都のサンホセ近くには1980年に国連平和大学がつくられ、日本人を始め、いろいろな国の留学生が学んでいます。

ミニミニクイズ コスタリカが始めた自然と観光を上手に組み合わせた仕組みとは何でしょうか。
① エコ記念日　② エコツーリズム　③ エコ活動

答えは次のページ ▶

パナマ

太平洋と大西洋をつなぐ運河の国

赤と青はパナマの2つの政党を、白はたがいに理解し合うことを表している。

国のほぼ真ん中に運河がつくられていて、世界中の船がさかんに行き来しています。

大きな収入源になっているパナマ運河

パナマは、北アメリカ大陸と南アメリカ大陸をつなぐ位置にあります。16世紀にスペインの植民地になり、その後はコロンビアの一部になりました。

19世紀後半、この国の真ん中に運河をつくる工事が始まりましたが、おもに資金不足が原因で中断。しかし、パナマが独立した1903年、アメリカが中心となって工事を再開し、1914年にパナマ運河が開通しました。これによって太平洋と大西洋が結ばれ、船での航行時間が大幅に短縮されたのです。

パナマ運河は、アメリカがずっと管理していましたが、1999年にパナマに返されました。今は運河の通行料が、国の重要な収入になっています。

パナマ運河の全長は約80kmで、最も高いところは26m。運河は階段のようになっていて、船はゆっくり昇り降りする。

基本データ

正式国名（略称） パナマ共和国　Republic of Panama（PAN）
首都　パナマシティー　面積　7万5320km²（日本の約5分の1）
人口、人口密度　392万9000人、52人／km²（2015年）
通貨　バルボア、アメリカ・ドル　おもな言語　スペイン語

プラスワン　パナマと日本

パナマ運河をつくるのに深く関わった日本人がいます。青山士です。1904年から約7年間、運河を建設する土地の測量や、運河の水量を調節する門の設計を行いました。

第二次世界大戦のときに、日本軍はパナマ運河を爆破する計画を立てましたが、青山は協力しなかったといわれています。

中・南アメリカ

ミニミニトピック　パナマ運河の通行料は船の大きさや種類で決まります。これまでの最高は、豪華客船「Disney Magic」号の33万1200ドル（約3400万円）。ちなみに運河を泳いでわたった人は0.36ドル（約40円）でした。

343ページの答え　②

米や魚を使った料理が多いパナマ

パナマの人たちも、日本人と同じように米をよく食べます。ただ、パナマでは、日本の米より細長くて、パラパラとしたたき上がりのインディカ米が主流です。たいたご飯は、サンコーチョという、塩、ニンニク、コショウで仕上げたしっかりとした味つけのチキンスープといっしょに食べるのがパナマの定番です。

また、トウモロコシの粉を、焼いたり、あげたりしてつくるトルティーヤも人気があります。このトルティーヤに、卵やチーズ、豆などをはさんで食べるのが、パナマ流の朝ご飯です。

ほかに、ホヤルドラスという砂糖をかけたドーナツや、カリマニョーラというタロイモとひき肉でつくったコロッケもあります。

海にはさまれているので、サバなどの魚を使った料理の種類も豊富です。高原地方ではトゥルーチャといわれるニジマスが有名です。

細長いインディカ米をたいたご飯や、トウモロコシの粉でつくったトルティーヤが、パナマの料理の中心。

パナマ帽のふるさとは、パナマじゃない？

パナマ帽とよばれる帽子を知っていますか？　日差しが強いときにかぶる麦わら帽子ににていますが、つばがやや小さくて、おしゃれなデザインの帽子です。材料は、中央アメリカや南アメリカに生えているパナマソウという植物の若葉で、これをさいて乾燥させたものを編んでつくります。

パナマ帽という名前がついていますが、じつはパナマで生まれたものではありません。最初につくられたのは、南アメリカのエクアドルだといわれています。イギリス人が暑い地域でこの帽子をかぶるようになり、ほかの国にも広まったのです。今では、パナマのお土産の1つとして、すっかり有名になりました。

ミニミニクイズ　パナマでよく食べられているトルティーヤの材料はどれでしょうか。
① 米　② トウモロコシ　③ ジャガイモ

答えは次のページ ▶

音楽やスポーツを愛するカリブ海の楽園
キューバ

3本の青い線は独立したときの州の数、2本の白い線は独立を望んだ人たちの強い思いを表す。

中・南アメリカでのスペインの植民地の中心として発展し、今は観光地として人気です。

美しい自然と陽気な音楽が魅力の国

キューバは、カリブ海の西インド諸島にあり、キューバ島を始めとする島々からなっています。

ここにはもともと先住民がくらしていました。しかし、16世紀にスペインの植民地になると、先住民の多くは重労働や病気のために亡くなり、代わりにアフリカの人々が奴隷として連れてこられたのです。1902年に独立し、その後は、個人ではなく国が会社や銀行を経営する社会主義国になりました。

産業は農業がさかんで、砂糖やタバコやコーヒーなどを輸出しています。最近は観光が成長し、美しい自然や植民地時代のおもかげを残す街並み、陽気な音楽が、国外からの旅行者の人気を集めています。

首都ハバナのビエハ広場は、美しい建物に囲まれる。ここをふくむ旧市街は、ユネスコの世界遺産に登録されている。

基本データ

正式国名（略称）	キューバ共和国　Republic of Cuba（CUB）
首都	ハバナ　面積　10万9884㎢（日本の約3分の1）
人口、人口密度	1139万人、104人／㎢（2015年）
通貨	キューバ・ペソ、兌換ペソ　おもな言語　スペイン語

プラスワン　キューバと日本

17世紀初め、日本ではキリスト教が広まり、大名の伊達政宗が、支倉常長らを使者として、スペインや、キリスト教の中心だったローマ（今のイタリア）に送りました。

1614年7月、常長の一行はキューバのハバナで2週間ほど過ごし、キューバを初めておとずれた日本人となりました。

中・南アメリカ

キューバの人々はダンスと音楽が大好きです。ヨーロッパやアフリカの音楽を取り入れて、ハバネラ、ルンバ、チャチャチャなどのダンス音楽を生み出し、世界的にも人気があります。

345ページの答え
②

カリブ海でお宝発見!?

カリブ海の周辺は、しばしばハリケーンにおそわれます。ハリケーンは北太平洋の東部や北大西洋で発生する熱帯低気圧で、台風と同じように強風がふいたり、大雨がふったりします。

キューバを植民地にしていたスペインは、南アメリカ大陸で手に入れた金銀や宝石などの財宝を、船で本国にとどけていました。しかし、ときには港を出て間もなくハリケーンにおそわれ、財宝を積んだまま、船がしずんでしまうこともありました。

カリブ海に面したアメリカのフロリダ半島では、今でも、そうして沈没した船の財宝の一部が打ち上げられることがあります。2015年には、フロリダの沖合にしずんでいた船から、51枚の金貨や12mもある金のくさりなどが発見されました。この船は、スペインの財宝船サンミゲル号で、300年前にキューバのハバナ港を出てスペインに向かっていた途中で、ハリケーンにあい、しずんでしまったのでした。

国が力を入れてスポーツ選手を育てる

ハバナの街角で野球を楽しむ少年たち。キューバでは、野球選手は国家公務員なので、お給料が安定している。

キューバはスポーツがさかんで、オリンピックなどの国際大会では、陸上競技やバレーボール、柔道、ボクシングなどの選手が大活躍しています。さらに野球も伝統的に強く、オリンピックの正式種目として行われた5大会で、金メダル3個、銀メダル2個を獲得しました。

キューバは国をあげてスポーツ選手の育成にとり組んでいて、素質のある子どもはスポーツ専門の学校で英才教育を受けることができます。野球で優秀な生徒は、卒業すると国内のチームでプレーしますが、だれもが夢見るのは、キューバ代表チームに選ばれることです。また、アメリカのメジャーリーグや日本のプロ野球で活躍する選手もいます。

ミニミニクイズ 16世紀にキューバを植民地とした国はどこですか。
① イギリス ② スペイン ③ フランス

答えは次のページ

美しい島に海賊たちも住んだ
バハマ

青は国のまわりのきれいな海、黄は砂浜、黒は国民の強い結びつきを表している。

約700の島々と、2000以上ものサンゴ礁からなるバハマは、海の楽園といわれています。

美しい海が魅力のリゾート地として発展

バハマはカリブ海にある島国で、800kmにわたって島が点々と連なっています。

これらの島々は、かつてはカリブ海を行き来する海賊たちの住みかとなったり、スペイン人やイギリス人に支配されたりしていました。もともとは先住民が住んでいましたが、外からきた人たちとの戦いや病気の流行で、ひとりも残っていません。南北アメリカで、先住民がみんないなくなってしまった最初の国だったのです。

現在のバハマは観光業がさかんで、イルカといっしょに泳げる美しい海や砂浜が、外国からも観光客を引きつけています。

首都ナッソーの北にあるパラダイス島。パステルカラーの街並みが美しく、高級リゾート地になっている。

基本データ

正式国名（略称） バハマ国
Commonwealth of The Bahamas （BAH）
首都 ナッソー
面積 1万3940km²（日本の約27分の1）
人口、人口密度 38万8000人、28人／km²（2015年）
通貨 バハマ（B）・ドル
おもな言語 英語

プラスワン バハマのスポーツ

美しい海に囲まれたバハマはマリンスポーツにぴったりで、セーリングも行われています。セーリングとは、小型の船に帆をはったヨットやウインドサーフィンを使い、決められた海のコースでスピードを競うスポーツです。バハマでは、セーリングの国際試合が開かれていて、オリンピックにも選手が出場しています。

中・南アメリカ

カリブ海といえば、映画でも有名になった海賊を思いうかべる人もいるでしょう。本物の海賊は、映画よりもあらあらしく、悪いことをたくさんしました。首都のナッソーには、海賊の歴史をまとめた博物館があります。

347ページの答え
②

かわいくて、おいしいピンクガイ

海に囲まれたバハマには、魚や貝を使った料理がたくさんあります。

中でも有名なのはピンクガイ（コンクガイ）です。ピンクガイは約20cmもある大きな巻貝で、貝殻の内側がピンク色をしています。その白い身をすりつぶし、だんごの形にしてあげたコンクフリッターや、生のまま細かくきざんで玉ねぎやトマトなどの野菜とまぜたコンクサラダが人気です。

バハマ北部にあるエルーセラ島という細長い島には、ピンクサンドビーチとよばれる砂浜があります。ここは、白い砂に、ピンクガイの貝殻やサンゴが細かくくだけたものがたくさんまじっているため、砂浜一面がピンク色に見えます。それが青い海にはえて、とても美しい景色をつくり出し、観光名所になっています。

海でピンクガイをとる人。ピンクガイの貝殻を使って、アクセサリーもつくられている。

バハマの海にしずむ、なぞの石？

ビミニ島近くの海底にあるビミニロード。長方形の石畳が、整然とのびている。

バハマのまわりの海底では、ふしぎな形の石がいくつも見つかっています。

1968年、ビミニ島の近くでは、深さ5mの海の底に、たくさんの四角い石が一本の石の道のようにならべられたものが発見されました。この石の道はビミニロードという名前がつけられています。およそ600mにわたって、形の整えられた石がきれいにならんでいて、人がつくったとしか考えられないといわれています。

ほかに、石の柱も見つかっていて、研究者の中には、アトランティスの遺跡ではないかという人もいます。アトランティスは、古代に栄えたものの姿を消してしまったといわれる伝説の島です。

このように、バハマの海には、ミステリアスななぞがたっぷりつまっているのです。

ミニミニクイズ バハマで有名なコンクフリッターに使われる、おいしい貝の名前は何でしょうか。
① ホタテガイ　② オウムガイ　③ ピンクガイ

答えは次のページ ▶

レゲエ音楽と陸上界の大スターを生んだ国
ジャマイカ

緑は農業と希望のシンボル、黄色は太陽の光、黒は昔と今の苦しみを表している。

レゲエという音楽や、陸上競技が強いことで知られ、コーヒー豆の生産もさかんです。

自由を求める思いが、レゲエ音楽を生んだ

ジャマイカは、中央アメリカのカリブ海にある、東西に240kmの細長い島国です。

15世紀にはスペイン、17世紀からはイギリスがここを植民地にしました。先住民はつらい仕事や飢えでほとんどが命を落とし、その後はアフリカから連れてこられた人々が奴隷として働かされました。そのため、ジャマイカではイギリスの支配に抵抗する運動が長く続き、自由を求める強い思いは、20世紀になってレゲエという音楽を生み出しました。

1962年、ジャマイカはようやく独立を果たします。今は観光業がさかんなほか、地下資源のボーキサイトを海外に輸出しています。

西部にある、ジャマイカ第2の都市モンテゴベイ。国際空港があり、観光や商業の中心地になっている。

基本データ

正式国名（略称） ジャマイカ　Jamaica（JAM）
首都 キングストン　面積 1万991km²（日本の約34分の1）
人口、人口密度 279万3000人、254人／km²（2015年）
通貨 ジャマイカ・ドル　おもな言語 英語、ジャマイカ・クレオール語

プラスワン ジャマイカと日本

2007年に大阪で、2015年には中国のペキンで世界陸上選手権大会が開かれたとき、鳥取県はジャマイカ・チームの合宿地として選手をむかえました。その後も交流は続き、2016年にはジャマイカ西部のウエストモアランドと姉妹都市になり、2020年東京オリンピックでも、ジャマイカのホストタウンをつとめます。

中・南アメリカ

ジャマイカの代表的な料理はアキ・アンド・ソルトフィッシュです。アキという果物の果肉と、塩づけにしたタラをまぜて、タマネギやハーブといっしょにいためたもので、ゆでたバナナといっしょに食べます。

349ページの答え ③

運動神経のよさはトップクラス！

ジャマイカ人はスポーツが大好きで、植民地時代にイギリスから伝えられたサッカーやクリケットは、国民的な人気スポーツです。また、オリンピックや世界の陸上競技大会では、陸上短距離走で世界記録を出したウサイン・ボルト選手を始め、足の速いアスリートたちが大活躍しています。

また、気候のあたたかいジャマイカの選手たちがチャレンジして話題になったのが、氷の道をそりで走りぬけるボブスレー。南国で、雪など見たこともなかったジャマイカの人たちが、苦労しながらボブスレーの練習にはげみ、オリンピックを目指した姿は、映画化もされ人気をよびました。

2018年の平昌オリンピック（韓国）には、東京の町工場がつくった日本製の競技用そりを使って、ジャマイカの選手が参加する予定です。

青い山でつくられる最高級のコーヒー豆

ジャマイカの東部には山々が連なり、その中で最も高い2256mの山は、ブルーマウンテンとよばれています。その山は霧がかかると青く見えることから、「青い山」という意味の名前がつけられたのです。ブルーマウンテンの斜面ではコーヒー栽培がさかんです。ここでつくられたコーヒー豆は、山と同じブルーマウンテンというブランドで、世界的に知られています。

コーヒーは、1728年、そのころジャマイカを治めていたイギリス人によって伝えられました。ジャマイカの気候や土地はコーヒーの木にとても合っていたので、コーヒー栽培はたちまち広まっていきました。中でも、香りがとてもよいブルーマウンテンは最高級品と評価されていて、日本でも多くの人に飲まれています。

ミニミニクイズ ジャマイカでつくられている最高級品のコーヒー豆は、何でしょうか。
① モカ　② グアテマラ　③ ブルーマウンテン

答えは次のページ ▶

ハリケーンや地震が多い国
ハイチ

旗の真ん中には、ヤシの木と自由の帽子、大砲、旗などが、えがかれている。

中央アメリカで最初に独立をした国ですが、自然災害が多く、経済はおくれています。

ハリケーンや地震などの自然災害が多い国

ハイチは、カリブ海にうかぶイスパニョーラ島の西部にある国です。ハイチは「山が多い土地」という意味の言葉で、国土の約80％を山がしめています。

15世紀末にスペイン人がここに上陸し、先住民のほとんどが死にたえました。17世紀末にはフランス人がここを植民地にし、アフリカ人を連れてきて、奴隷としてサトウキビ農園で働かせました。やがて、人々は自由になるために立ち上がり、1804年に独立を果たしたのです。

ハイチでは農業や繊維工業などが行われていますが、長く政治が不安定だった上、ハリケーンや大地震にしばしば見舞われ、経済はおくれています。

首都ポルトープランスの家並み。18世紀にフランス人によって建設され、港町として発展してきた。

基本データ

正式国名（略称） ハイチ共和国
Republic of Haiti（HAI）
首都　ポルトープランス
面積　2万7750km²（日本の約14分の1）
人口、人口密度　1071万1000人、
386人／km²（2015年）
通貨　グルド
おもな言語　フランス語、ハイチ・クレオール語

プラスワン　ハイチと日本

2010年1月にハイチは大地震におそわれました。約31万人が亡くなったといわれ、建物の約9割がくずれました。

地震直後、日本の自衛隊や日本赤十字の医療チームなどがハイチの援助に向かいました。その後も、こわれた道路の整備や橋の建て直しなどの支援を行いました。

中・南アメリカ

ミニミニトピック　ハイチでよく食べられているのは豆の入ったご飯です。ほかには、ライムやオレンジなどの果物、スパイスで味つけした魚や肉、青いバナナなどで、フランスと西アフリカの文化がまざった料理が特徴です。

351ページの答え
③

アフリカとヨーロッパの宗教がとけ合った、ブードゥー教

植民地時代にアフリカの人々が多く入ってきたハイチでは、今も人口の約90％をアフリカ系の人々がしめています。ほかに、アフリカ系とヨーロッパ系の混血（人種のちがう父母の間に生まれた子ども）の人々もいて、ムラートとよばれています。

このようなハイチでは、ブードゥー教が広く信じられています。ブードゥー教は、アフリカの宗教とヨーロッパのキリスト教がまじり合ったものです。ロアという精霊が信じられていて、まじないや儀式が大切にされています。

ブードゥー教を信じている人たちは、病気になると、まじないを行う呪術師の元に行って、病気を治してもらいます。また、精霊と交流するための儀式を行うときは、はげしいダンスをおどり、精霊にささげるための動物のいけにえを用意します。

独立直後のハイチの歴史を伝える、サン・スーシ城

ラミエール国立歴史公園にあるサン・スーシ城の跡。大理石という高級な石を使った、とても豪華な城だった。

フランスから独立して間もなく、ハイチではアフリカ系の人が国王になりました。1813年、北部にサン・スーシ城が建てられ、そのころの国王だったアンリ・クリストフの住まいとなりました。サン・スーシ城は、フランスやイタリアから材料を取りよせ、フランスのベルサイユ宮殿をモデルにつくられましたが、1842年の大地震でこわれてしまいました。

また、ラフェリエール山の頂上には、シタデルとよばれる要塞がつくられました。これは、フランスがふたたびせめてきたときにそなえたもので、大砲のほか、食べ物や水を保管する貯蔵庫もありました。

その後、ハイチに国王はいなくなりましたが、サン・スーシ城とシタデルがあるラミエール国立歴史公園は、独立直後のハイチの歴史を伝えているとして、世界遺産に登録されています。

ミニミニクイズ　ハイチで広く信じられている、キリスト教とアフリカの宗教がまじり合った宗教は何ですか。
① 仏教　② ヒンズー教　③ ブードゥー教

答えは次のページ ▶

赤は国のために流された血、青は平和、白い十字の真ん中にえがかれているのは国章。

メジャーリーガーをたくさん生み出している
ドミニカ共和国

ドミニカ共和国は、植民地時代のつらい歴史をのりこえ、自分たちの文化をつくりました。

農業や観光業がさかんな国

ドミニカ共和国は、カリブ海にうかぶイスパニョーラ島の東側をしめる国です。山が多く、西部には高さ3175mのドゥアルテ山がそびえています。

ここには、アラワク人などの先住民が住んでいましたが、15世紀末にスペインがきて植民地にし、アフリカから奴隷として大勢の人を連れてきました。その後、フランス、ハイチに支配されましたが、1844年に独立して、ドミニカ共和国となりました。

それから、アメリカの海兵隊に国を支配される苦しい時代が続きましたが、今は民主的な政治が行われています。経済の柱は、カカオやコーヒーなどの農業ですが、観光業にも力を入れています。

コバルトブルーのカリブ海と美しい砂浜が楽しめるドミニカ共和国の海岸。リゾート地としても有名。

中・南アメリカ

基本データ

正式国名（略称）　ドミニカ共和国　Dominican Republic（DOM）
首都　サントドミンゴ
面積　4万8671km²
（日本の約8分の1）
人口、人口密度　1052万8000人、216人／km²（2015年）
通貨　ペソ
おもな言語　スペイン語

プラスワン　ドミニカ共和国と日本

20世紀中ごろ、多くの日本人が、農業をするためドミニカ共和国にうつり住みました。このころは、日本の人口が急激にふえ、政府が外国への移住をすすめていたのです。

ドミニカ共和国は日本の人々を受け入れましたが、農業に向いた土地が十分になかったため、日本に帰った人々も少なくありませんでした。

ミニミニトピック　ドミニカ共和国の首都サントドミンゴには、スペインの植民地だった時代につくられた建物が数多く残っています。中にはカリブ海の海賊から街を守るためのとりでもあって、世界遺産に登録されています。

353ページの答え　③

聞くだけで楽しくなる伝統音楽、メレンゲ

ドミニカ共和国の街を歩くと、店や家の中から、いつも明るく陽気な音楽が聞こえてきます。この国で生まれたメレンゲという音楽です。

メレンゲは、スペインの陽気なダンス音楽や、アフリカの力強い太鼓のリズムなどを取り入れています。タンボーラという筒のような形をした太鼓のリズムに合わせて、アコーディオンやギターなどを速いテンポで演奏しているのです。

お祭りやお祝いのときには、メレンゲにのせて、男の人は大きな帽子をかぶり、女の人はカラフルなドレスを着ておどります。

1950年代にはヨーロッパやアメリカにも伝わり、ドミニカ共和国だけでなく、世界中で愛される音楽になりました。

2拍子で、テンポが速く、男女のペアになっておどるのがメレンゲのスタイル。

メジャーリーグで大活躍する、ドミニカ共和国の選手

アメリカのメジャーリーグでは、ドミニカ共和国出身の選手が大勢活躍しています。この国に野球が伝えられたのは、1880年代のことだといわれています。運動神経がよく、才能のある子どもが多かったことから、1980年代になると、メジャーリーグの球団が選手を育てる学校をたくさんつくりました。

アメリカでプロ野球選手として成功するためには、英語を話せなければならないし、社会のマナーも知らなければいけません。ドミニカ共和国には、家がまずしくて、学校に通えない子どもがたくさんいました。そうした子どもたちのために、野球学校では野球だけでなく、さまざまな勉強も教えてくれるようになりました。

こうして野球学校に入る子どもがどんどんふえていき、優秀な選手がメジャーリーグで活躍するようになったのです。

ミニミニクイズ ドミニカ共和国で生まれた、陽気なダンス音楽を何というでしょうか。
① メレンゲ　② タンゴ　③ ワルツ

答えは次のページ ▶

355

北大西洋にうかぶイギリスのリゾート
バミューダ（イギリス領）

左上にあるのはイギリスの国旗。右には、しずみかかった船がかかれた盾をもったライオンがいる。

青くすみわたる海、宝石のように美しいサンゴで有名な、北大西洋の観光地です。

橋でつながった島々

バミューダは、アメリカの東の北大西洋にうかぶ美しい島々です。全部で約150の島からなっていて、中心地であるバミューダ島と、そのまわりの島々は、橋でつながっています。

16世紀初め、スペイン人のベルムデスが発見したことから、この名前がつけられました。その後、イギリス船が近くでこわれてしまい、乗組員がこの島にたどり着いたことがきっかけで、イギリス人がこの島に住みつくようになりました。

今もイギリスの領土で、リゾート地としてたくさんの観光客がおとずれます。

バミューダの中心都市、ハミルトン。18世紀に建設され、港町として発展してきた。

基本データ

- 名称（略称） バミューダ Bermuda（BER）
- 政庁所在地 ハミルトン
- 面積 53km²（日本の約7000分の1）
- 人口、人口密度 6万2000人、1170人／km²（2015年）
- 通貨 バミューダ・ドル
- おもな言語 英語、ポルトガル語

大西洋／ハミルトン

なぞのバミューダトライアングル

バミューダとフロリダ、プエルトリコの3か所を海の上でつないだときにできる三角形を、バミューダトライアングルといいます。

このあたりは船の交通量も多く、悪天候のために船が沈没する事故が、昔から起きていました。さらに、上空を飛んでいた飛行機が、突然連絡がとれなくなって消える事件も起きています。

これまでに50以上の船や飛行機が、このバミューダトライアングルで行方不明になっていますが、それがどうしてなのか、なぞは解明されていません。

中・南アメリカ

ミニミニトピック バミューダ諸島にはパステルカラーの家や建物がたくさんあります。白、水色、黄色、ピンクなどのカラフルな建物は、青い空や海によくにあっていて、美しい街並みをつくり上げています。

355ページの答え ①

世界の経済を動かすカリブ海の小島
ケイマン（イギリス領）

左上にはイギリスの国旗、右にはケイマン諸島の紋章がえがかれている。

小さなケイマン諸島には大会社が集まっていて、世界の経済に影響をあたえています。

税金がほとんどかからない島

ケイマンは、キューバの南のカリブ海にうかぶ島々で、グランド・ケイマン、リトル・ケイマン、ケイマン・ブラックの3つの島からなっています。16世紀に探検家コロンブスに発見され、17世紀から今にいたるまで、イギリスの領土です。

ケイマンでは、会社にも人にもほとんど税金がかかりません。そのため、銀行のような大きな会社は、ここに会社があることにして、税金をはらわないですむようにしているのです。

小さなケイマン諸島ですが、金融（銀行のように、お金の貸し借りに関わる仕事）の中心地の1つになっていて、世界から注目されています。

グランド・ケイマン。まわりをサンゴ礁に囲まれていて、ダイバーにとても好まれている。

基本データ

名称（略称）　ケイマン諸島　Cayman Islands（CAY）
政庁所在地　ジョージタウン
面積　264km²（日本の約1400分の1）
人口、人口密度　6万人、227人／km²（2015年）
通貨　ケイマン諸島ドル
おもな言語　英語

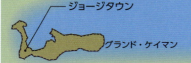

絶滅寸前のウミガメをすくう！

ケイマン諸島に着いたコロンブスは、ここをトルトゥガとよびました。トルトゥガはカメという意味で、それほどウミガメがたくさんいたのです。

しかし、しだいにウミガメの数がへっていって、絶滅が心配されるようになりました。ウミガメの肉は食用に、甲羅は工芸品になるため、たくさんのカメが人間によってつかまえられてしまったのです。

そこで、ウミガメを育ててふやすタートルファームがつくられました。ここは、ウミガメを育てるだけでなく、ふれ合う場としても活用されています。

 16世紀にコロンブスが来たとき、ケイマン諸島にたくさんいた生き物は何でしょうか。
① ペンギン　② ウミガメ　③ ゾウ

答えは次のページ▶

357

結びつきの強いキューバの国旗と同じデザインだが、赤と青が逆になっている。

カリブ海にあるアメリカの州
プエルトリコ（アメリカ領）

景色とあたたかい気候にめぐまれたプエルトリコの島々は、世界的なリゾート地です。

スペインからアメリカの植民地に

プエルトリコはカリブ海の東側にあり、プエルトリコ島、モナ島、ビエケス島、クレブラ諸島からなっています。プエルトリコ島の都市サンファンが、島々の中心です。

ここには昔から先住民が住んでいました。しかし、16世紀にスペインの植民地になってからは病気が原因で、ほとんどいなくなってしまいました。

19世紀末、スペインがアメリカとの戦争に負けたため、プエルトリコはアメリカの領土になりました。すきとおるように美しい海や、真っ白な砂浜は観光客にも人気があります。

サンファンにある近代的なホテルが美しいビーチ。プエルトリコには、「豊かな港」という意味がある。

基本データ

名称（略称）　プエルトリコ
Commonwealth of Puerto Rico (PUR)
州都　サンファン
面積　8868km²　日本の約43分の1
人口、人口密度　368万3000人、415人/km²（2015年）
通貨　アメリカ・ドル
おもな言語　スペイン語、英語

（地図：サンファン、クレブラ諸島、イギリス領バージン諸島、ビエケス島、アメリカ領バージン諸島、モナ島、カリブ海、プエルトリコ島）

宮殿のように美しいとりで

15世紀から17世紀にかけては、ヨーロッパの国々の船が海をわたって世界へ向かっていたので大航海時代とよばれます。カリブ海にあるプエルトリコは、海上交通の要だったので、海賊たちからいつも攻撃されていました。

そこで、サンファンの街を守るためつくられたのが、ラ・フォルタレサ要塞です。大きくて立派なこのとりでは、とても美しいことからサンタ・カタリーナ宮殿という別名がつけられていて、世界遺産に登録されています。

中・南アメリカ

プエルトリコはアメリカの州の1つです。ほかの50の州とちがい、住民はアメリカに税金をはらう必要はありません。また、防衛（外国から守ること）と外交（外国とのつきあい）以外はプエルトリコだけで決められます。

357ページの答え　②

カリブ海のラスベガスとよばれる
アルバ（オランダ領）

赤い星はアルバの国土、黄色の線は自由、青はアルバを囲む海を表している。

金や石油で豊かになったアルバは、美しい海やカジノに、多くの観光客が集まっています。

金を目当てに、いろいろな国から人が集まった

アルバは、南アメリカ大陸のベネズエラの北の海にうかぶ島です。昔は、近くのキュラソー島やボネール島などといっしょに、オランダ領アンティル諸島とよばれていました。

19世紀の初め、この島で金がほり出されました。それからは、金をほって大もうけしようという人がヨーロッパや南アメリカからおしよせました。これをゴールドラッシュといいます。

そのあとは、ベネズエラでとれた石油を精製（よぶんなものを取りのぞくこと）する仕事がブームになりましたが、20世紀末にはそれも終わりました。今は、美しい景色を活かした観光業がさかんです。

アルバのビーチは観光客が多く、フラミンゴやペリカン、イグアナなど、めずらしい動物を見ることができる。

カリブ海のラスベガス

アルバはあたたかく、冬でも気温が27度くらいあります。雨もあまりふらないため、島のあちらこちらに砂漠があって、サボテンが生えています。また、島にはフラミンゴやイグアナなどめずらしい動物がたくさんすんでいて、間近で見たり、エサをあげることができます。

アルバのもう1つの名物は、かけごとを楽しめるカジノがたくさんあることです。同じようにカジノが多いアメリカのラスベガスにならって、「カリブ海のラスベガス」とよばれることもあります。

基本データ

名称（略称）　アルバ　Aruba（ARU）
政庁所在地　オラニェスタット
面積　180km²（日本の約2100分の1）
人口、人口密度　10万4000人、578人／km²（2015年）
通貨　アルバ・フローリン
おもな言語　オランダ語、ハピアメント語など

ミニミニクイズ　アルバでたくさん見られる、めずらしい生き物は何でしょうか。
① シマウマ　② オオサンショウウオ　③ イグアナ

答えは次のページ

デンマーク風の街並みが残る バージン諸島（アメリカ領）

木の枝と矢をにぎったワシの左右に、バージン諸島の英語の頭文字であるVとIがかかれている。

昔はデンマークの植民地だったことから、今でもデンマーク様式の建物が見られます。

アメリカがデンマークから買った島

バージン諸島はカリブ海の北東部にあって、およそ100の島々からなっています。そのうち西半分が、アメリカ合衆国の領土になっています。

わりあい大きなセント・トーマス島、セント・ジョン島、セント・クロイ島の3島に人が多く住み、ほかは小さい島や、岩でできた島です。

ここは、1493年にコロンブスによって発見されました。その後は海賊の住みかとなったり、デンマーク領になったりしました。20世紀初めにアメリカがデンマークからここを買い取って領土としましたが、今もデンマークに支配されていた時代の建物が残されています。

セント・トーマス島の都市、シャーロットアマリー。デンマーク領時代にデンマーク王妃の名前がつけられた。

基本データ

名称（略称）　バージン諸島（アメリカ領）
Virgin Islands of the United States（ISV）
政庁所在地　シャーロットアマリー
面積　347km²（日本の約1000分の1）
人口、人口密度　10万6000人、305人／km²
通貨　アメリカ・ドル
おもな言語　英語

歴史的建物があるセントクロイ島

セント・クロイ島にあるクリスチャンステッドは、デンマーク領のときに交易の中心として栄えました。街を守っていたのは、クリスチャンバーン要塞です。大砲を発射する砲台や兵器庫があります。ほかにも、デンマークの特徴的な建物のように歴史的な建物が多くあります。

バージン諸島を発見したコロンブスは、最初にセント・クロイ島に着き、そのときに、サンタ・クルーズと名付けて上陸したので、今でもそうよばれています。

中・南アメリカ

セント・ジョン島は、美しい海と真っ白な砂浜など、自然が豊かです。島には、野生のロバやイグアナもすんでいます。これらの動物は、人なつこく、人間のそばまで近づいてきます。

359ページの答え
③

高級なリゾート地として観光客が集まる
バージン諸島（イギリス領）

左上にはイギリスの国旗、右には、キリスト教の聖女・聖ウルスラと12個のランプがえがかれている。

かつてはサトウキビの栽培がさかんでしたが、今は観光に力を入れています。

サトウキビ農園から観光業へ

バージン諸島はカリブ海の北東部にある島々で、その東半分はイギリス領になっています。トルトラ島やバージン・ゴルダ島など、大小の島が60ほどありますが、人が住んでいるのは16島です。

1493年にコロンブスが見つけましたが、やがてオランダのものとなり、最後にはイギリス領となりました。

島々の中心は、最も大きいトルトラ島にあるロード・タウンです。かつてはトルトラ島に大きなサトウキビ農園があり、砂糖の貿易に力を入れていました。しかし、現在のおもな産業は観光で、景色の美しいリゾート地として人気があります。

観光地として人気のあるトルトラ島のビーチ。トルトラ島とバージン・ゴルダ島のほかは無人島が多い。

基本データ
名称（略称）　バージン諸島（イギリス領）
British Virgin Islands（IVB）
政庁所在地　ロード・タウン
面積　151km²（日本の約2500分の1）
人口、人口密度　3万人、199人／km²
通貨　アメリカ・ドル
おもな言語　英語

高級リゾート地のトルトラ島

トルトラ島や、バージン・ゴルダ島には、高級なホテルのほか、ヨットをつなげておくヨットハーバーがつくられていて、青くすんだ海をヨットや船に乗って楽しみたいという観光客が、世界中から大勢やってきます。

また、バージン・ゴルダ島のバースという海岸は、波打ち際にとても大きな岩がたくさん集まっていて、ふしぎな風景をつくり出しています。大きな岩には洞窟もあって、海で泳ぐだけでなく、岩場を探検して楽しむこともできます。

ミニミニクイズ　イギリス領バージン諸島でかつてさかんにつくられていた作物は何でしょうか。
① トウモロコシ　② サトウキビ　③ バナナ

答えは次のページ▶

361

カリブ海の支配を目指す国々が争った
セントクリスファー・ネービス

黒は国民、黄色は太陽、緑は農業、赤は独立のための戦い、星は2つの島を表している。

イギリスの植民地でしたが、今は独立して、観光業や工業を中心に成長しています。

ハリケーンの通り道で大きな被害が出ることも

セントクリストファー・ネービスは、カリブ海北東部にあるセントクリストファー島（セントキッツ島）とネービス島からなる国です。1年を通じてあたたかい気候ですが、ハリケーンという嵐の通り道にあたり、大きな被害が出ることもあります。

ここには、昔から先住民が住んでいました。しかし、17世紀にイギリスがここを植民地にしたころ、先住民は病気などでいなくなってしまいました。そして、アフリカ人が大勢連れてこられたのです。

昔は農業が経済の中心で、サトウキビづくりがさかんでしたが、1983年にイギリスから独立してからは、観光業や工業に力を入れています。

セントクリストファー島は火山島で、標高1156mの休火山、ミゼリー山がある。

基本データ

正式国名（略称） セントクリストファー・ネービス
Saint Christopher and Nevis（SKN）
首都 バセテール
面積 261km²（日本の約1500分の1）
人口、人口密度 5万6000人、215人/km²（2015年）
通貨 東カリブ・ドル
おもな言語 英語

プラスワン　セントクリストファー・ネービスと日本

海に囲まれたセントクリストファー・ネービスでは、漁業も行われています。

そこで日本の政府は、水揚げする港の設備や、海で魚の群れの様子を調べる仕組みを整えるなど、さまざまな形で、セントクリストファー・ネービスの漁業がさかんになるよう助けています。

ミニミニトピック ネービス島のネービス山は活火山（今も活動している火山）で、まわりには温泉があります。観光用のホテルも次々に建てられていて、今ではカリブの温泉地として人気を集めています。

361ページの答え ②

中・南アメリカ

2つの島の名づけ親は、探検家コロンブスだった

1493年、探検家クリストファー・コロンブスは、カリブ海にうかぶ、東の小さな島を発見しました。そのため、その島はセントクリストファー島と名づけられました。

セントクリストファーは、キリスト教の聖人（すぐれた行いをした人）で、コロンブスの名前の元になった人でした。クリストファーのニックネームがキッツなので、セントクリストファー島は、セントキッツ島とよばれることもあります。

すぐ南にあった島は、ネービス島と名づけられました。ネービスは、スペイン語で雪を意味する「ニエベス」という言葉が元になっています。

コロンブスが島にそびえるネービス山を見たとき、上の方に雲がかかっていました。それが、頂上に雪が積もった山のようだったため、コロンブスは、この名前をつけたといわれています。

カリブ海最大級の要塞だった、ブリムストーン・ヒル

約90年かけてつくられた、ブリムストーン・ヒル要塞。名前は、「硫黄の丘」という意味。

1623年にセントクリストファー島にやってきたイギリスは、ここにサトウキビの大農園をつくりました。そして、アフリカの人々を連れてきて奴隷として働かせたのです。同じころ、ライバルのフランスもこの島に来たため、2つの国の間で島をめぐる長い戦いが始まりました。

17世紀から18世紀にかけて、イギリスは島にブリムストーン・ヒル要塞を建設しました。カリブ海のイギリスの要塞としては最大級のもので、これもアフリカから来た奴隷たちによってつくられました。

ブリムストーン・ヒル要塞は、完成した直後にフランスの攻撃を受けて降伏しましたが、やがて、イギリスに返されました。今は観光名所になっていて、世界遺産にも登録されています。

ミニミニクイズ セントクリストファー・ネービスの「ネービス」はスペイン語で何という意味でしょうか。 ① 太陽 ② 雨 ③ 雪　　答えは次のページ ▶

363

イギリスの英雄ネルソンが活躍したカリブの島
アンティグア・バーブーダ

太陽は夜明け、赤は祖先の血、黒はアフリカ系住民、青は希望、V字のデザインは勝利を表す。

カリブ海支配を目指すイギリスの拠点として栄え、今はリゾート地として発展しています。

カリブ海の小さな島に、コロンブスがやってきた

アンティグア・バーブーダは、カリブ海の東部にあります。火山のあるアンティグア、サンゴ礁でできたバーブーダ、無人のレドンダなどの3島からなっていて、気候は1年を通じて温暖です。

15世紀末から、スペインやフランスがここを植民地にしようとくるようになりました。しかし、先住民がはげしく抵抗したため、やむなくしりぞきます。その後、17世紀になってようやくイギリスが植民地化に成功しました。

1981年、アンティグア・バーブーダはイギリスから独立し、今はアメリカやヨーロッパなど、外国人が観光におとずれるリゾート地になっています。

アンティグア島は景色が美しく、リゾート地として知られ、多くのクルーザーやヨットが行き来している。

基本データ

正式国名（略称） アンティグア・バーブーダ
Antigua and Barbuda（ANT）
首都　セントジョンズ
面積　442㎢（日本の約900分の1）
人口、人口密度　9万2000人、208人／㎢（2015年）
通貨　東カリブ・ドル
おもな言語　英語、アンティグア・クレオール語

プラスワン アンティグア・バーブーダのスポーツ

アンティグア・バーブーダでは、クリケットが国技になっています。

クリケットは野球ににたスポーツで、2チームが攻撃側と守備側に分かれ、守備側の投手が投げた球を、攻撃側の打者がバットで打ちます。

イギリスで発展したスポーツで、イギリスの植民地だった国々に広がりました。

ミニミニトピック
アンティグア・バーブーダは、ヨットレースがさかんです。毎年4月には、アンティグア島で、アンティグア・セーリング週間という世界的なヨットレースのイベントが行われています。

363ページの答え
③

中・南アメリカ

364

英雄ネルソン提督が、カリブ海の密輸船を取りしまった！

18世紀から19世紀にかけて、アンティグア島は、カリブ海の支配を強めていたイギリスの重要な拠点になっていました。イギリスと植民地の間を行き来する船に水や食料を補給したり、ハリケーンから船を守ったりするのにうってつけの場所だったからです。このころアンティグア島は、「カリブ海への玄関」とよばれていました。

ナポレオン戦争（イギリスほか、ヨーロッパの国々とフランスとの戦い）で活躍したイギリス海軍の英雄ネルソン提督も、わかいときにアンティグア島に滞在して、密輸船の取りしまりに力を入れていました。当時、ネルソンの補佐をしていたのは、のちにイギリス国王となったウィリアム4世です。

ネルソンがつくった造船所は今も一部が使われていて、現存する世界最古の造船所として知られています。2016年には、「アンティグアの造船所と関連考古遺跡群」として、ユネスコの世界遺産にも登録されました。

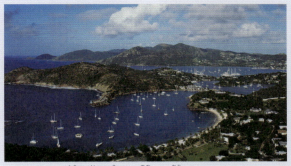
アンティグア島の入り江は、大きな波がおしよせにくいため、嵐のときなどに船をとめるのに適していた。

ネルソン造船所の一部で、船の修理に使われたドックヤード。

もう奴隷じゃない！歓喜を歌と踊りに表したカーニバル

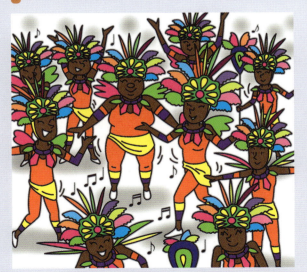

アンティグア島では、毎年7月末から8月の初めにかけてカーニバルが開かれ、はなやかな踊りと歌を楽しみに多くの観光客が集まります。

このカーニバルの起源は、今から180年ほど前にさかのぼります。アフリカから連れてこられた人々が大勢奴隷として働かされていましたが、1834年8月1日、イギリスは植民地の奴隷を解放したのです。このとき人々はいっせいに通りに出て、自由になったことを祝いました。

当時の様子を表現したアンティグア・カーニバルが1957から行われるようになり、今も続いているのです。

ミニミニクイズ　1981年に独立するまで、アンティグア・バーブーダはどこの国の植民地でしたか。
① アメリカ合衆国　② スペイン　③ イギリス

答えは次のページ▶

緑は国土、黄色と黒と白は資源を表している。真ん中にえがかれているのは国鳥のオウム。

カリブ海の植物園とよばれる島
ドミニカ国

火山島のドミニカ国では、めずらしい動物や植物をたくさん見ることができます。

バナナやココナッツなど、果物の栽培がさかん

ドミニカ国があるドミニカ島は、カリブ海の東部にある火山島です。1年を通して気温が高く、雨もよくふります。そのため、さまざまな草花や木が生えていて、「カリブ海の植物園」とよばれています。

15世紀に探検家コロンブスがきて以来、この島の支配をめぐってフランスやイギリスが争いました。結局、19世紀初めにイギリスの植民地になりましたが、1978年に独立しました。

島では、バナナやココナッツ、カカオなどをさかんに栽培しています。また、自然をこわさないように守りながら観光客をよぶ、エコツーリズムにも力を入れています。

首都ロゾーはカリブ海に面した港町で、ドミニカ国の政治と経済の中心になっている。

基本データ

正式国名（略称） ドミニカ国
Commonwealth of Dominica (DMA)
首都 ロゾー
面積 750km²（日本の約500分の1）
人口、人口密度 7万3000人、97人／km²
通貨 東カリブ・ドル
おもな言語 英語、フランス語系クレオール語

プラスワン ドミニカ国とスポーツ

ドミニカ島はスキューバダイビング（空気の入ったタンクをせおって、海にもぐること）を始めとして、カヌーを使った川下りなどのスポーツに合うスポットがたくさんあります。

海では美しいサンゴ礁が見られるほか、大きなマッコウクジラがたくさんすんでいるので、泳いでいるところに出合うこともあります。

中・南アメリカ

ミニミニトピック　スペイン語では日曜日のことをドミンゴといいます。1493年、コロンブスが島を発見した日がちょうど日曜だったことから、島の名前もドミニカ島になったといわれています。

365ページの答え ③

世界最大のカブトムシがすむ、モゥーン・トワ・ピトン国立公園

ドミニカ島の南部には、世界自然遺産にも登録されているモゥーン・トワ・ピトン国立公園があります。この国立公園には、標高1342mのトワ・ピトン山を中心に、5つの火山があります。熱い蒸気が勢いよくふき出す穴や、ボイリング・レイクとよばれる温泉の湖などがあって、火山国ならではの景色が見られます。

また、モゥーン・トワ・ピトン国立公園にはジャングルも広がっていて、さまざまな動物や植物の楽園になっています。とくに有名なのはヘラクレスオオツノカブトムシです。大きいものは、長さ18cmになり、世界最大のカブトムシといわれています。

さらに、ハチドリやオウムなどの鳥がすんでいるほか、マウンテンチキンという大きなカエルもいます。犬のように「ワン」と鳴き、もともと地元の人たちの食べ物だったのですが、今は、つかまえることが禁止されています。

モゥーン・トワ・ピトン国立公園の中でいちばん人気の、トラファルガー滝。滝の近くには天然のプールができている。

毎年やってくる暴風雨・ハリケーン

カリブ海やメキシコ湾、北アメリカ大陸に近い太平洋で起こる、強い嵐をハリケーンといいます。ハリケーンは、台風のように、大雨や強風をともなうので、大きな被害が出ることがあります。

ドミニカ国は、ハリケーンの通り道にあたることが多く、毎年のように被害が報告されています。

とくに被害が大きかったのが、1979年にやってきたハリケーン・デイビッドです。とても大きなハリケーンで、6万人が、家を失うといった被害にあいました。

2015年8月にドミニカ国をおそった、エリカとよばれる暴風雨では死者が出ています。このときは、日本からも緊急援助が行われました。

ミニミニクイズ ドミニカ島のジャングルにすんでいるとても大きな昆虫は何でしょうか。
① ヘラクレスオオツノカブトムシ　② オニヤンマ　③ オオゴマダラ

答えは次のページ ▶

国のシンボルは双子の火山
セントルシア

青は大西洋とカリブ海、黒は国にある火山・ピトン山、黄色の三角は太陽の光を表している。

とんがり帽子のような双子の山がシンボルの、自然豊かな国です。

ジャングルにおおわれた火山島

セントルシアは、カリブ海の東部にうかぶセントルシア島が国土の小さな国です。島の南部に火山があって、それらを熱帯雨林がおおっています。

17世紀に入ると、イギリス、フランス、オランダがここを植民地にしようとしましたが、先住民のカリブ人の抵抗にあったり、病気がはやったりしてなかなかうまくいきませんでした。19世紀にイギリスの領土になりましたが、1979年に独立しました。

気候があたたかく、栄養豊かな土地にめぐまれたセントルシアは農業がさかんで、バナナやカカオ、アボカドなどをつくっています。また、最近では観光業にも力を入れています。

セントルシアの西海岸にあり、小さく入りくんだ形をしているマリゴット湾。

中・南アメリカ

基本データ

正式国名（略称） セントルシア　Saint Lucia（LCA）
首都　カストリーズ
面積　539km²（日本の約700分の1）
人口、人口密度　18万5000人、343人／km²（2015年）
通貨　東カリブ・ドル
おもな言語　英語、セントルシア・クレオール語

プラスワン　セントルシアと日本

セントルシアには、ハリケーンという台風のような嵐がきて、人々の住む家やバナナの農園などで大きな被害が出ることがよくあります。

そのため日本は、災害が起こったときの被害を小さくする仕組みをつくったり、病気やけがの人の治療に必要な機械をそろえたりするのを助けています。

1502年、探検家のコロンブスがセントルシアに着いたのは、キリスト教の祝日、セントルシアの日にあたる12月13日だったと伝えられています。そこから、国の名前もセントルシアになりました。

367ページの答え
①

船乗りたちの目印だった、ピトンズ

セントルシア島の南西部に、ピトンズという双子の活火山（今も活動している火山）があります。ピラミッドのように美しい形をしているこれらの山は、大きいほうはグロピトン、小さいほうはプチピトンとよばれています。

高さはグロピトンが798m、プチピトンが743mと、それほど高くありません。しかし、海から見ると、2つの山がならんだ姿はまるでとんがり帽子のようで、海を行く船乗りたちにとってはよい目印であり、セントルシアのシンボルになっているのです。

また、火山のまわりに豊かに広がるジャングルには、セントルシアオウムや黒アトリなど、ここでしか見られない鳥を始め、さまざまな生き物が見られます。さらに、海では美しいサンゴや、タイマイ（ウミガメ）やクジラなども見られることから、ピトンズの周辺は、世界自然遺産に登録されていて、セントルシアの人気の観光スポットになっています。

セントルシアのシンボルである活火山、グロピトンとプチピトンは双子の山と呼ばれ、登ることができる。

カリブ海とヨーロッパとアフリカの文化が1つになった

カリブ海の多くの島々には、アラワク人やカリブ人などの先住民が住んでいました。しかし、15世紀末、探検家コロンブスがカリブ海に来てからは、ヨーロッパの国々が植民地を広げようと、あいついで進出してきました。

スペインやイギリス、フランスなどは、植民地に大きな農園をつくり、先住民をそこで働かせただけでなく、アフリカからも大勢の人を奴隷として連れてきました。

その結果、カリブ海の島々には、ヨーロッパの文化とアフリカの文化がまじり合った、独特の文化が生まれました。これは、カリブ海の音楽やダンスによく表れています。

ミニミニクイズ セントルシアにある双子の火山のことを何というでしょうか。
① ピトンズ ② パノンズ ③ ルシアズ

答えは次のページ ▶

369

海賊も愛した「ラム酒」のふるさと
バルバドス

青は空と海、黄は砂浜を表す。真ん中には海の神様「ポセイドン」が持つ矛がえがかれている。

「リトル・イングランド」とよばれるほど、イギリス文化があちこちに残っています。

島全体がサンゴ礁でできた国

カリブ海の東側、南アメリカ大陸に近いところにあるのがバルバドス島。ほぼ平らな土地が特徴で、島全体がサンゴ礁でできています。

16世紀にポルトガル人が発見し、その後はイギリスが支配し、アフリカから連れてきた奴隷を朝から晩までサトウキビ農園で働かせました。やがて奴隷たちは自由になりましたが、そのまま島に残ったため、今でも国民の約90％がアフリカ系の人たちです。1966年にイギリス連邦の中の1つとなり、バルバドスは国として独立しました。

バルバドスは、グレープフルーツが最初に発見された島としても有名です。

バルバドスにあるサトウキビ農園の収穫の様子。昔はサトウキビの栽培がさかんだったが、今では少なくなった。

中・南アメリカ

基本データ

正式国名（略称）　バルバドス　Barbados（BAR）
首都　ブリッジタウン
面積　431km²（日本の約900分の1）
人口、人口密度　28万4000人、659人/km²（2015年）
通貨　バルバドス・ドル
おもな言語　英語、バルバドス・クレオール語

プラスワン バルバドスのスポーツ

バルバドスではクリケットが人気です。西インド諸島としてほかの国と連合チームを組んで国際試合に参加しています。

バルバドスの紙幣には、バルバドス出身のクリケット選手で、西インド諸島チーム初代アフリカ系キャプテンになった、フランク・オーレルがえがかれています。

バルバドスの人気料理は、オートミール（麦でつくったおかゆのようなもの）とオクラのシチュー「カウカウ」です。また海でたくさんとれるトビウオや「パンの木」という名前の木の実を使った料理も人気です。

369ページの答え　①

サトウキビからつくるラム酒は、海の男の大好物！

　カリブ海の船乗りや海賊たちが大好きだったといわれるラム酒が、最初につくられたのがバルバドスといわれています。サトウキビを原料とし、そのしぼり汁や糖分を発酵させてつくります。アルコール分は約45％もある、とても強いお酒です。

　最初にラム酒をつくったのは、バルバドスにいたイギリス人だという説があります。サトウキビはバルバドスにない植物でしたが、イギリス人がもちこみ、17世紀の初めには、バルバドスの産業の中心になりました。たくさんつくられていたサトウキビからお酒をつくって、試しに現地の人たちに飲んでもらったところ、「なんておいしい酒だ！」「もっと飲ませてくれ！」と大興奮。大さわぎになったことから、興奮を意味する「ラムバリヨン」という名前をつけました。それがやがて「ラム酒」とよばれるようになったといわれています。

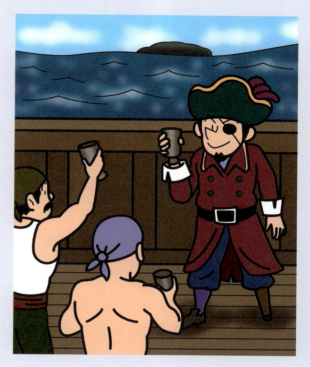

イギリス風の街並みが世界遺産に！

ブリッジタウンの旧市街にあるバルバドス議事堂。旧市街はヘビのように曲がりくねった街路が特徴。

　バルバドスにはイギリスが支配していたころからたくさんのイギリス人がうつり住み、イギリス文化があちこちに残り、国全体が「リトル・イングランド（小さなイギリス）」とよばれています。

　首都のあるブリッジタウンには、ブリッジタウン歴史地区があり、17〜19世紀につくられた建物や道路などイギリス風のおもかげが色濃く残っています。とくにバルバドスで歴史ある建物のバルバドス議事堂や教会、博物館などは、当時の様子がよくわかる貴重なものです。この歴史的な街並みを保護するため、2011年にバルバドスとしては初めて世界遺産に登録されました。

　ほかにギャリソンとよばれる、イギリス軍の駐屯地も世界遺産に含まれています。

ミニミニクイズ　ラム酒の材料になるのは何でしょうか。
① サボテン　② サトウキビ　③ パン

答えは次のページ ▶

緑は国民のパワー、黄は美しい海岸、青は海と空を表す。緑のダイヤは島々をしめしている。

カリブ海で出合う、リトル・トーキョー
セントビンセントおよびグレナディーン諸島

カリブ海にうかぶ島々からなり、日本とはとても縁が深い国です。

観光と農業がさかんなイギリス連邦の1つ

カリブ海の中で、東側にあるセントビンセント島とグレナディーン諸島からなる国です。火山島であるセントビンセント島では、スーフリエール火山がたびたび噴火し、大きな被害が出ています。

15世紀にコロンブスがやってきて島を発見しました。18世紀にはイギリス人とフランス人との間で土地の取り合いが起こりました。土地はイギリスのものとなりましたが、20世紀に独立し、イギリス連邦の中の1つとなりました。

おもな産業は観光業とバナナ、タロイモ、クズウコンなどの農業です。漁業もさかんで、アジやカツオなどがとれます。

エメラルドグリーンの海と、そこにうかぶたくさんのヨットが美しい、ポートエリザベス。

基本データ

正式国名（略称） セントビンセントおよびグレナディーン諸島
Saint Vincent and the Grenadines（VIN）
首都 キングスタウン
面積 389km²（日本の約1000分の1）
人口、人口密度 10万9000人、280人／km²（2015年）
通貨 東カリブ・ドル
おもな言語 英語、セントビンセント・クレオール語

プラスワン セントビンセント・グレナディーンと日本

この小さな国は、たびたびおそうハリケーンのような自然災害で被害を受けていました。そのために、日本はさまざまなサポートをしてきました。その1つとして1988年につくられたのが、首都キングスタウンにある魚市場です。島の人たちはこの魚市場のことを、「リトル・トーキョー」とよんでいます。

中・南アメリカ

ミニミニトピック グレナディーン諸島にあるマスティク島は「世界一高級なリゾート」といわれています。自家用ジェットをもつほどの有名な歌手や映画俳優、王族などがこの島にときおり遊びに来ています。

371ページの答え ②

世界の9割をまかなう「くず粉」

セントビンセント島では世界で1番といわれるほど「くず粉」をたくさん生産しています。この地でつくられるくず粉の原料はクズウコンという植物で、熱帯アメリカが原産です。

クズウコンの根の部分には多くのデンプンがあるので、根をにてデンプンをとります。日本では、和菓子のくずもちの原料としてよく知られていますが、この島でつくられるくず粉は、あまり食用としては使いません。

クズウコンからとるデンプンは、パソコン用の紙をつくるときに、紙の繊維をつなげるノリとして使われるのです。世界中で使われている紙用のくず粉の約9割がここでつくられています。

クズウコン（上）の茎（左）は、地中でとても大きくなる。このような茎を地下茎という。この地下茎からデンプンがとれる。

伝説のラケットを生んだ島

この島には、以前、スポーツ用品メーカーのウィルソン社の工場があり、ラケットやボールなどをつくっていました。1984年に当時のトップテニスプレーヤー、ジミー・コナーズが会社の人と一緒に開発したラケットが「プロスタッフ・ミッド」です。

このラケットは、クリス・エバートやステファン・エドバーグ、ピート・サンプラスといった一流の選手たちに愛され、使われてきました。彼らが引退したあとも、愛用していたラケットはファンの間で人気がありました。

1990年ごろまでセントビンセント島の工場でつくられていましたが、現在は中国や台湾に工場をうつし、「プロスタッフ」という名前がついたラケットもつくられています。

しかし、テニスが好きな人たちの間では、当時のセントビンセント島製のものは、「伝説のラケット」として今も絶大な人気があります。

ミニミニクイズ セントビンセント島のくず粉（でんぷん）は、クズウコンのどの部分からとられていますか。
① 葉　② 根　③ 花

答えは次のページ ▶

さまざまな争いを乗りこえて平和を取りもどした
グレナダ

黄は太陽の光、緑は農業を表す。左に小さくかかれているのは、国でたくさんとれるナツメグの実。

不安定でまずしい時代もありましたが、今はスパイスの生産やリゾート地として注目の国。

小さな島国で起きた争いの歴史

グレナダは、カリブ海の小アンティル諸島の南部に位置する、小さな島国です。

18世紀になってイギリスの植民地となり、20世紀にイギリス連邦の中の1つの国家として独立しました。しかし、独立後も国の政治は落ち着かず、反乱が何度も起こり、なかなか平和はおとずれません。そこで1983年、アメリカやカリブの国々の軍隊がグレナダにせめこみました。これを「グレナダ侵攻」とよびます。

グレナダの新リーダーは軍隊をなくし、国を守る警備隊を配置しました。今では、きれいな海や砂浜を求めて、世界中から観光客がやってきます。

首都のセントジョージズ。カリブ海を旅するクルーズ船がよる港町として観光客が多くおとずれる。

中・南アメリカ

基本データ

正式国名（略称） グレナダ Grenada（GRN）
首都 セントジョージズ
面積 345km²（日本の約1000分の1）
人口、人口密度 10万7000人、310人／km²（2015年）
通貨 東カリブ・ドル
おもな言語 英語、グレナダ・クレオール語

プラスワン
グレナダのスポーツ

2012年のロンドン・オリンピックで大活躍して、グレナダで有名になった選手がいます。

キラニ・ジェームズ選手は、陸上男子400mで金メダルをとりました。これはグレナダで初めてのオリンピックのメダルとなり、金メダルをとった翌日の午後、国民全員でお祝いするために、国民の休日にしました。

グレナダには、グレナダバトというここにしかいない鳥がいます。体長は約30cm。頭の部分は灰色、顔はピンク、目のまわりは赤、のどのあたりは白というカラフルな顔です。国鳥として保護に力を入れています。

373ページの答え ②

街にただよってくる香りの正体は……

グレナダの街を歩いていると、どこからともなくいい香りがただよってきます。

これは、ナツメグというスパイス（香辛料）の香りです。18世紀ごろはサトウキビを栽培していましたが、自然災害でサトウキビ栽培ができなくなり、かわりにナツメグがもちこまれました。

ナツメグはハンバーグやコロッケなどのひき肉料理によく使われるスパイスで、グレナダでたくさんつくられている農作物です。ニクズクという樹木の種の中身が香辛料の原料として使われます。グレナダの国旗にもえがかれています。

グレナダではほかにも、シナモン、クローブ、サフラン、バニラなどのさまざまなスパイスがつくられているので「スパイスの島」とよばれることもあります。日本の家庭でも見かけるスパイスがたくさんあります。

グレナダのナツメグの生産量は世界第2位。皮は化粧品用、実はスパイスとして輸出される。

もぐらないと見られない！？　海の中の美術館

首都セントジョージズから船で少し行ったところに、ふしぎなダイビングスポットがあります。ここで見られるのは、すきとおった美しい海、色とりどりの魚。そして、人の形をした、たくさんの彫刻です。海の中に彫刻？

これは、ジェイソン・デカイレス・テイラーというイギリスの彫刻家の作品を海底にならべたものです。海が大好きなテイラーさんは「海の自然を守りたい」という思いから、海中ミュージアムを思いつきました。作品はサンゴや海藻がくっつきやすい素材でつくられていて、時がすぎるほど、味わいのある姿や表情に変化します。

グレナダのほか、メキシコやスペインにもテイラーさんの海中ミュージアムがあります。

ミニミニクイズ　グレナダでたくさんつくられているスパイスといえば何でしょうか。
① ナツメグ　　② トウガラシ　　③ カラシ

答えは次のページ▶

カリブ海の中でも陽気な人々が集う国
トリニダード・トバゴ

黒は土と昔のこと、白は水と今、赤は火と未来を意味する。2本の白い線は2つの島を表す。

かつてはカカオやサトウキビをつくっていましたが、今では石油産業が中心です。

さまざまな国から人々が集まった「虹の顔」をもつ国

トリニダード島とトバゴ島の2つの島からなる国です。地上では島に見えますが、南アメリカ大陸とは海の中でつながっています。

15世紀にコロンブスが島を発見したあと、スペイン人がふえ、先住民のカリブ人やアラワク人はいなくなってしまいました。その後、イギリス人やフランス人やオランダ人も島にやってきて、アフリカやインド、中国、ベネズエラ、シリアから来た人々が働いていました。さまざまな国に先祖をもつ人たちが多いので、国民は「虹の顔」とよばれています。

今ではイギリス連邦の1つとして独立し、20世紀に発見された石油を外国に売ってお金を得ています。

パリア湾から山にかけて広がる、首都のポート・オブ・スペイン。1757年にスペイン人によって都市がつくられた。

基本データ

正式国名（略称）　トリニダード・トバゴ共和国
Republic of Trinidad and Tobago（ＴＲＩ）
首都　ポート・オブ・スペイン
面積　5127km²（日本の約74分の1）
人口、人口密度　136万人、265人／km²（2015年）
通貨　トリニダード・トバゴ・ドル
おもな言語　英語、ヒンディー語、フランス語、スペイン語、トリニダード・クレオール語

プラスワン　トリニダード・トバゴのスポーツ

トリニダード・トバゴではサッカーが人気のスポーツです。2006年に日本で行われたキリンチャレンジカップで日本代表と対戦しました。このときは日本が勝ちました。女子サッカーもさかんで、17歳以下の女子サッカーワールドカップが2010年にトリニダード・トバゴで開催されました。

ミニミニトピック　トリニダード・トバゴで有名なのは、世界三大カーニバルの1つで、毎年2～3月に開かれる「トリニダード・トバゴカーニバル」です。だれでも参加できて、観光客もいっしょになっておどります。

375ページの答え　①

中・南アメリカ

奴隷たちの魂から生まれた、スチールパン

スチールパンはトリニダード・トバゴで生まれた打楽器です。ドラム缶の底をおわんのようになるまでたたいて、さらに表面を少しぼこぼことした状態にします。そうすることで、たたく場所によってちがう音が出るようになります。

とてもきれいな音が出る楽器ですが、その歴史には悲しいものがありました。奴隷として働かされていた人たちがカーニバルとよばれるお祭りで太鼓をたたくのを見て、農場主が「反乱の道具にするのではないか」と心配し、楽器を使うことを禁止したのです。それでも奴隷たちは「音楽のないカーニバルはつまらない」と、身近にあるドラム缶で楽器をつくったのが、スチールパンの始まりです。

今では国民的な楽器となり、「20世紀最後のアコースティック楽器」として世界中に広まっています。毎年8月に行われるカーニバルの中で、スチールパンの世界大会が開かれています。

スチールパンは、1992年に国民楽器として、政府に正式に認められた。

カリブの音楽にぴったりのリンボーダンス

みなさんはリンボーダンスを知っていますか？1本の棒を地面と平行にして、その下を音楽のリズムに合わせながら、体を後ろにそらしてくぐっていく、ちょっとユニークなダンスです。トリニダード・トバゴは、このリンボーダンスのふるさとです。

この国で生まれたカリプソという音楽に乗ってリズムをとりながら、体が棒にさわらないようにくぐりぬけます。棒にさわったり、後ろへたおれないようにするダンスです。ダンサーたちは一列になって次々と棒をくぐり、たおれたりした人はぬけて、最後のひとりになったところで終わります。

2010年にリンボーダンスで、22cmの高さをくぐった女性がギネス記録をつくりました。

ミニミニクイズ トリニダード・トバゴで生まれた楽器の名前は何でしょうか。
① スチールパン　② スチール板　③ トリニダードパン

答えは次のページ ▶

きらびやかな黄金郷「エル・ドラド」伝説を生んだ国

コロンビア

黄色は黄金、赤は独立のために流れた血、青は宗主国だったスペインとの間にある大西洋を表す。

先住民は豊かな金にめぐまれましたが、スペイン人により、つらい歴史が始まりました。

アンデス山脈とジャングルにおおわれた国

南アメリカ大陸の北西部にあり、国の約40％が南北にのびるアンデス山脈です。ほかにはジャングルが広がる自然があふれる国です。

かつて、スペイン人がコロンビアを植民地にしました。ここでは金や銀などがとれたので、スペインにもち帰るために港をつくったり、海賊たちがおそってこないように、要塞をつくったりしました。長い間、つらく苦しい生活を強いられた住民は、反乱を起こし、1819年に1つの国として独立しました。数多くの戦いや暴動が起きましたが、近年はようやく落ち着き、石油や石炭の輸出やコーヒー産業に力を入れるようになりました。

首都ボゴタにある、プリマダ大聖堂。1538年には小さな礼拝所だった。今の建物は地震により何度か建て直されている。

基本データ

正式国名（略称） コロンビア共和国
Republic of Colombia（COL）
首都 ボゴタ
面積 114万1748km²（日本の約3倍）
人口、人口密度 4822万9000人、42人／km²（2015年）
通貨 ペソ
おもな言語 スペイン語

プラスワン コロンビアのスポーツ

コロンビアではサッカーが人気です。2017年に発表された、FIFA（国際サッカー連盟）の世界ランキングでは5位です。

2014年のワールドカップでは16年ぶりに出場し、ベスト8になりました。また、この大会でコロンビア代表チームは参加32チームの中でフェアプレー賞を受賞しました。

中・南アメリカ

コロンビアでは、トウモロコシの粉でつくったパンのようなエンパナーダや、薄いクレープのようなトルティーヤに、肉や野菜などの具をはさみこんだものをよく食べます。日本のおにぎりのような存在なのでしょう。

377ページの答え
①

エル・ドラド伝説が生まれたのはなぜ？

コロンビアにはエル・ドラド（金がたくさんある土地のことで、黄金郷ともいう）があると伝えられてきました。だれも見たことがないけれど、コロンビアのどこかにあるといううわさが広がり、たくさんの冒険者たちがエル・ドラドを求めてやってきて、国中を探検しました。

エル・ドラドとはもともと「黄金を体にぬった男」という意味です。その昔、先住民チブチャ人の1年に一度のお祭りで、首長が金の粉を体中にぬり、湖につかって祈りをささげた儀式がありました。首長が湖に入ると、金の粉が湖面に広がってキラキラと輝き、この世のものとは思えない美しさだったそうです。

その儀式が元になり、スペイン人の間で、黄金の都市があるといううわさが広まり、エル・ドラド伝説が生まれたといわれています。

日本の花屋さんでもコロンビアの切り花が大人気！

首都ボゴタで栽培されているバラ。コロンビアの花は、長持ちするので、ほかの国からも人気が高い。

コロンビアのあちらこちらで見かけるのは広大なビニールハウスです。ここでは、バラやカーネーション、ラン、キクなど、美しい花々がたくさん栽培されています。コロンビアでも有数の、切り花（枝や茎をつけたまま切りとった花）の輸出国なのです。

コロンビアは強風があまり吹かない、おだやかな気候で、安定しているので花の栽培に合っています。太陽の光と豊かな大地で育った花は「大きくて色あざやかで、長持ちする」と高く評価されています。

また、栽培や加工を手がける農園は、国民に仕事を提供し、社会的な自立をサポートする場としても役立っています。農園には社員食堂や、病院、スーパーマーケットがあり、働く人のための施設が整っています。

ミニミニクイズ　コロンビアにあるといわれた伝説の都市の名前は何でしょうか。
① エル・バラド　② パル・エルド　③ エル・ドラド

答えは次のページ ▶

379

豊かな自然と石油にめぐまれた国
ベネズエラ

黄色は鉱物資源、青は海、赤は戦いで流れた血、星は独立したときの7つの州とガイアナ地域を表す。

石油によって豊かになった国で、オリノコ川のような大自然もたくさん残っています。

南アメリカ最大のマラカイボ湖のまわりは資源がいっぱい

ベネズエラは、南アメリカ大陸の北にあります。オリノコ川が国の真ん中を流れ、まわりにはジャングルや草原が広がっています。さらに川の南側には、自然豊かなギアナ高地がそびえています。

ここには先住民がいましたが、15世紀にスペイン人がやってきて、植民地となりました。しかしその後、戦いに勝ち、1811年に独立を宣言しました。

北西にあるマラカイボ湖は、南アメリカ大陸最大の湖で、まわりには石油がとれる大きな油田があります。石油のほかに、天然ガスや、アルミニウムの原料になるボーキサイトなどの資源にもめぐまれています。

首都カラカスは高地に囲まれ、カリブ海に面している。1年を通じてあたたかく、世界で最も気候のいい都市といわれる。

中・南アメリカ

基本データ

正式国名（略称） ベネズエラ・ボリバル共和国
Bolivarian Republic of Venezuela (VEN)
首都　カラカス
面積　91万2050km²（日本の約2倍）
人口、人口密度　3110万8000人、34人／km²（2015年）
通貨　ボリバル・フエルテ
おもな言語　スペイン語

プラスワン ベネズエラのスポーツ

ベネズエラはスポーツがさかんで、とくに人気があるのが野球です。

1945年から国内でプロ野球のリーグ戦が行われていて、プロ野球選手は、多くの子どもたちのあこがれの職業になっています。また、アメリカのメジャーリーグや日本のプロ野球でも、ベネズエラ出身の選手が大勢活躍しています。

ミニミニトピック　マラカイボ湖では、昔から人々が湖に柱を建てて床の高い家をつくって住んでいます。それがイタリアの都市ベネチアの様子ににていることから、「小さなベネチア」という意味のベネズエラと名づけられました。

379ページの答え ③

大迫力の巨大な滝、エンジェル・フォール

ギアナ高地には、てっぺんが平らで台地のようになった、テーブルマウンテンとよばれる山がたくさんあります。その1つのアウヤン・テプイとよばれるテーブルマウンテンに、1935年、アメリカの探検家ジェームズ・エンジェルがやってきました。

エンジェルは飛行機でアウヤン・テプイに着陸し、そこから何日もかけて探検を続けました。そうして見つけたのが、979mの高さから水が一気に流れ落ちていく、大迫力の滝でした。979mといえば東京タワー3個分で、滝の落差（上から下までの長さ）としては世界一です。あまりに高いところから落ちるので、水が途中で霧になってしまい、下に水がたまる滝つぼはありません。

エンジェルによって世界に知られるようになったこの滝は、エンジェル・フォール（フォールは英語で滝のこと）と名づけられました。

エンジェル・フォールのあるカナイマ国立公園は、1994年に世界自然遺産に登録された。

ピンクのイルカって本当にいるの？

アマゾンカワイルカは、ピラニアやカメ、カニなど50種類ほどの生き物を食べることが知られている。

オリノコ川は水の量がとても豊かで、巨大なワニやヘビなど、さまざまな生き物がすんでいます。その中に、アマゾンカワイルカという、ちょっと変わったイルカがいます。肌がきれいなピンク色をしているのです。

アマゾンカワイルカは成長すると、鼻の先からしっぽの先まで2.5mくらいになります。ふつうのカワイルカはメスのほうが大きいのですが、アマゾンカワイルカは、オスのほうが大きくなります。そして、オスのほうがピンク色があざやかです。

ピンク色をしているのは、仲間どうしではげしく戦ってきて、皮膚の表面がすりへったためだと考えられています。色はかわいらしくても、実はどうもうなイルカなのです。

ミニミニクイズ ギアナ高地にある、世界一の落差をほこる滝は何でしょうか。
① ナイアガラの滝　② エンジェル・フォール　③ ビクトリアの滝

答えは次のページ ▶

手つかずの大自然で発見がいっぱいの国
ガイアナ

緑はジャングル、白は川、黒はがまんする心、赤は国づくり、黄は未来を表している。

人がまだ足をふみ入れていない豊かな自然が多く、さまざまな生き物がすんでいます。

インドの雰囲気を感じる国

ガイアナは、南アメリカ大陸の北部にある国です。気候は1年中あたたかく、国土の大部分は熱帯雨林でおおわれています。

かつては、スリナム、フランス領ギアナとともにオランダに支配されていましたが、その後、ガイアナはイギリスの領土になり、1966年に独立しました。

イギリス人は、インドから来た大勢の人をサトウキビの大農園で働かせました。そのため、国民の半分近くは、インド系の人たちです。

サトウキビからつくる砂糖は今も大事な輸出品で、ほかにエビや、アルミニウムの原料になるボーキサイトなどを輸出しています。

首都ジョージタウンにあるセントジョージ教会は、19世紀末に建てられた木造建築。

中・南アメリカ

基本データ

正式国名（略称） ガイアナ共和国
Republic of Guyana（GUY）
首都　ジョージタウン
面積　21万4969km²（日本の約2分の1）
人口、人口密度　76万7000人、4人/km²（2015年）
通貨　ガイアナ・ドル
おもな言語　英語、ガイアナ・クレオール語

プラスワン　ガイアナのスポーツ

ガイアナの人気スポーツは、クリケットです。クリケットは野球ににたスポーツで、2チームが攻撃側と守備側に分かれ、守備側の投手が投げたボールを攻撃側の打者がバットで打ち返します。

イギリスでルールが整えられたスポーツで、その植民地だったガイアナにも広められました。

ミニミニトピック　ガイアナでは、インド人が初めてガイアナに来た日といわれる5月5日が「インド人到来の日」として祝日になっています。ほかに、インドで信じられているヒンズー教のホーリー祭なども祝日になっています。

381ページの答え　②

先住民の悲しい伝説が残る滝

ガイアナには山地が多く、山々からたくさんの川が流れ出しています。

ブラジルとの境にあるアカライ山脈からは、エセキボ川が流れ出していて、北の大西洋に注いでいます。エセキボ川は流れの速いところや滝が多く、支流のポタロ川の上流には、カイエトゥールという大きな滝があります。

カイエトゥール滝は幅が約122mもあって、約250mの高さから水がまっすぐ下に落ちます。落ちた勢いで、200m以上も水しぶきが上がるのです。かつて、この地域の先住民のカイという首長が、悪霊から人々をすくうために、この滝に身を投げたと伝えられています。

カイエトゥール滝は一度に落ちる水の量もとても多く、その迫力から、ガイアナを代表する観光名所になっています。

大量の水が勢いよく落ちていくカイエトゥール滝。まわりには、ジャングルが広がっている。

世界最後の秘境で発見された、巨大なクモ

ギアナ高地は、ジャングルのような自然があふれ、世界最後の秘境（人がまだ足をふみ入れていないところ）といわれています。南アメリカ大陸北部に広がり、ガイアナにもかかっています。

ここでは、ルブロンオオツチグモという世界最大級のクモが発見されて、人々をおどろかせました。このクモは、体長が約10㎝で、両足を広げると30㎝近くにもなります。ふだんは地面にほった穴の中でくらしていますが、ネズミやトカゲなどの獲物を見つけると、はさみのような口でかみくだいて食べるのです。

茶色の毛におおわれた、おそろしい見た目ですが、この地域の人にとってはごちそうで、バナナの葉でくるんで蒸し焼きにすると、おいしいそうです。

ルブロンオオツチグモの体には細かい毛が生えている。人がこれにさわると痛みを感じるが、毒性はあまり強くない。

ミニミニクイズ　ギアナ高地のジャングルで発見された巨大な生き物は何でしょうか。
① マンモス　② ルブロンオオツチグモ　③ アマゾンカワイルカ

答えは次のページ ▶

南アメリカ大陸でいちばん小さな国
スリナム

緑は豊かな国土、白は自由、赤は新しいことをとり入れる心、黄色い星は明るい未来を表している。

石油や金、ボーキサイトなどの地下資源が豊富にあり、エビ漁にも力を入れています。

オランダの植民地時代の言葉や文化が残る

スリナムは、南アメリカ大陸でいちばん小さな国です。大西洋に面した北部には平野が広がり、中部は草原で、南部に山地があります。

17世紀にイギリスの領地になりましたが、その後はオランダに支配され、一時はオランダ領ギアナとよばれました。1975年に独立しましたが、オランダの植民地時代の文化が残り、今も南アメリカ大陸でただ1つ、オランダ語を公用語としています。

スリナムは、金やボーキサイト、鉄鉱などの資源がとても豊富で、その輸出が国の経済をささえています。農業もさかんで、米やバナナを栽培しているほか、漁業も行われています。

スリナムは気候があたたかく、雨のふる量が多いため、南部の山地を中心に熱帯雨林が広がっている。

中・南アメリカ

基本データ

正式国名（略称）　スリナム共和国
Republic of Suriname（SUR）
首都　パラマリボ
面積　16万3820km²（日本の約2分の1）
人口、人口密度　54万3000人、3人/km²（2015年）
通貨　スリナム・ドル
おもな言語　オランダ語、英語、スリナム語

プラスワン　スリナムと日本

スリナムでは漁業がさかんで、沿岸では、エビ漁が行われています。中でもたくさんとられているのが、ギアナピンクとよばれる、ピンク色をしたクルマエビです。

色がきれいで、身がとてもやわらかいギアナピンクは高級な魚介類で、そのほとんどは、日本に向けて輸出されています。

ミニミニトピック　17世紀後半、スリナムはイギリスの植民地で、アメリカのニューアムステルダム（今のニューヨーク）はオランダの植民地でした。2つの国が、これらの植民地を交換したことから、スリナムはオランダ領になったのです。

383ページの答え　②

さまざまな人種と文化がまざり合う、ミニ・ワールド

スリナムには、もともと先住民がいました。しかし、その後にやってきたイギリスやオランダの人々は、自分たちがつくったサトウキビの大農園で働かせるため、アフリカやインド、インドネシア、中国などから多くの人を集めてきました。

現在、スリナムに住んでいる人々のほとんどは、これらの人たちの子孫です。スリナムはまわりの国々に比べて、人種や民族のちがう人同士がきびしく対立することがあまりありませんでした。それで、アジアやアフリカ、ヨーロッパなど、さまざまな文化がまざり合い、スリナムでしか見られない独自の文化が育っていきました。

このように、いくつもの文化が、しりぞけ合わずに共存（ふたつ以上のものが、いっしょにあること）している様子がまるで小さな地球のようなので、スリナムは、「小さな世界」という意味で、ミニ・ワールドとよばれることもあります。

首都パラマリボには、イギリスやオランダの植民地だったころに建てられた建物も残されている。

アメリカをインドとまちがえたコロンブス

南北のアメリカには、1万年以上前から人が住み、動物の狩りや遊牧（家畜を飼い、草や水を求めてうつり住むこと）をしたり、農業をしたりしてくらしていました。

1492年、探検家コロンブスがカリブ海の西インド諸島に着いたとき、彼はそこをインド（アジア）だとまちがえました。コロンブスはもともとアジアへ行こうとしていたからです。そのため、西インド諸島は北アメリカと南アメリカの間にあるのに、名前に「インド」がついているのです。

その後、アメリカ大陸がアジアとは別の大陸だとわかりましたが、コロンブスは1506年に亡くなるまでインドだと信じていたと伝えられています。

ミニミニクイズ　スリナムの公用語はどれでしょうか。
① オランダ語　② フランス語　③ ドイツ語

答えは次のページ

緑は農業、黄は国でよくとれる鉱物資源を表す。27の星は首都と州の数。

豊かなジャングルにおおわれた情熱の国
ブラジル

豊かな自然と資源にめぐまれたブラジルは、工業が発達していて、観光業もさかんです。

日本とも関係の深い、南アメリカの大国

　南アメリカ大陸の東半分をしめるブラジルは、世界でも5番目に広い国です。北部を流れるアマゾン川のまわりには熱帯雨林が広がり、その南のブラジル高原には広大な草原が見られます。

　ここには昔から先住民の人々が住んでいましたが、16世紀にポルトガルの植民地になり、19世紀に独立しました。日本との関係も深く、20世紀初めに多くの日本人がブラジルにわたり、今ではその子孫である日系人が約190万人も住んでいます。

　ブラジルは、鉄鉱石や石油などの資源が豊富で、中国やアメリカなどに輸出しています。また、砂糖の原料となるサトウキビもたくさんつくっています。

リオ・デ・ジャネイロはブラジルを代表する都市の1つ。丘の上には、街を見下ろすようにキリスト像が立っている。

中・南アメリカ

基本データ
正式国名（略称）　ブラジル連邦共和国
Federative Republic of Brazil（BRA）
首都　ブラジリア
面積　851万5767km²（日本の約23倍）
人口、人口密度　2億784万8000人、24人/km²（2015年）
通貨　レアル
おもな言語　ポルトガル語

プラスワン　ブラジルのスポーツ

　ブラジルはサッカーの強豪国で、サッカー王国ともよばれます。
　国のどの都市にもサッカー・チームがあり、地元の人々の熱い応援を受けてリーグ戦を行っています。
　国の代表チームは、黄色のユニフォームを着ていることからカナリア軍団とよばれ、ワールドカップでも優勝しています。

ブラジルには、カポエイラという格闘技があります。手を使わず足だけで戦い、ダンスのような動きが特徴です。かつて奴隷として働かされていた人々が、自分の身を守るために考えたのが始まりといわれています。

385ページの答え　①

アマゾンの大自然は地球の宝物

アマゾン川の長さは約6600kmで、アフリカのナイル川に次いで世界で2番目です。そして、流域面積（川の流れの範囲）は約705万km²と、日本の面積の約19倍もあり、世界最大の広さをほこります。

アマゾン川を空から見ると、曲がりくねって流れる川にそって、広大な緑のジャングルが広がっているのがわかります。植物には、空気中の二酸化炭素を取りこんで、酸素をつくる働きがあります。たくさんの植物が育つアマゾン川ぞいのジャングルでは、大量の酸素がつくり出されていて、「地球の肺」とよばれることもあります。

また、アマゾン川やそのまわりには、長さが5mにもなるピラルクという魚や、青い羽が宝石のように美しいモルフォチョウ、ネズミの仲間のカピバラなど、さまざまな生き物がすんでいて、まさに野生生物の宝庫になっています。

空から見たアマゾン川。曲がりくねりながら流れる川のまわりに、豊かなジャングルが広がっている。

思わず体がおどり出す！ 情熱的なリオのカーニバル

リオのカーニバルでは、はなやかな衣装に身をつつんだダンサーたちが街をねり歩く。

大西洋に面した都市、リオ・デ・ジャネイロは、ブラジルを代表する大都市の1つです。ここで毎年2月か3月に行われるお祭りは、リオのカーニバルとよばれ、世界的に知られています。

カーニバルは、もともとキリスト教徒の行事で、断食の前に、おいしいものを食べ、楽しく過ごす日でした。リオ・デ・ジャネイロでは1723年に始まりましたが、しだいに規模が大きくなり、今では美しい衣装を着たダンサーや、楽器を演奏する人が3000〜4000人でチームになり、おどりながらパレードをするようになったのです。

カーニバルが行われる4日間には、世界中から100万人近くの観光客がやってきて、はなやかな踊りとダイナミックな音楽を楽しみます。

ミニミニクイズ　ブラジルを流れる、世界で最も流域面積が広い川は何でしょうか。
① ナイル川　② ドナウ川　③ アマゾン川

答えは次のページ ▶

エクアドル

めずらしい生き物がたくさんの赤道直下の国

黄は太陽、青は空と海、赤は国を愛する人の血を表す。真ん中にコンドルと太陽がえがかれている。

エクアドルは資源にめぐまれた国で、ガラパゴス諸島はめずらしい生き物の宝庫です。

国の北部を赤道が横切っている！

エクアドルは南アメリカ大陸の北西部にあって、国の北部を赤道が通っています。国土は、太平洋に面した海岸沿いのコスタ、けわしい山々が連なる中央部のシエラ、ジャングルが広がる東部のオリエンテと、太平洋上のガラパゴス諸島に分けられます。

15世紀後半、ここはインカ帝国の一部でした。しかし、16世紀にスペインにほろぼされ、スペインの領土となりました。19世紀に国として独立しましたが、国の中で争いが続き、人々がおだやかにくらせるようになるまで、長い年月がかかりました。

今は貴重な資源である石油を外国に輸出したり、自然の豊かな観光地として発展しています。

首都キトには、赤道上に記念碑が建てられている。写真では、記念碑の左が南半球、右が北半球になる。

基本データ

正式国名（略称） エクアドル共和国
Republic of Ecuador（ECU）
首都 キト
面積 25万7217km²（日本よりやや小さい）
人口、人口密度 1614万7000人、63人／km²（2015年）
通貨 アメリカ・ドル
おもな言語 スペイン語

プラスワン エクアドルと日本

1918年、日本の細菌学者、野口英世が、黄熱病の研究をするためにエクアドルのグアヤキルをおとずれました。黄熱病は伝染病の1つで、野口はその原因をつきとめようとしたのです。

グアヤキルには今でもノグチ通りという道路や、ヒデヨノグチ小学校があります。

中・南アメリカ

ミニミニトピック エクアドルには、活火山（今も活動している火山）として世界一高いコトパクシ山があります。高さは5896mで、山頂にはいつも雪があります。また、近くの温泉は、人々のいこいの場になっています。

387ページの答え ③

進化論を生んだ、ガラパゴス諸島

太平洋にうかぶガラパゴス諸島は、もとは無人島でしたが、19世紀にエクアドルの領地になりました。
1835年、イギリスの学者ダーウィンが、ビーグル号という船に乗ってここにやってきます。そして、ダーウィンフィンチとよばれる鳥のくちばしが、島ごとに少しちがうことに気がつきました。たとえば、固い種を食べる鳥のくちばしは太くがっしりしていて、小さな昆虫を食べる鳥のくちばしは細くするどい形をしていたのです。これらのことからダーウィンは、生き物が食べ物や生活のしかたに合わせて進化していくという進化論の考えを発見したのです。
南アメリカ大陸から約1000kmもはなれているガラパゴス諸島では、生き物たちが、ほかでは見られないような進化をとげていました。そのため、ガラパゴスゾウガメや、海藻を食べるウミイグアナ、サボテンの芽や実を食べるリクイグアナなど、めずらしい生き物がたくさんすんでいます。

進化論の研究のきっかけとなったダーウィンフィンチ。大きさはスズメぐらいで、食べ物によってくちばしの形がちがう。

ウミイグアナはトカゲの仲間で、海岸の岩場に集団ですむ。引き潮のときには、海に入って海藻をとる。

高度な文明を生み出したインカの国

13世紀ごろ、南アメリカ大陸の北西部に、インカとよばれる王が治める国がおこりました。インカは、太陽の神の子のことで、最も栄えたときは、今のエクアドル、ペルー、ボリビア、チリのあたりまでを領土にしていました。この国は、ヨーロッパの国々にインカ帝国とよばれました。
都のクスコ（今のペルーの都市）には、宮殿や神殿がつくられるなど、インカ帝国では石を使った建築技術や金属を加工する技術、土器をつくる技術が発達し、文字のかわりにキープとよばれる縄を使って記録をしていました。
しかし、1532年にスペイン人がきてインカ人を殺し、帝国はほろびてしまったのです。

黄色い部分が最も栄えたころのインカ帝国の領土。アンデス高原を中心に広がり、都はペルーのクスコにあった。

ミニミニクイズ エクアドルをおとずれた日本の細菌学者は何という名前の人でしょうか？
① 野口英世　② 伊藤博文　③ 樋口一葉

答えは次のページ ▶

なぞの空中都市マチュ・ピチュがある国
ペルー

赤は勇気と国を愛する心、白は平和を表している。

インカ帝国が栄えたペルーには、マチュ・ピチュのような古代遺跡がたくさんあります。

クスコを中心にインカ帝国が栄えた

ペルーは、南アメリカ大陸の西部にある国です。国の真ん中あたりを南北にアンデス山脈が連なっていて、西部の太平洋ぞいには砂漠が続き、東部は熱帯雨林におおわれています。

12世紀から16世紀にかけて、このあたりでインカ帝国が栄え、領土を広げましたが、南部の都市クスコはその都でした。その後、スペインに支配されましたが、19世紀に独立を果たしています。

ペルーには金や銅、鉛などの資源がたくさんあり、多くを輸出しています。また、漁業もさかんで、カタクチイワシを乾燥させて粉にした魚粉をつくっています。魚粉は、魚や家畜のえさになります。

首都リマには、大統領が仕事をする大統領府など、植民地時代の建物が数多く残っている。

基本データ

正式国名（略称） ペルー共和国
Republic of Peru（PER）
首都 リマ
面積 128万5216km²（日本の約3倍）
人口、人口密度 3137万7000人
24人／km²（2015年）
通貨 ヌエボ・ソル
おもな言語 スペイン語、ケチュア語、アイマラ語

プラスワン ペルーと日本

ペルーは1873年、南アメリカの国としてはいちばん早く、日本と国交（国どうしの正式なつきあいをすること）を結びました。

1899年には多くの日本人が、南アメリカで農業をしようと、ペルーにうつり住みました。今でも、その子孫となる日系人約10万人が、ペルーでくらしています。

中・南アメリカ

ミニミニトピック　ペルー南西部のナスカの砂漠には、ハチドリやコンドルなどの絵がかかれています。何がかかれているかは上空から見ないとわからないほど巨大な絵ですが、どういう目的でかいたのかはわかっていません。

389ページの答え
①

なぞに包まれた空中都市、マチュ・ピチュ

1911年、アンデス山脈を探検していたアメリカ人のハイラム・ビンガムは、高さ2280mの切り立った山の頂上に都市がつくられていることを発見しました。インカ帝国の遺跡マチュ・ピチュです。

マチュ・ピチュは城壁で囲まれていて、内側には神殿や宮殿、人が住む家がつくられていました。北にはけわしいワイナ・ピチュ山がそびえ、ほかは絶壁になっているため山の下からは見ることができません。そのため、空中都市ともよばれます。

マチュ・ピチュは15世紀中ごろにつくられ、住んでいた人々は16世紀中ごろにはどこかへ消えてしまいます。ちょうどスペイン人がインカ帝国にせめ入ってきた時代だったので、スペイン人に追われたインカ帝国の人々が、かくれ住んだ秘密の都市だったのではないかといわれています。しかし、本当のことはわかっていません。なぞに包まれたマチュ・ピチュは、1983年に世界遺産に登録されました。

山の頂上にあるマチュ・ピチュは、ふもとからは見えない。そのため、400年以上にわたって知られずにいた。

アンデスでの生活に欠かせないラマ

アンデス山脈には、ラマ（リャマ）という動物がたくさんすんでいます。ラマはラクダの仲間ですが、ラクダのようなコブはなく、長い毛をしています。

アンデスの人々は古くからラマを家畜としてかっていて、毛をかって糸をつむぎ、織物や衣服をつくりました。また、ラマの皮は靴に、ふんは火を燃やすための燃料に使われ、肉は干し肉として食べられます。このように、ラマは、アンデスの暮らしには欠かせない動物なのです。

アンデス山脈には、ラマににたアルパカという動物もいます。アルパカの毛は、ラマよりもやわらかくて軽いため、高級品として取り引きされていて、日本にも輸入されています。

ミニミニクイズ アンデスの山にすむラマは、何の動物の仲間でしょうか。
① ロバ　② ラクダ　③ キリン

答えは次のページ ▶

ボリビア

けわしいアンデス山脈と広大な平原の国

赤は国のために流された血、黄色は天然資源、緑は豊かな大地を表している。

山脈から平原まで、ボリビアの自然は変化にとんでいて、美しい景色にめぐまれています。

独立後も不安定な状態が続いた

ボリビアは、南アメリカ大陸の中央にある国で、海には面していません。西部にはけわしいアンデス山脈が連なり、東部には平原地帯が広がっています。

15世紀に、ここはインカ帝国に支配されるようになりました。16世紀にインカ帝国がほろびたあとは、スペインの植民地になりましたが、19世紀前半に独立を果たします。

その後も、チリやパラグアイとの間で戦争が起こったり、国内でクーデター（政治に不満をもつ人々が武力で政府をたおすこと）が何度も起こったりして、不安定な状態が続いていました。しかし、最近は平和を取りもどして、国の立て直しをはかっています。

1991年に世界遺産に登録された街スクレ（憲法上の首都）。都市名は、独立後初の大統領の名前に由来する。

基本データ

正式国名（略称） ボリビア多民族国
The Plurinational State of Bolivia
（BOL）
首都　ラパス（憲法上の首都はスクレ）
面積　109万8581km²（日本の約3倍）
人口、人口密度　1072万5000人、10人/km²（2015年）
通貨　ボリビアノス
おもな言語　スペイン語、ケチュア語、アイマラ語

プラスワン　ボリビアと日本

20世紀、第二次世界大戦という大きな戦争が起こり、アメリカが沖縄を占領しました。このとき住む場所をうばわれた人々は、ボリビアのサンタクルスという地域にわたりました。

日本人が住みついた地域は、コロニア・オキナワとよばれ、今は大豆や小麦の産地として知られています。

中・南アメリカ

ミニミニトピック　アルチプラーノ高原の南部は、大昔には海底にありました。土に塩がふくまれているので、雨季に、雨がたくさんふったときにあらわれるウユニ湖やコイパサ湖は、なめると塩からい味がします。

391ページの答え　②

世界でいちばん空に近い都、ラパス

ボリビアの首都ラパスは、アンデス山脈の一部に広がるアルチプラーノ高原にあります。標高（海面からの高さ）約3600～3800mという、とても高い高原で、ラパスの最も低いところでも富士山の頂上（3776m）と同じくらいの高さです。

1825年に独立すると、ボリビアの首都は南部のスクレに置かれ、憲法（国のもととなる法律）にもそう書かれました。しかし、1900年に最高裁判所以外の国の建物はラパスにうつされました。そのため、今ではラパスが政治や経済、文化の中心として、首都の役割をになっています。

ラパスは、首都としては世界で最も高いところにあります。山の上のような高いところは低いところより空気がうすく、体がなれなくて具合が悪くなる人もいます。そのためホテルや空港には、酸素ボンベが用意されているところがあります。

首都ラパスは「雲の上の街」とよばれ観光地としても人気。街の中心部からロープウェイで登ることができる。

チチカカ湖にうかぶ草の島

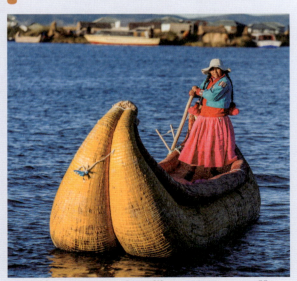
ウロス島があるチチカカ湖は、南アメリカでいちばん大きい湖。島の女の人たちは、明るい色の民族衣装を着ている。

アルチプラーノ高原北部のペルーとの国境にまたがるように、チチカカ湖という湖があります。チチカカ湖は、標高3810mという高いところにあって、まわりに森林はありません。かわりに、トトラという草がたくさん生えています。トトラは、日本のたたみに使われるイグサににた草で、乾燥させると軽くなり、水にうきます。

チチカカ湖に昔から住んできたウル人は、このトトラをたくさんたばねたものを水辺にしずめ、島をつくっています。そして島の上に、やはりトトラで家や店、学校をつくってくらしているのです。

この島はウロス島とよばれ、チチカカ湖に40ほどうかんでいます。島から島へ移動するときも、トトラをあんでつくった船が使われます。

ミニミニクイズ　チチカカ湖にうかんでいるウロス島は、何という草でつくられているでしょうか。
① トトラ　② トトロ　③ トトレ

答えは次のページ

世界でいちばん細長い国
チリ

青は空、星は国を1つにまとめること、白はアンデス山脈の雪、赤は独立のために流された血を表す。

南アメリカ大陸の太平洋岸にあるチリは、南北に長い国土にたくさんの資源があります。

▶ 赤道近くと南極近くで、気候が大きく変わる！

チリは南アメリカ大陸の太平洋側にあります。東西は平均で約175kmなのに対して、南北は約4270kmもある、とても細長い国です。そのため、赤道に近い北のほうの低地は、とても暑く乾燥していますが、南極に近い南のほうは寒さがきびしく、氷のかたまりが流れる氷河も見られます。

16世紀、チリはスペインの支配を受けるようになりましたが、これに反発する声が国の中で強まり、19世紀に独立を宣言しました。

チリは銅や銀などの資源が豊富で、多くを輸出しています。また、農業では、ブドウや小麦などをつくり、長い海岸線を活かした漁業もさかんです。

港町のバルパライソは、国会がある重要な街の1つ。歴史的な街並みで、街全体が世界遺産に登録されている。

基本データ

正式国名（略称）　チリ共和国
Republic of Chile（CHI）
首都　サンティアゴ
面積　75万6102km²（日本の2倍）
人口、人口密度　1794万8000人、24人/km²（2015年）
通貨　ペソ
おもな言語　スペイン語

プラスワン　チリのスポーツ

チリでいちばん人気があるスポーツは、サッカーです。国内にサッカーのクラブチームがいくつもあって、ヨーロッパで活躍している選手も少なくありません。

また、南アメリカ大陸の国々によるコパ・アメリカという大会で、チリの代表チームは、2015年、2016年と2大会連続で優勝しています。

ミニミニトピック

チリは、日本と同じように地震の多い国で、大地震がたびたび起きています。2010年の大地震では、約37万もの家がこわれました。この地震で起きた津波は遠くはなれた日本にもとどいて、漁業に被害が出ています。

393ページの答え
①

なぜ、どうやってつくったの？ なぞがいっぱいのモアイ像

チリから西へ約3800kmもはなれた太平洋に、小さな島があります。1722年、オランダ人がキリスト教のイースター（死んだキリストが復活したことを祝う祭り）の日にこの島を発見したので、イースター島と名づけられましたが、太平洋の島々に住む人たちはラパヌイ島とよんでいます。

この島には、あちらこちらに石の祭壇（儀式を行うための台）があり、上に巨大な石像がならべられていました。大きな顔の下にずんぐりむっくりした体がつくられた石像はモアイとよばれ、その数は800体をこえます。小さなものでも高さ3mあまり、大きなものは高さが20m、重さ9万kg（90トン）にもなります。

モアイ像は、島の人々によって1000年前にはすでにつくられていたと考えられていますが、どんな目的があったのか、重い石をどうやって運んだのかはなぞのままで、今も研究が進められています。

モアイ像は発見されたとき、ほとんどがたおれていたため、クレーンのような機械を使って、後から起きあがらせた。

天体観測にピッタリのアタカマ砂漠

チリ北部に、標高（海面からの高さ）が平均1000mのアタカマ砂漠が広がっています。ここは雨がめったにふらず、1年中晴れが続くところで、空気もとてもすんでいます。そのため宇宙の観測にはピッタリで、多くの天文台がつくられています。

その中に、日本がアメリカやヨーロッパの国々と共同で建設したアルマ望遠鏡もあります。アタカマ砂漠の標高約5000mの高地に置かれたこの望遠鏡は、はるか遠くからの電波を受け取って、宇宙を観察することができます。

宇宙はどのようになっているのか、星はどのように生まれたのかなど、アルマ望遠鏡によって、宇宙のなぞがとき明かされることが期待されています。

アルマ望遠鏡はアタカマ砂漠に全部で66台ある。集めた電波を1つにまとめて、巨大な電波望遠鏡をつくり出している。

ミニミニクイズ イースター島にある石でつくられた大きな像を何とよびますか。
① モアイ像　② アルマ像　③ インカ像

答えは次のページ ▶

大河の流れを利用して水力発電がさかん
パラグアイ

赤は正しい心、白は平和、青は自由を表している。真ん中にはパラグアイの国章がえがかれている。

海のないパラグアイですが、大きな川がいくつも流れ、水にめぐまれています。

先住民のグアラニ人とスペイン人の子孫たちの国

パラグアイは、南アメリカ大陸のほぼ真ん中にある国です。国の北から南にパラグアイ川が流れていて、その東側は豊かな森林があり、西側には草原が広がっています。

16世紀にスペイン人がきて、ここを植民地にしました。しかし、19世紀に入るとスペインの支配に反対する運動が高まり、1811年に独立しました。

今のパラグアイでは、先住民のグアラニ人とスペイン人の間に生まれた人々の子孫であるメスティソが人口の90％以上をしめています。経済の柱は農業で、大豆や綿花をつくっています。また、東部の草原では牧場で牛を飼育しています。

パラグアイ川沿いにある首都アスンシオン。国の人口の4分の1がアスンシオンに集まっている。

基本データ

正式国名（略称） パラグアイ共和国
Republic of Paraguay （PAR）
首都 アスンシオン
面積 40万6752km²（日本とほぼ同じ）
人口、人口密度 663万9000人、16人／km²（2015年）
通貨 グアラニ
おもな言語 スペイン語、グアラニ語

プラスワン パラグアイと日本

1936年、日本の11の家族が、農業をするためにパラグアイ南部のラコルメナにうつり住みました。

日本からパラグアイへの移住は、戦争で中断しましたが、1950年代から再開し、約9000人がパラグアイへわたりました。その人々の子孫にあたる日系人が、パラグアイには今もたくさん住んでいます。

ミニミニトピック パラグアイ人は肉が大好きです。網焼きや鉄板焼きなど、さまざまな調理法で牛肉や鶏肉を豪快に食べます。野菜はあまり食べませんが、薬草入りのテレレというお茶を飲んでビタミンをおぎなっています。

395ページの答え ①

世界トップクラスの発電量をほこる、イタイプダム

　パラグアイという名前は、グアラニ人の言葉で大河のある土地という意味です。名前のとおり、パラグアイには大きな川がたくさん流れていて、それを利用した水力発電もさかんです。

　水力発電は、高いところにダムをつくって大量の水を貯め、その水が低いところに流れ落ちるのを利用して電気を起こす仕組みです。

　1975年、パラグアイはブラジルと協力して、2つの国の境を流れるパラナ川でイタイプダムの建設を開始しました。1984年から使われるようになったこのダムは、今では世界でもトップクラスの発電量をほこり、パラグアイとブラジルに電気を送っています。

　また、ダムから大量の水がしぶきを上げて流れ出す様子はとても迫力があるので、人気の観光地にもなっています。

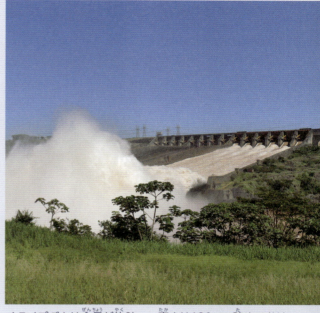

イタイプダムは全長が約8km、高さは196m、貯めておける水の量は290億m³と世界最大級のダム。

まきで走る大陸最古の蒸気機関車

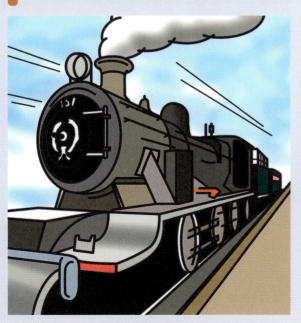

　1861年、首都アスンシオンとその南西にあるパラグアリの間の72kmを結ぶパラグアイ鉄道が開通しました。この鉄道を走っていたのが、南アメリカで最も古い蒸気機関車です。

　ただ、ふつうの蒸気機関車は石炭を燃やして走りますが、パラグアイには石炭がなかったので、たくさんある木を使うことにしました。こうして、まきを燃やして走らせる、世界でもめずらしい蒸気機関車が誕生したのです。

　しかし、線路や車両が古くなったり、ほかの交通手段が発達したりしたため、蒸気機関車は使われなくなってしまいました。現在は、観光列車として復活し、毎週日曜日、アスンシオンにある駅から近くのアレグア駅までのんびり走っています。

ミニミニクイズ　パラグアイでは、川にダムをつくって電気をおこしています。これを何というでしょうか。
① 原子力発電　② 太陽光発電　③ 水力発電

答えは次のページ ▶

なだらかな丘の牧場で牛や馬を育てる

ウルグアイ

白と青の横線は独立したときの9つの州、太陽は独立のシンボルをしめしている。

日本から見ると地球の反対側にあるウルグアイは、自然にめぐまれ農業がさかんです。

独立後は、国民がくらしやすい国を目指す

ウルグアイは、南アメリカ大陸の南東部にある国です。国土全体がなだらかな丘陵で、西を流れるウルグアイ川とラプラタ川がアルゼンチンとの境になっています。気候はおだやかです。

16世紀初めにスペイン人がきて以来、ここはスペインやポルトガル、さらに周辺のアルゼンチンやブラジルにゆり動かされてきました。19世紀に独立し、それからは福祉（国民の暮らしをよくすること）や教育に力を入れて政治が行われています。

ウルグアイは牧畜がさかんで、広い牧場で、ガウチョとよばれるカウボーイが牛や馬を育てています。また、観光客向けのガウチョ体験ツアーも人気です。

首都モンテビデオにある独立広場。中央には独立戦争で活躍したホセ・アルティガス将軍の銅像がある。

中・南アメリカ

基本データ

正式国名（略称） ウルグアイ東方共和国
オリエンタル リパブリック オブ ウルグアイ
Oriental Republic of Uruguay （URU） ユーアールユー

首都　モンテビデオ
面積　17万3626km²（日本の約2分の1）
人口、人口密度　343万2000人、20人/km²（2015年）
通貨　ペソ
おもな言語　スペイン語

プラスワン ウルグアイのスポーツ

サッカーのワールドカップの第1回大会は、1930年にウルグアイで開かれました。このとき優勝したのは開催国のウルグアイで、その20年後にブラジルで開かれた第4回大会でも2度目の優勝をしています。ウルグアイの代表チームは、オリンピックでも優勝していて、世界的な強豪国の1つに数えられています。

ミニミニトピック　ウルグアイは、ウルグアイ川の東にあったことから、バンダ・オリエンタルとよばれていました。オリエンタルは「東のほう」という意味で、ウルグアイ人は自分たちのことを東方人とよぶこともあります。

397ページの答え
③

ウルグアイ人がもち歩く、「飲むサラダ」

ウルグアイ人は、マテ茶をよく飲みます。マテ茶は、ブラジルやアルゼンチンなどで栽培されたジェルバ・マテという木の葉を乾燥させたものにお湯を注いだ飲み物です。

ウルグアイの人は、マテとよばれる器にジェルバ・マテの茶葉をたっぷり入れ、お湯を注いでから、ボンビージャという金属でできたストローを差して飲みます。家の中だけではなく外でも飲むので、街のあちらこちらで、お湯の入った水筒とマテをもって歩く人々が見られます。

マテ茶は、鉄分やカルシウム、ビタミンを多くふくんでいて、食べ物の消化を助ける効果もあります。野菜のような栄養がたくさん入っていることから、飲むサラダともいわれています。ウルグアイでは肉料理が多く、野菜がなかなか手に入りませんでした。それで、マテ茶がよく飲まれるようになったといわれています。

国民的な飲み物のマテ茶。身近な人だという意味をこめて、家族や友達同士で1つのマテ茶を回し飲みすることが多い。

石油のかわりにお湯が出てきた、北部の温泉地

ウルグアイ北部のウルグアイ川ぞいにあるサルトとパイサンドゥは、温泉がいくつもあることで有名な地域です。今から60年ほど前、このあたりの地下に石油がねむっているのではないかと調査したところ、石油ではなく熱いお湯が出てきたのです。

今では、ホテルの中や、野外にもプールのような温泉がつくられ、観光スポットになっています。ウルグアイの温泉は、日本とちがって、水着を着てお湯につかります。また、湯の温度はさまざまで、とても熱いものから、温水プールのようにぬるいものまであります。ウルグアイの人はもちろんですが、となりのアルゼンチンからやってくる人も多く、にぎわっています。

ミニミニクイズ ウルグアイの人々が、ふだんからよく飲んでいる飲み物は何でしょうか。
① ココア　② 紅茶　③ マテ茶

答えは次のページ ▶

399

情熱的なダンス音楽、タンゴが生まれた国
アルゼンチン

真ん中にあるのは、スペインから独立するために人々が立ち上がった日の太陽で、自由のシンボル。

草原が広がる自然の豊かな国に、ヨーロッパの影響を受けた文化が発達しました。

ガウチョたちが広いパンパで牛を育てる

アルゼンチンは、南アメリカ大陸の南部にあります。国の中央にパンパという平原が広がり、ラプラタ川に注ぐ川が流れています。西部は、高さ6960mのアコンカグア山を始め、けわしいアンデス山脈が連なっています。気候はおだやかですが、南極に近い地域は1年中気温が低く、強風がふいています。

16世紀、ここはスペインの植民地となりましたが、19世紀に入って人々は独立のために戦い、自由を勝ち取りました。

アルゼンチンは農業国で、パンパを中心に大豆やトウモロコシ、小麦などを栽培したり、牛を育てたりしています。

首都ブエノスアイレスを中心に広がる平原のパンパ。ここで牧畜する人たちはガウチョとよばれる。

基本データ

正式国名（略称）　アルゼンチン共和国
Argentine Republic（ARG）
首都　ブエノスアイレス
面積　278万400㎢（日本の約7倍）
人口、人口密度　4341万7000人、16人/㎢（2015年）
通貨　ペソ
おもな言語　スペイン語

プラスワン　アルゼンチンのスポーツ

アルゼンチンの国技（国を代表するスポーツ）は、パトです。パトは、2チームが馬に乗って、パトとよばれるボールを相手ゴールに入れる競技です。パトは、スペイン語でアヒルのことで、昔は生きたアヒルをうばい合っていました。しかし、今は、もちやすいように取っ手のついたボールが使われています。

ミニミニトピック　世界的に有名な「イグアスの滝」は、大小さまざまな275の滝が半円形になって最大約80mの高さから落ちています。「悪魔の喉笛」というところを落ちる滝は、音と水の迫力とそこにかかる虹で人気です。

399ページの答え　③

情熱的なアルゼンチンタンゴ

　アルゼンチンタンゴは、ドレスを着た女の人と黒い衣装の男の人が情熱的におどる、アルゼンチンの伝統的なダンス音楽です。ユネスコの無形文化遺産にも登録されているこの音楽は、首都のブエノスアイレスで生まれました。

　19世紀の終わりごろ、港町だったブエノスアイレスは、ヨーロッパやアフリカなど、いろいろな国からきた人々でにぎわい、有名なフランスの都パリにならって、南アメリカのパリともよばれました。酒場でダンスがはやり、それに合わせる音楽もつくられたのです。ヨーロッパとアフリカと南アメリカの音楽がとけ合ったアルゼンチンタンゴは、やがて、世界に広まっていきました。毎年8月には世界最大のタンゴのお祭りとタンゴダンス世界選手権の「ムンディアル・デ・タンゴ」が開かれています。

酸素ボンベも乗せて走る高原列車

ポルボリージャ鉄橋を走る高原列車。サルタからポルボリージャ鉄橋までを往復すると17時間かかる。

　アルゼンチンには世界で一番高いところを走る高原列車があります。最も高さのある場所は、なんと標高4220m！　富士山の山頂（3776m）よりも高いところを走っているのです。

　標高の高いところは、低いところよりも酸素が少ないので、頭が痛くなったり、気分が悪くなったりする高山病にかかることもあります。そのため、この列車には高山病にかかった人のための酸素ボンベが用意されています。看護師さんも乗車しているので安心です。

　高原列車は、サルタからサンアントニオデロスコブレスまでの山岳ルートを往復します。途中には29の橋と、21のトンネルがあって、山の景色もいろいろな姿を見せてくれます。高いところを走ることから、「雲の列車」とよばれています。

ミニミニクイズ　アルゼンチンのブエノスアイレスで生まれた情熱的なダンス音楽のことを何というでしょうか。
① フォークダンス　② アルゼンチンタンゴ　③ フラメンコ

答えは404ページ▶

オセアニア

オーストラリアとニュージーランド、そして中部太平洋や南太平洋の島々は、オセアニアにふくまれます。昔から先住民が住んでいた島も多くありますが、それぞれの歴史はまだよくわかっていません。

グアム（アメリカ領） P429

パラオ P430

ビスマルク海

アラフラ海

パプアニューギニア P406

珊瑚海

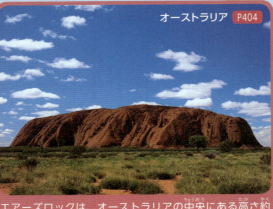

オーストラリア P404

エアーズロックは、オーストラリアの中央にある高さ約350mの岩山で、約2億3000年前にできたといわれる。

インド洋

オーストラリア P404

グレートオーストラリア湾

オーストラリア P404

オーストラリアには、コアラなど、めずらしい動物がたくさんすんでいる。

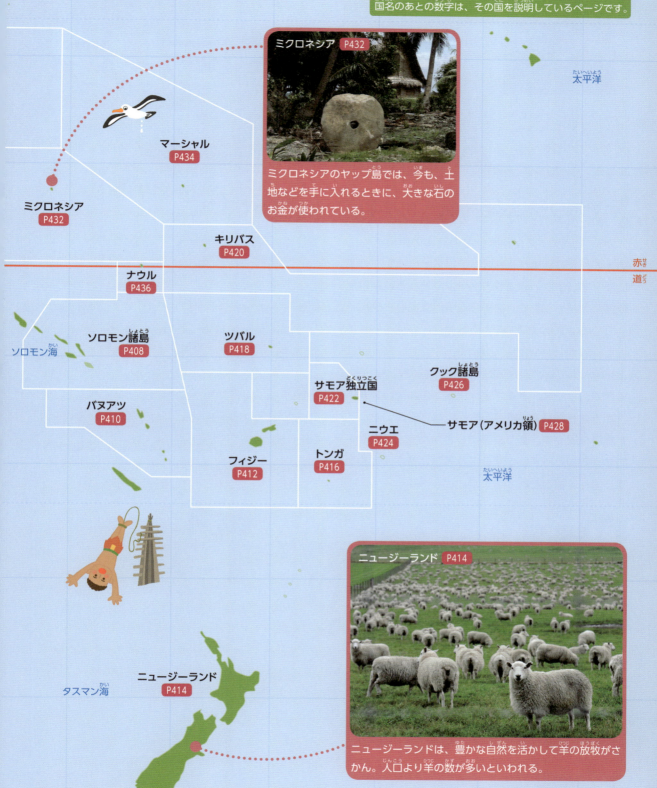

大陸がまるごと1つの国
オーストラリア

左上にあるのはイギリスの国旗。その下の大きな星はオーストラリアの州を表している。

日本の真南にあるオーストラリアは、広い土地と豊かな資源にめぐまれています。

アボリジニの住む大陸にイギリス人がやってきた

　オーストラリア大陸は日本の真南の南極近くにあって、大陸全体がオーストラリアという1つの国になっています。砂漠や、ステップという乾燥した草原が広がっていて、あまり高い山はありません。

　ここにはアボリジニのような先住民が住んでいました。しかし、18世紀の終わりにイギリス人がここを植民地にし、ほかのヨーロッパの国の人々もやってきて、今では、さまざまな民族が住んでいます。

　オーストラリアは鉄鉱石や石炭などの資源がとても豊富な国です。また、農業もさかんで、小麦や牛肉などをつくっています。これらは、日本を始めとする国々に輸出されています。

東部の都市シドニーにあるオペラハウスは、20世紀を代表する建物として、世界遺産に登録されている。

基本データ

正式国名（略称）　オーストラリア連邦
Commonwealth of Australia （AUS）
首都　キャンベラ
面積　769万2024km²（日本の約20倍）
人口、人口密度　2396万9000人、3人／km²（2015年）
通貨　オーストラリア・ドル
おもな言語　英語

オセアニア

プラスワン
オーストラリアのスポーツ

　オーストラリアは、スポーツがとてもさかんな国です。いろいろな競技が行われていますが、中でも人気なのがネットボールです。バスケットボールににていますが、選手はパスだけでボールをつなげていき、ドリブルしてはいけません。もともとは女子だけのスポーツでしたが、最近は男子の間にも広がっています。

ミニミニトピック　約150年前、オーストラリアは、広大な砂漠をこえられるようにアフガニスタンからラクダを輸入しました。国内に電柱や道路などをつくるのに活躍したアフガンのラクダはザ・ガンとよばれ、今も親しまれています。

401ページの答え　②

南アジアからやってきたアボリジニ

オーストラリア大陸にアボリジニが住み始めたのは、数万年前のことです。南アジアから大陸や島を伝って、オーストラリアにわたってきたと考えられています。また、約1万年前には、東の方の島々からも人々がうつってきました。これらの人々はトレス海峡諸島民とよばれます。

先住民はたくさんのグループに分かれて住んでいて、そのころのオーストラリアでは250もの言葉が使われていました。また、アボリジニは、祖先から受けついできた神話を絵で表現してきました。アボリジニの聖地といわれるウルル（エアーズロック）やカカドゥには、岩にえがかれたすばらしい絵が残されています。

その後にやってきたイギリスによって、先住民は住む場所や仕事をうばわれてしまいました。しかし、最近では、先住民の暮らしをよくするための取り組みが進められています。

アボリジニが岩にかいた絵。雷と雨をつかさどる、ナマルゴンという神の姿が大きくえがかれている。

コアラがいるのはオーストラリアだけ！

コアラやカンガルーは、母親が赤ちゃんをおなかの袋で育てる有袋類の仲間で、オーストラリアと周辺の島々にしかすんでいません。ここには、ほかにも、卵からかえった赤ちゃんに母親が乳をやって育てるカモノハシやハリモグラなどもいます。

このように、オーストラリアにめずらしい生き物が多いのには理由があります。大昔、南半球には1つの大陸しかありませんでした。それが、やがていくつもの大陸に分かれたのですが、その1つであるオーストラリア大陸は、ほかの大陸とは遠くはなれていました。そのため、生き物が行き来することがあまりなく、ほかの大陸とはちがう進化をとげて、今も残っているのです。

ミニミニクイズ 野生ではオーストラリア大陸にしかすんでいない動物はどれでしょうか。
① オランウータン　② コアラ　③ ウミイグアナ

答えは次のページ ▶

405

強いきずなの民族が800以上くらす
パプアニューギニア

赤と黒は昔から国民に使われていた色。右には国の鳥の極楽鳥、左には南十字星がえがかれている。

パプアニューギニアの島々では、たくさんの民族が伝統を守りながらくらしています。

豊かな土地の下に資源がねむる

　南半球にあるパプアニューギニアは、ニューギニア島の東半分とビスマルク諸島など、600以上の島からなる国です。気候はあたたかく、島々には熱帯雨林が広がっていますが、ニューギニア島には高さ4000mをこえる山々も見られます。

　ここには、古くから先住民の人々がいました。しかし、19世紀から第二次世界大戦にかけて、ドイツ、イギリス、オーストラリア、日本の支配を受けます。そして、1975年に独立しました。

　パプアニューギニアでは農業がさかんで、パーム油やコーヒーなどをつくって輸出しています。また、金や銅など鉱産物も多く、開発が進められています。

ニューギニア島東部のミルン湾は、美しいサンゴや魚などが見られ、世界的なダイビングスポットとして知られる。

基本データ

正式国名（略称）　パプアニューギニア独立国
Independent State of Papua New Guinea (PNG)
首都　ポートモレスビー　面積　46万2840㎢（日本の約1.2倍）
人口、人口密度　761万9000人、16人／㎢（2015年）
通貨　キナおよびトヤ
おもな言語　英語、ピジン英語、モツ語

プラスワン　パプアニューギニアと日本

　豊かな森が広がるパプアニューギニアは、木材をたくさん外国に輸出してきました。しかし、木の切りすぎが原因で、森林がへってしまうのではないかという問題が起こっています。

　そのため、日本の政府や企業が、木を植えたりして、パプアニューギニアの森を守る活動を行っています。

オセアニア

パプアニューギニアには、800種類の鳥がすんでいます。その中には、色あざやかな羽をもつゴクラクチョウを始め、めずらしい鳥も多く、外国からたくさんの人がバードウォッチングにおとずれます。

405ページの答え　②

406

シンシンで仲良くなる？

パプアニューギニアでは、歌いながらおどるお祭りをシンシン（シングシング）といいます。シンシンとは、英語で歌や歌うことを意味するシングという言葉からつけられた名前といわれます。戦いの前やお祝いの席など、特別なときにおどりますが、民族同士が自分たちのシンシンを見せ合って、友好のしるしとすることもあります。

1995年からは、パプアニューギニアの文化を海外にも広めるため、ナショナル・マスク・フェスティバルというお祭りがニューブリテン島のラバウルで行われるようになりました。このお祭りでは、さまざまな民族の人が、ユニークな仮面をつけて、迫力ある踊りを音楽とともにおどります。このお祭りを見るために、世界中から観光客がやってきます。

祭り用の仮面をつけた、パプアニューギニアの人。マスクは精霊を表している。

家族のようにきずなが強い、ワントク

古くは3万年以上前から、アジアや太平洋の島々の人たちが、パプアニューギニアにうつってきました。今のパプアニューギニア人は、その人たちの子孫です。

パプアニューギニア人は800以上の民族に分かれていて、民族ごとに、話すときの言葉や暮らし方がちがいます。そのため、この国では、800種類以上の言葉が使われているといわれています。

同じ言葉を話す民族は、ワントクとよばれます。ワントクの中ではみんな平等で、家族のように信じ合っています。もし、困った人がいたら、必ず助け合うのです。

このように民族の中でのきずながとても強い一方で、ほかの民族とは張り合うことが少なくありません。そのため、パプアニューギニアでは民族のもめごとや争いがたびたび起こっています。

ミニミニクイズ パプアニューギニアの民族に伝わる、歌いながらおどるお祭りを何というでしょうか。
① ピョンピョン　② シンシン　③ ブンブン

答えは次のページ ▶

407

1000ほどの島々が集まってできた国
ソロモン諸島

青は太平洋、黄は太陽、緑は豊かな土地、5つの星は、この国のおもな島と南十字星を表す。

ソロモン諸島には、手つかずの自然がたくさん残され、南太平洋の楽園とよばれます。

あたたかい気候と自然を活かしてくらしている

　南西太平洋のソロモン諸島は、北東から南西へ約1400kmにわたって点々と広がる、およそ1000の島々からなる国です。1年を通じて気温が高く、雨もよくふります。

　1568年、スペインの探検家が上陸して、この島のことをヨーロッパに紹介します。18世紀になると、イギリス人やフランス人、アメリカ人もおとずれるようになりました。19世紀末にイギリスの植民地になりましたが、1978年に独立を果たします。

　ソロモン諸島の人々は多くが農業、漁業、林業をいとなんでいて、木材や、カツオを始めとする魚を輸出しています。

ガダルカナル島にある首都ホニアラの青空マーケット。バナナのほか、たくさんの果物が売られている。

基本データ

正式国名（略称）　ソロモン諸島　Solomon Islands（SOL）
首都　ホニアラ
面積　2万8896km²（日本の約13分の1）
人口、人口密度　58万4000人　20人／km²（2015年）
通貨　ソロモン・ドル
おもな言語　英語、ピジン英語

プラスワン　ソロモン諸島と日本

　第二次世界大戦という世界的な戦争が続いていた1942年、ソロモン諸島のガダルカナル島では、日本軍とアメリカ軍の間ではげしい戦いが行われました。

　翌年、戦いは終わりましたが、多くの日本兵がこの島で命を落としました。そして、日本軍は島からしりぞいたのです。

オセアニア

16世紀、スペイン人は、古代にイスラエルを治めていたソロモン王の財宝をさがすために、ソロモン諸島に来ました。財宝は見つかりませんでしたが、王の名前からソロモン諸島と名づけられました。

407ページの答え
②

世界最大のサンゴ礁の島、レンネル

ソロモン諸島のいちばん南に、レンネル島という島があります。この島は、海の中にあったサンゴ礁がもり上がって海面にあらわれたことで、生まれました。世界には、サンゴ礁でできた島がたくさんありますが、レンネル島は、その中でも最大級の大きさをほこります。

レンネル島の東部には、南太平洋で最も大きな湖であるテガノ湖があります。そのまわりは、高さ20mの木々がおいしげるジャングルになっていて、レンネルオオコウモリや、クロッカーウミヘビといった、めずらしい生き物がたくさんすんでいます。

こうした自然や、ほかでは見られない生き物を守るため、レンネル島の東部は、1998年に世界遺産に登録されました。しかし最近では、ジャングルの木を切りすぎたことから、自然がこわされていくのではないかと、心配されています。

ソロモン諸島にある、サンゴ礁でできた島。島には、植物も生えている。

日本と同じ？ ちがう？ ソロモン諸島の学校

ソロモン諸島の小学生は、日本と同じように、6年間学校に通います。学校は2学期制で、新しい学年の新学期は2月に始まります。そして、6月から7月にかけて約5週間、12月から1月の終わりにかけて約6週間のお休みがあります。

小学校を卒業したあとは、日本の中学校と高等学校を合わせた学校であるセカンダリースクール（ハイスクール）で学びます。小学校から中学校に上がるにはテストがあって、合格しないと中学校へは行けません。テストは一度しか受けられないので、みんな一生懸命に勉強します。

ただ、ソロモン諸島では、だれもが小学校や中学校で勉強できる義務教育の仕組みがないので、学校に行けない子や行かない子もたくさんいます。

ミニミニクイズ ソロモン諸島にある島で、世界遺産がある島の名前は何というでしょうか。
① レンネル島　② ガダルカナル島　③ サンタ・イザベル島

答えは次のページ ▶

409

横向きのY字は太平洋にある国の島々を形にしたもの。左のマークはブタのキバとシダの葉っぱ。

バンジージャンプが生まれた国
バヌアツ

バヌアツでは、人々が昔からの伝統を守りながら、自然の中でくらしています。

古くから火山とともにくらしてきた、バヌアツの人たち

バヌアツは、太平洋南西部にうかぶ80あまりの島々が集まった国です。島の多くは火山島で、今も活動している火山もあります。気候は1年を通じてあたたかく、雨もよくふります。

バヌアツには古くから人々が住んでいました。17世紀以降、ヨーロッパの人々がくるようになり、ニュー・ヘブリデス諸島と名づけられました。20世紀初めにはイギリスとフランスに支配されましたが、1980年にバヌアツとして独立しました。

バヌアツでは、ココヤシやカカオをつくる農業を行っています。最近は、外国の会社がくるように、金融にも力を入れています。

首都ポートビラのあるエファテ島は火山島で、メレ滝を始め、変化にとんだ自然を見ることができる。

基本データ

正式国名（略称） バヌアツ共和国
Republic of Vanuatu（VAN）
首都 ポートビラ
面積 1万2189km²（日本の約33分の1）
人口、人口密度 26万5000人、22人／km²（2015年）
通貨 バツ
おもな言語 ビスラマ語（ピジン英語）、英語、フランス語

プラスワン　バヌアツのスポーツ

すきとおった海に囲まれたバヌアツでは、海のスポーツがさかんです。

海にもぐるダイビングやシュノーケリングでは、海底につくられた洞窟を探検したり、色とりどりの熱帯魚を観察したりすることができます。

ほかに、ボートに乗って、カジキマグロやサメなどをつる人たちもいます。

オセアニア

バヌアツは、サイクロンとよばれる台風のような嵐がよく通ります。2015年3月には、とても大きなサイクロンのために多くの人の家がこわれてしまい、世界中から支援がありました。

409ページの答え
①

バンジージャンプはここから始まった！

落ちないよう足や腰に綱をまきつけて、高いところから飛びおりるスポーツをバンジージャンプといいます。スリルを楽しめることや、勇気をためせることから、今ではいろいろな国で行われていますが、もともとはバヌアツで始まりました。

バンジージャンプの元になったのは、バヌアツ北部のペンテコスト島で昔から行われている儀式です。この儀式では、まず丸太を組んで、高さ20mをこえる塔をつくります。そして、足首に植物のつるを結びつけた若者が、塔のいちばん上から飛びおりるのです。地面にぶつかる直前に、足に結んだつるがのびて、宙づりになったら成功です。

まわりでは、若者を勇気づける踊りがおどられ、成功した若者は大声を上げて自分の勇気と男らしさをしめします。この儀式に挑戦する若者は、数週間前から身を清めます。そして、成功したら、ようやく大人としてみとめられるのです。

火山の火口を見学できる、ヤスール山

夕方、真っ赤な溶岩をふきあげるヤスール山。観光客が近くから見学している。

バヌアツ南部のタンナ島には、ヤスール山という活火山があります。ヤスール山は高さ183mと、あまり高くありません。そのため、その火口から真っ赤な溶岩を見ることができ、世界中から観光客が集まってきます。火口近くには郵便ポストもあり、「世界で最も危険なところにあるポスト」として、ギネスブックという世界記録を集めた本にものっています。

また、首都ポートビラがあるエファテ島を始めとする3島には、今から400年ほど前の首長ロイ・マタの墓があって、世界遺産に登録されています。ロイ・マタは、争いの続いていたバヌアツに平和をもたらしたとして、語りつがれてきた人物です。

 ミニミニクイズ バヌアツのペンテコスト島で生まれた、高いところから飛びおりる儀式を何というでしょうか。
① スキージャンプ　　② バンジージャンプ　　③ 水中ジャンプ

答えは次のページ ▶

411

南太平洋の真珠とよばれる美しい島国
フィジー

左上はイギリスの国旗。国のマークには、ライオンとサトウキビやバナナなどがえがかれている。

おだやかな気候と豊かな自然にめぐまれたフィジーは、世界的なリゾート地です。

先住民と、インドから来た人の子孫がともにくらす

南太平洋にあるフィジーは、330ほどの島々からなる国です。島の多くは火山島ですが、サンゴ礁の島もあります。美しい海に囲まれた島々にはヤシが生いしげっていて、「南太平洋の真珠」とよばれます。

ここには大昔、海をわたってきた人々が住みついたようです。1874年にイギリスの植民地となると、外から入ってきた伝染病で、先住民の多くが亡くなってしまいました。そこで、サトウキビ畑で働くために、インドから大勢の人が連れてこられ、その子孫が今も多く住んでいます。

1970年に独立してからも、砂糖は国の重要な輸出品です。また、観光業もさかんです。

フィジーのタウベニ島のまわりの海に広がる美しいサンゴ礁。フィジーにはたくさんのダイビングスポットがある。

基本データ

正式国名（略称） フィジー共和国　Republic of Fiji（FIJ）
首都　スバ
面積　1万8272km²（日本の約20分の1）
人口、人口密度　89万2000人、49人／km²（2015年）
通貨　フィジー・ドル
おもな言語　英語、フィジー語、ヒンディー語

プラスワン　フィジーと日本

フィジーは、サイクロンという台風と同じような嵐によって、たびたび被害が出ています。

ビチレブ島西部のナンディという街を流れるナンディ川は、サイクロンによって洪水をよく起こします。そのため、日本は、ナンディ川の洪水の被害をへらすための取り組みに協力しています。

オセアニア

フィジーの人々は明るく大らかで、外国人でも、「ブラ」といってあいさつすれば、すぐに友達になれます。また、食べ物を始め、何でもみんなで分け合いながら、くらしています。

411ページの答え　②

最高のごちそうは、石蒸し焼き料理

フィジーで最高のごちそうといえば、石蒸し焼き料理です。

石蒸し焼き料理をつくるときは、まず地面に深さ30cmほどの穴をほり、たき火で焼いた石を置いて、バナナの葉をしきつめます。そこに葉で包んだイモ類や野菜、肉、魚を入れ、葉と土をかぶせ、蒸し焼きにするのです。フィジーではこれをロボ料理といいます。ロボは穴という意味です。

準備からでき上がりまで3、4時間かかりますが、食材のうまみを外ににがすことがないので、とてもおいしく、肉も野菜もやわらかくほくほくです。

昔はお祝いのとき、一度にたくさんつくりましたが、最近はホテルでも、泊まり客のためにつくってくれます。

ロボ料理では、大きなバナナの葉で材料をしっかり包むことによって、水分やうまみがぬけるのをふせいでいる。

フィジー初のオリンピック金メダルは、7人制ラグビー

フィジーでは、ラグビーがとてもさかんです。イギリスやニュージーランドから、フィジーにラグビーが伝わったのは、19世紀の終わりごろ。それ以来、国民的スポーツとして親しまれてきました。

フィジー人には、ラグビーに向いた体格のいい人が多いので、代表チームは国際大会で活躍を続けています。とくに1チーム7人でプレーする7人制ラグビーでは、ずばぬけた強さをほこります。7人制ラグビーは、オリンピックでは2016年のリオ・デ・ジャネイロ大会（ブラジル）から競技に加えられましたが、フィジー代表チームはそこで優勝し、国に初めて、オリンピックの金メダルをもたらしました。

ラグビーのフィジー代表チームは、試合前に、シンビとよばれる伝統的な踊りをおどります。勇ましいシンビは、ニュージーランド代表チームのハカとならんで、ラグビーファンに知られています。

ミニミニクイズ オリンピックでも金メダルをとった、フィジーの国民的スポーツは何でしょうか。 ① フィギュアスケート ② サッカー ③ ラグビー　答えは次のページ ▶

マオリとヨーロッパの文化がとけ合った国
ニュージーランド

左上にはイギリスの国旗、右には、南十字星がえがかれている。

ニュージーランドでは、豊かな自然を活かして、農業や酪農が行われています。

マオリの人たちがカヌーに乗ってやってきた

ニュージーランドは南太平洋にある国で、北島と南島を中心とする島々でできています。北島には火山や温泉、南島には氷河があり、自然は変化にとんでいて、1年を通してすごしやすい気候です。

8世紀ごろ、マオリの人たちがカヌーに乗って太平洋の南東部からやってきたのが、この国の始まりです。18世紀にイギリス人のクックがおとずれたのち、イギリスの植民地になりましたが、20世紀に独立しました。

自然にめぐまれたニュージーランドでは、人々は牧畜や酪農をいとなみ、チーズといった乳製品や肉、羊毛などを輸出しています。

ワイタンギ・デーにハカという踊りをおどるマオリの人々。ワイタンギ・デーは、国が1つにまとまった日を祝う祝日。

基本データ

正式国名（略称） ニュージーランド
New Zealand （NZL）
首都 ウェリントン
面積 26万8107km²（日本よりやや小さい）
人口、人口密度 452万9000人、17人／km²（2015年）
通貨 ニュージーランド・ドル
おもな言語 英語、マオリ語、手話

オセアニア

プラスワン ニュージーランドのスポーツ

ニュージーランドはスポーツがさかんな国ですが、とくにラグビーは強豪国として有名です。

ラグビーのニュージーランド代表は、オールブラックスというニックネームがつけられていて、ワールドカップでも優勝しています。試合前におどるハカという勇ましい踊りも、世界的に知られています。

ニュージーランドは、最近は、ブドウの栽培に力を入れています。ニュージーランドのブドウからつくったワインはとても味がよく、高級品として世界に輸出されています。

413ページの答え
③

手つかずの自然が残る、テ・ワヒポウナムと亜南極諸島

　南島の南西部のテ・ワヒポウナムには、高さ3000mをこえる山々がそびえるサザンアルプスがあって、原生林（人間の手の入っていない森林）が広がっています。ここには、フランツ・ジョセフとフォックスという2つの氷河があります。氷河は、氷のかたまりが巨大な川となって岩をけずりながら流れるもので、ほかでは見られない迫力ある景色をつくり出しています。

　また、南島から200kmほど南の南極海には、スネアズ諸島などの島々からなる亜南極諸島があります。ここは、1年中、強い風がふきあれて大きな波がうねる、きびしい環境の土地です。そこに、オットセイやペンギンを始め、さまざまな海鳥や昆虫がすんでいるのです。

　大自然がそのまま残っている、テ・ワヒポウナムと亜南極諸島は、どちらも世界遺産に登録されています。

ミルフォード湾から見たテ・ワヒポウナム。ここは映画「ロード・オブ・ザ・リング」のロケ地としても知られる。

鳥と果物、ニュージーランドの2つのキーウイ

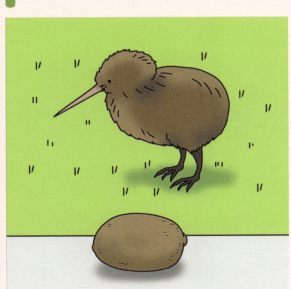

　ニュージーランドの国鳥は、キーウイという鳥です。この国にしかすんでいない鳥で、全長は約50cmから80cmほどです。長いくちばしと丸っこい体、こげ茶色の羽が特徴で、飛ぶことはできません。オスが「キーウイ」と鳴くことから、マオリの人たちがキーウイとよぶようになったといわれています。

　このキーウイに見た目がにていることから名前がついたのが、果物のキーウイフルーツです。もともとは中国の植物でしたが、20世紀に入ってニュージーランドで栽培に力を入れるようになり、今では世界中に輸出しています。

　鳥のキーウイも、果物のキーウイフルーツも、ニュージーランドのシンボルになっているのです。

ミニミニクイズ　ニュージーランドにしかすんでいないキーウイは、どんな種類の生き物でしょうか。
①鳥　②魚　③は虫類

答えは次のページ▶

415

十字はキリスト教の国であること、赤はキリストの聖なる血を表している。

日本とも仲がいい南太平洋の王国
トンガ

気候にめぐまれたトンガは、食べ物が豊かで、日本ともさかんに貿易をしています。

王様が代々治める南の王国

トンガは南太平洋にうかぶ島国で、美しい海と白い砂浜に囲まれた170あまりの小さな島の集まりです。人が住んでいるのはそのうちの一部で、多くは無人島です。また、気候は1年を通じてあたたかく、冬も寒くありません。

3000年以上前、海をわたってきた人たちがここに住みつきました。19世紀、トンガには3つの国がありましたが、トゥポウ1世が1つの国にまとめました。それ以来、代々、王様が国を治めています。

トンガの産業の中心は農業で、ヤシの実からマーガリンなどの原料になるコプラや、油をつくっています。また、マグロなどをとる漁も行っています。

トンガタプ島には、打ちよせた波が岩の通気口を通って、高くふき上げる場所があり、ホウマの潮吹き穴とよばれている。

基本データ

正式国名（略称）　トンガ王国
Kingdom of Tonga（TGA）
首都　ヌクアロファ
面積　747km²（日本の約500分の1）
人口、人口密度　10万6000人、142人／km²（2015年）
通貨　パ・アンガ
おもな言語　トンガ語、英語

プラスワン　トンガのスポーツ

トンガの町や村では、大人も子どももタッチラグビーを楽しんでいます。タッチラグビーは、ラグビーボールより少し小さなボールを使い、タックルのかわりにタッチをする、だれもがプレーできるラグビーです。

ラグビーのトンガ代表は、海ワシという意味のイカレタヒとよばれ、少年たちのあこがれになっています。

オセアニア

トンガではペットの犬だけでなく、家畜も放し飼いにして育てています。海岸では、ブタが貝をほって食べているのが見かけられ、空港の滑走路を走り回るニワトリは、飛行機が近づくとすみに追い立てられます。

415ページの答え
①

日本の中古車が多く、道路はまるで日本

トンガと日本は、直線距離でおよそ8000kmはなれています。日本から直接トンガまで行く飛行機はなく、ニュージーランドかオーストラリア、フィジーで飛行機を乗りつがなければなりません。

そんな遠いトンガですが、日本とは深い関係があります。たとえば、トンガの町には日本の車がたくさん走っているのです。しかも、そのほとんどは新車ではなく中古車です。そのため、車体には、その車を前に使っていた日本の会社や学校の名前が書かれていて、車だけを見ていると、まるで日本にいるかのようです。

一方、トンガからは、カボチャなどが輸出されています。もともとトンガの人はカボチャを食べませんでした。しかし、南半球のトンガは季節が日本とは逆なので、日本が冬の時期に夏野菜のカボチャを出荷することができます。それで、さかんに日本に向けてカボチャをつくるようになったのです。

国民みんなでダイエットにトライ

首都ヌクアロファのマーケットの様子。気候のあたたかいトンガでは、パイナップルもさかんにつくられている。

トンガの国民の大部分をしめるポリネシア人は、色が浅黒く、体格がりっぱです。でも、最近は国民の太りすぎが問題になっています。トンガには体重の重い人が多く、2006年まで国王だったトゥポウ4世は、体重が200kgをこえ、「世界一重い王様」として知られていました。

気候にめぐまれたトンガは、イモ類や肉、魚介類など、食料が十分にあります。そのうえ、外国からもおいしい食べ物が入ってきて、つい食べすぎてしまうのです。それに、この国には昔から食べ物を分け合う習慣があるので、みんなが同じように太ってしまいました。そこで、現在は、国をあげてダイエットに取り組んでいるところです。

ミニミニクイズ トンガから日本にさかんに輸出している農作物は何でしょうか。
① カボチャ　② リンゴ　③ 小麦粉

答えは次のページ▶

消滅の危機に直面するサンゴ礁の国
ツバル

左上にあるのはイギリスの国旗。青は太平洋、9つの星はツバルの島々を表している。

ツバルの島々は、海面が上がると消滅してしまうのではないかと心配されています。

青い海に囲まれた天国に近い島

ツバルは、南太平洋にうかぶ9つの島からなる、とても小さな国です。気候は1年を通じてあたたかく、雨もよくふります。

ここには古くから人々が住んでいましたが、16世紀にスペインの探検家が上陸し、19世紀からはヨーロッパの人々がやってくるようになりました。そして、20世紀初めにイギリスの植民地になり、1978年に独立を果たしました。

ツバルの島々はサンゴ礁でできていて、作物はほとんど育ちません。世界でもまずしい国の1つですが、自然はとても美しく、人々もおだやかなため、「天国に近い島」とよばれています。

ツバルをかこむ海。首都のフナフティは、サンゴ礁でできた陸地で、ここに国の役所や銀行、空港などが集まっている。

基本データ

正式国名（略称）　ツバル
Tuvalu（TUV）
首都　フナフティ
面積　26km²（日本の約1万7000分の1）
人口、人口密度　1万人、385人／km²（2015年）
通貨　オーストラリア・ドル
おもな言語　英語、ツバル語

プラスワン　ツバルのスポーツ

ツバルでさかんなスポーツといえば、キリキティです。

キリキティは、イギリスなどで行われているクリケットににたスポーツです。サモアで始まり、太平洋の島々に広がりました。打撃側のチームと守備側のチームに分かれて試合をしますが、ルールは、プレーする人たちによってちがいます。

オセアニア

ツバルという国名のツは立つこと、バルは8という数を意味しています。イギリスから独立した1975年、8つのグループが協力して国をつくっていくという気持ちをこめて、この名前がつけられたといわれています。

417ページの答え
①

地球温暖化とごみ問題になやむツバルの人々

サンゴ礁でできたツバルの島々は、高いところでも、海面（海の表面）から5mほどしかありません。そのため、地球温暖化（地球全体の温度が上がること）が進んで南極などの氷がとけ出し、海の水がふえると、島々がしずんで消滅してしまうのではないかと心配されています。

また、最近では、海岸が波でけずられて、ココヤシの木がたおれたり、畑が塩水につかって農作物が育たなくなる被害も出ています。

こうした中、ツバルとニュージーランドが話し合い、ツバルの人々を毎年数十人ずつニュージーランドに移住させるプロジェクトが進められています。

しかし、その一方で、外国に働きに行って帰ってきた人や、観光客がごみを大量にもちこむようになりました。その中には、ツバルにはそれまでなかったペットボトルやアルミ缶などもあって、これらをどうするかという新たな問題も生まれています。

ツバルのまわりの海には美しいサンゴが広がる。一見植物のようなサンゴだが、実は動物である。

ツバルの国旗にイギリスの国旗がかかれている理由

ツバルの国旗の左上には、ユニオンジャックとよばれるイギリスの国旗がかかれています。これはツバルが、イギリス連邦とよばれる国の集まりに参加していることを表しています。

イギリス連邦は、イギリスを中心とする国の集まりで、その多くは、かつてイギリスの植民地だった国々です。そして参加国の間で、経済や文化など、さまざまな面で協力し合っています。

ツバルのほかにも、オーストラリアやニュージーランド、フィジー、クック諸島などの国旗には、ユニオンジャックが入っています。そのほか、国旗にユニオンジャックはありませんが、カナダやインド、ナイジェリアなどもイギリス連邦の一員です。

イギリス

オーストラリア

ニュージーランド

ツバル

ミニミニクイズ　ツバルの島々は何でつくられているでしょうか。
① 火山からふき出した溶岩　② サンゴ礁　③ 氷

答えは次のページ ▶

サンゴ礁の島々からなる鳥の楽園
キリバス

青と白の波は太平洋。太陽の上の鳥はグンカンドリで、自由と威厳（堂々としていること）を表す。

サンゴ礁の島々からなるキリバスは、将来、海にしずむのではないかと心配されています。

リン鉱石がなくなり、新しい産業を育てつつある

キリバスは太平洋の真ん中にある島国で、西のギルバート諸島と中央のフェニックス諸島、東のライン諸島に分かれています。キリバスの島はすべてサンゴ礁でできていて、あまり高くありません。そのため、もしも海水がふえて海面が高くなると、島々の多くがしずんでしまうかもしれないと、心配されています。

20世紀初め、ここはイギリスの植民地になりましたが、今は独立しています。昔は、農業の肥料などに使うリン鉱石をたくさん輸出して、豊かでした。しかし、リン鉱石がなくなってしまったため、今は漁業などに力を入れています。

首都が置かれているタラワ環礁。サンゴ礁でできた大小の島がいくつか連なっている。

基本データ

正式国名（略称）　キリバス共和国　Republic of Kiribati（KIR）
首都　タラワ　　面積　726㎢（日本の約500分の1）
人口、人口密度　11万2000人、154人／㎢（2015年）
通貨　オーストラリア・ドル　おもな言語　キリバス語、英語

プラスワン　キリバスのスポーツ

キリバスで人気のスポーツはサッカーやバレーボール、テニスなどです。タラワのバイリキにはバイリキ国立競技場があって、サッカーの試合などはここで行われます。

一方、キリバスの人々は、投げ飛ばされたりすることをとてもきらうので、タックルのあるラグビーなどは、あまりさかんではないそうです。

オセアニア

ミニミニトピック　太平洋の中央には日付変更線があり、その西にあるキリバスは、世界でいちばん早く朝をむかえる国になっています。日付変更線を東から西に通るときは日付を1日進め、西から東に通るときは1日おくらせます。

419ページの答え　②

島と島をつなぐニッポン・コーズウェイ

キリバスの首都タラワは、ギルバート諸島北部のタラワ環礁にあります。環礁は、輪の形のサンゴ礁の一部が海面にあらわれて、土地になったところです。このタラワに、日本の協力でつくられた橋があります。コーズウェイとよばれる連絡路です。

コーズウェイは、国際港があるベシオと、国の重要な建物があるバイリキの間の約3.5kmを結んでいます。サンゴ礁を傷つけないように、海の中に砂などを入れてうめ立てられ、1987年に完成しました。コーズウェイからは、サンゴ礁の島々がうかぶ青い海を見わたすことができ、キリバスの人たちからは、親しみをこめてニッポン・コーズウェイとよばれています。

しかし、完成から30年以上がたって、海の潮風や波の影響で、橋がいたんできています。そのため、こわれているところを直したり、丈夫にしたりする工事が計画されています。

世界でほかにない、クリスマス島の野鳥たち

クリスマス島にすむアオツラカツオドリ。産卵すると、オスとメスが交代で卵をあたためる。

クリスマス島は、ライン諸島にあるサンゴ礁の島です。1777年12月、イギリスの探検家クックがこの島を発見して、クリスマスをここですごしたことから、クリスマス島と名づけられました。

この島には野鳥を守るための保護区域が4か所ももうけられていて、キリバスの国鳥でもあるグンカンドリを始め、アジサシやカツオドリなど、18種類の野鳥がくらしています。この島には、鳥をエサにする動物がいないので、どんどんふえたといわれています。

また、クリスマス島のまわりの海では、カジキマグロやボーンフィッシュなどがつれるほか、ウミガメやイルカもいて、人気の観光地になっています。

ミニミニクイズ キリバスで野鳥が多くすみ、野鳥の保護区域がさだめられている島はどこでしょうか。
① クリスマス島　② バレンタイン島　③ サンタクロース島

答えは次のページ ▶

お客さんをカバでもてなす
サモア独立国

赤は勇気、星の白は真っすぐな心を表す。5つの星は南半球のシンボル、南十字星。

サモア独立国の人々は、今でも、昔から続く生活スタイルを守ってくらしています。

東西に分かれたままのサモア諸島

　サモア独立国は、南太平洋にあるサモア諸島の西部をしめています。ウポル島とサバイイ島という2つの火山島と7つの小島からなっていて、1年を通じてあたたかい気候で、雨もよくふります。

　19世紀末、サモア諸島の西部はドイツが、東部はアメリカが支配するようになりました。その後、西部は1962年に独立しましたが、東部は今もアメリカの領土で、東西に分かれた状態が続いています。

　この国の多くの人は、農業や漁業をいとなみ、自分たちの食べる分は自分たちでつくったり、とったりするという自給自足の生活をしています。また、観光にも力を入れています。

サモア独立国にはキリスト教徒が多い。首都アピアを始め、あちらこちらに教会が建てられている。

基本データ

正式国名（略称）　サモア独立国　Independent State of Samoa（SAM）
首都　アピア　面積　2842km²（日本の約125分の1）
人口、人口密度　19万3000人、68人／km²（2015年）
通貨　サモア・タラ　おもな言語　サモア語、英語

プラスワン　サモア独立国と日本

　サモア独立国はラグビーがさかんです。そしてラグビーを通して、日本と交流があります。

　福島県のいわき市は、2020年のオリンピックに向けての交流事業を行っています。2017年には、記念として、いわき市からはいわき絵のぼりが、サモア独立国からはつりばりの壁かざりがおくられました。

オセアニア

『宝島』や『ジキル博士とハイド氏』などの物語を書いたイギリスの作家スチーブンソンは、1890年、現在のウポル島に住むようになりました。島の人々から「お話おじさん」とよばれ、親しまれたと伝えられています。

421ページの答え　①

サモアの茶道、カバ

サモア独立国の人々は、カバという飲み物をよく飲みます。カバは南太平洋の島々に生えているコショウ科の木です。その根をよく乾燥させて、細かくしたものを水とまぜて飲むのです。

水にまぜたカバは、うすい茶色をしていて、味はあまりありません。ただ、コショウ科の植物なので、飲んだときに口の中が少しピリッとします。コーヒーや紅茶とちがってカフェインは入っていないので、だれでも飲めます。今では、粉状のインスタント・カバも売られています。

カバを飲むときには、昔から決められた作法があります。ヤシの実の殻にカバを注ぎ、それを手わたされたら、お客さんは手をたたいて受け取り、「ブラ」とあいさつをして飲みほすのです。

この儀式は、リーダーの集まりや、お祝いをするとき、お祭り、お客さんをもてなすときなどに行われて、フィジーやトンガでも見られます。

森の中の天然プールはしょっぱい味？

サモア独立国の人口の大部分は、ウポル島に住んでいます。ウポル島は海底火山の噴火でできた島で、森の中にはトスア・オーシャン・トレンチとよばれる大きな穴のような天然のプールがあります。

トスア・オーシャン・トレンチの直径は50mくらいで、水に入るときは、はしごを使わなくてはならないくらい、深いところにあります。

すぐ近くには海があって、その海と洞窟のような穴でつながっているので、プールの水は塩からい海水です。

とてもめずらしい天然のプールですが、まだあまり知られていないので、知る人ぞ知る観光スポットになっています。

ミニミニクイズ　サモア独立国で、お客さんをもてなすときに出す飲み物は何でしょうか。
① カバ　② 紅茶　③ コーヒー

答えは次のページ▶

423

太平洋にぽつんとうかぶ小さな島
ニウエ

黄は太陽の光と友好、星は国と南十字星を表す。また、左上にはイギリスの国旗もえがかれている。

サンゴ礁でできた島国ニウエでは、美しい海と豊かな生き物が見られます。

自由と独立を目指したニウエの人たち

ニウエは、太平洋にある小さな島国です。サンゴ礁でできた島で、まわりに大きな島はありません。海岸には切り立った岸壁や、岩場が続いていて、ポリネシアの岩ともよばれています。

ここには古くから先住民が住んでいました。20世紀初めにニュージーランドの領土になりましたが、住民たちは、自分たちで国のことを決められるよう求めました。そして、1974年にそれがかなったのです。

おもな産業は農業と漁業で、タロイモやバニラをつくったり、魚をとったりしています。また、観光業も行われています。

太平洋には白い砂浜が続く島々が少なくないが、ニウエには岩が切り立った海岸が多く、変化にとんでいる。

基本データ

- **正式国名** ニウエ Niue
- **首都** アロフィ
- **面積** 260km²（日本の約1429分の1）
- **人口、人口密度** 2000人、8人/km²（2015年）
- **通貨** ニュージーランド・ドル
- **おもな言語** ニウエ語、英語

アロフィ

プラスワン ニウエと日本

日本は、2015年にニウエを国としてみとめました。ニウエは、ほかの太平洋の国々とともに、環境にやさしいエネルギーの開発を進めています。そのため、日本はニウエに対して、環境をそこなわず、安定したエネルギーをつくれるよう、太陽光発電や風力発電の技術の援助を行っています。

オセアニア

ミニミニトピック サンゴ礁でできたニウエ島には、洞窟がたくさんあります。その中には、カヌーなどをしまう場所にしたり、死んだ人の墓として使っていたところもあったといわれています。

423ページの答え ①

美しい海は自然がきれいにしてくれるおかげ

　ニウエ島は、サンゴの化石などの石灰岩が土台になっていて、川や湖などがありません。ここにふった雨は、地面にしみこんで、石灰岩を通り、きれいにろ過（ごみなどを取りのぞくこと）されて、海に出ていくのです。

　そのため、ニウエ島のまわりの海の水はとてもきれいで、すきとおっています。とくに雨が少ない5月から10月にかけては、雨で海がにごることもないので、水中でも40m以上先までよく見えるほど、水がすんでいます。

　ニウエのまわりでは、サメやイルカ、クジラなども泳いでいます。そのため、これらの動物を見ながら水中を楽しむダイビングをしに、たくさんの観光客がおとずれます。

　また、島の南西部にはウミヘビがたくさんすんでいて、蛇の谷とよばれています。ここも、人気のダイビングスポットになっています。

首都アロフィの北にあるアバイキ洞窟。底は海とつながっていて、すんだ水をたたえ、魚も泳いでいる。

太平洋の島々を探検したキャプテン・クック

　1728年、イギリスのヨークシャーで生まれたジェームズ・クックは、海軍に入って船での航海に必要な知識を学びました。

　そして、太平洋を船で探検し、ニュージーランドやオーストラリア、ニューギニアなどの島々をおとずれ、ヨーロッパの人々に紹介しました。これらの島々の多くには古くから人が住んでいましたが、ヨーロッパではクックが報告するまで知られていなかったのです。

　海を探検してまわったクックは、キャプテン・クック（クック船長）とよばれました。しかし、1779年、上陸したハワイ諸島で島の人々と争いになり、命を落としました。

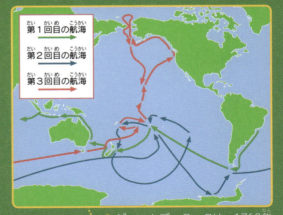

ジェームズ・クックは、1768年から1779年の間、3回にわたって太平洋を船で探検した。

ミニミニクイズ　1974年まで、ニウエはどこの国の領土でしたか。
① ニュージーランド　② オーストラリア　③ ツバル

答えは次のページ▶

探検家クックから名前がつけられた
クック諸島

青は太平洋やニュージーランドとの関わり、白は愛と平和、星は15の島を表している。

青い海と白い砂浜がとても美しく、観光名所になっています。

火山とサンゴでできた島々

クック諸島は赤道の南にある、15の島々からなる国です。北クック諸島と南クック諸島に分かれ、その間には約1000kmの距離があります。そして、全住民の9割近くが南クック諸島に住んでいます。

18世紀に、イギリスの探検家ジェームズ・クックがこの島にやってきました。それにちなんで、のちにクック諸島とよばれるようになったのです。1901年にニュージーランドの領土となりましたが、2001年には独立した国になりました。

クック諸島の産業は観光業が中心で、漁業では黒真珠の養殖なども行っています。また、多くの人が仕事を求めて、ニュージーランドへうつっています。

帽子や伝統工芸品などを売るクック諸島の土産物店。観光客による収入が国の経済をささえている。

基本データ

正式国名（略称） クック諸島
Cook Islands (COK)
首都 アバルア
面積 236km²（日本の約1667分の1）
人口、人口密度 2万1000人、89人/km²（2015年）
通貨 ニュージーランド・ドル
おもな言語 クック諸島マオリ語、英語

オセアニア

プラスワン クック諸島と日本

クック諸島は、おもしろい通貨をつくることで有名です。たとえばクック諸島の伝説をえがいた3ドル札がありますが、3ドル札があるのは世界でもクック諸島だけです。

さらに、ハローキティ、銀河鉄道999、北陸新幹線のように、日本のキャラクターや有名なものをデザインした記念通貨もあります。

クック諸島の通貨には、クックアイランド・ドルとニュージーランド・ドルの2種類があります。でも、実際に使えるのはニュージーランド・ドルだけ。クックアイランド・ドルは今ではお土産用としてつくられています。

425ページの答え ①

「太平洋の真珠」とよばれるほど美しいラロトンガ島

クック諸島の首都アバルアは、南クック諸島のラロトンガ島にあります。ラロトンガのラロには「西の方」、トンガには「南」という意味があります。

この島は火山島で、高さ653mのテマナガ山を始め、たくさんの山々が連なっていて、ジャングルにおおわれています。一方、海岸には真っ白にかがやく砂浜が広がり、すき通る青い海に囲まれています。その景色がとても美しいことから、「太平洋の真珠」とよばれているのです。

1973年、国際空港ができたのをきっかけにリゾート地として知られるようになり、ニュージーランドなど、さまざまな国から観光客がやってきます。

ラロトンガ島はサンゴ礁に囲まれていて、ビーチには白い砂が広がり、とても美しい。

東南アジアからカヌーで植物が運ばれてきた！？

クック諸島では、ノニという果物のジュースがよく飲まれています。

その昔、東南アジアから船で旅をしながら、太平洋の島々へわたった人たちがいました。そして、いろいろな島に住みついて先住民となり、その地域の文化をきずいていったといわれています。こうして旅をしていた人たちは、ラピタ人とよばれます。

ラピタ人がクック諸島などのある南太平洋へやってきたのは、3000年以上前のことでした。そのころすでに、大きな海をわたれる丈夫なカヌーをつくって航海する技術をもっていたのです。カヌーには、タロイモやヤムイモ、パンの実、バナナ、マンゴー、ククイ、ハイビスカスの花など、たくさんの植物がのせられていて、これらはカヌープラント（カヌーの植物）ともよばれています。

ノニもカヌープラントの1つで、ビタミン、ミネラルなど、さまざまな栄養をふくんでいることから、健康ドリンクとして日本でも人気があります。

ミニミニクイズ クック諸島で飲まれている栄養満点な果物のジュースの名前は何でしょうか。
① ナッツジュース　② ノニジュース　③ バナナジュース

答えは次のページ ▶

サモア（アメリカ領）

サモアとアメリカ、2つの文化を受けついだ

赤・白・青は、サモアとアメリカの伝統的な色。右のワシは棍棒とほうきをもっている。

サモアの自然や文化と、アメリカの文化が混じりあい、独自の文化が生まれました。

2つに分かれたサモアの島々

アメリカ領サモアは、太平洋のハワイとニュージーランドの間にあり、5つの島と2つのサンゴ環礁（輪のような形をしたサンゴ礁）からなっています。

サモアの島には3000年以上前から人々がくらしていましたが、18世紀にヨーロッパ人がやってきました。19世紀にはドイツ、イギリス、アメリカがここをめぐって争い、最終的に、西部はドイツ、そして東部はアメリカのものとなって、アメリカ領サモアが誕生しました。

サモアの人たちは、アメリカ国民の権利をもっています。サモアの文化とアメリカ文化がまざり合い、この島独特の文化が生み出されています。

トゥトゥイラ島にあるパゴパゴは湾（海が陸に入りこんだところ）の奥深くにあって、大切な港町となっている。

がんばれ！　サモア代表

アメリカ領サモアには、サッカーの代表チームがあります。1994年からFIFA（国際サッカー連盟）の公式戦にも参加していますが、試合に勝ったことがありません。2001年のサッカー・ワールドカップ予選では、オーストラリアに0対31という大差で負けるという記録を作ったほどです。

しかし、2011年のワールドカップ予選で、アメリカ領サモアは、トンガを相手についに2対1で初勝利しました。大失点から初勝利までのチームの道のりは、映画にもなりました。

基本データ

名称（略称）　アメリカ領サモア
American Samoa（ASA）
政府所在地　パゴパゴ
面積　199km²（日本の約2000分の1）
人口、人口密度　5万6000人、281人／km²（2015年）
通貨　アメリカ・ドル　おもな言語　サモア語、英語

オセアニア

ミニミニトピック　アメリカ領サモアの人々は、キリスト教をあつく信じています。ほとんどの村では、夜は外に出かけずに、おいのりが行われます。また、日曜日には多くの店がお休みになります。

427ページの答え
②

日本から約4時間で行けるアメリカ
グアム（アメリカ領）

青は海と空、赤は先住民の血を表す。真ん中には、グアムの紋章がえがかれている。

日本からグアムまでは飛行機で約4時間なので、身近な外国として人気があります。

悲しい歴史をもつチャモロ人

グアム島は、太平洋のマリアナ諸島のいちばん南にある島です。気候は1年を通じてあたたかく、冬も寒くありません。

もともとはチャモロ人が住んでいましたが、16世紀にスペイン人がやってきて、島をスペインの領土としました。17世紀に起こったチャモロ人とスペインとの戦いでは、約10万人いたチャモロ人が5000人にまでへってしまったといわれています。

19世紀末、スペイン領からアメリカの領土になり、20世紀には一時、日本に占領されましたが、現在はアメリカ領としておだやかな日々をとりもどしています。

ハガニアにあるラッテストーン公園には、古代にチャモロ人がつくったと考えられている、サンゴでできた柱がある。

基本データ

名称（略称） アメリカ領グアム Guam（GUM）
政庁所在地 ハガニア
面積 549km²（日本の約1000分の1）
人口、人口密度 17万人、310人／km²（2015年）
通貨 アメリカ・ドル
おもな言語 英語、チャモロ語

日本人に人気の観光地

グアムは、日本人に人気の観光地で、毎年数十万人の日本人がおとずれています。

しかし、日本は昔、グアムを占領した時期がありました。1941年、日本とアメリカなどとの間で太平洋戦争が始まると、日本はグアムを占領して、島に住んでいる人たちに日本語を使わせ、日本式の生活を送らせたのです。そのころ、日本はグアム島を大宮島とよんでいました。

1960年代からグアム島では観光業に力が入れられ、多くの日本人観光客を集めるようになったのです。

グアムに昔から住んでいたのは何人でしょうか。
① チャモロ人　② グアム人　③ アメリカ人

答えは次のページ ▶

「ゴメン」などの日本語が今も使われている

パラオ

黄色の円は満月、青は海と、国の独立を表している。

日本に支配されていた時期もありますが、今は日本ととても友好的な関係にあります。

戦争の爪あとが今も残る

パラオは200以上の島々からなる国です。人々は10あまりの島に住んでいて、それ以外はほとんどが無人島です。

パラオには、3000年前ごろから人が住んでいたとされています。18世紀にイギリス船がパラオ近くで岩に乗り上げて、ヨーロッパの国々に知られるようになり、それからはスペイン、ドイツ、日本が順にパラオを支配しました。20世紀前半の第二次世界大戦では、日本軍とアメリカ軍がここで戦い、兵隊だけでなく、多くの住民がなくなっています。

1994年、パラオは独立しました。そして今は、観光業がおもな産業です。

コロール島と首都マルキョクのあるバベルダオブ島は、日本の援助でつくられた日本パラオ友好橋で結ばれている。

基本データ

正式国名（略称） パラオ共和国
Republic of Palau（PLW）
首都 マルキョク
面積 459km²（日本の約1000分の1）
人口、人口密度 2万1000人、46人／km²（2015年）
通貨 アメリカ・ドル
おもな言語 パラオ語、英語

プラスワン パラオと日本

第一次世界大戦後、戦争に負けたドイツにかわって、日本がパラオを治めることになりました。そして、学校ではパラオの人々に日本語を教えたのです。

そのころ使われていた「ゴメン」「ベントウ」「ダイジョウブ」などの日本語は、今も同じ意味でパラオの人たちに使われています。

オセアニア

パラオでは、これまでにいろいろな国の文化が入ってきたので、料理もさまざまなものがあります。南国ならではのバナナを使った料理やアメリカのピザ、日本のうどんやラーメンなどもふつうに食べられています。

429ページの答え
①

丸い島がたくさんうかぶロックアイランド

パラオの島々には、火山活動でできたものと、サンゴ礁でできたものがあります。サンゴ礁でできた島の中で有名なのが、コロール島から南西50kmの海に点々とうかんでいるロックアイランドです。

ここには大小数百のサンゴ礁の島があります。これらの島々は岸の部分が波にけずられ、海中の部分と海上の波があたらない部分だけが残っています。そして残った部分は木におおわれているので、全体に丸みをおびた形をしていて、中にはキノコのマッシュルームににているものも多く見られます。

周辺には、ロックアイランドに囲まれた海の中にクラゲがたくさんすんでいるジェリーフィッシュレイクや、ウミガメが産卵を行うため野生生物保護区になっている島もあります。

このようにめずらしい景色が続くロックアイランドは、まわりの美しいサンゴ礁の海とともに、2012年に世界遺産に登録されています。

ロックアイランドの島々。マッシュルームのような島々がつらなる。観光スポットとしても人気がある。

白い泥をぬると、肌がきれいになる?

ロックアイランドの島の1つであるウルクターブル島には、青い海が白くにごって、水色やミルクのような色になった入り江があります。その色から、ここはミルキーウェイとよばれています。

ここの海が白いのは、海底に白い泥がたまっているからです。サンゴの殻がたくさんつもると石灰岩になります。その石灰岩が長い時間をかけて海にとけ、さらに細かくなったものが泥になったのです。

ミルキーウェイの白い泥は、肌にやさしく、肌を白くする効果があるといわれています。そのため、観光客の中には泥を全身にぬる人もいます。また、パラオ政府と日本の会社、大学などがこの泥を使った化粧品を開発し、日本で売っています。

ミニミニクイズ ロックアイランドの海の底にある白い泥にはどんな効果があるでしょうか。
① 肌が白くなる効果　② 髪の毛が白くなる効果　③ やせる効果

答えは次のページ▶

たくさんの島が集まる東西に長い国
ミクロネシア

青は太平洋と国連旗を表す。4つの星は国のおもな島、南十字星とキリスト教をしめしている。

豊かな自然にめぐまれた国で、人々は古くからの伝統を守りながらくらしています。

太平洋にうかぶ607の島々からなる国

ミクロネシアは、カロリン諸島を始め、サンゴ礁の島や火山島が607も集まった国です。島は広い海に点々とうかび、東のはしから西のはしまで約2550kmもはなれています。首都があるポンペイ島は世界で2番目に雨が多い地域で、年間降水量が約1万mmにもなります。

ここは、16世紀にスペイン人がやってきてから、スペイン、ドイツ、日本、アメリカと、次々に治める国が変わっていきました。1986年、ポンペイ、ヤップ、コスラエ、チュークの4州で1つの国になることが国際連合にみとめられて独立を果たし、今は、おもに水産業や観光業を行っています。

ミクロネシア連邦周辺の海には、美しい魚やサンゴがたくさん見られ、世界的なダイビングスポットになっている。

基本データ

正式国名（略称） ミクロネシア連邦
Federated States of Micronesia （FSM）
首都 パリキール　面積 702k㎡　（日本の約500分の1）
人口、人口密度　10万4000人、148人／k㎡　（2015年）
通貨 アメリカ・ドル　おもな言語 英語、現地の8言語

プラスワン　ミクロネシアと日本

ミクロネシアは、人々の生活の多くをアメリカや日本からの輸入や支援にたよっています。

日本は、ミクロネシアの観光業をさかんにするために、いちばん大きいポンペイ島の道路の舗装を助けました。これまで舗装されていなかった道路を整備したので、人々の生活や、観光業がとても良くなりました。

オセアニア

ポンペイ島には、大きな石でできたナン・マトール遺跡があります。この遺跡は、昔ここに栄えたポンペイ文明の遺跡といわれていますが、まだまだなぞが多く、調査や研究が続けられています。

431ページの答え ①

昔の戦争のあとがダイビングスポットに

1914年、日本軍はミクロネシアの島々を占領しました。そして、1941年に日本とアメリカなどの間で始まった太平洋戦争では、ここも戦場となりました。そのため、ミクロネシア周辺の海底には、潜水艦やタンカー、戦闘機、貨物船など、約80もの船や飛行機がしずんでいて、ダイビングの愛好家たちが「一度はもぐってみたい」とあこがれるスポットになっています。

中でも注目されているのは、チューク諸島（トラック諸島）の海底にある富士川丸という船です。全長が100mをこえる大きな船ですが、元の姿をとどめたまましずんでいました。そのため、映画「タイタニック」の撮影のとき、ロケ地として使われています。そのほかにもチューク諸島には、大砲があった砲台などがそのまま残っています。

チューク島近くの海底にしずむ富士川丸。船体はサンゴなどでおおわれているが、形はそのまま残っている。

重すぎて運べない？　ヤップ島の石貨

カロリン諸島西部のヤップ島の人々は、伝統をとても大切にしています。ペバイとよばれる公民館や、ファルーとよばれる男の人だけの集会所など、古くから伝わる建物がたくさん残されていて、今も使われているのです。

また、ヤップ島は、石貨（石でできたお金）でも有名です。ヤップ島の石貨は、パラオなどから石を切り出して船で運んできたといわれ、中には大人の背丈より大きいものもあります。今でも土地や家などと交換するために使われることがありますが、自分の気持ちを相手に表す道具としてわたすことが多いようです。

石貨は重いので受け取っても動かすことはなく、あちこちに、ごろんと置かれています。もちろん、普段はふつうのお金が使われています。

ミニミニクイズ　石貨（石のお金）が使われていたミクロネシアの島はどこでしょうか。
① ポンペイ島　② チューク島　③ ヤップ島

答えは次のページ ▶

「太平洋に浮かぶ真珠の首飾り」の名をもつ美しい島々

マーシャル

右上がりの線は国が栄えていくことを、オレンジは富と勇気、白は光りかがやくことを表す。

美しい国ですが、かつて、水素爆弾の実験が行われました。

世界でもめずらしい、サンゴの原生林が広がる海

マーシャルは太平洋のほぼ真ん中にある国で、ラタク列島とラリック列島にある5つの島と29のサンゴ環礁からなります。たくさんの島々が点々とネックレスのようにつながって海にうかぶ様子から、「太平洋にうかぶ真珠の首飾り」ともよばれています。

ここに人が住むようになったのは約2000年前です。19世紀以降、ドイツ、日本、アメリカと支配国が変わり、1986年に独立しました。

マーシャル諸島の海には、サンゴの原生林(自然のままの森林)が広がっています。そこには、マーシャル諸島でしか見られないクマノミや新種のスズメダイなど、たくさんの魚たちがすんでいます。

マーシャル諸島の海には、イソギンチャクとクマノミの仲間がともにすんでいる。

基本データ

正式国名(略称) マーシャル諸島共和国
Republic of Marshall Islands (MHL)
首都 マジュロ
面積 181km² (日本の約2000分の1)
人口、人口密度 5万3000人、293人/km² (2015年)
通貨 アメリカ・ドル
おもな言語 マーシャル語、英語

プラスワン マーシャルと日本

日本とマーシャルの交流は明治時代から始まります。マーシャルに生えているヤシの木の実を買うために、日本の商人が行ったのです。

その後、日本はマーシャルを支配するようになり、そのときに学校をつくりました。そこで日本語を教えていたので、今でもマーシャルのお年寄りには日本語を話す人がいます。

オセアニア

ミニミニトピック 1788年、イギリスの船がマーシャル諸島のあたりを調査しに来ました。その船の船長はジョン・マーシャルという人でした。この人の名前が国名の由来になったのです。

433ページの答え ③

434

美しいビキニ環礁にきざまれた悲しい歴史

ビキニ環礁は、いくつものサンゴ礁の島が輪のように連なったところで、マーシャル諸島北西部のとてもきれいな海にあります。1946年7月、アメリカはこの場所で核実験を行いました。人の乗っていない、使われなくなった戦艦や空母などを海に出して、それらに向かって原子爆弾を落としたのです。原子爆弾の本当のおそろしさが、まだ知られていない時代でした。

1954年には、原子爆弾より威力のある水素爆弾の実験が行われました。このときは、ビキニ環礁を始め、マーシャル諸島の人々や、約160kmはなれた海で漁をしていた日本の漁船、第五福竜丸に乗っていた人々などが、爆発によって飛び散ったチリをあびてしまいました。このチリには放射性物質もふくまれていて、「死の灰」とよばれました。

これをきっかけに、おそろしい核兵器（原子爆弾や水素爆弾などの核を利用した兵器）をなくそうという運動が世界中に広がりました。そしてビキニ環礁は、人々が忘れてはいけない、悲しい歴史をきざむ場所として、世界遺産にも登録されました。

ビキニ環礁では、白い砂浜と青くすきとおった海が美しい景色をつくりだしている。

1954年に「死の灰」を浴びた第五福竜丸。23人の乗組員が被ばく（放射線を受けること）し、間もなく亡くなった人もいた。現在、第五福竜丸は、東京都の夢の島公園に展示されている。

マーガリンや石けんの材料になるコプラ

マーシャル諸島のような南国の島々には、たくさんのヤシの木が生えています。ヤシの木の実のココナツは、どの島でも大事な作物になっています。

ココナツの胚乳（栄養となる部分）を乾燥させたものをコプラといいます。マーシャルでは、このコプラの生産がさかんです。コプラには植物性の脂肪が多くふくまれているので、マーガリンや石けん、ろうそくなどの原料になります。自然の素材でつくられる、地球にやさしい日用品の材料として、外国に輸出されています。

ミニミニクイズ　マーシャル諸島などでつくられている、ココヤシの実を乾燥させてできるものは何でしょうか。
① コプラ　② ココア　③ サンゴ

答えは次のページ ▶

青は太平洋、黄は赤道を表し、白い星はナウルの位置をしめしている。

資源がなくなり、新しい道をさがす
ナウル

リン鉱石によって裕福な国になりましたが、今ではさまざまな問題をかかえています。

ミニ国家が大富豪に！ そして現在は……

太平洋の南西にあるナウルは、1周約19kmの小さい島が国土のすべてという、ミニ国家の1つです。

ナウルの土地には、肥料などの原料となるリン鉱石がたくさんうまっていました。そのため、19世紀にはドイツがここを領土とし、20世紀には、イギリス、オーストラリア、ニュージーランドの3つの国が共同で治めました。

1968年にナウルが独立したあとも、リン鉱石のおかげで国は豊かで、学校や病院も無料でした。しかし、リン鉱石はへっていき、ほとんどなくなってしまいました。今では国も人々もまずしくなり、外国からの支援にたよっています。

ナウル東部のアニバレ地区の港。水泳や釣りを楽しむ人々に人気がある。

基本データ

正式国名（略称） ナウル共和国
Republic of Nauru（NRU）
首都 ヤレン
面積 21km²（日本の約1万6700分の1）
人口、人口密度 1万人、476人／km²（2015年）
通貨 オーストラリア・ドル
おもな言語 英語、ナウル語

オセアニア

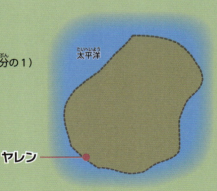

プラスワン ナウルのスポーツ

ナウルは「最小の五輪参加国」とよばれています。

ナウルが初めてオリンピックに参加したのは、1996年のアトランタ・オリンピックです。

2016年のリオ・デ・ジャネイロ・オリンピックでは、ふたりの選手が、重量挙げと柔道に出場しましたが、メダルはとっていません。

ミニミニトピック ナウルでは、女の人はふくよかで、体が大きいほうが、子どもをたくさん産めると考えられています。それもあって、男女とも太りすぎの人が多く、国の課題になっています。

435ページの答え ①

アホウドリのフンが、ナウルを豊かにした

　ナウルは、サンゴ礁でできた島です。ここには大昔から、アホウドリなどの海鳥がやってきていました。そして、島でフンをしたのです。こうした海鳥のフンや死骸が何百万年という時間をかけてサンゴ礁の地面に積み重なり、やがて岩のようになりました。これがリン鉱石です。

　ナウルの島の真ん中には高台が広がっていますが、これはリン鉱石でできたもので、人々に豊かな暮らしをもたらすことになりました。

　20世紀は農業が大きく発達した時代で、大量の肥料が使われるようになり、リン鉱石もどんどん売れました。ナウルが独立してから20年間の国の収入は5000億円といわれています。当時のナウルは人口が約5000人だったので、ひとり1億円（1年あたりにすると500万円）になります。

　そのころのナウルの豊かさは、アホウドリのフンのおかげだったのです。

3つの地域に分かれるオセアニア

　太平洋の島々やオーストラリア、ニュージーランドをふくむ地域は、オセアニアとよばれます。こうよばれるようになったのは18世紀よりあとのことで、英語で海を意味するオーシャンが元になっているといわれています。日本語では、大洋州ともいいます。

　オセアニアは、3つの地域に分けられることがあります。1つはポリネシアで、サモアやツバル、トンガなどがこれにふくまれます。ポリネシアは、「多くの島々」という意味です。もう1つは、「小さな島々」という意味のミクロネシアで、ナウルやミクロネシア連邦などがふくまれます。最後は、パプア・ニューギニア、フィジーなどからなるメラネシアです。メラネシアは「黒い島々」という意味です。

 ナウルのリン鉱石をつくり出したのは、サンゴ礁と、あと1つは何でしょうか。
① 鳥の羽　② 鳥の卵　③ 鳥のフン

答えは次のページ▶

ことばじてん

あ

ＩＴ
英語のInfomation Technology（情報技術）の頭文字をとった言葉。コンピュータ、インターネット、スマートフォンなどを使って、情報をあつかったり、やりとりしたりする技術のこと。これらに関わる産業はＩＴ産業とよばれる。

遺跡
昔の人がつくった建物や、戦争などのできごとの跡のこと。または、昔の人の暮らしがわかる場所や物。

移民
よits国にうつり住むこと。または、よits国にうつり住んだ人のこと。

雨季
1年のうちで、とくに雨がよくふる季節。

運河
船などが通れるようにするために、陸地をほって人工的につくった川。水路。

オアシス
砂漠の中で、水がわいて、草や木が生えている場所。旅人が休むところとして使われることが多かった。

オスマン帝国
13世紀末から20世紀初めにかけて、西アジアにあった国。トルコでおこり、最も栄えた16世紀には、北アフリカや東ヨーロッパにまで領土を広げた。しかし、トルコで革命が起こり、1922年にほろびた。

か

革命
国の政治や、世の中の仕組みを、短い期間で変えること。

加工貿易
原料を外国から買い、それに手を加えてつくった製品を外国に売る取り引きのこと。

火山
地球の内部から、高温のマグマ（どろどろにとけた岩石など）やガスが地表にふき出して、できた山。現在も、噴火したりガスをふき出したりしている山は、活火山という。

乾季
1年のうちで、とくに雨が少ない季節。

環礁
サンゴ礁が輪のように続いて、海面に出ているところ。内側は、浅い湖のようになっていることが多い。

金融
お金を貸し借りしたり、あずかったりすること。

437ページの答え ③

銀行や証券会社（株券などを売る会社）をふくむ産業は金融業とよばれる。

クーデター
軍隊などの武力を使って政府をたおし、政治を行う力をうばいとること。

経済
生活に必要な品物やサービスを生み出したり、売り買いしたりする活動のこと。これらの活動はお金を使って行われるので、お金の流れや豊かさを表すこともある。

交易
品物と品物を交換したり、お金を使って売り買いしたりすること。

公用語
国や地域の公の場で使うことがみとめられている言葉。2つ以上、みとめられていることもある。

国交
国と国とのつきあい。

さ

砂漠
雨がほとんどふらないために乾燥して、植物が育たない土地。熱い地域に多い。砂におおわれた砂砂漠と、小石や岩石におおわれた岩石砂漠がある。

サバナ（サバンナ）
赤道に近い熱帯や亜熱帯の地域に広がる草原。背の高い草がおいしげっていて、ところどころ低い木も生えている。

サンゴ礁
サンゴ虫という小さな動物やその死骸などが、海面近くまで積もってできた地形。海底がもり上がって海の上にあらわれ、島になることもある。あたたかくて浅い海に見られる。

資源
物などをつくるときの元になるもの。自然からとれるものを指すことが多い。金や銀、銅、鉄鉱、ダイヤモンドなどは鉱物資源、石油（原油）や石炭、天然ガスなどはエネルギー資源とよばれる。

湿原
地面が浅い水におおわれていて、草などが生えている土地。

島国
まわりを海に囲まれている国。

首都
国全体を治める役所（政府）がある都市。

鍾乳洞
雨水や地下水によって石灰岩がとけてできた、ほら穴。

シルクロード
古代にできた、中国とヨーロッパを結ぶ道。この道を通って絹などが運ばれたことから、「絹の道（シルクロード）」とよばれるようになった。

人口密度

面積1㎢の土地に何人が住んでいるかをしめす数。

神話

昔から伝えられている、神々を中心とした物語。

世界遺産

自然や文化のうち、人類共通の財産として、ユネスコ（国連教育科学文化機関）の世界遺産リストに登録されたもの。自然遺産、文化遺産、複合遺産の3つに分類されている。

赤道

地球の表面で、北極と南極のどちらからも同じ距離のところを結んだ線。

先住民

ある集団がうつり住んでくる前から、その土地に住んでいた人々。

ソビエト連邦

1922年に、ヨーロッパ北部でおこった国。正式な国名はソビエト社会主義共和国連邦で、ソ連ともよばれた。国がすべての土地や工場などをもち、計画的に経済を進める社会主義の考え方にもとづいた国で、ほかの国々にも大きな影響をあたえた。1991年にほろび、現在のロシアに引きつがれた。

た

第一次世界大戦

1914年から1918年まで続いた世界的な戦争。ドイツとオーストリアなどが、ロシア、イギリス、フランス、アメリカ、日本などを相手に戦い、ドイツなどが負けた。

大航海時代

15世紀から17世紀前半にかけて、ポルトガル、スペインなどのヨーロッパの国々が、船で航海や探検をして、海外に進出した時代のこと。

第二次世界大戦

1939年から1945年まで続いた世界的な戦争。ドイツと日本、イタリアなどが、イギリス、アメリカ、フランス、中国などを相手に戦い、1945年に日本が降伏して終わった。

太平洋戦争

1941年、日本がアメリカ、イギリスなどを相手に始めた戦争。第二次世界大戦の一部。

地球温暖化

地球全体の気温が高くなっていくこと。異常気象（気温や風などが、ふだんの年と大きく変わること）を起こしたり、南極の氷がとけたりする原因になると考えられている。

通貨

その国で使われているお金。

天然ガス

地中からふき出してくる、もえるガス。エネルギーなどに利用される。

独立

ほかの物や人から支配や指図を受けないで、自分で行動したり生活したりすること。ほかの国から

支配を受けない国は、独立国という。

内戦
1つの国の中で、同じ国民同士が戦う戦争。

難民
自然災害や戦争、差別などが原因で、よそにうつり住まなくてはならなくなった人々。

熱帯雨林
赤道近くの1年中気温が高い地域で見られる森林。

ノーベル賞
ダイナマイトという爆薬を発明したノーベルの遺言でつくられた賞。毎年、物理学、化学、医学・生理学、文学、経済学、平和の6つの部門ですぐれた仕事をした人にあたえられる。

は

バイオテクノロジー
生き物の体の仕組みや働きを利用して、医学や産業に役立てる技術。

ハリケーン
中央アメリカのカリブ海やメキシコ湾などでおこる熱帯低気圧。はげしい雨や風をもたらす。

氷河
寒い地域や高い山で、雪があつい氷のかたまりとなり、ゆっくりと流れ出したもの。

標高
海面からはかった土地の高さ。海抜ともいう。

貿易
国と国が品物を交換したり、お金を使って売り買いしたりすること。

放牧
牛や馬などの家畜を放し飼いにすること。

民族
言葉や文化、暮らし方などがほぼ同じ人々の集まりで、同じ民族だという気持ちが人々の間で大事にされている。

や

遊牧民
牛や羊などを飼い、そのえさとなる草や水を求めて住む場所をうつしてくらしている人々。

輸出
外国に品物や技術を売ること。

輸入
外国から品物や技術を買うこと。

さくいん

あ

アーシュラー	215
アイスランド	110・111
アイルランド	118・119
アウシュビッツ強制収容所	178
アオザイ	47
青ナイル川	224
アクラ	278・279
アクロポリスの丘	157
アシガバット	80
アスタナ	72・73
アスマラ	228・229
アスンシオン	396・397
アゼルバイジャン	204・205
アディスアベバ	230
アテネ	156・157
アバルア	426・427
アハルテケ	81
アピア	422
アフガニスタン	16・70・71
アフガンハウンド	71
アブジャ	286
アブダビ	88
アムステルダム	124・125
アメリカ合衆国	11・326・327
アラブ首長国連邦	88・89
アルジェ	216
アルジェリア	216・217
アルジャジーラ	87
アルゼンチン	400・401
アルバ(オランダ領)	359
アルバニア	162・163
アルメニア	206・207
アロフィ	424・425
アンカラ	208
アンコール・ワット	49
アンゴラ	304・305
アンタナナリボ	252
アンティグア・バーブーダ	364・365

アンデルセン	117
アンドラ	142・143
アンドラ・ラ・ベリャ	142
アンマン	100
イエメン	92・93
イギリス	120・121
イシククル	75
イスタンブール	209
イスラエル	210・211
イスラマバード	68
イスラム教	12・39・68・79・85・91・94・95・100・103・144・155・159・171・211・214・215・219・220・225・231・237・245・256・259・263
イタリア	148・149
イラク	98・99
イラン	82・83
インダー族	55
インダス川	66・68
インダス文明	14・66・68・69・99
インド	66・67
インドネシア	38・39
ウィーン	136・137
ウィントフック	312
ウェリントン	414
ウガンダ	238・239
ウクライナ	190・191
ウズベキスタン	16・78・79
ウランバートル	32・33
ウルグアイ	398・399
運河	122・125・223
エーヤワディー川	54
エクアドル	388・389
エジプト	222・223
エストニア	198・199
永世中立国	132・134
エチオピア	230・231
エリトリア	228・229・235
エルサルバドル	336・337

エルサレム	102・103・159・210・211
エレバン	206・207
オイルシェール	198
オーストリア	136・137
オーストラリア	404・405
オクラ	225
オスマン帝国	14・86・94・104・155・171・183・184・185・188・208・209
オスロ	112・113
オタワ	324
オマーン	90・91
オラニェスタット	359
オランダ	124・125
オリンピック	22・32・38・40・48・56・68・72・82・112・132・142・157・169・174・176・178・185・202・204・216・228・230・234・286・288・290・295・308・310・320・324・332・347・350・351・374・398・413・422・436
温泉	181・183・203

か

ガーデンズ・バイ・ザ・ベイ	43
ガーナ	278・279
カーバ神殿	95
カーボベルデ	260・261
ガイアナ	382・383
カイロ	222
カオルン半島	28
カザフスタン	16・72・73
カザンラク	189
カスケード	207
カストリーズ	368
カスピ海	80・204・205
カタール	86・87
カッパドキア	208・209
カトマンズ	58
カナダ	324・325

カブール ……………… 70	グリム兄弟 ……………… 131	サモア(アメリカ領) …………… 428
ガボン ……………… 290・291	グレナダ ……………… 374・375	サモア独立国 ……………… 422・423
カメルーン ……………… 288・289	クレムニツァ ……………… 180・181	サラエボ ……………… 170・171
カラカス ……………… 380	クロアチア ……………… 172・173	サンサルバドル ……………… 336・337
カラコルム・ハイウェイ …… 69	芸術の都 ……………… 141	サンタクロース ……………… 117・123
カルタゴ ……………… 218	ケイマン(イギリス領) …… 357	サンディアゴ ……………… 394
韓国 ……………… 22・23	夏至祭り ……………… 114	サントドミンゴ ……………… 354
ガンジス川 ……………… 60	ケニア ……………… 236・237	サントメ ……………… 292
カンパラ ……………… 238	ゲル ……………… 33	サントメ・プリンシペ …… 292・293
ガンビア ……………… 264・265	ケルト人 ……………… 119	ザンビア ……………… 306・307
カンボジア ……………… 48・49	黄河 ……………… 26	サン・ピエトロ大聖堂… 12・152・153
カンポン・アイル ……… 41	紅茶 ……………… 62・63・202	サンファン ……………… 358
キエフ ……………… 190	コートジボワール ……… 274・275	サン・フェルミンの牛追い祭り … 145
キガリ ……………… 240・241	国際オリンピック委員会 …… 132	サンホセ ……………… 342・343
キシナウ ……………… 186・187	コサック・ダンス ……… 191	サン・ホセの火祭り ……… 145
北朝鮮 ……………… 24・25	コスタリカ ……………… 342・343	三本橋 ……………… 175
キト ……………… 388	コソボ ……………… 168・169	サンマリノ ……………… 150・151
ギニア ……………… 16・268・269	コナクリ ……………… 268	シエラレオネ ……………… 270・271
ギニアビサウ ……… 16・266・267	コペルニクス ……………… 179	シェルパ族 ……………… 59
ギブリ ……………… 220・267	コペンハーゲン ……… 122・123	ジェロニモス修道院 ……… 147
キプロス ……………… 158・159	コモドオオトカゲ ……… 39	死海 ……………… 100・101
キャンベラ ……………… 404	コモロ ……………… 250・251	地獄の門 ……………… 81
キューバ ……………… 346・347	ゴルフ ……………… 214	自然エネルギー ……… 122・123
ギリシャ ……………… 156・157	コロンビア ……………… 378・379	ジブチ ……………… 232・233
キリスト教 …… 12・103・152・153	コロンブス …… 144・334・357・360・	シベリア鉄道 ……………… 201
キリバス ……………… 420・421	363・364・366・369・372・376・385	シャーロック・ホームズ ……… 121
キリマンジャロ ……………… 245	コンゴ共和国 ……………… 302・303	ジャカルタ ……………… 38
キルギス ……………… 74・75	コンゴ民主共和国………… 300・301	ジャマイカ ……………… 350・351
キングスタウン ……………… 372	コンバットスポーツ ……… 104	シャーロットアマリー ……… 360
キングストン ……………… 350	コンビニ ……………… 21	十字軍 ……………… 159
キング・ファハド・コーズウェイ …… 85		じゅうたん ……………… 83・127
キンシャサ ……………… 300・301		シューベルト ……………… 137
グアテマラ ……………… 332・333	**さ**	ジュガンティーヤ神殿 ……… 155
グアテマラシティ ……………… 332	サーミ ……………… 113	シュコツィアン洞窟群 ……… 175
グアム(アメリカ領) ……… 429	サイクリング ……… 100・148	シュトルーベ ……………… 187
クアラルンプール ……… 44・45	サイクロン ………………	ジュバ ……………… 226
クウェート ……………… 96・97	……… 61・64・250・254・410・412	ジュルドンパーク ……… 41
クウェート・タワー ……… 97	サウジアラビア ……… 94・95	シュンドルボン ……………… 61
クスクス ……………… 217	サウナ ……………… 197	鍾乳洞 ……………… 167
クック諸島 ……………… 426・427	サグラダ・ファミリア教会 ……… 145	ジョージア ……………… 202・203
クナーファ ……………… 103	ザグレブ ……………… 172	ジョージタウン ……………… 357・382
グラチャニツァ修道院 ……… 169	サヌア ……………… 92・93	ショパン ……………… 179
グリーンランド ……… 113・123	サマルカンド ……………… 78・79	シリア ……………… 106・107

443

シルクロード ………… 71・74・78・79
白ナイル川 ………… 224・226
シンガポール ………… 42・43
新幹線 ………… 21・31・67
真珠 ………… 70・75・85・97・
　　173・197・248・412・426・434
神聖ローマ帝国 …………
　………… 134・136・137・153・185
ジンバブエ ………… 308・309
シンハラ人 ………… 62
水上集落(水上都市) ………… 41・283
スイス ………… 132・133
スイス銀行 ………… 133
水力発電 ………… 50・77・174・317・397
スウェーデン ………… 114・115
スーダン ………… 224・225
スエズ運河 ………… 223
杉原千畝 ………… 195
スコピエ ………… 160・161
スザニ ………… 79
ストックホルム ………… 114・115
スバ ………… 412
スピルリナ ………… 297
スペイン ………… 144・145
スリ・ジャヤワルダナプラ・コッテ … 62
スリナム ………… 384・385
スリランカ ………… 62・63
スロバキア ………… 180・181
スロベニア ………… 174・175
スワジランド ………… 318・319
セイロン島 ………… 62・63
セーシェル ………… 248・249
世界遺産 ………… 11・45・49・61・77・91・
　　103・104・106・125・127・128・
　　132・143・147・151・153・154・
　　155・161・164・165・167・169・
　　170・173・176・179・181・187・
　　190・192・193・195・200・207・
　　208・209・214・217・255・257・
　　265・299・308・321・337・339・
　　340・343・346・353・354・358・
　　363・365・371・391・392・394・
　　404・409・411・415・431・435

世界の工場 ………… 27
赤道ギニア ………… 16・294・295
セネガル ………… 262・263
セルビア ………… 166・167
セントクリストファー・ネイビス …………
　………… 362・363
セントジョージズ ………… 374・375
セントジョンズ ………… 364
セント・パトリックス・デー ………… 119
セントビンセントおよびグレナディーン
諸島 ………… 372・373
セントルシア ………… 368・369
ソウル ………… 22
ソコトラ島 ………… 93
ソフィア ………… 188
ソマリア ………… 234・235
ソロモン諸島 ………… 408・409

た

タイ ………… 52・53
第一次世界大戦 … 14・134・154・163・
　　171・176・178・280・288・430
大英帝国 ………… 120
大航海時代 ………… 147・358
大人工河川計画 ………… 221
第二次世界大戦 …………
　　11・14・42・46・78・131・154・172・
　　178・184・195・276・282・284・
　　301・344・392・406・408・430
タイペイ ………… 30・31
タイペイ101 ………… 31
台湾 ………… 30・31
台湾高速鉄道 ………… 31
ダカール ………… 262・263
タジキスタン ………… 16・76・77
タシケント ………… 78・79
タジン ………… 215
ダッカ ………… 60
卓球 ………… 26
タックスヘイブン ………… 135
ダブリン ………… 118・119
ダマスカス ………… 106

ダム ………… 50・77・297・397
タラワ ………… 420・421
タリン ………… 198・199
丹下健三 ………… 161・286
タンザニア ………… 244・245
男女平等 ………… 115
チェコ ………… 176・177
チェバブチチ ………… 171
地球温暖化 ………… 123・297・419・440
チグリス川 ………… 98・99
地熱発電所 ………… 35・111
チャオプラヤ川 ………… 52
チャド ………… 296・297
中央アフリカ共和国 ………… 298・299
中国 ………… 26・27
チューリップ ………… 124・189・293
チュニジア ………… 218・219
チュニス ………… 218・219
チュルチヘラ ………… 203
長江 ………… 26
朝鮮半島 ………… 20・22・24・25
チョコレート …………
　………… 103・127・274・275・279・287
チリ ………… 394・395
ツバル ………… 418・419
ティターノ山 ………… 150・151
ティムール帝国 ………… 78・79
ティムガッド ………… 217
ティラナ ………… 162
ディリ ………… 36
ティンプー ………… 56
テグシガルパ ………… 338
テコンドー ………… 22・204
テヘラン ………… 82
伝統衣装 ………… 47・57・219
デンマーク ………… 122・123
ドイツ ………… 130・131
ドイモイ ………… 47
東京 ………… 20・303・351・435
ドゥシャンベ ………… 76
ドゥブロブニク ………… 173
ドゥルミトル国立公園 ………… 165
トーゴ ………… 280・281

ドーハ	86・87
ドドマ	244
ドニエプル川	190・192
ドバイ	87・88・89
トビリシ	202・203
ドミニカ共和国	354・355
ドミニカ国	366・367
ドラキュラ	184・185
ドラニキ	193
トリニダード・トバゴ	376・377
トリポリ	220・221
トルクメニスタン	80・81
トルコ	208・209
トンガ	416・417
トンレサップ湖	49・51

な

ナーダム	32・33
ナイジェリア	286・287
ナイル川	99・222・223・224・225・226・227・387
ナイロビ	236
ナウル	436・437
ナミビア	312・313
ニアメ	284
ニウエ	424・425
ニカラグア	340・341
ニコシア	158
ニジェール	284・285
日本	20・21
ナッソー	348
日本町	46
乳香	91・235
ニュージーランド	414・415
ニューデリー	66
ヌアクショット	256
ヌクアロファ	416・417
ネーピードー	54
ネパール	58・59
ノーベル賞	115・179
ノルウェー	112・113

は

バージン諸島(アメリカ領)	360
バージン諸島(イギリス領)	361
ハーリング	118
バールベック	105
バーレーン	84・85
バイオテクノロジー	122・194
バイキング	111・113
ハイチ	352・353
ハガニア	429
バカリャウ	147
パキスタン	68・69
バクー	204・205
バグダッド	95・98・99・259
パゴダ	55
パゴパゴ	428
バスク人	143
パスタ	149・217
バセテール	362
バチカン市国	152・153・316
バドミントン	38・40・44
パナマ	344・345
パナマシティー	344
バヌアツ	410・411
ハノイ	46
ハバナ	346・347
バハマ	348・349
パプアニューギニア	406・407
ハプスブルク家	135・137・176
パペット	177
ハボロネ	310
バマコ	258
バミューダ(イギリス領)	356
パミール高原	77
ハミルトン	356
パラオ	430・431
パラグアイ	396・397
パラマリボ	384・385
ハラレ	308
パリ	140・141
ハリー・ポッター	121
パリキール	432

バルカン半島	156・160・162・163・164・166・170・172・188
ハルツーム	224
バルト三国	199
バルバドス	370・371
パルミラの遺跡	107
バレーボール	178・236・347・420
パレスチナ	102・103
バレッタ	154
ハンガリー	182・183
バンギ	298
バングラデシュ	60・61
ハングル	23
バンコク	52
バンジュール	264
パンダ	27
バンダルスリブガワン	40・41
ハンドボール	96・122・184
ピーターラビットのおはなし	121
ビエリチカ・ボフニア王立岩塩坑	179
ビエンチャン	50
東ティモール	36・37
東ドイツ	131
ビクトリア	248
ピザ	149・430
ビサウ	266
ビシュケク	74
ピナツボ山	35
ヒマラヤ山脈	26・56・58・59・66
白夜	112・114
氷河	76・77・110・111・112・165・245・394・414・415
氷上ヨット	136
ピョンヤン	24・25
ピラミッド	69・73・155・222・223・225・265・331・339
ビリニュス	194
ピレネー山脈	140・142・143・144
ヒンズー教	12・39・58・66・67・68・353・382
ファドーツ	134・135
フィジー	412・413
フィヨルド	112

445

フィリピン	34・35	ベラルーシ	192・193	マプト	320
フィンランド	116・117	ベリーズ	334・335	マラウイ	246・247
ブータン	56・57	ペルー	390・391	マラウイ湖	246・247
風力発電	77・122・123・125	ベルギー	126・127	マラッカ	45
フェニキア文字	105	ペルシャ帝国	82・83・206・209	マラボ	294
ブエノスアイレス	400・401	ヘルシンキ	116	マリ	258・259
プエルトリコ(アメリカ領)	358	ペルセポリス	82・83	マルキョク	430
ブカレスト	184	ベルモパン	334	マルコ・ポーロ	63
富士山	20・77・393・401	ベルリン	130・131	マルタ	154・155
ブジュンブラ	242	ベルン	132	マルタ騎士団	154・155
ブダペスト	182・183	ポート・オブ・スペイン	376	マレ	64・65
仏教	12・39・48・52・53・55・56・57・58・59・207	ポートビラ	410・411	マレー系	42・44
		ポートモレスビー	406	マレーシア	44・45
武道	22・180・216・276	ポートルイス	254	マレー半島	42・44・45
フナフティ	418	ポーランド	178・179	ミクロネシア	432・433
プノンペン	48	ボクシング	52・72・347	ミケランジェロ	153
ブフ	33	ボゴタ	378・379	南アフリカ共和国	314・315
プライア	260	ボスニア・ヘルツェゴビナ	170・171	南スーダン	226・227
ブラザビル	302・303	ポチョムキンの階段	191	ミネラルウォーター	202
ブラチスラバ	180	ボツワナ	310・311	ミャンマー	54・55
ブラジリア	386	ポドゴリツァ	164	ミラノ	148・149
ブラジル	386・387	ホニアラ	408	ミンスク	192
プラハ	176・177	ボリビア	392・393	ムババネ	318
フラワーカーペット	127	ポルトープランス	352	ムハンマド	12・94・95・100・214
フランス	140・141	ポルトガル	146・147	メキシコ	330・331
フリータウン	270・271	ポルトノボ	282	メキシコシティ	330・331
プリシュティナ	168・169	ホンコン	28・29	メコン川	46・47・48・49・50・51
ブリッジタウン	370・371	ホンジュラス	338・339	メソポタミア文明	14・67・98・99
ブリュッセル	126・127			メッカ	12・94・95・215・258
ブルガリア	188・189	**ま**		モーツァルト	137
ブルキナファソ	276・277			モーリシャス	254・255
ブルネイ	40・41	マーシャル	434・435	モーリタニア	256・257
ブルンジ	242・243	マケドニア	160・161	モゥーン・トワ・ピトン国立公園	367
フレイム・タワーズ	205	マザー・テレサ	162・163	モガディシュ	234
プレトリア	314	マジェロ	434	モザンビーク	320・321
ベイルート	104	マスカット	90	モスクワ	200・201
ベートーベン	137	マセル	316	モナコ	138・139
ベオグラード	166・167	マダガスカル	252・253	モナコ海洋博物館	139
ペキン	26・350	マチュ・ピチュ	390・391	モナコ・グランプリ	139
白頭山	25	マドリード	144	モナコ市	138
ベトナム	46・47	マナーマ	84	モヘンジョ・ダロ	69
ベナン	282・283	マナグア	340・341	モルディブ	64・65・248
ベネズエラ	380・381	マニラ	34・35	モルドバ	186・187

モロッコ …………… 214・215
モロニ ………………… 250
モンゴル ……………… 32・33
モンテネグロ ……… 164・165
モンテビデオ ………… 398
モンロビア …………… 272

や

ヤウンデ ……………… 288
野球…………20・30・66・150・210・
238・347・355・364・380・382
ヤムスクロ ………… 274・275
飲茶 …………………… 29
ヤレン ………………… 436
ヤンゴン ……………… 54・55
ユーフラテス川 ……… 98・99
遊牧民………………32・33・74・75・
80・208・232・234・256
ユダヤ教 …………………
… 12・102・103・159・207・210・211
ユルト ………………… 74・75
ヨーロッパの火薬庫 ………… 163
ヨルダン …………… 100・101

ら

ラオス ………………… 50・51
ラクダのレース ……… 87・88
ラグビー ………… 28・312・314・
413・414・416・420・422

ラトビア …………… 196・197
ラパス ……………… 392・393
ラバト ………………… 214
ラピスラズリ ………… 71
ラマダーン ………… 91・103
ラマッラ ……………… 102
リーブルビル ………… 290
リオ・プラタノ生物圏保護区 …… 339
リガ ………………… 196・197
リスボン ……………… 146
リトアニア ………… 194・195
リビア ……………… 220・221
リヒテンシュタイン … 134・135
リベリア …………… 272・273
リマ ………………… 390
リヤド ……………… 94・95
リュウケツジュ ……… 93
リュブリャナ ……… 174・175
リロングウェ ………… 246
ルアンダ ……………… 304
ルウブ国立公園 ……… 243
ルーマニア ………… 184・185
ルクセンブルク …… 128・129
ルサカ ………………… 306
ルジジ国立公園 ……… 243
ルワンダ …………… 240・241
ルンビニ ……………… 58・59
レイキャビク ………… 110
レオナルド・ダ・ビンチ … 153
レスリング …………………
…… 32・72・82・104・202・204・208

レソト ……………… 316・317
レバノン …………… 104・105
ロード・タウン ……… 361
ローマ ……………… 148・149
ローマ帝国 ………… 14・103・
104・105・107・148・151・154・
162・188・206・209・210・217
ローマ法王 ……… 152・153・159
ロシア ……………… 200・201
ロゾー ………………… 366
ロメ ………………… 280
ロンドン …… 10・82・120・332・374

わ

ワールドカップ …86・200・238・312・
314・376・378・386・398・414・428
ワイン ……63・160・202・203・414
ワガドゥグー ………… 276
ワシントンD.C. ……… 326
ワニ ………………………
……37・61・227・237・243・340・381
ワルシャワ …………… 178

ん

ンジャメナ …………… 296

おもな参考資料

『世界の統計 2017』（総務省統計局）、『2016/17 世界国勢図会』（公益財団法人 矢野恒太記念会）、『理科年表 平成29年』（丸善出版株式会社）、『新版 早わかり 世界の国ぐに』（平凡社）、『2016 エピソードで読む 世界の国243』（山川出版社）、『データ オブ・ザ・ワールド 2016年版』（二宮書店）、『世界の国ぐに 探検大図鑑』（小学館）、『日本大百科全書』（小学館）、『世界大百科事典』（平凡社）、『国別大図解 世界の地理 全8巻』（学研教育出版）、『WONDER PAL世界遺産ふしぎ探検大図鑑 増補版』（小学館）、ニューワイドずかん百科 世界がわかる子ども図鑑』（学習研究社）、『ユニークな家、大集合！ 世界の住まい大図鑑 地形・気候・文化がわかる』（PHP研究所）、『世界あちこち ゆかいな家めぐり』（福音館書店）、『ニュースがスイスイわかる なるほど知図帳 世界2015』、外務省ホームページ 国・地域情報、THE INTERNATIONAL OLYMPIC COMMITTEE ホームページ、日本オリンピック委員会ホームページ

監修　井田仁康（いだ　よしやす）

1958年生まれ。1982年、筑波大学第一学群自然学類（地球科学）卒業。博士（理学）。現在は、筑波大学人間系教授。社会科教育・地理教育の研究を行っているほか、国際地理オリンピックにもたずさわっている。著書・監修書に、『地図の物語　人類は地図で何を伝えようとしてきたのか』（日経ナショナルジオグラフィック社）、『ドラえもん社会ワールド　日本と国際社会』（小学館）、『国別大図解　世界の地理（全8巻）』（学研教育出版）など。

● 執筆　　　　　　八重野充弘・林孝美・望月裕美子・小川こころ・向山真理子・石田青葉・稲垣稀由・小林一輝・土岡美穂
● 編集　　　　　　常松心平・飯沼基子・一柳麻衣子（オフィス303）
● 装丁・本文デザイン　松川ゆかり（オフィス303）
● 校正協力　　　　大木聡子・安達洋子・田井裕規（アイ・ティ・オフィス）・小川文・大田真理・聚珍社
● 表紙イラスト　　浦本典子
● 本文イラスト　　コヒラトモコ・ハヤカワトシヤ・町田ねる・池和子・ひろいれいこ・U−KO（イラストメーカーズ）・上原あゆみ・望月浩平（オフィス303）
● 写真協力　　　　公益社団法人 青年海外協力協会・平井伸造・amana images・istock・PIXTA・photolibrary

世界の国ぐに大冒険
オリンピック登録国・地域に完全対応

2017年9月26日　第1版第1刷発行

監修者　井田仁康
発行者　清水卓智
発行所　株式会社PHPエディターズ・グループ
　　　　〒135-0061 江東区豊洲5-6-52
　　　　☎ 03-6204-2931
　　　　http://www.peg.co.jp/
発売元　株式会社PHP研究所
　　　　東京本部　〒135-8137　江東区豊洲5-6-52
　　　　児童書局　普及部　☎ 03-3520-9634
　　　　京都本部　〒601-8411 京都市南区西九条北ノ内町11
　　　　PHP INTERFACE　http://www.php.co.jp/
印刷所・製本所　図書印刷株式会社

© PHP Editors Group 2017 Printed in Japan　　　　ISBN978-4-569-78702-2
※本書の無断複製（コピー・スキャン・デジタル化等）は著作権法で認められた場合を除き、禁じられています。また、本書を代行業者等に依頼してスキャンやデジタル化することは、いかなる場合でも認められておりません。
※落丁・乱丁本の場合は弊社制作管理部（☎ 03-3520-9626）へご連絡下さい。送料弊社負担にてお取り替えいたします。

NDC 290　447P　25cm

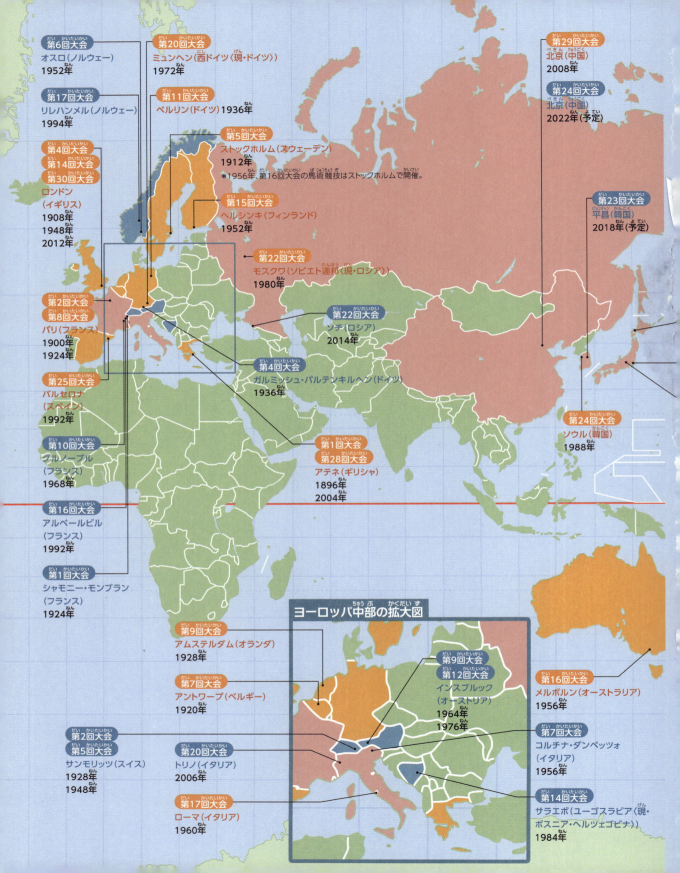